汲古叢書39

堀敏一著

唐末五代変革期の政治と経済

汲古書院

目　次

後編　唐・宋間の敦煌・吐魯番における経済関係

唐末五代変革期の政治と経済

前編　唐代後期の政治過程と政治形態

第一章　藩鎮内地列置の由来について

一　安史の乱中の藩鎮列置

大量の傭兵を指揮する節度使が、はじめて中国の辺境に出現したのは、景雲元年（七〇一）の河西節度使の設置にはじまるといわれる。その後玄宗の開元・天宝の交（七四一、二年）までには、安西・北庭・河西・朔方・河東・范陽・平盧・隴右・剣南（以上節度使）・嶺南五府経略使のいわゆる十節度使が成立していた。これらは中国周辺の辺境地帯におかれたのであるが、玄宗末の天宝十四載（七五五）に安史の乱がおこると、反乱軍を防衛するために、中国内地にも続々節度使がおかれるようになり、かれらは軍務のほかに、観察使・刺史をも兼ねて民政をも掌握したから、ここに唐代後半の分権的な藩鎮体制が形成されるにいたった。

安史の乱中、中国内地にも藩鎮が列置されるようになったことについては、従来からも指摘されているが、それらがどのような経過によって設置されたかについては、十分な考察・叙述がなされていない。以下には、年次的な記録という点から資治通鑑を主とし、新唐書方鎮年表を参照し、唐方鎮年表・両唐書・冊府元亀等によって補正を加えて、その経過をたどってみたい。

安禄山は范陽・平盧・河東三節度使を兼ねていたから、反乱軍の兵力は当初主としてこれら三節度使管下の兵であった。それにたいして唐側は、朔方・河西・隴右等の西北方面の節度使の軍隊を動員して内地に投入し、これを行営とよんで反乱軍にあたらせた。最初の唐軍の司令官は安西節度使の封常清、ついで旧の安西四鎮・河西節度使で都にあった高仙芝であったが、敗戦の責任と監軍（宦官）の計略によって斬殺された。河西・隴右節度使の哥舒翰は潼関の守備にあたったが、楊国忠によって無理な戦闘を強いられたため、潼関は陥り、翰は捕虜になった。河西・隴右の軍はいったんほとんど全滅したと思われる。朔方軍は郭子儀・李光弼らにひきいられて、乱中官軍の主力となって善戦したため、これらの兵をひきいた将軍たちは、乱中から乱後にかけて勢力をもつようになった。そのほかに安西（鎮西）・北庭の西域の兵も内地に動員されて、行営とよばれる場合があったが、かれらは乱の後半に勢力を強めた吐蕃の防衛にもあてられた。

これら辺境の軍のほかに、乱勃発時、中国内地には兵力らしいものはほとんどなかった。府兵制はまったく崩壊していた。崩壊していたからこそ、傭兵制による節度使が辺境に出現していたのである(1)。そこで初期の司令官の封常清や高仙芝は、洛陽や長安で民兵を募集したが、それらがどれだけの戦力になったか疑問である。もっともこれら民兵の数は、前者で六万、後者で十一万といい、相当の数を集めたのであるが、このことは窮迫した民衆の応募が多かったであろうことを想像させる。初期に河北の常山太守顔杲卿や平原太守顔真卿らの挙兵があるが、それらもわずかの手兵に募兵を加えたものであったろう。このような民衆の募兵の増加は、かれらを専門兵士としての傭兵として訓練することを可能にし、上記の辺境の節度使のほかに、内地にもあらたに節度使をおいて、反乱軍に対抗する条件を作り出したと考えられる。

乱勃発とともに最初に任命された節度使は、封常清の范陽・平盧節度使であるが、これは敵将安禄山の地位で、その管轄地域は、まだ唐朝側が実効的な支配をおこなっているわけではない。それは唐朝側の将がこれから奪い取るべき地域の管轄権をあらかじめ与えておいて、軍の進攻の目標を明示するものであって、戦争時にはよくやられるやり方である。そこで以下には、そのような事例を除いて、内地におかれた節度使をなるべく順番に挙げてみることにする。

天宝十四載（七五五）

十一月、**河南節度使** 設置。

十二月、**山南節度使** 永王璘、**剣南節度使** 穎王璬を任命。赴任せず。

十一月は乱が勃発した月であるが、この月内に乱軍の進攻をうける中心部を守るためであろう、河南節度使がおかれ、張介然が任命された（通鑑二一七、旧紀）。しかしこれは日ならずして乱軍に没し、張介然は斬られたという。したがって河南節度使が永続的に設けられるようになるのは、翌至徳元載（七五六）正月の河南節度使李随の任命からであろう。節度使の知所は陳留（開封、のちの汴州）にあり、陳留・睢陽・霊昌・淮陽・汝陰・譙・済陰・濮陽・淄川・琅邪・彭城・臨淮・東海等十三郡を領したという。これらをみると、のちの個々の藩鎮よりも広い範囲を護ろうとしていたことがわかる。

新唐書方鎮表至徳元載条に、「河南節度使を置き、汴州に治す。領郡十三」といい、十三郡の名を記している。胡注に「是の載（至徳元載）始めて河南節度使を置き、汴州に治す」というのは、天宝十四載に設置したという通鑑本文に矛盾するが、上記のようないきさつから、新方鎮表にしたがったのであろう。

その後、旧紀に至徳元載三月、呉王祗を河南節度使としたとみえ、通鑑に同年十月賀蘭進明を任命したとみえ、翌至徳二載（七五七）八月張鎬を任命したといい、翌乾元元年（七五八）五月張鎬を崔光遠に代えたという。張鎬から崔光遠への交替は旧紀にもみえるが、旧紀はさらに八月に崔光遠を汴州刺史にし、さらに十二月に魏州刺史に転出させたとする。新表乾元元年条に、「河南節度使を廃し、汴州都防御使を置く。領州十三もとの如し。尋いで滑・濮二州を以て青密節度に隷し、亳州を淮西節度に隷す」とあるから、河南節度使の格下げ、ついで分割がおこなわれたごとくである。崔光遠の転任はそれにしたがっておこなわれたのであろう。

新表乾元二年（七五九）条には、「汴州都防御使を廃し、汴滑節度使を置き、滑州に治す。領州五。……又河南節度使を置き、徐州に治す。領州五、徐・泗・海・潁」とある。旧紀には同年三月に、許叔冀を滑・汴・曹・宋等州節度使に任命したことがみえ、これが旧来の河南節度使にあたり、新表によると、河南節度使の名称は、あたらしく徐州を知所とする別の地域の節度使の名称になったのである。

新表にはさらに宝応元年（七六二）条に、「復た河南節度使を置き、汴州に治す。領州八」と記すが、通鑑にも旧唐書本紀にもこのことがみえない。しかし旧唐書張献誠伝に、かれが安禄山の官をうけ、史思明のとき汴州を守っていたが、史朝義のとき汴州を挙げて投降し、「詔して汴州刺史を拝し、汴州節度使に充てらる」という記事がある。これは李宝臣・薛崇・田承嗣・李懐仙らの投降とその後の処置と似ているので、史朝義末期、すなわち宝応元年の状況とすれば、新表の記事（河南節度使の徐州移転）はこれと関連するのかもしれない。

汴州の藩鎮は、のちに宣武節度使という軍額をもらうことになるが、それは安史の乱後の建中二年（七八一）のことである。

永王璘らの場合は、赴任しなかったので、新表にもとりあげられていないが、「山南」の名がはじめてあらわれるので、注意しておきたい。

山南東道節度使があらわれるのは至徳元載（七五六）説と、二載（七五七）説とがある。前者は通鑑至徳元載七月条に、「山南東道節度使を置き、襄陽等九郡を領す」とあるもので、後者は新表至徳二載条に、「南陽節度使を廃し、襄陽防御使を升せて山南東道節度使と為し、襄・鄧・隋・唐・安・均・房・金・商九州を領し、襄州に治す」とあるものである。

新表の記事にもあるように、山南東道節度使の前身は**南陽節度使**である。新表至徳元載条に、「襄陽・南陽二郡、皆防御守捉使を置く。尋いで南陽防御を升せて節度使と為す」とあるのが始まりらしい。通鑑にも同年四月条に、南陽節度使魯炅が反乱軍と戦った記録があるから、この年のかなり早い時期に、南陽節度使があらわれたとみられる。

一方旧紀至徳二載正月条に、「将作少監魏仲犀を襄陽山南道節度使と為す」とあるが、この記事が正しいとすれば、一時南陽を治所とする南陽節度使と、襄陽を治所とする山南道節度使が併存したことになる。しかしもし上記新表の記事が正しければ、南陽節度使と襄陽防御使とが併存していたのであって、後者が山南東道節度使に昇格するのである。とすれば旧紀魏仲犀の記事は、山南道ではなく、山南東道の誤りとも考えられる。

ところが通鑑至徳二載（七五七）五月条に、山南東道節度使魯炅が南陽を守ったという記事があるところをみると、南陽節度使魯炅の地位は、山南東道節度使になっても続いていたのかもしれない。そうすると、この年正月に山南道節度使に任命された魏仲犀は、山南東道節度使ではありえないことになる。そうすると魏仲犀はやはり襄陽と南陽との分治体制を担っていたのであり、それが山南東道節度使設置にいたって一本化して、そのとき南陽節度使であった魯炅が山南東道節度使に任命されたのであろう。

山南西道については、新表至徳元載条に、「山南西道防御守捉使を置く」と記され、これが昇格して節度使になるのは、広徳元年（七六三）のこととされている。しかしすぐ観察使に降され、再び節度使にされるのは乱後の建中元年（七八〇）だという。一方通鑑では宝応元年（七六二）建辰月条に、臧希譲を山南西道節度使（治所梁州）に任命したことが記されているが、これは奴剌といわれる少数民族が梁州に侵入し、観察使の李勉が逃走したので、それにたいする処置である。いずれにせよ山南西道の名は早くからあったが、節度使がおかれたのはおそいのである。

剣南節度使は乱前からおかれた十節度使の一つであるが、内地の動向ともかかわるので、留意すべき点を書いておこう。旧紀至徳元載（七五六）六月条に、「剣南節度留後崔圓を蜀郡長史・剣南節度副大使と為す」とあるが、これは上記潁王璬を名義上の大使としたのにたいし、実際上は崔圓が大使の職務をおこなっていたのであろう。通鑑同年十月条によると、二カ月ぐらいまえ潁王璬が成都に至ったらしい。しかし王と崔圓との間はうまくいかなかったらしく、崔圓は王をやめさせるよう上奏した。これは実行されたが、同時に崔圓もやめて、李峘が剣南節度使に任命された。

翌至徳二載（七五七）になると、新表には「剣南節度を更めて、**西川節度使**と号し、成都尹を兼ね、果州を増領す」とあり、通鑑同年十二月条に、「剣南を分かちて東・西川節度と為し、**東川**は梓・遂等十二州を領す」とある。これらによると、剣南節度使が同時に東川・西川に分かれたのではなく、剣南節度使がまず西川節度使に改名され、それよりすこしおくれて東川節度使が分かれたらしい(2)。

至徳元載（七五六）は、乱勃発の翌年であるが、この年つぎのように、多くの藩鎮が設置された。

七月、**関内節度使**　関内采訪使から昇格、安化郡に徙治す。初代節度使呂崇賁。胡注によると、京兆・同・岐・金・商五州を領す。

山南東道節度使（上述）

嶺南節度使　五府経略使から昇格、南海（広州）等二十二郡を領す。十月に節度使房琯を任命。

黔中節度使　五渓経略使から昇格、黔中等諸郡を領す。

江南を東西二道に分け、**江南東道**は余杭（杭州）を領し、**江南西道**は予章（洪州）等諸郡を領す。

十二月、**淮南節度使**を置き、広陵（揚州）等十二郡を領す。初代節度使高適。

淮南西道（淮西）節度使を置き、汝南等五郡を領す。初代節度使来瑱。

是歳、**北海節度使**（新表に青密節度使とする）を置き、北海（青州）等四郡を領す。

上党節度使（新表に**澤潞沁節度使**とする）を置き、上党（潞州）等三郡を領す。

興平節度使を置き、上洛（商州）等四郡を領す（以上通鑑）。

河南節度使を置き、汴州に治す。領郡十三（新表、上述）。

新表は至徳元載条に、「**京畿節度使**を置き、京兆・同・岐・金・商五州を領す」とし、「別に関内節度使を置いて、以て採訪使に代え、安化郡に徙治す」と記す。領域からみると、新表の京畿節度使と、通鑑の関内節度使とは重なりあうのであるが、関内節度使がはじめ設けられたのち、京畿節度使が設けられるにおよんで、関内節度使は安化に徙治し、管轄地域も変わったのではなかろうか。

旧紀同年十二月条に、「王思礼を以て関内節度と為す」とあるから、関内節度使は呂崇賁の後、王思礼が代わったのであろう。一方京畿節度使関連には、旧唐書崔光遠伝に、粛宗に扈従して長安に還ったとき（至徳二載）、「持節京畿採訪・計会・招召・宣慰・処置等使」に任命されたという記事がある。

唐方鎮年表は、関内節度使の後身を**邠寧節度使**とし、節度使呂崇賁・王思礼の名を挙げる。邠寧節度使については、新表方鎮表乾元二年（七五九）条に、「邠寧節度使を置く。領州九。邠・寧・慶・涇・原・鄜・坊・丹・延」と記す。

上記以外の初代節度使には、嶺南に何履光（蛮書）、黔中に趙国珍（旧伝）、江南東道（江東節度使）に韋陟（通鑑、唐方鎮年表）、北海（青密）に鄧景山（旧伝）、上党（澤潞沁）に程千里（旧伝・通鑑）、興平に李奐（通鑑）？等が考えられる。

さきに剣南節度使についてのべたが、やはり乱前からの十節度使の一つに**河東節度使**がある。これも内地にあり、乱後の政治情勢にもかかわるので、乱勃発以降の推移について言及しておきたい。通鑑には、至徳元載（七五六）正月、李光弼を河東節度使に任じ、朔方の兵万人を分けてもらって赴任したという。これは朔方節度使の郭子儀と協力して、安禄山の兵と戦うためであった。三月になって李光弼は河北節度使に転じたが、これは旧紀に范陽節度使とあり、河北節度使はその別名である。

さて旧唐書劉全諒伝には、太原尹王承業を河東節度としたという記事がみえ、それを天宝末の封常清の范陽節度任命と同時であるかのように記している。唐方鎮年表は、王承業が太原尹になったのが天宝十四載で、彼が河東節度使になったのは、李光弼が河東から范陽節度使に転じた後と推測している。ところがその王承業の「軍政修らず」という状況が生じたといい、李光弼はそのなかで、至徳元載八月また河東に送られた。ただこのときの李光弼の職を、旧紀や旧李光弼伝は「太原尹・北京留守」とし、通鑑も「北都留守」とするのみで、河東節度使とは称していない。このとき唐朝が別に侍御史崔衆や宦官を送って王承業の兵を取りあげようとしたところをみると、李光弼には河東の兵権を与えようとしなかったのであろうか（このとき李光弼は自分の兵力をもっていた）。光弼はこれに不満であったらしく、崔衆が無礼な態度をとったのでこれを斬り捨てたという。そのあとで光弼は節度使を兼ねることになったらしい。

乾元二年（七五九）七月に、潞沁（澤潞）節度使王思礼を太原尹・北京留守・河東節度使に任命した。胡注はこのとき李光弼に代わったのだと注している。旧紀によると、王思礼は上元二年（七六一）五月に死に、管崇嗣がこれに代わった。ところが通鑑では、宝応元年（七六二）建卯月（二月）、管崇嗣の部下の管理が悪く、藩の蓄積がほとんど消耗されつくしてしまったので、鄧景山を任命したところ、今度は部下への追求が厳しかったので、諸将らが反乱をおこし、鄧景山を殺害した。唐朝は責任を問わず、諸将の希望を聞いて、都知兵馬使の辛雲京を節度使に任命したという。

至徳二載（七五七）、この年に設置された藩鎮は、通鑑では年末にまとめられて載っていて、次のとおりである。

河中節度使

荊澧節度使（荊南節度使）

夔峡節度使

新表同年条には、「河中防御を升せて、河中節度兼蒲関防御使と為し、蒲・晋・絳・隰・慈・虢・同七州を領し、蒲州に治す」とある。ところが旧紀乾元元年九月条に、「右羽林大将軍趙泚を蒲州刺史・蒲同虢三州節度使と為す」とある。最初の河中節度使の管轄範囲が削られたもようである。

また新表に「荊南節度を置く。亦荊澧節度とも曰い、荊・澧・朗・郢・復・夔・峽・忠・万・帰十州を領し、荊州（江陵）に治す」としたのちに、「夔州防御を升せて、夔峽節度使と為す」とあるが、この節度使は次の年、乾元元年に廃止されている。唐方鎮年表には、防御使時代の防御使や江陵（荊州）長史等の名を挙げているが、明確に節度使と記すのは、旧唐書杜鴻漸伝に、「両京平ぎ（乾元二年）、荊州大都督府長史・荊南節度使に遷る」とあるものである。

乾元元年（七五八）、

八月、青・登等五（四？）州節度使（至徳元載設置）許叔冀を滑・濮等六州節度使とする（通鑑・旧紀）。胡注によると、これは青・密・登・莱四州に、滑・濮二州が増領されて、六州節度使が成立したことを示すという。新表はこれを「**青密節度**、滑・濮二州を増領す」と記す。さらに翌乾元二年、淄・沂・海三州を増領し、滑・濮二州は他の節度使に割譲された。

九月、蒲・同・虢三州節度使に、趙泚を任命した（通鑑・旧紀、上述）。これは前年設置した河中節度使の領した七州を、三州に縮小したのではないかと思われる。

十二月、**浙江西道節度使**を置き、蘇・潤等十州を領し、韋黄裳を節度使とした。

浙江東道節度使を置き、越・睦等八州を領し、李峘を任命し、淮南節度使を兼ねさせた（通鑑）。

新表によると、前者はまず昇州に治し、ついで蘇州に徙治し、後者は越州に治した。是歳、**振武節度使**を置き、鎮北（安北）大都護府および麟・勝二州を領した（通鑑）。新表には、「振武節度押蕃落使」とする。

陝・虢・華節度使　を置く（通鑑・新表）。

予・許・汝節度使　を置く（通鑑・新表）。

安南経略使を節度使とし、交・陸等十一州を領す（通鑑）。

なおこの年九月、郭子儀が安慶緒を討つときに率いた七節度使（通鑑）もしくは九節度使（旧紀）のなかに、「鄭蔡節度使季広琛」の名がみえる。新表によると、この年淮南西道節度が鄭州に徙治したというが、蔡州は領内に入っていない。鄭蔡節度使がおかれたのは、戦乱中の一時のことなのだろうか。

青密節度使はのちの**平盧節度使**であるが、初期には領土の出入が多い。旧紀には乾元二年（七五九）三月条に、許叔冀を滑・汴・曹・宋等州節度使としたと記すが、これは新表同年条に、「青密節度使、淄・沂・海三州を増領し、滑州は汴・滑節度使に隷す」とあるのに対応するのであろう。許叔冀はのちの宣武節度使の前身の汴州の節度使に転任し、青密節度使の任から離れたのである。

新表乾元元年条に、「陝州を陝虢華節度に隷し、汝州を予許汝節度使に隷す」と記し、翌二年条に、「陝虢華節度を置き、潼関防御・団練・鎮守等の使を領し、陝州に治す」と記すが、これでは陝虢華節度使の真の設置年代はあきらかでない。通鑑・旧紀には乾元二年三月、来瑱を行陝州刺史・陝・虢・華州節度使にあてたという記事がある。新表によると、この節度使は翌上元元年（七六〇）に、**陝西節度使**に改名され、神策軍使を兼ねたという。

乾元二年（七五九）、

四月、陳・鄭・亳節度使を置く。初代節度使は魯炅、まもなく自殺、四月中に李抱玉を任命（通鑑）。旧紀は魯炅の前に、三月に尚衡を亳潁等州節度使に任命したとする。新表乾元二年条に、「鄭陳節度使を置き、鄭・陳・亳・潁四州を領し、鄭州に治す」と記す。ただし同表によれば、この節度使は同年淮西節度使を一時廃止したために置かれたらしく、翌年淮西節度使が復活し、陳鄭節度使は廃止され、四州は淮西節度使に移管されたという。

是歳、邠寧節度使を置く（新表。上述のように、唐方鎮年表けこれを関内節度使の後身とする）。

上元元年（七六〇）、

正月、鄜・坊・丹・延節度使（渭北節度使）を置く。邠寧等州節度使を分けて置いたのである（通鑑・新表）。

八月、陝州に神策軍節度使を置き、兵馬使衛伯玉を節度使とする。新表に「陝虢華節度使を改めて陝西節度と為し、神策軍使を兼ねしむ」とある（上述）。

十月、青・沂等五州節度使を置く（通鑑）。胡注は当時青密節度使があったからこの記事は誤りだとする。ただ旧紀同年十月条には、「青州刺史殷仲卿を淄州刺史・淄沂滄徳棣等州節度使と為す」とある。

是歳、興・鳳・隴節度使を置く（新表）。通鑑は六月条に、鳳翔節度使崔光遠が羌・渾を破ったと記す。旧紀十二月条に、「右羽林軍大将軍李鼎を以て、鳳翔尹・興鳳隴等州節度使と為す」とある。

上元二年（七六一）、

是歳、はじめ**淄沂節度使**を置き、のち淄青平盧節度使に合わす。新表に、「淄沂節度使を置き、淄・沂・滄・徳・棣五州を領し、沂州に治す。平盧軍節度使侯希逸、兵を引いて青州を保ち、青密節度使を授く。遂に淄沂節度を廃し、所管五州を并せ、淄青平盧節度と号し、斉州を増領す」とある。平盧節度使は元来北方にあったのであるが、安禄山に反して唐側についた。その間の経過については次節でのべるが、このころその兵が侯希逸に率いられて南下し青州を占領したので、上記のように淄青平盧節度使が成立したのである。

ただし通鑑宝応元年（七六二）条には、「平盧節度使侯希逸、范陽と相攻むること連年、救援既に絶え、又奚の侵す所と為り、乃ち其の軍を悉くし、二万余人を挙げて、李懐仙を襲いてこれを破り、因って兵を引いて南す。……［宝応元年建寅月（正月）］戊申、平盧節度使侯希逸、青州の北に於いて河を渡りて、田神功・能元皓に兗州に会す。……［五月］甲申、平盧節度使侯希逸を以て、平盧青淄等六州節度使と為す。是に由り青州節度、平盧の号あり」と記す。新表は節度使から淄青平盧節度使への移行を同一箇所に記したのであるが、通鑑の年次が正しければ、節度使の存続期間は上元二年から宝応元年にかかったであろう。

是歳、華州に鎮国節度使を置き、また関東節度使とも称した（新表）。

宝応元年（七六二）、

五月、平盧淄青節度使を置く（通鑑、前述）。

是歳、また河南節度使を置き、汴州に治す（新表）。河南節度使については乱の初めに詳述したが、その後乱後の大暦十一年（七七六）に廃止され、建中二年（七八一）に宋亳潁節度使が置かれて宋州に治し、ついで**宣**

武軍節度使と号し、興元元年（七八四）治所を汴州に移した。これがしばしば唐朝を脅かした宣武軍節度使の起源である。

（1）冊府元亀一二四帝王部修武備に、「天宝十四年正月、河南に詔して、白亭管軍武士健児五千人・馬一千匹を置かしむ」とある。これが事実なら、安史の乱直前に、内地に傭兵が置かれたことになる。

（2）付言すれば、通鑑上元元年（七六〇）三月条に、襄州で兵乱があったことを伝えている。すなわち襄州の将らが節度使史翽を殺して反乱をおこしたというのである。唐朝は隴州刺史韋倫を山南東道節度使に任命したが、かれが時の宰相李輔国に謁見しないで出発したというので左遷され、来瑱があらためて任命されて、乱を収束した。旧紀には来瑱の任命のみを同年四月条に記す。

剣南領内でも反乱の記録がある。すなわち通鑑至徳二載（七五七）六月条に、「南充（果州）の土豪何滔、乱を作し、本部防御使楊斉魯を執う。剣南節度使盧元裕、兵を発して討ちてこれを平ぐ」とあり、そのすぐあとの七月条に、「蜀郡の兵郭千仞等反す。六郡兵馬使陳玄礼・剣南節度使李峘討ちてこれを誅す」とある。前者は新唐書本紀に、後者は旧紀に載っている。この時期の剣南節度使が誰か、記事に矛盾があるように思われるが、李峘は玄宗に従って成都にあり、その縁で節度使になったのち、同年十月、玄宗（当時上皇）に従って都に帰ったのであるから、何滔の反乱鎮定に盧元裕がかかわったとしても、節度使任命はそれ以後で、李峘の後継者とするのが妥当であろう。あるいは盧元裕の就任が決定したのち、南充で乱がおこり、節度使の交替がおこなわれないうちに、蜀郡（成都）の乱がおこったのであろうか。

二　安史の乱後における強大藩鎮の由来

前節で安史の乱中に設置された藩鎮を概観したのであるが、これによると、反乱軍への防衛地点にだけ藩鎮が置かれたのではなく、乱中にすでに全国的な藩鎮網が敷かれ終わったといってよいようである。もちろん反乱の及ばなかった華中・華南においても、乱による秩序の動揺に応じた事件がおこらなかったわけではなく、実際に乱勃発の翌年からはやくも江淮を震撼させた永王璘の背反、上元年間の江淮都統劉展の反乱や、それを鎮定した平盧兵馬使田神功の揚州・楚州等の略奪があった。また安史の乱の戦場は華北に限られたけれども、その戦費調達は主として華中の長江流域の収奪によったから、民衆の抵抗はしだいに激化し、安史の乱の末期には、この方面で袁晁の農民反乱がおこった。そのほか辺遠地帯における少数民族の蜂起も無数にあった。

安史の乱中の藩鎮は主として唐朝擁護のために置かれたのであり、そのなかに上記の劉展のように反乱をおこすものもまれにあったが、安史の乱後には藩鎮の勢力が強大になった結果、藩鎮の唐朝への反抗・反乱がいちじるしく多くなり、藩鎮そのものが唐朝にとって脅威となった。河北三鎮（河朔三鎮）をはじめとするいくつかの藩鎮では、唐朝への租税納入を拒否し、節度使の任命権を握って、半独立の状態を続けたものもあり、ときにはそれが唐朝への戦争になったケースもあった。このような強大藩鎮の由来については、安史の乱終息時以後の状況を考えてみなければならない。

さて広徳元年（七六三）正月、史朝義は敗走の末に、平州の林中で縊死し、それによって安史の乱は終わるのであるが、その過程で乱軍側の有力な部将たちが続々と投降してきた。まず宝応元年（七六二）十一月に、史朝義の鄴郡節度使薛嵩が、相・衛・洺・邢四州をもって、陳鄭澤潞節度使李抱玉に降り、また恆陽節度使張忠志が、趙・恆・深・定・易五州をもって、河東節度使辛雲京に降った（通鑑）。李抱玉らはこれら降将らの土地を取りあげて、降将らに何らかの処置をおこなうつもりであったらしいが、天下兵馬副元帥（事実上の司令官）の僕固懐恩は、降将らがもとの地位と領土とを、そのまま維持し続けることを許した。そこで抱玉と雲京は、懐恩が二心を抱いていると上奏し、唐朝も一時は警戒したが、懐恩の弁明がなされると、これを受けいれるとともに、「東京及び河南・北、偽官を受けし者は、一切問わず」（通鑑）という詔勅が出された。そのすぐあとで、張忠志は李宝臣という名を賜い、**成徳軍節度使**に任命され、旧領の恆・趙・深・定・易五州を領有することになった。この李抱玉・辛雲京（ともに山西地方の節度使として連携があった）と僕固懐恩の対立は、あとまで尾を引くことになる。

翌広徳元年正月になって、莫州で史朝義とともに戦っていた朝義の睢陽節度使田承嗣は、朝義に幽州に帰って再度旗揚げするよう奨め、朝義が去ると、朝義の母と妻子とをつれて官軍に降った。一方朝義の范陽節度使李懐仙は、かねて中使駱奉先を通じて投降をはかっていたので、朝義は幽州に入れず、李懐仙の兵に追われて自殺することになった。

翌閏月、唐朝は降将薛嵩を**相・衛・邢・洺・貝・磁六州節度使**（のちの昭義節度使）に、田承嗣を**魏・博・徳・滄・瀛五州都防御使**に、李懐仙を幽州の故地により幽州・**盧龍節度使**に任命した（通鑑）。田承嗣については、裴抗の「魏博節度使田公神道碑」（文苑英華九一五）に、「即日戸部尚書・御史大夫・莫州刺史に除せらる。復た莫州の地、編して衆を安んずるに足らざるを以て、特に魏州刺史、貝・博・滄・瀛等州防御使に遷す」とあり、これも元来は故地を復する原則であったことがわかる。防御使は年内に節度使に昇格されたことが、新表や旧唐書一四一田承嗣伝、上記神道碑等によってわかる。

通鑑は右の記事に続けて、「時に華北の諸州皆已に降り、嵩等、僕固懐恩を迎えて、馬首に拝し、行間に自ら效めんことを乞う。懐恩も亦賊平ぎて寵衰えんことを恐る。故に奏して嵩等及び李宝臣を留めて、分かちて河北に帥とし、自ずから党援を為さしめんとす。朝廷も亦兵革を厭苦し、苟めに無事を冀い、因ってこれを授く」と記す。旧唐書田承嗣伝には、「時に懐恩、陰かに不軌を図り、賊平らぎ寵衰えんことを慮り、賊将を留めて援と為さんと欲す。乃ち、承嗣及び李懐仙・張忠志・薛嵩等四人を、分かちて河北諸郡に帥たらしめんと奏す」といい、旧唐書一四三李懐仙伝にも、「懐恩私かに党を樹て兵権を固めんと欲し、乃ち懐仙を薦めて田す可しと保す」という。新唐書一四九上僕固懐恩伝は、「薛崇・張忠志・李懐仙・田承嗣、懐恩を見て皆叩頭し、力を行伍に效さんと願う。懐恩自ら見るに、功高けれども、且つ賊平げば則ち勢い軽く、寵を固むる能わざらんと。乃ち悉く河北を裂き大鎮を分かちて以てこれに授けんことを請い、潜かに其の心を結んで以て助けと為さんとす。崇等卆に拠って以て患を為すと云う」と記す。いずれも河北諸鎮の成立は、懐恩が乱が終わって、戦功を立てる余地がなくなり、天子の恩寵が衰えることによって、権勢を失墜することを恐れた結果だという点で一致している。

しかしこの通説には反論がある。すなわち安史の降将を安堵した事例は、僕固懐恩以前からいくつもあるというのである。至徳二載（七五七）十二月、史思明がいったん投降したことがある、そのとき唐朝は思明を帰義王・范陽節度使に任命した（通鑑）。乾元元年（七五八）二月、安慶緒の北海節度使能元皓が所部を挙げて降ったとき、河北招討使に任命した（通鑑、旧紀）。上元二年（七六一）五月、史思明の滑・鄭・汴節度使令狐彰が中使楊万定を通じて投降したとき、唐朝は彰を滑・衛・相・貝・魏・博等六州節度使に任命した。宝応元年（七六二）、史朝義の陳留節度使張献誠が投降したので（通鑑）、汴州刺史・汴州節度使を与えた（旧唐書一二二張献誠伝）。これは薛崇・張忠志らが投降する前月である。以上はいずれもだいたい旧領の節度使を授けられている。したがって僕固懐恩の措置は、前例のあることで、かれの独断によったのではない（王寿南「論僕固懐恩之叛」[1]）。

もちろんこれらは乱中の方策である。李抱玉・辛雲京らは、乱が終息したのだから新しい唐朝主導の政策がとられ、新しい秩序が施かれるべきだと考えたのかもしれない。しかし唐朝側には、確固とした体制が整っていなかったから、現状を追認するほかなかった。ことに代宗側近の宦官程元振は、私怨によって名将来瑱を殺し、乱平定の最大の功労者の郭子儀を閑職に追いやった。そのほか兵権を握っていた宦官の魚朝恩・駱奉先も油断ならなかった。だから僕固懐恩が権勢を失うのを恐れたのは理由のないことではない。朝廷における将軍たちの勢力は、乱中の戦功あってのことであった。だから河北諸鎮のような強大な勢力が存在することが必要だったのである。諸鎮は実際には懐恩の助けにならなかったではないかという論もあるが、そういう目先のことではなく、藩鎮の存在そのものが唐朝の将軍らの権勢維持にとって必要だったのはあきらかではないか。

僕固懐恩がのちに反乱をおこしたので、かれの悪口をいうために、その野心が強調されたのは確かであろう。だからといって懐恩を弁護するために、懐恩の降将安堵を権勢維持のためだとする説まで否定するのはあたらない。たしかに降将安堵の先例があるだけに、唐朝側の政策がやりやすかったのは間違いないことであろう。しかしそれによって、乱終息という特殊な時点での懐恩のとった行動の意義を否定することはできないであろう。

僕固懐恩は鉄勒の一部族から出た蕃将である。鉄勒の九都督府のうちの金微都督を代々継承してきた名門である。そして安史の乱がおこると、郭子儀や李光弼にしたがって戦った朔方系の部将であった。乱の末には、雍王（代宗の皇子、後の徳宗）が天下兵馬元帥となると、郭子儀の推薦によって、懐恩は副元帥として、事実上の総司令官になり、朔方節度使をも握った。懐恩の唐朝にたいする功業としては、ウイグルを乱に導入したことも挙げられる。そのためにかれの娘は、ウイグル可汗の王子に嫁し、のちに可敦となった。しかしウイグル導入は唐朝の希望であって、唐朝はウイグルに占領地の略奪をゆるしたから、それが一部の節度使の反感を買った。これはかならずしも僕固懐恩の意志ではなかったが、乱後にウイグルが山西を通って帰ることになり、懐恩も同行したところ、太原の辛雲京は恐れて入城を拒否したばかりか、中使駱奉先と結託して、懐恩が反乱を企てていると上言した。

これについて顔真卿は、「懐恩の反を明らかにする者は、独り辛雲京・李抱玉・駱奉先・魚朝恩四人のみ。自外の朝臣、咸其の枉を言う」とのべている。二人の節度使と懐恩との対立には由来があるが、それが唐朝中枢を握っている宦官と結託したとすれば、敵は四人といっても、懐恩にとっては油断ならない情勢になったのである。そこで懐恩は長文の陳情書を書いて、これまでの自分の行動を弁明した。これにたいし朝廷は使節を派遣して入朝をうながしたが、これは懐恩周辺に警戒されて和解は成り立たなかった。顔真卿は上記のように、悪いのは四人だけだと承知していながら、郭子儀を派遣して懐恩を追いつめる策を提出した。朔方の将兵たちは懐恩をすてて、もとの主人の子儀についたから、結局懐恩は反逆者として自滅せざるをえないようになる（旧唐書一二一僕固懐恩伝）[2]。

領土を安堵された四藩鎮（成徳・盧龍・相衛・魏博）のうち、相衛（昭義）の薛嵩が大暦八年（七七三）死んで、弟の蕚が相続すると、大暦十年兵馬使の裴志清が蕚を逐い、兵士をひきいて魏博節度使の田承嗣に投じた（旧唐書一二四薛崇伝）。田承嗣はこれに乗じて薛氏の領土を併合してしまった。したがってこれより三鎮が残ったわけであるが、これをとくに河北三鎮（河朔三鎮）とよんでいる。それはこの三鎮が、憲宗末の一時期を除き、唐一代を通じて節度使の任命権を事実上握り、半独立の体制を続けたからである。この体制を旧唐書田承嗣伝は、「郡邑の官吏、皆自ら署置し、戸版天府に籍せず、税賦朝廷に入れず」とのべている。三鎮の側ではこれが慣習化して、「河北の旧事」とよばれていた。

河北三鎮が永続しえたのは、かれら相互の連携・団結にもよる。はじめ李宝臣・田承嗣と山東の平盧節度使李正己と、湖北の山南東道節度使梁崇義とは、領土を子孫に伝えるために同盟を結んでいた。そこで田承嗣が死んだとき、李宝臣は唐朝にたいし、姪の田悦が節度使を継承できるよう願い出て、それに成功した。つぎに李宝臣が死んだとき、子の維岳が留後となり、節度使任命を朝廷に請い、田悦も維岳の継承を願い出たが、ときに建中二年（七八一）、徳宗が位に即いたばかりで、藩鎮にたいし攻勢に出ようとしていたので、この請願は聴かれなかった。その前年には使節を田悦のもとに派遣して、その軍七万のうち四万を一挙に帰農させようとして、魏博の将兵の怨みを買っていた。そこで維岳の継承問題を機に、魏博・成徳・平盧は結託して兵を挙げ、梁崇義もこれに応じて、大反乱となった。

盧龍の李懐仙は兵馬使朱希彩にとって代わられ、朱希彩は兵馬使朱泚に代わられた。大暦九年（七七四）泚は朝観して都に留まったが、建中二年の乱がおこると、弟の朱滔は李維岳を破ったので、唐朝はその功を認めて、滔を幽州盧龍軍節度使に任命した。成徳では維岳が敗戦によって殺され、王武俊が実権を握って、一時唐朝に通じていたが、朱滔・王武俊ともに、唐朝が領土の一部を取り上げたのを怒り、田悦側に通じて、反乱を拡大させた。そこで盧龍・成徳・魏博・平盧四鎮はいずれも王と称し、形勢を観望していた河南の淮西節度使李希烈も王（のちには帝）と称して乱に応じた。都にいた朱泚は、建中四年（七八三）、涇原節度使の兵に擁立され、長安を占拠したので、徳宗は西方の奉天（乾県）をへて、興元府（漢中付近）に逃れた。かくて不利な情勢になった唐朝は、興元元年（七八四）、成徳・魏博・平盧と妥協し、三鎮も王号を徹して戦争をやめた。盧龍の朱滔はなお戦っていたが、朱泚が敗死すると、まもなく朱滔も病死し、盧龍は部将劉怦の手に帰し、唐朝はかれを認めて節度使とした。

唐朝のある時期までは、河北三鎮のほかにも、上記の叙述によってもわかるとおり、半独立的な体制をとった藩鎮があった。山東地方に盤踞した**平盧節度使**は、これももとは安禄山の領域で、東北の営州（朝陽）に治所をもっていた。至徳元載（七五六）ここで兵変がおこり、劉正臣が節度使に就任した。翌二載、安東都護の王玄志が劉正臣を毒殺し、平盧の部将だった侯希逸を味方にして、安禄山側の将を殺し、一部の兵を海を渡って中原の戦場に派遣した。唐朝は翌乾元元年（七五八）二月、王玄志を平盧節度使に任命したが、十二月に王玄志が死んだときに、軍中の希望を聞いて旌節を授けることにした。これは唐朝が節度使の任命権を放棄し、将士の希望によって藩帥を任命するようになった最初の例であろう。通鑑は「節度使、軍士に由りて廃立せらるること、此れより始まる」と書いている。平盧軍では高麗人の李懐玉が玄志の子を殺し、侯希逸を推したので、かれが節度副使に任命された。

上元二年（七六一）ごろ、平盧節度使侯希逸は、反乱軍の背後にあって、安史側の范陽節度使と連年戦い、奚の侵略をも受けたので、二万余の軍をひきい、海路を南下して青州にたどりついた。翌宝応元年（七六二）唐朝は侯希逸を平盧、青・淄等六州節度使に任命した。これによって、これまで北方にあった平盧節度使の称号が、山東の淄青節度使の軍額になったのである（旧唐書一二四侯希逸伝、通鑑）。

侯希逸の背後には実力者の兵馬使李懐玉があった。希逸は懐玉の軍職を解こうとしたが、永泰元年（七六五）、逆に追放されて懐玉が節度使になった。このとき懐玉は李正己の名を賜った（旧唐書一二四李正己伝、通鑑）。山東半島の北部の登州は、新羅・渤海商人の寄港地であり、朝貢使節の上陸地でもあった。この近傍には新羅人の居住する者も多かった。そこで李正己は、海運押新羅・渤海両蕃使をも兼ね、貿易の利を独占した。李正己は東北の高句麗人であるが、同じく朝鮮人であることが、商人・使節の管理に有利であったろう（堀「在唐新羅人の活動と日唐交通」）。その領土は、はじめ淄・青・斉・海・登・萊・沂・密・徳・棣等の州であったが、大暦十一年（七七六）、汴州の李霊曜の乱に乗じて、その曹・濮・徐・兗・鄆を奪い、全部で十五州を領し、兵士十万（成徳の兵は五万、魏博の軍は五万とも七万とも十万ともいわれる）を擁した。領土・兵力・財力のいずれにおいても、河北三鎮をしのいだ。

正己のあとは、納・師古・師道と四代にわたって世襲し、師道のごときは洛陽の留邸に兵を匿し、刺客を放って宰相を暗殺した。また洛陽周辺の山棚という住民を指揮して、洛陽に火をかけたという。これらが判明して、憲宗は元和十三年（八一八）兵を出して、翌年これを滅ぼした。その結果平盧の広大な領土は三分されて、青・淄・斉・登・萊五州のみが平盧に残されることになった。そのほかは鄆・曹・濮三州と、沂・海・兗・密四州とに分かたれた。

山南東道の梁崇義は、もともと襄陽にあって、来瑱の部下として仕えていた。来瑱が都に召喚されて殺されてから、山南東道の諸将たちは梁崇義を推して節度使とした。だから在地出身であって、領土保有の念が強いことは、河北の諸鎮と同じであった。そこで河北諸鎮や平盧との同盟にも加わったのであるが、場所が西方に偏していて、河北・山東との連絡は容易でなく、また兵力も二万と少なかった。河北・山東と山南東道とのあいだには、淮西節度使の李希烈があり、領土の拡張をねらっていたので、唐側の要請に応じて出兵し、梁崇義を追いつめた。崇義は妻とともに井戸に身を投じて死んだと伝えられる（旧唐書一二一梁崇義伝）。

淮西節度使が強力になったのは、平盧節度使の部将がここを抑えたからである。平盧節度使の初期の実力者に李忠臣（本姓名は董秦）なる者があり、劉正臣・王玄志の擁立にかかわったが、兵をひきいて南下し、河南の戦闘に加わって功があり、淮西十一州節度使に任命され、蔡州に本拠をおいた。その部下に李希烈がおり、やはり平盧以来の部将であったが、李忠臣の軍政が乱れたのに乗じ、これを逐って節度使を継いだ。おりから河北三鎮と平盧の反乱がおこり、藩帥らが王を称したので、希烈もこれに連合して、建興王・天下都元帥と称した。諸鎮が兵を収めたのちも戦いを続け、汴州を落としてこれを都とし、年号を立て、官属を任命し、自己を皇帝に擬した。しかし孤立した戦いはかれに不利で、汴州を奪い返され、その将陳仙奇に毒殺された。陳仙奇は一時節度使に任命されたが、やがて呉少誠に殺された。

呉少誠も北方の幽州の出身で、父が魏博節度使の都虞侯であった。李希烈にみこまれてその部下となり、希烈の反乱に手柄があった。希烈が死んだとき、少誠らははじめ陳仙奇を支持したが、やがてこれを殺し、衆の支持をとりつけ、申光蔡等州節度使に任命された。部下には少誠を逐って、朝廷の命令を聴こうとする者もあったが、少誠を支持する勢力の方が強かった。少誠は勝手に兵を出して近隣を攻掠し、許州を囲み、官軍と激戦の末、蔡州に戻った。呉少誠は魏博の軍中にあったとき、呉少陽と仲良くなり、これを弟分とした。少誠が淮西留後になると、少陽をよんで軍職に任じた。少陽は少誠の子を殺して、節度使を継いだ。馬畜を養い、寿州の茶山に課税し、亡命を匿まって、軍を強くしたという。しかしこの地は馬が少なかったともいい、騾馬を訓練して「騾子軍」とよび、勇敢なことで知られていた。

呉少陽の長子を呉元済といい、元和九年（八一四）少陽の死後、軍務の継承をはかったが、唐朝はこのような慣習を断とうとしていたので、諸方の節度使を動員してこれを攻めた。元済は成徳の王承宗、平盧の李師道に助けをもとめたが、李師道が宰相を暗殺し、洛陽を焼いたのはこのときである。しかし淮西は地理の関係もあるが、直接的な援助は得られなかったもようである。唐朝は元和十二年（八一七）末までかかって、蔡州を攻略し、元済とその家族を捕らえて、淮西は六代五十五年で滅亡した（旧唐書一四五李忠臣伝以下、通鑑）。淮西の軍将らは安禄山軍以来の系統を引いており、軍による節度使擁立と継承や、唐朝にたいする反抗を見聞してきたのであるから、このような抵抗が代々つづいたのには理由があると思う。しかし河北三鎮のような相互の連絡がなく、藩鎮相互に対立もあって、孤立していたために、憲宗時期の唐朝の強硬態度に屈せざるをえなかったのである。

このあと元和十四年（八一九）平盧節度使李師道が屈服し、これを機に一時河北三鎮も「旧事」を撤回するのであるが、穆宗の長慶元年（八二一）、幽州の反乱を機に河北の旧体制が復活するのである。

元和二年（八〇七）に編纂された『元和国計簿』によると、「戸口を申せず」とされる藩鎮が、計十五道あり、そのうち上供の義務のない西北辺境の八鎮を除けば、魏博・成徳・盧龍・平盧・淮西・義武（易定）・横海（滄景）の七鎮が挙げられる。これらは「河南北七鎮」とよばれている。

これまで言及しなかった**義武・横海**は、成徳軍のなかから独立したものである。義武節度使は安禄山・史思明に仕え、史思明敗れてから、李宝臣の麾下に入った張孝忠から始まる。宝臣の子李維岳の継承問題から反乱がおこったとき、孝忠は唐朝側に投じて、易・定二州を獲得し、義武軍の号を得た。義武軍は、もと成徳軍に属していた滄州を併せたが、その州の刺史李固烈は成徳軍に戻そうとして、将士の乱で殺され、孝忠は牙将の程日華を派遣したところ、将士らは日華を支持したので、日華を滄州刺史とし、横海軍使にあてた。子の茂昭が継いで節度使になったが、周囲の藩鎮とちがって、帰順の気持ちが強かったにもかかわらず、唐朝はかれの継承を望んだ。それは河北藩鎮の乱が続いておこる情勢だったからであろう。隣藩も遊客をやって世襲するよう説得した。しかし茂昭の決意が堅かったので、元和五年（八一〇）唐朝は後任節度使を任命して、茂昭を都によびよせた（旧唐書一四一張孝忠伝）。

程日華もはじめ安禄山の下にあり、張孝忠の牙将になった。李維岳が敗れて死に、成徳の領土が一時三分されたとき、易・定・滄三州を張孝忠の領土としたが、滄州は上述の事情で程日華を刺史とするようになり、横海軍の名を与えられた。子の懐直は河北の旧事にならい、自ら留後となったが、唐朝は懐直を節度使にした。しかし軍政が治まらず、懐直が狩猟に出たすきに城門を閉められて入れず、懐直はやむなく長安に逃れた。その子の執恭は父の地位を継いで、また横海軍節度使になったが、淮西節度使の反抗が鎮圧されると、世襲藩鎮であることに不安で、領土を返還した（旧唐書一四三程日華伝）。これらの二鎮は河北の藩鎮に囲まれているという特殊事情で、一時期世襲藩鎮として残されたものといってよいであろう。戸口を申告し、租税を送ることは、唐朝の側で放任したのであろう。

これらのほかに、「元和国計簿」には載らないけれども、藩帥世襲の例に宣武節度使がある。これは主に汴州に知所をもつ藩鎮であるが、旧唐書一四五劉玄佐伝に、「玄佐性奢侈、財を軽んじて義を重んじ、厚く軍士を賞す。故に百姓ますます困しむ。是を以て汴の卒、李忠臣に始まり、玄佐に訖りて、日にますます驕恣、多く将師を逐殺し、以て剽劫を利とす」と記すところによれば、兵士の主導権把握は、李忠臣にはじまるがごとくである。かれが宣武節度使になったとき、旧唐書一四五李忠臣伝に、「又軍に紀綱なく、至る所暴を縦にし、人、命に堪えず」とあり、結局李希列に追い出されたから（李忠臣は宣武と淮西の主を兼ねていた）、このことをいうのであろうか。もっとも李忠臣が節度使になる前に、汴州では李霊曜の乱があった。通鑑大暦十一年（七七六）条に、「李霊曜既に留後と為り、ますます驕慢、悉く其の党を以て管内八州の刺史・県令と為し、河北諸鎮に效わんと欲す」とあるから、直接兵士のことにはふれられていないが、「驕恣」の起源を李霊曜にさかのぼらせることも可能であろう。この乱が平定されてから、李忠臣が赴任するのである。

しかし李忠臣の後、しばらく宣武の藩帥交替はスムースにおこなわれた。そして前述の劉玄佐にいたったとき、貞元三年（七八七）かれの死後、子の劉士寧が三軍に擁立されて後を継いだ。士寧は大将李万栄に追放され、万栄は銭二十万貫を軍士の賞与としたほか、士寧の家財を没収して与えたが、驕兵たちを警戒してこれを防秋の兵に送りこんだから、やはりかれらの恨みを買った。兵士たちは運河の転運の財貨や居人を略奪したが、万栄はこれを弾圧して節度使を継いだ。万栄が病気になると、腹心の鄧惟恭が一時軍務を握ったが、唐朝は董晋を節度使に送りこむことに成功した。しかし董晋の部下掌握はうまくいかなかったようで、かれの死後行軍司馬の陸長源が留後となったが、兵士への給与を減らしたので、たちまち怒った兵士らの餌食となった。そのあとかつて劉玄佐の都知兵馬使であって、一時宋州刺史に出ていた劉逸準（全諒）が密かに呼び戻されて、節度使となった。

劉逸準のあとを継いだのは、劉玄佐を舅とした韓弘であった。韓弘は就任すると、驕兵の首脳たちを皆殺しにしたので、かれの治世二十余年間、まったく乱がなかった。ただ旧唐書一五六韓弘伝には、「弘、大梁に鎮すること二十余載、四州の征賦、皆己が有とし、未だ嘗て上供せず。私銭百万貫・粟三百万斛・馬七千匹あり、兵械これに称う」とある。韓弘の治世は「国計簿」の記す元和二年をも含むけれども、なぜ宣武は数えられていないのであろうか。かれが入朝したとき、これらの財を献納したかのごとき記事もあるが、いずれにしてもそれは後のことである。

韓弘のあと、張弘靖が節度使を継いだが、兵士たちの賞を厚くして、その支持を得た。そのために倉庫は空になったが、後任の李愿が奢侈で、軍政をないがしろにしたので、長慶二年（八二二）また兵乱がおこり、城中は三日のあいだ略奪にさらされた。そのなかから牙将の李夰なる者が擁立されたが、これは月余の間に鎮圧された。そのあと韓弘の弟の韓充が立てられて士心を得たが、充は不安で落ちつかず、狩猟にかこつけて城外に出て、そのまま洛陽まで帰ってしまったという（旧紀、旧唐書一五六韓弘、韓充伝）。

最後に**昭義澤潞節度使**について一言しておこう。澤潞節度使といえば、安史の乱末年より李抱玉がながくその地位を守って、河北三鎮への抑えとして重要な役割をはたしていたが、大暦十二年（七七七）卒して、従父弟の李抱真がその後を継いだ。抱真は都にあって唐朝の意向で任命されたのであるが、それはやはり澤潞の地位が重視されたのであろう。

ずっと後になって、平盧の初期節度使劉正臣の孫に劉悟なる者があり、穆宗が即位した元和十五年（八二〇）、澤潞節度使に任命された。そのとき監軍劉承偕という者が恩寵を頼んで権力を振りまわし、その部下にも不法な行為が多かったので、軍衆が乱をおこし、承偕を捕らえたので、唐朝はやむなく承偕を罰した。それより劉悟も唐朝に不満をもち、河北三鎮に倣おうとして、失意不逞の徒が多く潞州に集まるようになった。宝暦元年（八二五）死に際に、遺表を送ってその子従諫に後を継がせたいと希望した。当時の河北の形勢から唐朝はこれを認めたが、従諫が会昌三年（八四三）に死ぬと、部将らがその姪の稹に継承させようとした。ちょうど積極政策を主張する李徳裕が宰相であったので、唐朝は諸軍を動員してこれを滅ぼした（旧唐書一六一劉悟伝）。この昭義節度使を最後として、藩鎮の世襲事件はほとんど無くなった。

以上を通観するに、強大藩鎮の反抗は、最後の澤潞の例を除き、憲宗までの時期に終わっている。反抗した藩鎮の関係者をみると、意外に安史の側に属していた北方の人物の系統が多いのである。通鑑大暦八年（七七三）条に、「魏博節度使田承嗣、安史父子の為に祠堂を立て、これを四聖と謂う」とあり、新唐書一二七張弘靖伝に、「長慶の初め（八二一）……盧龍節度使に充つ。始めて幽州に入り、老幼道を夾んで観る。河朔の旧将、士卒と寒暑を均しくし、障蓋・安輿なし。弘靖素より貴く、肩輿して行けば、人駭異す。俗に禄山・思明を二聖と為す」とあって、憲宗の時期を過ぎても、河北三鎮では安史のことを聖人（天子）として敬っていたことがわかる。と同時に上下の差別も少なかったのである。とすれば、かれらが唐朝の権威などを重視しなかったとしても不思議はない。そのために安史の乱が収束してから、しばらくして唐朝の軍事力が復活するまで、かれらの反抗は執拗に繰り返されたのである。(3)

これらの反抗は単に中央への反抗であるばかりでなく、しばしば兵士らの蜂起を内包していて、藩帥らの中央への反抗を支えている場合が多い。この兵士らの反抗は、強大藩鎮の反抗が下火になったのちにも、南方をふくむ一般藩鎮の内部に普及するようになる。それは強大藩鎮にかぎらぬ普遍性をもつようになる。その普遍性とは、藩帥の兵士にたいする関係である。強大藩鎮の場合には、ある程度の財力によって兵士を潤し、兵士の支持を取りつけることができたが、その場合でさえ、兵士を搾取しかれらの怒りを買うことがあった。後期の小藩鎮ではそのような財力もなく、兵士を抑圧する場合が多かったのである。

以上の叙述では、藩鎮の表面的な動きを追うのに急であって、史料的な制約があるとはいえ、藩鎮の動きの背後にあると思われる民衆の位置づけなどが明らかでない。ただ藩鎮兵士と農民との関係を具体的にうかがえる二つの記録がある。その一は旧唐書一三二李抱真伝に、「この時戦余の地に乗じて、土瘠せて賦重く、人ますます困しみ、以て軍士を養う無し。戸ごとに丁男を籍し、三人に其の一を選び、材力ある者は其の租徭を免じ、弓矢を給して、これに令して曰く、『農隙には、則ち曹を分かちて角射し、歳終、吾れまさに会試せん』と。期に及び、簿を按じてこれを徴し、都試して以て賞罰を示し、復たこれに命ずること初めの如し。三年に［及ぶ］ころおい、則ち皆善射す。抱真曰く、『軍用うべし』と。是に於いて部内の郷兵を挙げて、戍卒二万を得。前に既に廩より費やさず、府庫ますます実つ。乃ち甲兵を繕い、戦具を為りて、遂に山東に雄視す。是の時天下は、昭義軍の歩兵、諸軍に冠たりと称す」とあるものである。これは「郷兵」であって、訓練の過程において、ほとんど官費を費やさない。徴集されたときには給与を要するであろうが、全体としては費用は少なくてすむ。そして農民と兵士との関係は親密であったと考えてよいだろう。しかしこういう例は稀少である。

旧唐書田承嗣伝には、一見すると似たような記事があるが、本質はかなり違うと見なければならないであろう。「重く税率を加え、兵甲を修繕し、戸口の衆寡を計り、老弱は耕稼を事とし、丁壮は征役に従う。故に数年の間、其の衆十万。仍りて其の魁偉強力なる者万人を選んで以て自衛し、これを衙兵と謂う」とあるのがそれである。農民のなかから兵士十万を選別し、兵士十万のなかから、衙兵一万が選ばれている。これが田氏の親衛隊として優遇される存在なのである。農民のなかから兵士が選ばれているのであるから、兵士と農民との関係は密接なように思われるが、重税を課しているのは、兵士、とくに衙兵を優遇するためである。兵士中心の軍国主義的体制であって、民衆が苦しまなかったとはいえない。

一般の藩鎮の兵士も在地の農民出身者が多かったであろうから、かれらの親族をふくむ在地の人々の支持がなかったわけではなかろう。しかし兵士は給与にたよる傭兵であって、その給与を厚くするためには、民衆からの収奪に頼らなければならない。兵士と民衆とのあいだには一定の矛盾がある。右の魏博の田氏の場合は、兵士と農民とのあいだの密接な関係がはっきりとしめされてはいるが、傭兵制の原則は変わらないのである。この傭兵が給与の不満を訴えて暴力を振るうようになると、上記の李忠臣伝にあるように、「人、命に堪えず」というような状況が現出するのである。一方唐末の群小藩鎮では、節度使は唐朝の官僚経験者が多いのであるが、兵士の圧力のために唐朝権威との関係を一層強化せざるをえない。だから藩鎮は唐朝の支配体制を弱体化はさせたが、唐朝を解体させるまでにはいかなかった。唐朝を解体させるには、黄巣をはじめとする農民自体の蜂起・反乱をまたなければならなかった。

（1）董永年「論安史之乱的平定和河北藩鎮的重建」は、同じく僕固懐恩の提案の意義を否定し、唐朝側の一貫した主体性を強調している。

（2）僕固懐恩の反乱には、前掲王寿南論文のほかに、章羣『唐代蕃将研究』第七章「僕固懐恩与李懐光之反叛」がある。

（3）日野開三郎『支那中世の軍閥』第三章「藩鎮の跋扈」は、唐朝の各皇帝の意向から出た政策の違いを重視している点が本稿と異なる。

（二〇〇一年新稿）

第二章　藩鎮親衛軍の権力構造——唐から五代へ——

一　藩鎮の牙兵と唐代藩鎮の動向

周知のように唐の半ばから五代にわたる時期は、中国史上の重要な転換期であるといわれる。藩鎮とよばれる職業的兵士の集団が勢力をもったのは、ちょうどこうした時期にあたっている。したがって藩鎮の研究は、この過渡期の政治権力として追究される必要があると思う。本稿ではこのような観点から、とくに牙兵その他の藩鎮の親衛軍をとりあげて分析したい。それはこれら親衛軍が、藩鎮兵力の中核をなしていたと思われるからである。

藩鎮の兵力には治州（すなわち会府）所在の軍隊と、管内諸地域におかれた外鎮軍とがあった。この外鎮軍にたいする把握が、初期における藩鎮勢力の一つの重要な基礎であったことはたしかである。後述するように憲宗末年の改革によって、この外鎮軍にたいする藩師の支配力が分断され、各州の刺史に帰属したことが、唐朝権力の一時的な復活をゆるす結果をまねいたのである。しかし外鎮軍の構造をみると、その一部に土団の兵が採用されていたことは注意されるのであるが、その主要な兵力は中央（会府）から派遣されたものであり、鎮将も藩帥の腹心が任命されるのがふつうであったようである（日野開三郎「唐代藩鎮の跋扈と鎮将」）。

会府には多数の兵力があつめられて、これが藩鎮兵力の源泉をなしていたわけであるが、藩帥はそのなかからとくに精鋭をえらんで、牙兵（牙内軍）とよばれる親軍を形成していた。強大藩鎮ではそのほか多くの私兵がやしなわれている場合もあった。これら親衛軍の動向が諸鎮の運命を左右したことは、以下の行論によってもあきらかである。外鎮軍の鎮将も、五代になると在地の土豪の任命されるものが多くなったが（日野「五代鎮将考」、周藤吉之「五代節度使の支配体制」下）、しかもなお五代の藩鎮がじゅうぶん在地化しえなかった点は、この稿の終わりに指摘するところである。したがって五代においても、藩鎮兵力の中心が親衛軍にあったことは変わらない。

親衛軍についても従来研究がなかったわけではないが、それらはあるものは唐代を、あるものは五代のみをあつかっており、またそれらの間には若干の見解の相違も存するようである。これらの点については、後文と注のなかで言及することになろう。(1)

従来のわが国における藩鎮研究の一つの焦点は、藩鎮と唐朝との対立という点にしぼられていると思う。藩鎮が唐朝の衰退と崩壊の過程にあらわれる分権勢力であることを思うとき、こうした見方は当然注目されてよいと思われる。ところがそれらの研究によると、藩鎮の唐朝にたいする反抗がもっともはげしかったのは、安史の乱後の数十年だといわれており、徳宗初年の両税法創設（七八〇）にはじまり、憲宗末年の軍制改革（八一九）にいたって、唐朝の再建政策は一応の成果をあげたことがあきらかにされている。すなわちこの改革によって、従来節度使が統括していた管内諸州の兵力は分断されて、各州の刺史に属することになり、また節度使にはその後多く貴族・儒臣が任命されて、背反が警戒されるようになったといわれるのである（日野「唐代藩鎮の跋扈と鎮将」四、『支那中世の軍閥』第四章）。

このこと自体はのちのちも問題にするように、唐代藩鎮のありかたを考える場合、注目すべき事実であると思う。しかしそのことから、「藩鎮は両税法創設迄が発展時代、憲宗の改革迄が極盛時代、それ以後が衰退化時代、群雄進占の唐末はいわば変態時代、五代が終焉時代で宋初が死期である」（日野「藩鎮時代の州税三分制に就いて」）という結論がでるとすれば、にわかに賛同しがたいものを感ずるのである。ここに変態時代とされている唐末の変革の必然性を、藩鎮以外のところにもとめることは、もとよりじゅうぶん根拠のあることであるけれども、[2]それでは藩鎮はこの時期の変革になんら関与しなかったと考えることができるであろうか。過渡期における藩鎮の役割を考える場合、とくにこの点に留意しなければならないと思われる。

藩鎮の唐朝にたいする抵抗の中心になったものに、安史の側から投降した諸鎮、魏博・成徳（鎮冀）・盧龍（幽州）のいわゆる河北三鎮がある。これらは唐一代を通じて租税を中央に送らず、官吏をみずから任命し、唐朝支配下にあって、特殊な小王国的存在をつづけたのである。こうした河北三鎮の特殊な伝統は、「河北の旧事」とよばれている。しかしこのような小王国的藩鎮は、一時期には右の三鎮にかぎらず、かなり広範に存在したのである。

安史の乱後の代宗の時代には、三鎮のほかに相衛・平盧（淄青）・山南東道等について、「自ら文武の将吏を署し、貢賦を供せず……皆結びて昏姻を為し、互いに相表裏す。朝廷専ら姑息を事とし、復た制する能わず。藩臣と名づくると雖も、羈縻するのみ」（資治通鑑二二三永泰元年秋七月壬辰条）とあり、代宗の末、徳宗即位の直前には、平盧・魏博・成徳・山南東道にかんして、「相与に根拠蟠結し、朝廷に奉事すると雖も、其の法令を用いず。官爵・甲兵・租賦・刑殺、皆自らこれを専らにす……是を以て中国に在りて藩臣と名づくると雖も、実は蛮族異域の如し」（通鑑二二五大暦十二年末条）といわれる。これら四鎮は両税法施行の翌年反乱をおこしたのであるが、その後盧龍・淮西（彰義）も加わり、山南東道がはやく滅んだほかは、平盧・魏博・成徳・盧龍は一時王を称し、淮西は帝位に即くほどであった。

この大乱を経過した徳宗の時代には、これら諸鎮のほか、唐朝の命をきかない藩鎮はかなり多かったと思われる。

憲宗のはじめ元和二年（八〇七）、李吉甫の撰した『元和国計簿』には、とくに「戸口を申せず」として十五道の名が明記されているが、このうち上供の義務をもたない西北辺境の八鎮を除けば、世襲諸鎮としては、易定（義武）・魏博・鎮冀・范陽（盧龍）・滄景（横海）・淮西・淄青（平盧）の河南北七鎮があげられる（旧唐書一四憲宗紀上元和二年十二月己卯条、唐会要三六修撰、同八四雑録等）(3)。しかしこのほかにも宣武（汴州）・昭義（澤潞）・浙西・西川等が自立していたことは明らかである。これらは唐朝にとって一大敵国を形成しており、唐朝に柔順ないわゆる「順地」（李文公集一「韓公行状」）と区別されて、「反側之地」（韓昌黎集四〇「論変塩法事宜状」、全唐文六四六李絳「論河北三鎮及淮西事宜状」）とよばれたようである。

先述のように、諸鎮の抵抗のもっともはげしかったのは憲宗の時期までだといわれており、憲宗以降世襲に成功し、比較的大きな反乱をおこしたのは澤潞一鎮だけである。これも結局滅ぼされたが、河北三鎮のみは、唐末にいたるまでその特異な地位をもちつづけた。しかしその河北三鎮もまた、唐朝の支配をたおすことはできなかったのである。

初期における藩鎮のはげしい抵抗が、なにゆえ憲宗の時期における唐朝権力の復活、いわゆる憲宗の中興をもたらしたのか、河北の諸鎮はなにゆえ唐朝の支配体制を克服することができなかったのか、しからばどのようにしてそのなかで唐末の争乱が準備されつつあったのか、そして争乱を通して五代にはどのような変化がみられると考えられるであろうか。わたくしは上記諸鎮に例をとりながら、その構造分析を通じて、これらの諸点についてとくに考えたいと思っている。

（1）　ここでは主要な論文の名だけをあげておく。矢野主税「藩鎮親衛軍の組織と性格」、同「牙中軍統制の問題」、周藤吉之「五代節度使の牙軍に関する一考察―部曲との関連において―」、志賀義雄「五代藩鎮構成の拡大過程について―五代王朝の支配構造（続）―」。なお唐代の藩鎮全般について、日野開三郎『支那中世の軍閥』がある。

（2）日野氏は前掲「唐代藩鎮の跋扈と鎮将」の末尾において、「憲宗の改革以後に於ける兵乱の性質変化、即ち匪賊化的傾向に就いては勿論憲宗の改革に関係する所ありと雖も、主として当時の生産関係の欠陥、及び此を補ふ可き社会政策の行詰り等の方面より説明せらる可きものであるので……」といわれ、「唐末混乱史稿」のはじめにおいて、混乱の由来を、憲宗の改革以後の地方鎮防制度の弱体化と、生産関係の矛盾から発生する流民・客戸を収容する兵制の社会政策的役割の破綻にもとめている。

（3）辺境八鎮と世襲七鎮の区別については、通鑑二三七元和二年末条胡注および、日野「藩鎮体制下に於ける唐朝の振興と両税上供」参照。李文公集一「韓公行状」に、「河南北七鎮」とあるのは、右の世襲七鎮を指すのであろう。

二　牙兵の傭兵制と土着性――魏博・澤潞の事例

河南北諸鎮のなかでもとくに興味深いのは、もっとも熾烈な抵抗をおこなった魏博の事例である。

「戸口の衆寡を計って、老弱は耕稼を事とし、丁壮は征役に従う。故に数年の間に、其の衆十万、仍って其の魁偉強力なる者万人を選びて以て自衛し、これを衙兵と謂う。郡邑の官吏は皆自ら署置し、戸版は天府に籍せず、税賦は朝廷に入れず。藩臣と曰うと雖も、実は臣節無し。」（旧唐書一四一田承嗣伝）

これは有名な魏博の牙兵（衙兵）のなりたちをしめしたものである。すなわち管内の戸口をしらべ、農事は老弱者にまかせ、丁壮をあげて兵としたもので、数年の間に十万の兵力をえ、そのなかから一万をえらんで親軍とし、これを牙兵とよんだのである。この中核をなす牙兵は、牙中軍ともよばれ（旧唐書一八一羅威伝）(1)、またたんに中軍（文苑英華九一四　承宣「魏博節度使田布碑」）(2)、あるいは牙内軍ともよばれたようである。これにたいしその他の兵力は、牙外軍とよばれるものであったと考えられる（旧唐書二〇下哀帝紀天祐三年春正月己巳条）[3]。

さてこのような軍隊の構成をみて第一に注意すべきは、それが魏博の小王国的な存在、すなわち唐朝からの分離を前提としていることである。つまり自ら戸籍をおき、官吏を任命し、管内の戸口を独占的に把握していなければ、このような軍隊の編成はできなかったわけであるし、租税収入を節度使の手に集中していなければ、このような軍隊にたいする後述するような「豊給厚賜」は不可能であったわけである。

しかしつぎに注意したいのは、戸籍によって一般戸口のなかから兵を徴集するというやりかたの、伝統的・官僚制的な点である。右のように魏博は一応唐朝の支配にたいし遠心的な動きをしているけれども、それはあくまで分離であって、唐朝の支配原理に対立する別個の構造をつくりだしているわけではない。それは小さな唐帝国であって、このような性格が軍隊の編成のしかたにもあらわれていると思う。

谷川道雄は、安史の乱中河南北におこった有名な顔真卿らの挙兵が、土豪を中核とする民衆の自衛団にささえられたもので、そこには共同体的原理のみならず、それをこえる階層的原理があるとし、さらにそれは乱後の河北三鎮のなかにももちこまれたであろうとのべている（谷川「『安史の乱』の性格について」）。また菊池英夫は、山東においては土豪が唐初より勢力をもち、州県と結託していたと考えられ、府兵制はむしろそのような態勢の上に、開元年間になってはじめておかれたという（菊池「唐代府兵制度に関する一疑問」）。周知のとおり唐から宋への変化は、このような土豪層の成長の結果としておこったものと考えられなければならない。

しかし魏博の軍隊の編成のしかたをみるかぎり、このような階層的関係は少なくとも表面にはあらわれていない。それはやはり個別人身的な、あるいは人頭的な把握であって[4]、その点では旧来の律令制的支配をこえるものではない。もともと唐朝の支配体制は、当初よりある程度の階層関係を包摂していたと考えられるのであって（松永雅生「均田制下に於ける唐代戸等の意義」)、それは玄宗ころにはかなり顕在化したことは事実であるけれども、しかしそれはまだ個別人身的な支配原理の貫徹をさまたげるほど大きくはなかったと考えるべきであろう。

魏博の牙軍と多少情況を異にしているけれども、参照すべきものに澤潞(昭義)の例がある。

「是の時戦余の地に乗じて、土瘠せて賦重く、人ますます困しみ、以て軍士を養う無し。戸ごとに丁男を籍し、三人に其の一を選び、財力ある者は其の租徭を免じ、弓矢を給して、これに令して曰く、『農隙には、則ち曹を分かちて角射し、歳終、吾れまさに会試せん』と。期に及び、簿を按じてこれを徴し、都試して以て賞罰を示し、復たこれに命ずること初めの如し。三年に[及ぶ]ころおい、則ち皆善射す。抱真曰く、『軍用うべし』と。是に於いて部内の郷兵を挙げて、成卒二万を得。前に既に廩より費やさず、府庫ますます実す。乃ち甲兵を繕い、戦具を為りて、遂に山東に雄視す。是の時天下は、昭義軍の歩兵、諸軍に冠たりと称す。」(旧唐書一三二李抱真伝[5])

これは一般戸口を籍して兵を徴した点において、魏博と同様である。しかしこの場合少なくとも初期においては、「郷兵」という語のしめすように農民兵であって、このような兵制をとった動機は、魏博とは逆に財政の貧困にあったのである。魏博の場合記録が簡単で、編成の過程の詳細はわからないから、これと違うとはいいきれないが、澤潞の場合三丁に一丁をとるというやりかたは、やはり階層的原理があらわれているとはいえないであろう。すなわち郷村における土豪の農民支配が、この兵制のなかに直接あらわれてはいないようである。むしろ魏博にくらべて、一層府兵制に近い形をとっているようにさえ思われるのである。

このような農民兵は、藩鎮制度のなかに一貫して存在していたのであって、藩鎮における一般の傭兵、すなわち政府から「春冬の衣并びに家口の糧」を給せられる官健とならんで、それより数は少ないが[6]、農民を徴集して平常は農事にしたがわせ、農閑期に「一身の糧及び醤菜」のみを給して訓練する、いわゆる団結・土団が、これに相当するのではないかと思われる（唐会要七八諸使雑録上、大暦十二年五月十日中書門下状奏）。してみると澤潞の場合は、最初に団結の法をもちい、のちにこれを官健すなわち職業的軍人として採用したものというべきであろう。とすればこのようなケースは、他の藩鎮の場合にも、規模の大小のちがいはあれ、当然あったと考えてよいのではないかと思われる。

元来藩鎮の兵士のうち官健は、開元二十五年（七三七）辺境に長征健児が出現したとき、「諸色征行人内、及び客戸中」から召募するのを原則とし、その家族で辺軍に居住するものには、「田地・屋宅」を与えたのである（唐六典五尚書兵部所引開元二十五年勅）[7]。その後安史の乱中から藩鎮が内地に列置されるようになると。とりわけ反唐朝的な強藩の場合、たとい募兵を原則としても、なんらかの形で在地との関係を緊密にしていったことは想像に難くない。安史の降将を安置した盧龍・成徳・相衛等河北の諸鎮のごときは、いずれも反乱軍時代もっていた領域を、ほぼそのまま安堵されたのである。

ただ魏博の田承嗣だけは、もとやはり魏州刺史だったという説もないではないが（旧唐書田承嗣伝）、おそらくこれは誤りで、睢陽節度使（河南商邱）で留守莫州（河北雄県付近）より降ったか（旧唐書一二一僕固懐恩伝、通鑑二二二宝応元年十一月丁丑および、広徳元年春正月条、新唐書二一〇田承嗣伝）、あるいは河南の鄭州で降ったか（旧唐書二〇〇上史思明伝、旧唐書田承嗣伝）、いずれかであろうと思われる。そこで田承嗣としては、あらたに在地を把握し、軍隊を組織する必要があったのであって、それが上記のような記録となってのこっているのではないかと考えられる。

他方澤潞の場合は、初代李抱玉以来河北諸鎮と反目するあいだがらであり[8]、またその地が右の諸鎮を制圧する位置にあたるところから、これに対抗してとくに兵力の強化が意図されたもようである。あるいは李抱真の脳中には、田承嗣の先例がえがかれていたかもしれない。岑仲勉は、河北三鎮等の乱の原因が兵士の土着にあることを指摘している（岑『隋唐史』一九五七年版、二六八頁、同『府兵制度研究』八一、二頁）[9]。問題は土着のしかたであるが、一たび在地を強力に組織しようとする場合、上記魏博や澤潞のようなやりかたをとらざるをえないところに、この段階の問題があると思う。

藩鎮の土着化とその傭兵的原則とは一見矛盾するようにみえるけれども、傭兵なるものが本来官僚政府の租税収入に依存しており、藩鎮の在地との関連のしかたが上にみたように官僚制的であることに思いいたるとき、両者はけっして相容れぬものではないように思う。魏博にしても澤潞にしても、その兵はむろん官健、すなわち官の傭兵である。魏博の田承嗣があのような牙軍を編成したのは、唐朝に対抗して精強な兵力をつくりあげようとしたからである。そこでとくに中核的な一万の牙軍（牙中軍）の給与を厚くしてこれを優遇し、自己の藩屏としたのである。傭兵的原理に依存する以上、藩帥としては兵力強化のためには、このような方法をとらざるをえないであろう。

その結果魏博は他鎮のおよばぬ強力な藩鎮となったが、反面藩兵は父から子へと世襲されてゆき、特権的な集団を形成したことが注意されなければならない。はじめ一般のなかから「魁偉強力」を基準としてえらばれたものが、やがて魏博における特権的階層となったのである。

「魏の牙中軍なる者は、至徳中田承嗣が相・魏・澶・博・衛・貝等六州に盗拠してより、軍中の子弟を召募して、これを部下に置き、遂に以て号と為す。皆豊給厚賜、寵に驕るに勝えず。年代ようやく遠く、父子相襲い、親党膠固たり。其の兇戻なる者、彊買・豪奪、法を踰え令を犯し、長吏禁ずる能わず。主帥を変易すること、児戯に同じきあり。史憲誠・何進滔・韓君雄・楽彦禎の如き、皆其の立つる所と為る。優奨小しく意の如くならざれば、則ち族を挙げて害せらる。」（旧唐書一八一羅威伝）

これは当時のことばに「驕兵」といわれるものの実態である。兵力強化の方法が給与を厚くしてこれを優遇するという方法をとるところに、驕兵を生ずる理由がある。兵士の行動は給与によって左右されるから、一たび給与の確保について危惧が生ずれば、藩帥の地位はただちに不安定なものにならざるをえない。河北の諸鎮は「河北の旧事」というなかば独立的な地位を獲得しながら、藩帥の世襲はかならずしも成功せず、しばしば部下の兵士によって廃立され、たとい世襲であっても、多くが兵士の擁立によるか承認をえるかしなければならなかったのは、以上の理由によるのである。そこには兵力を強化して唐朝からの分離をくわだてながら、恒久的な秩序をつくりえない不安定さがあったのである。

（1）旧五代史二一符道昭伝に「牙軍中軍」とあるものは、冊府元亀三六〇将帥部立功の同文によって「衙中軍」、すなわち「牙中軍」とすべきである。
（2）なお魏博節度使田悦や史憲誠の旧職は、「中軍兵馬使」ないし「中軍都知兵馬使」といわれる（旧唐書一四一および一八一本伝）。
（3）ここに唐末羅紹威が牙軍を掃討した記事があり、そのなかに「衙内親軍八千人」「魏博衙外兵五万」の語がある。
（4）この概念については、木村正雄「中国の古代専制主義とその基礎」参照。
（5）旧李抱真伝では、「郷兵」の「兵」の字が欠けているが、冊府元亀四一三将帥部召募の同文によって「郷兵」とするのが正しい。右文によれば、初代李抱玉卒し、従父弟抱真が留後となってから、新しく兵を編成したように記されているが（新唐書一三八李抱真伝同じ）、通鑑二二三永泰元年春正月戊申条では、李抱玉在世中、抱真が節度副使としておこなったように記される。
（6）日野「唐代藩鎮の跋扈と鎮将」三によると、盧龍管下雄武軍の官健八百人、土団五百人、昭義管下青龍寨の官健千人、土団五百人であったという。これらはいずれも外鎮であるが、外鎮にあっては土団はかなり重要な地位を占めていた。
（7）同じ記事は、冊府元亀一二四帝王部修武備開元二十五年五月癸未詔にも載るが、六典とくらべると、冊府元亀所収の文には省略があるらしい。諸色征行人とは、府兵制の崩壊後、長征健児の確立にいたる過渡期におこなわれた諸種の兵制を指すものであろう。玉井是博「唐代防丁考」、日野「大唐府兵制時代の団結兵に就いて」、菊池英夫「唐代兵募の性格と名称とについて」参照。

（8）河北諸鎮を安堵した僕固懐恩は、李抱玉・辛雲京（河東節度使）らと反目して自滅する。前章参照。

（9）岑仲勉の説は、李泌『鄴侯家伝』が、兵士の乱の原因を、兵士が土着せず、家族への心配がないことに帰したのを反論したものである。

三　節度使の厚賜と驕兵——宣武・徐州の事例

以上に魏博の牙軍の例を主として引いたのであるが、魏博の牙軍（牙中軍）はあまりにも有名であったため、その名称は当時あたかも固有名詞であるかのようにあつかわれたきらいがある。(1) しかしいうまでもなく、牙軍は本来藩鎮の親軍をいみする普通名詞である。(2) 牙軍の牙の原義は猛獣の爪牙であり、ついで牙旗、すなわち大将の軍営の前に建てる旗じるしを指すにいたったといわれる。地方の刺史は元来武官であったから、その役所のことを牙門（衙門）というようになった。(3) 節度使の政治をとるところが使牙であり、牙軍とは使牙を守る兵隊のことである。(4) 城市のなかで牙門・使牙のあるところは牙城であったから、牙軍が他の兵に異なる重要な点は、日夜牙城に当直する任務をもっていたことであると思う。(5) 要するに牙軍とは、節度使の旗本軍、親衛隊であり、あらゆる節度使の兵力は牙軍を中心に構成されていた。なかんずく強大藩鎮にあっては、とくに精鋭をすぐって牙軍にあて、これを優遇していたことも魏博と同様であったと思われる。

「初め李希烈淮西に拠り、騎兵の尤も精なる者を選んで、左右の門槍・奉国四将と為す。歩兵の尤も精なる者は、

左右の克平十将と為す。淮西には馬少なく、精兵皆騾に乗り、これを騾軍と謂う。」（通鑑二三二貞元三年春正月条）

これは淮西の牙軍にあたる騾軍（騾子軍）の由来をしめしたものである。騾軍は李希烈にはじまり、呉元済のとき淮西が滅亡するまでつづいた（旧唐書一四五呉元済伝）。

盧龍にあっては、朱滔はじめ節度使朱希彩と同姓であったため重んぜられたのであるが、つねに朱希彩の「腹心の親兵を将」いたといわれ（旧唐書一四三朱滔伝）、また「張下の親兵を主る」といわれ（新唐書二一二同伝）、あるいは「衙内の兵を主る」といわれるから（旧唐書二〇〇下朱泚伝）、この「衙内兵」は魏博の牙中軍に相当すると思われる。横海節度使李全略は、その子同捷をして「中軍の兵馬を主」らせたといわれるが（旧唐書一四三李全略伝）、この「中軍」も李全略の親兵をいみし、李同捷の職は魏博等でいう「中軍兵馬使」にあたると考えられる。なお時にはその権勢が節度使以下の武将をしのいだ監軍使も、自己の牙軍をもつことがあったもようである。[6]

親衛軍がいわゆる「驕兵」となり、しばしば節度使の廃立をこととする現象も、唐代には広範に存在した。以下に比較的記録のまとまった例を二三あげて、実情をうかがいたいと思う（趙翼『二十二史箚記』二〇「方鎮驕兵」参照）。まずつぎに掲げる二つの文章は、宣武軍の状態をしめしたものである。

㈠「初め玄佐軍士を遇すること厚く、士寧懼れて復た加うること厚し。万栄に至りては士寧の志の如し。韓・張の乱に及び、又厚きを加えて以てこれを懐かしむ。惟恭に至りて、毎に厚きを加う。故に士卒驕りて禦ぐ能わず。則ち腹心の士を置いて、公庭の廡下に幕し、弓を挟み剣を執りて以て須つ。日出でて入れば前者去り、日入りて出ずれば後者至る。寒暑の時至れば、則ち労を加えて酒肉を賜う。公至るの明日、皆これを罷む。貞元十二年（七九六）七月なり。」（韓昌黎集三七「贈太傅董公行状」）

㈡「玄佐、性豪侈にして、財を軽んじ義を重んじ、厚く軍士を賞す。故に百姓ますます困しむ。是を以て汴の卒、

表Ⅰ　穆宗以前宣武軍藩帥交代表

張獻誠　寶應元(762)	田神功　廣德2(764)	田神玉　大曆9(774)	李靈曜　大曆11(776)
李忠臣(董秦)　大曆11(776)	李勉　大曆14(779)	劉玄佐(洽)　建中2(781)	劉士寧　貞元8(792)
李萬榮　貞元9(793)	董晉　貞元12(796)	陸長源　貞元15(799)	劉全諒(逸準)　貞元15(799)
韓弘　貞元15(799)	張弘靖　元和14(819)	李愿　長慶元(821)	韓充　長慶2(822)
令孤楚　長慶4(824)			

李忠臣に始まり、玄佐に訖るまで、日にますます驕恣、多く忖帥を逐殺し、利を以て剽刧す。」（旧唐書一四五劉玄佐伝）

(二)の劉玄佐伝によれば、汴州の「驕兵」が李忠臣にはじまるように書かれているが、汴州がこの地方の重鎮になったのはそれよりはるかに古い（表Ⅰ参照）。安史の乱がはじまったとき、河南節度使をこの地においたことがあるが、乱後汴州で投降した張献誠をそのまま安堵し、河南節度使を復活させて汴州に治せしめた。その後、安史管下の平盧軍（知所営州）をひきいて唐朝に通じ、内地に転戦していた田神功・田神玉兄弟があとをついだ。田神功が死んだとき、それを聞いた汴宋の防秋の兵が、倉庫を略奪して郷里にかえったといい（通鑑二二五大暦九年二月庚辰条）、田神玉の死後、都虞侯李霊曜が兵馬使孟鑒を殺して乱をおこしたのであるから（通鑑二二五大暦十一年五月条）、「驕兵」の起源もやはり李忠臣以前にさかのぼるであろう。

李霊曜の乱平定後、河南節度使を解体し、汴州をきりはなして淮西節度使に従属させ、その知所を汴州においた。これが李忠臣の時代である。大暦十四年（七七九）かれが虐政によって李希烈に逐われたため、淮西節度使を蔡州にもどし、永平節度使（知所滑州）であった李勉が汴州刺史を兼ねた。そして汴州は永平節度使の知所となった。李勉が死んだのち、建中二年（七八一）正月、宋州刺史であった劉玄佐があとをつぎ、二月はじめて宣武軍と号したが、その知所ははじめ宋州にあったもようで、興元元年（七八四）にいたって宣武軍は汴州にうつった。それゆえ厳密にいえば、宣武軍は劉玄佐のときにはじまるのである。上記の改廃をへた汴州の地位も、ここにいたって確立したといえよう。

㈠の文章は、韓愈の書いた董晋の伝であるが、董晋は宣武藩鎮の外部より任命されたもので、韓愈はその幕下の観察推官の職にあったのである。これによると、董晋のとき「旧事」を廃したようにしるされているが、董晋の死後後述するような兵士の乱がおこって、それが復活したことはうたがいない。なお「旧事」という語は河北三鎮のみならず、宣武においても使われている（旧唐書一四五董晋伝）。宣武においても兵士の廃立、それによる節度使の継承が慣行化していたからであろう。

宣武の兵力は、劉玄佐のとき増強して十万となり（前掲「董公行状」、韓昌黎集三二「贈太尉許国公神道碑銘」）、韓弘のときにいたるまでその兵力を維持したようである（旧唐書一五六韓弘伝）。韓弘は貞元十五年（七九九）より元和十四年（八一九）に入観するまで、二十年余にわたって汴州にあり、「四鎮の征賦、皆己が有と為し、未だ嘗て上供せず、私銭百万貫、粟三百万斛、馬七千匹あり、兵械是に称う」（前掲韓弘伝）といわれている。

これによって兵力の維持が可能であったわけであるが、そのうち一部がとくに厚遇をうけて、牙内に出入し、宿衛にも任じたようである。旧唐書一四五李万栄伝に、李万栄が劉士寧を逐って立ったとき、「万栄晨に士寧の廨舎に入り、其の留むる所の心腹の兵千余人を召す」といい、また「既に親兵と内に約し、又各営の兵を外に召す」といわれる。ここでは親兵と各営の兵とが対比されている。また旧唐書一五六李質伝によれば、長慶年間、韓充が汴州に赴任する直前の記事に、

「使衙の牙兵二千人、皆日に酒食を給し、物力これが為に損屈す。」

とある。これによって親衛軍（使衙の牙兵）の兵力と、その特権的地位が長慶年間にいたるまでつづいたことを知るのである。すでに韓弘のとき、「兇卒」三百人ばかりが殺されたといわれるが（前掲韓弘伝）、韓充にいたって千余人が殺され（旧唐書一五六韓充伝）、宣武の「驕兵」の歴史はここで終焉するのである。

牙軍にたいしては、恒常的な給与（これももちろん一般兵士より多かったと推測される）のほか、日々の饗応がおこなわれている。憲宗の前期に勢力のあった澤潞の盧従史は、「日に三百人の膳を具えて、以て牙兵に餉」したといわれる。のちに引く徐州武寧軍の例にも、毎日三百人ずつ守衛したといわれるから、三百人という数は、牙軍の当直人数として標準的なものなのであろう。さきに一言したように、当直は牙軍のもっとも重要な任務であった。そして饗応はこれら宿日直の兵員にたいしてあたえられたものと考えられる。

またそのほかの兵士たちにはしばしば臨時の賜与がおこなわれたが、とくに藩帥が交替したり、廃立されたりするとき、そのことがいちじるしかった。つぎはやはり宣武の例である。

「旧例に、使長薨ずれば、布帛を三軍に放散して服を制せしむ。是に至りて人びと服を請う。長源初め固く允さざるも、軍人これを求めて已まず。長源等議して其の布直を給するに、叔度其の塩価を高くして布直を賤くすれば、人ごとに塩三二斛を得るに過ぎず。軍情大いに変ず。或るひと長源に勸む、故事大変あれば、皆三軍を賞し、三軍乃ち安んずと。長源曰く不可なり、我れをして河北の賊に同じくし、銭を以て健児を買いて旌節を取らしむるやと。兵士怨み怒ることいよいよ甚だし。乃ち長源及び叔度等を執え、臠してこれを食らい、斯須にして骨肉糜散す。」

陸長源は董晋の行軍司馬で、董晋のときには実際はかれが政治をおこなっていた。これは董晋が死に、陸長源が代わろうとしたときのことである。これによると、宣武では節度使が死ぬたびに、布帛を三軍にあたえて服をつくらせるのがつねであったという。また「大変あれば」というのは、多く節度使の廃立の場合であるが、そのたびに新任の節度使は、とくに賞与をあたえて軍隊の歓心を買ったのである。このようなことは個々の節度使等の伝をよめば、唐代の藩鎮ではひろくおこなわれていたことがわかる。陸長源の一派はこれらの「旧事」を廃止しようとして、反乱のなかに殺された。こうして節度使の行動が、軍の既得権にたいする圧迫としてうけとられた場合には、ただちに軍はたちあがって、つぎつぎと自分たちの主人を代えたのである。

　つぎに徐州武寧軍の例をみよう。

㈠「初め王智興の徐州を得るや、兇豪の卒二千人を召募して、号して銀刀・鵰旗・門槍・挟馬等の軍と曰い衙城に番宿せしむ。自後ようやく驕り、節度使姑息に暇あらず。田牟徐に鎮する日、毎に驕卒と雑坐し、酒酣にして背を撫し、時に板を把りてこれが為に唱歌す。其の徒日に万計を費やし、賓宴あるごとに、必ず先に食に厭き酒に飫かしめ、祁寒・暑雨にも、巵酒前に盈つ。然れども猶諠譟邀求し、ややもすれば帥を逐わんことを謀る。」

（旧唐書一九上懿宗紀咸通三年七月条、冊府元亀四〇一将帥部行軍法）

㈡「徐州の将士、王智興より後、驕横制し難し。其の銀刀都、父子相い襲い、毎日三百人守衛する者、皆露刃して両廊夾幕の下に座し、稍ゝ意の如くならざれば、相顧みて飲食の間に笑議し、一夫号呼すれば、衆卒相和す。節使懦怯多く、乱を聞けば則ち後門より逃げ去る。」（唐語林二政事下）

上にのべたように宣武軍の「驕兵」は長慶のころ滅亡したが、河北三鎮以外の強藩が勢力をもっていたのは、大体この時期までであった。しかしこの徐州の「驕兵」がつくられたのは、反対に長慶年間からである。このころ憲宗の中興によって一時「旧事」を徹した河北三鎮が、あいついで反乱をおこして旧にかえったが、徐州節度副使であった王智興は、河北討伐軍をひきいて徐州にかえり、これを占拠したのである。

右史料㈠によると、王智興が召募した兵力は二千人、銀刀・鵰旗・門槍・挟馬等の名称をもってよばれたというが、旧唐書一六四王式伝には、「銀刀等七軍」とあって、銀刀以下七つの部隊にわかれていたことがわかる。また冊府元亀四一三将帥部召募に、「王智興、太和中徐州節度使と為り、奏請して新たに子弟一千八百人を招く」とあるのは、兵力が一千八百人とされているが、やはりこのときのことをしめすものであろう。(7)「子弟」という語は、「子弟兵」「子弟義軍」「山河子弟」等として、この時代の藩鎮の史料に散見する語であるが、そのいみを厳密に規定することはむずかしい。しかし「子弟」という語はなんらかの在地の「父兄」と関係あるであろうし、そのうえ「奏請新招」ということばがあることからして、これらの精兵は、武寧軍管下の一般民衆のなかから、あらたに徴募されたものと考えることができよう。

王智興のとき徐州の全軍は三万といわれている（旧唐書一五六王智興伝）。一千八百人ないし二千人はその一部であって、㈠の史料に「番宿衙城」とあるように、これが一般に牙内軍の名でよばれるものに相当することはまちがいない。かれらが毎日三百人ずつ宿衛することは㈡の方にしめされているが、その「皆露刃して、両廊夾幕の下に坐す」という状態は、さきに宣武軍について、「公庭の廡下に幕し、弓を挟み剣を執りて以て須つ」と伝えられる状況とそっくりである。またそれらが「父子相承」けて特権的な集団となったことは、魏博の牙中軍が「父子相襲い、親党膠固」となった状態と同様である。

王智興は埇橋の塩鉄院の貨幣や、汴河を通る進奉や商人の貨物を略奪し、通商の要地である管内の泗口に課税して用度にあてたといわれる（前掲王智興伝）。また泗州に戒壇を設けて僧尼を私度し、各人から二緡ずつ徴収したが、誅求にくるしむ江淮の百姓が淮をわたって殺到したことは有名な話である（李衛公別集五「王智興度僧尼状」）。これらの収入によって、銀刀軍らはあつく酬いられたことと思われる。

兵士らが日々の饗応をうけたこともやはり宣武軍と同じで、かれらは「日に万計を費」やしたといわれるが、徐州においてはその饗応の際、節度使の田牟が兵士の仲間に加わって、その背を撫し、板をとって歌ったというような状態さえつたえられている。そのようにして兵士の機嫌をとらなければならなかったわけである。その結果すでに初代の王智興からして、節度使は代々兵士に廃立される状態であった。やがてその反動がきて、唐末も近づいた咸通三年（八六二）、節度使王式の攻勢によって銀刀軍らは潰滅することとなった。しかし徐州の歴史はこれで終わらなかった。そのとき討ちもらされた兵士らが逃亡して賊となり、この地方は騒然たる情勢となって、咸通九年における兵士と農民の反乱、龐勛の乱をひきおこし、黄巣の乱への道をきりひらくことになった（谷川道雄「龐勛の乱について」）。ここには宣武等の場合とくらべて、時代の相違が反映されている。

以上の諸例にあきらかなように、強大藩鎮においては、はじめ節度使が唐朝に対抗して自己の勢力を強化するために、兵士なかんずく親衛軍の給与を厚くしてこれを優遇したのであるが、それはかえって兵士の勢力を強大ならしめて、その統御を不可能にし、藩鎮内部における節度使と兵士との深刻な対立を来したのである。それゆえ節度使の藩鎮支配はつねに不安定であり、唐朝の中央権力から独立した支配秩序をつくることはほとんど不可能であった。以下このような藩帥と兵士との関係の推移、藩帥交替の実情をより具体的にたどるため、ふたたび魏博にたちもどってみたい。

（1）　上に引いた旧唐書羅威伝の記事のなかに、「遂に以て号と為す」とある。宋史二五九張瓊伝に、「張瓊、大名館陶の人、世〻牙中軍と為る」とあるのは、唐代の牙中軍が滅んだのちのことであるが、大名は魏州であるから、この「牙中軍」が往時の魏博のそれを指したことはあきらかである。

（2）矢野主税「藩鎮親衛軍の組織と性格」は、後述するように口野氏の説を批判したものだが、その論点の一つに、牙中軍が普通名詞か固有名詞かという問題があるようである。

（3）これらのことは唐宋の諸書に論ぜられている。たとえば資暇集中押牙の条、封氏聞見録五公牙の条、新珩璜論古字通用の条、能改斎漫録三牙門の条、斉東野語一〇牙の条、事物紀原三牙門、同九牙旗の条等。曾我部静雄『宋代財政史』一〇三頁にもこのことが論じられている。

（4）通鑑二四四太和四年二月乙卯条胡注に、「節度使の居る所を使宅と為し、治事の所を使牙と為す」といい、同書二四〇元和十二年五月庚辰条胡注に、「牙隊とは、節度使牙衛従の隊、猶お今の簇帳部のごとし」とあり、同書二六六開平元年春正月条胡注にも、「余謂えらく、牙兵は以て府牙を衛ると」とある。

（5）後述する徐州の銀刀軍等について「番宿衛城」とあり（旧唐書一九上懿宗紀咸通三年七月条）、魏博の牙軍が滅ぼされたときは牙城の内外が急襲されたといわれる（旧唐書一八一羅威伝、旧五代史一四羅紹威伝）。

（6）白氏長慶集四一「論太原事状三件」によれば、宦官劉貞亮（倶文珍）は汴州監軍のとき、「自ら親兵数千を置く」といわれ、通鑑二四八会昌四年八月戊申条の李徳裕の言に、「毎軍各ゝ宦者の監使と為るあり、悉く軍中の驍勇数百を選んで牙隊と為す」とあり、同書二四二長慶二年二月甲子条に、「又諸節度既に監軍あり、其の偏軍を領する者も亦中使を置いて監陳（陣）す。……悉く軍中の驍勇なる者を擇んで以て自衛し、羸懦なる者を遣りて戦いに就かしむ」とある。矢野「唐代監軍使制の確立について」によれば、一鎮に監軍あり、その下の毎軍に監使があったであろうという。

（7）この文には「太和中」とあるが、王智興は長慶二年より、太和六年まで徐州にあった。「王智興、太和中徐州節度使と為る」という文言は、冊府元亀の叙述の形式からして、編者が書きくわえたもので、原史料の文ではないから、厳密に考える必要はない。

四　魏博節度使交替の実情

魏博の牙中軍の「驕兵」ぶりについてさきに引用した史料には、「年代寖く遠く、父子相襲い、親党膠固……主帥を変易すること、児戯に同じきあり」とあって、そこに主帥変易の事例としてあげられた史憲誠・何進滔・韓君雄・楽彦禎らは、いずれも後半期の節度使であることが注目される。[1] 事実子細に検討するとき、節度使と兵士との関係は、魏博の場合初期と後期とではかなりの相違がみとめられるのである。その点を考察するために、まず魏博における節度使交替の実情を表示しよう（表Ⅱ）。

表Ⅱ　唐代魏博藩帥交代表

	藩帥名	出身・続柄	前職	継承年月	継承の事情
1	田承嗣	平州の人	盧龍の裨校	廣徳元（763）・閏	史朝義より降る
2	田悦	承嗣の姪	中軍兵馬使	大暦一四（779）・二	承嗣、悦を指名し、諸子をして佐けむし
3	田緒	承嗣の子	兵馬使（主牙軍）	興元元（784）・三	悦及び左右を殺し、将をして擁立せしむ
4	田季安	緒の子	節度副大使	貞元一二（796）・四	緒死する時年十五、左右及び軍人擁立
5	田懐諫	季安の子	節度副大使	元和七（812）・八	年十一、母元氏、諸將を召して立たしむ
6	田弘正（興）	承嗣の従兄弟の子	牙内兵馬使―歩射都知兵馬使	同右	朝命至らず、軍中不安、牙兵数千擁立
7	李愬	隴右の人	昭義節度使	元和一五（820）・一〇	田弘正成徳に移り、李愬他鎮より入る
8	田布	弘正の子	涇原節度使	長慶元（821）・八	成徳軍乱れ弘正を殺す、李愬病む、布を任命
9	史憲誠	奚出身、靈武建康の人	中軍都知兵馬使	長慶二（822）・正	成徳討伐失敗により、諸軍舊事により擁立

10	何　進　滔	靈武の人	牙内都知兵馬使	太和三（829）・六	憲誠府庫を竭して河中に移らんとす、将士之を殺して擁立
11	何弘敬（重順）	進滔の子	都知兵馬使	開成五（840）・一〇	進滔死し軍中擁立
12	何　全　皥	弘敬の子		咸通七（866）・六	弘敬死し軍中擁立
13	韓允忠（君雄）	魏州の人	魏の裨將	咸通一一（870）・八	全皥將士の衣糧を減ず、將士之を殺して擁立
14	韓　　簡	允忠の子	節度副使	乾符元（874）・一一	允忠死し軍中擁立
15	樂彦禎（行達）	魏州の人	澶州刺史	中和三（883）・二	簡、亂に乗じ河陽を討ち敗る、軍中擁立
16	羅　弘　信	魏州景郷の人	牙　將	文徳元（888）・二	彦禎の子從訓牙軍と対立、衆趙文玠を立て、又殺して擁立
17	羅　紹　威	弘信の子	節度副使	光化元（898）・九	弘信死し軍中擁立
18	羅　周　翰	紹威の子	節度副使	開平四（910）・五	紹威死し世襲

表のしめすとおり、前半期の藩帥の地位は田氏一族によって占められている（表Ⅲ参照）。もっともその継承が順調におこなわれたわけではない。田承嗣は十一人の子をさしおいて姪の田悦を後継者に指定して問題をのこし、田緒による悦の殺害という事件を生じた。しかしその殺害の事情をみても（旧唐書一四一田緒伝）、また田緒から季安・懐諫への継承の事情をみても（旧唐書一四一田季安伝）、前期における藩帥交替の主導権は、ほぼ節度使自身ないしその左右腹心の側にあったとみてよいと思われる。けれどもその際かれらが、軍の支持をえるために努力したことは否定することができない。

かかる支持を必要とした第一の理由は、唐朝にたいする戦いのなかで、直接兵士の協力を必要としたからである。田承嗣と悦の時代は、魏博の勢力が確立し発展した時代である。承嗣が悦を後嗣にえらんだのも、中軍兵馬使であった悦の軍事的才能を信頼したからだと考えられる。悦が立ってまもなく、唐朝は両税法を施くために黜陟使を派遣し、魏博の軍七万のうち四万を削減しようとはかったが、田悦はこの機に乗じ、家財を出して兵士にとりむすんだといわれる（旧唐書一四一田悦伝）。魏博が一時期唐朝側の軍勢を一手にうけて苦境に立ったとき、田悦は諸将と兄弟の義をむすび、富民の財産を出させ、府庫の所有とあわせて大規模な賜与をおこない、将士の協力をえて難局をきりぬけたのである（新唐書二一〇田悦伝）。

つぎに唐朝との和平が成立してからは、藩帥たちはその継承について唐朝の承認をえ、正式に節度使の官位を授けられるため、兵士たちの支持を必要とした。田緒以下懐諫にいたるまで、世襲を策したのは実際にはその左右や母親であったようであるが、かれらが軍人の擁立という形式をとったのは、かかる形式をとることによって、比較的簡単に唐朝の承認をえられる事情があったからである。兵士による節度使の擁立を唐朝側が承認しなければならなかったのは、すでに安史の乱中からのことであり、資治通鑑は、節度使の軍士による廃立が、乾元元年（七五八）十二月平盧節度使侯希逸の擁立承認にはじまることを指摘している（通鑑二二〇同年同月条）。乱中から乱後にかけて、弱体な唐朝は節度使の擁立を承認する慣例をつくりあげたのであって、したがって節度使としては、ことさらに兵士の支持をもとめて、唐朝側に圧力をかけることになったわけである。

表Ⅲ　魏博田氏世系

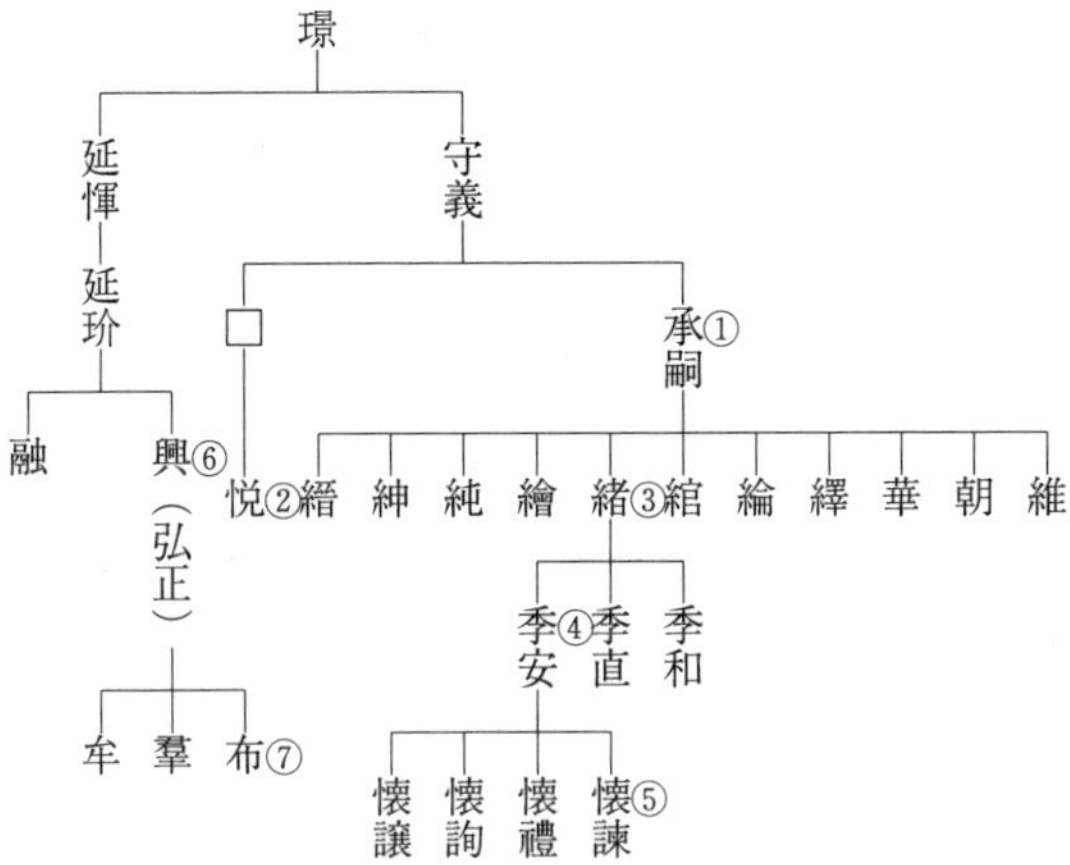

さて田季安が死んだとき、妻の元氏はその子懐諫を立てるために、やはり将士の支持を要請した。ところが懐諫が年少で立つと、家僮の蒋士則というものが権力をにぎって将士たちを圧迫し、そのため軍中の不満が昂じていた（元氏長慶集五二「沂国公魏博徳政碑」、旧唐書一四一田季安・田弘正伝）。

そのうえすでに元和七年（八一二）のことではあり、側近の思惑どおりに唐朝の承認をえることはできなかったのである。そこで「朝命久しく未だ至らず、軍中不安」（通鑑二三八元和七年八月条）という情勢が生じ、将士は懐諫をすてて田興（弘正）を擁立した。田弘正は自らすすんで節度使になる気はなかったのであって、ここにはじめて兵士の側が主導権をにぎって、積極的な廃立をおこなうようになったのである。

田承嗣から懐諫にいたるまで、これら節度使の政策は、兵士の支持をもとめながら、唐朝の集権力に対抗して魏博の世襲をはかることにあった。田弘正の擁立は、このような政策が、内部では兵士との対立から、外部では唐朝の強硬策によって、破綻を余儀なくされたことをしめしている。田弘正の父廷玠は田承嗣の従兄弟で、田悦の節度副使であったが、建中二年（七八一）における悦の抗戦に反対して引退したものである（旧唐書田弘正伝）。このような対立は諸鎮にあったもようであるが、魏博における田氏支配の危機は、こうした和平派の家柄をふたたび浮きあがらせたのである。弘正はさっそく管内六州の地図に人民・軍士・吏員の籍をそえて唐朝に献じ、幕僚を中央よりもとめ、元和十四年（八一九）には自ら入朝するなどして、「河北の旧事」を撤廃した（前掲「沂国公魏博徳政碑」）。この魏博の変化は河北の一角を崩し、ひいては憲宗朝のいわゆる「中興」をうながす結果となったのである。

しかしこのような政策とそれがもたらした結果は、田弘正を擁立した軍士たちの気持ちとは、おのずから違ったものであったことが注意されなければならない。田弘正の側からすれば、藩帥の世襲にたいする兵士の発言権をたえず懼れており、そのために一層中央化をおしすすめたのであろう。その兄弟子姪はことごとく唐朝の官僚貴族と化し、長安・洛陽にあるものは数十人におよんで、日に二十万の銭を消費し、そのためさかんに河北の富を運び出したことが将卒の不満をまねき、のちに反乱の原因になったと伝えられている（旧唐書田弘正伝）。

弘正入朝の翌年（元和十五年）穆宗が立つと、はじめて河北の藩帥の移動をおこない、田弘正を成徳に移し、魏博に李愬を、盧龍に張弘靖を、いずれも外部からおくりこんだ。しかし翌長慶元年ただちに盧龍・成徳で兵士の反乱がおこったので、唐朝は魏博に弘正の子の布を任命して、乱を未然に防ごうとした。[2] しかるに布は、自分の俸禄と魏中の旧産をいっさい将士にわかってその忠誠を確保しようとしたにもかかわらず（旧唐書一四一田布伝）、成徳出兵に失敗したうえ、多額の戦費を魏博の負担でまかなったため（文苑英華九一四承宣「魏博節度使田布伝」）、結局不満が爆発して史憲誠が擁立され、旧事をまた復活させたのである。

太和三年（八二九）唐朝はまたも史憲誠を河中に移し、相・衛・澶三州をわかって別に節度使を任命し、回復をはかろうとしたが、憲誠が府庫の財をさらって出発しようとするにおよび、ふたたび反乱がおこって何進滔を擁立した（通鑑二四四太和三年六月辛酉、癸酉および甲戌条）。唐朝はなおもあきらめず、何進滔が死んだとき、子の弘敬に帰朝をうながしたが成功せず（旧唐書一八一何進滔伝）、河北の旧事はついに破れなかったのである。その後弘敬の子の全皡が「驕暴殺を好む」といわれ、将士の衣糧を削減したところからまた反乱がおこり、韓君雄が擁立されたが、この韓君雄以後の節度使が、いずれも在地魏州の出身である点が注目される（新唐書二一〇何進滔伝、通鑑二五二咸通十一年九月庚戌条）。

以上の説明によってわかることは、第一に、兵士の反乱は直接に給与の削減によっておこるばかりでなく、藩帥が唐朝とむすびついて、府庫の財源を消費することからしばしばおこっているということである。兵士の「豊給厚賜」は、唐朝からの分離による租税収入の独占、すなわち「河北の旧事」によって保証されている。この「旧事」は田承嗣や田悦ら、初期の藩帥によって確立されたものであるが、後期においては、この体制を維持したのが兵士であったことがしめされている。

第二に藩帥の側についてみると、藩帥は廃立の主導権をまったく兵士の側ににぎられているのである。史憲誠・何進滔はまだ田氏時代に任用された武将で、進滔のごときはかれの時代になって魏に客となった人であったが、韓君雄以後が魏州出身であることは、牙軍の仲間から藩帥が出るようになったことをしめすものであろう。

興味深いのは、羅弘信がえらばれたときの事情である。

「是れより先隣人あり、密かに弘信に謂いて曰く、それがし嘗て夜一りの白き鬚の翁に遇うに、相い告げて云う、『君まさに土地の主と為るべし』と。是の如きこと再三、弘信竊かにこれを異しむ。文玠を廃するに及び、軍人聚り呼びて曰く、『孰か節度使と為るを願う者ぞ』と。弘信即ちにこれに応じて曰く、『白鬚の翁つとに以て我れに命ず』と。衆乃ち環りてこれを視て曰く、『可なり』と。是れに由りてこれを立つ。」(旧唐書一八一羅弘信伝)

節度使の地位は兵士たちにとって、旧来の魏博の体制を維持し、「豊給厚賜」を保証するものとして必要だったのであり、したがってそれとひきかえに売買されえたのである。

こうして擁立された節度使は、兵士たちの分離にたいする要求を組織し、これを支配する秩序を自らつくりあげる力をもつわけがなく、唐朝の官僚体制をつき破ることはとうていできなかったのである。それゆえ宰相李徳裕が、

「河朔の兵力強しと雖も、自立する能わず。須らく朝廷の官爵・威命を藉りて、以て軍情を安んずべきなり。」(通鑑二四八会昌四年八月条)

といったということは、さすがに慧眼であるというべきであろう。

ここにいたって藩帥たちの関心は、むしろいかにして牙兵を統御するかという点にむけられたのである。すでに何進滔は史憲誠を殺した牙兵中の有力者を誅殺したという伝えがあるが、真偽のほどはあきらかでない。(3) 楽彦禎が立ったとき、その子の従訓は五百余人の亡命の徒をおき、子将とよんで腹心とし、牙兵と対立したといわれる。その結果従訓はおそれて外部にのがれ、六州都指揮使兼相州刺史となったが、兵器や銭帛をさかんに運びだしたため牙兵の疑

惑をうけ、彦禎のかわりに趙文玠が擁立された。[4] 従訓は朱全忠の援兵をえて城下にせまったが、文玠が出兵しなかったので、牙兵はまた文玠を殺して羅弘信を立て、従訓の軍をうち破ったのである（旧唐書一八一羅彦禎伝）。

羅弘信の子羅紹威のときには、牙将李公佺の乱がおこった。これより紹威はいよいよ牙兵をおそれ、かねて関係をむすんでいた朱全忠の援けをえてこれを滅ぼそうとした。たまたま紹威の妻となっていた朱全忠の娘が死んだので、全忠はその葬儀に藉口して親兵千人をおくりこんだ。かれらは武器を嚢中にかくしてもちこみ、一夜紹威の奴客数百としめしあわせて牙城の内外を急襲した、これによっておよそ八千人の牙中軍とその家族、それに州外にあった二万ないし五万の牙外軍が掃討されたといわれる（旧唐書一八一羅威伝、旧五代史一四羅紹威伝）[5]。

以上のように魏博の半自立的体制は、牙兵の力で唐末まで維持されたのであるが、その牙兵も宣武や武寧等と同様、ついに誅滅の運命をまぬがれなかったのである。しかし魏博の半自立性は牙兵によって維持されていたのであるから、その誅滅の結果、魏博は新興朱全忠勢力の前にまったく無力となってしまったのである。

（1）矢野主税「牙中軍統制の問題」は、牙中軍が「驕恣」になるまでには、団結するだけの年代が経っている点を指摘している。

（2）憲宗中興にたいする長慶元年の反動は、河北だけでなく、派遣兵士の間にもおこった。前期徐州王智興のほか、淄青においてもおこっている。旧唐書一二四薛平伝。

（3）新唐書二一〇何進滔伝にこのことを載せるが、通鑑二四四太和三年六月甲戌条は、これが柳公権の徳政碑の賛辞にすぎないとして採用していない（考異参照）。

（4）趙文玠は旧五代史一四羅紹威伝には趙文建とある。

（5）牙外軍の兵力は、旧五代史の伝に二万とあるが、旧唐書二〇下哀帝紀天祐三年春正月条には五万とする。

五　節度使の私兵・家兵とその役割

以上に私は藩鎮兵力の中核をなす牙軍について考察してきたのであるが、最後にのべた魏博の例によってもわかるように、当時の節度使が牙軍のほかに、身辺に相当数の親兵を養っていたことのあることがあきらかである。羅紹威は牙軍を滅ぼすとき、「親兵数百人」（旧五代史二梁太祖紀二）をもちいたが、これが「厮養百十輩」（旧唐書一八一羅威伝）とか「奴客数百」（旧五代史一四羅紹威伝）などともよばれていることは、これが正規の官健である牙軍とちがって、節度使個人の私兵であることをしめしている。「奴客」ということばは、羅紹威の親軍の内容について厳密にもちいられたものではなかろうが、当時の武将の私的兵力が、一般に家内奴隷と客、すなわち主として亡命等による私従者から成っていたことをしめすものである。このことは以下の諸例が証明している。

楽従訓が「亡命の徒五百余輩」（旧唐書一八一楽従訓伝）をおいて臥内に出入させ、これを「子将」とよんだことは、子将の将が大将とか将校をあらわすことを考えると、そのよび名は奇妙に感じられるが、子将が小将のいみであるといわれ（通鑑二一一開元四年六月癸酉条胡注）、当時武人の左右にある腹心がしばしば小校とよばれている例に照らしあわせると、それほど不思議ではない。旧五代史二三劉鄩伝によると、劉鄩は唐末の青州節度使王敬武の「小校」であったといわれるが、旧五代史一三王師範伝には「紀綱劉鄩」とあり、新五代史四二同伝には「其僕劉鄩」とある。また旧五代史五〇李克恭伝（冊府元亀四三七将帥部失士心）に「紀綱馮霸」とあるものは、通鑑二五八大順元年五月条に「小校馮霸」となっている。紀綱は武将の個人的な腹心となって、そのために奉仕するものと考えてさしつかえなく、それがみぎの劉鄩の例のように「僕」ともよばれるのは、武将の身辺にあるものが家内奴隷的な性格をおびることが多かったからであろう。[1]

してみると太平広記一九五に収められている「紅線」と題する小説に、田承嗣が「紀綱外宅児」と称するものをおいた話がみえているから、魏博でははやくから藩帥が個人的な手兵をもっていたのではないかと思われる。もっともこれは小説であるから真偽のほどはわからない。右の外宅児（外宅男）は軍中の武勇の士三千人をえらんだもので、給与を厚くして三百人ずつ州宅に夜直したというのであるから、牙中軍とははなはだ似ているが、しかし田承嗣がのちにこれを帰農させたという点は牙中軍と同じでない。小説のなかには、「外宅児」と「中軍士卒」とを対句にもちいた個所があって、両者の別なことを暗示しているようにも思われる。ともかく田承嗣が実際にこのようなものをもっていたかどうか問題であるが、当時の節度使が一般にこのような武力を身辺にもつことがあったことをしめす話としてうけとればよいと思う。

唐代の節度使がもっていた私兵についてめぼしい例をあげると、まず安禄山については、

「同羅及び降れる奚・契丹の曳落河（蕃人、健児を謂いて曳落河と為す）八千余人を養いて己が子と為し、及び家童の弓矢を校う者百余人、推すに恩信を以てし、其の給する所を厚くす。皆恩に感じて誠を竭し、一以て百に当たる。」（安禄山事蹟上）

と伝えられ、弓矢を善くする百余人（一説に数百……新唐書二二五上安禄山伝）の家僮をもつほか、同羅や奚・契丹の投降するもの八千余人を養って曳落河とよび、これを養子としていたといわれる。[2] 曳落河は胡語で健児あるいは壮士をいみすると伝えられている。[3] 新唐書安禄山伝のなかに、禄山が「牙門の部曲百余騎」を従えて行動したという個所があるが、この「牙門の部曲」は右の家僮を指すのではないかと思われる。これは家内奴隷であるから、禄山は常時これを身辺に従えていたと解してよいと思う。同羅は突厥阿布思の衆を併せたもので、これによって禄山の精兵は天下

に及ぶものがなくなったといわれるし（新唐書安禄山伝、通鑑二一六天宝十二載五月条）、曳落河の行動からみても、それが禄山の軍事力の中心をなしていたことがうかがわれる。

つぎに盧龍の朱滔について、

「丁卯、滔、范陽の歩騎五万人、私従者復た万人、回紇三千人を将いて、河間を発して南す。輜重首尾四十里。」（通鑑二二九建中四年十二月丁卯条）

とある文は、かれが長安における兄朱泚の乱に呼応して出陣したときのことであるが、この歩騎五万人は正規の官健で、盧龍のほとんど全兵力に近かったのではないかと思われる(1)。回紇三千人は、これよりさき回紇の達干が回紇千人、雑虜二千人をひきいて南下していたのを、朱滔が説いてこれと姻戚関係をむすび、回紇も略奪を目的としてこれに応じたものである（通鑑建中四年冬十月条）。そのほかになお「私従者」万人があったわけで、その兵力の巨大であったことがうかがわれる。

同じころ淮西の李希烈は、すくなくとも養子千余人をもっていたようである。

「又今の親兵五千人、号して希烈の養子と為す。人ごとに各〻一刀を持ち、公に逼脇す。」（顔魯公文集付、因亮「顔魯公行状」）

これは宣撫のため李希烈の陣中におもむいた顔真卿が、養子と称する親兵にとりかこまれて威嚇された状況を伝えたものであるが、多くの史料はこのときの養子の数を千余人としている（旧唐書一二八・新唐書一五三顔真卿伝、通鑑二二八建中四年春正月条）。また希烈が降将李澄を疑って、養子六百人をもってこれに備えたといわれるように（旧唐書一三二李澄伝）、これらは李希烈個人の手兵で、さきに希烈が軍中の精兵をもって編成した騾子軍等の牙軍よりは、よほど親密な関係をむすんでいたものと思われる。

憲宗の初期江南の要地で反乱をおこした浙西の李錡は、挽硬・蕃落と称する親兵をもっていた。

「錡、志を得て憚る所なく、久しく安んずるの計を図る。乃ちますます兵を募り、善く射る者を選んで一屯と為して、挽硬随身と号し、胡奚雑類の虯須する者を以て一将と為して、蕃落健児と号す。皆錡の腹心にして、稟給十倍、錡を号して仮父となさしむ。故に其の用を為すを楽しむ。……幄中に坐し、挽硬・蕃落を以て自衛す。」

（新唐書二二四上李錡伝）

挽硬は「挽彊」ともいわれ、強い弓をひくいみであり、蕃落は江南に配流された異民族をえらんだもので（通鑑二三六貞元十七年六月己亥条）、その給与は一般の兵に十倍したといわれ、この場合も仮父子関係によってむすばれていたとされるのである。

澤潞の盧従史が牙兵を優遇した例はさきにふれたが、かれはまた「義児三千人」を養ったとも伝えられる（樊川文集一一「上李司徒相公論用兵書」）。なお節度使ではないが、安史の乱中荊州司馬となった陳希昂は、「家兵千人」を部下にもっていたという（旧唐書一八五下呂諲伝）。希昂は衡州の酋帥といわれるから、少数民族の族長の一人であり、家兵は族長権力支配下の成員であったろう。このような例は別として、一般の武将が家僮や亡命をあつめていた例は多い。安禄山の家僮についてはさきにのべたが、淮西の呉元済は蔡州が陥落しようとするとき、家僮をひきいて子城をかためたといい（冊府元亀三五九将帥部立功）、成徳の李宝臣、平盧の李師古、淮西の呉少陽らは、それぞれ亡命を招集したと伝えられる（旧唐書各伝）。

このようにみてくると、安史の乱後憲宗期にいたる強大藩鎮は、ほとんどすべて家兵をもっていたように思われる。それは藩帥の個人的な手兵で、特別な給与をうけて腹心となり、その兵力は千人をこえることが多く、ときには万人に達する例もあったわけである。武将が家兵を形成する場合には、自己の家内奴隷を武装させる方法、唐朝的社会秩序のなかに自己の地位をもちえない亡命者をあつめる方法、ひろいいみでは亡命と同じであるが、離散して中国内地に入った異民族を採用する方法等が考えられる。したがって家兵は、家僮や亡命、まま外民族等から成っていた。

またかれらは藩帥とのあいだに、いわゆる仮父子的結合、すなわち擬制的な血縁による父子の関係をとっている場合の多かったことが注目される。これは第一に藩帥の家兵にたいする支配の、家父長制的な性格を端的にあらわすものと考えられる。つぎにこれら家兵の仮父子的結合が、栗原益男のいう「集団型」に属することもまた注意すべきであろう。武臣が仮子を養う習慣は、唐初から五代にかけてかなりおこなわれたのであるが、栗原はこれを「個人型」と「集団型」とに分け、前者が藩帥と個人的にむすばれて、個人としての機能を発揮するのにたいし、後者はつねに集団的に行動し、没主体的であるのが特徴であることを指摘したのである（栗原「唐五代の仮父子的結合の性格」）。私がとりあげている当面の時期においても、藩帥は一部の牙将とのあいだに個人的に仮父子関係を設定しているのであるが、家兵の場合はすべて集団型であり、逆に集団型はすべて家兵なのである。そしてこの集団型仮子は、辺境の特殊な例外を除いて、五代にはほとんど存在しなくなるといわれる。

実は「個人型」と「集団型」とのこのちがいは、仮父子関係だけの問題なのではなくて、この時期における牙軍一般と家兵一般との相違にねざすものであると、私は考えるのである。官健である牙軍と私兵である家兵との区別がはっきりしており、唐朝の官僚体制のなお強固なこの時期には、家兵は個人として傑出する機会をもたず、いきおい藩帥に没主体的に服従し、集団的に行動するほかなかったと思われる。

家兵の集団的武力の機能のなかで、なによりも牙軍と異なる点は、それが牙軍にたいする圧力として存在した点である。すなわち前節でのべたような牙軍と藩帥との対立において、家兵は藩帥の側を代表するということである。それは既述の魏博の例に明瞭にあらわれているところである。また淮西の呉元済が「軍中兇悍の徒を暱」まって牙将を誅殺したといい（旧唐書一四五呉元済伝）、開成五年（八四〇）易定の軍が乱れたとき、節度使陳君賞は「豪傑数百人を鳩合」して乱兵を殺した（冊府元亀四二三将帥部討逆）などという例にもそれがしめされている。牙軍はしばしば藩帥と対立しこれを逐殺したわけであるが、李錡の挽彊・蕃落は、主人の李錡が敗れて捕らわれたとき、あらそって自殺したといわれる（通鑑二三七元和二年冬十月条）。これが藩帥個人との関係においてしか存在しえなかった家兵の運命なのである。

（1）旧五代史九五皇甫遇伝に「紀綱杜如敏」とあるものは、新五代史四七同伝に「其僕杜如敏」とあり、旧五代史一二四唐景思伝に「紀綱王知権」とあるものは、新五代史同伝に「僕王知権」とある。劉鄩の場合をもふくめて、新五代史は紀綱を僕におきかえているようにも思われるが、旧五代史王師範伝に「預め紀綱劉鄩に謂いて曰く、翼日盧宏至れば、爾即ちにこれを斬れ。爾に酬いるに軍校を以てせん」とあり、新五代史同伝に「其の僕劉鄩に語げて曰く、［盧］洪来れば、我が為にこれを斬れ。爾を用って牙将と為さん」とあるのをみると、この場合「紀綱」ないし「僕」は、「軍校」ないし「牙将」とは別で、より低い地位であることがわかる。しかし旧唐書一五六韓充伝に「［李夰］兵を紀綱李質に属せしむ」とあるものは、同書同巻李質伝に「李質なる者は、汴の牙将、李夰既に留後と為り、質に倚りて心腹と為す」とあり、通鑑二四二長慶二年八月条に「初め李夰既に留後と為り、都知兵馬使李質を以て腹心と為す」とあって、この場合の紀綱はあきらかに僕ではない。したがって紀綱は、僕であるとないとを問わず、「心腹」あるいは「腹心」を指すと考えられる。また僕とあるものもかならずしも身分的に奴隷でないことは、次節に引くように、官兵の場合にも「紀綱の僕」なる語がもちいられることによって想像される。

（2）通鑑二一六天宝十載二月条は養子の件を否定している。しかし考異によると、八千人もの養子があるはずがないというだけであって、とくに典拠はないようである。

（3）安禄山事蹟および新唐書二一七下回鶻伝同羅の条に「健児」といい、通鑑前掲条に「壮士」という。これについて白鳥庫吉

「東胡民族考」は、トルコ語諸方言で「男子の力、男らしさ、健げなる」等のいみをもつ ärlik の語をあてている。もっとも羽田亨「唐代回鶻史の研究」は、曳字が唐代でつねに yil, il の音をあらわすのに用いられるから、チャガタイ語の yilang（軽装兵）と縁のある語であろうとするが、意味からいえば白鳥説の方が近いようである。陳述「曳落河考釈及其相関諸問題」には、曳落河の類語と思われるものを、契丹・回鶻の語から無数にあげ、そのいみの転化を論じている。なお陳述は、「同羅及降奚・契丹曳落河」という原書の表現について、同羅と曳落河（奚・契丹から成る）を別のものとしているが、いずれにせよ同羅も養子八千人のなかに入っていたであろう。

（4）通鑑二三一興元元年五月乙亥条に、「燕薊の全軍を挙げて、まさに河南を掃き、関中を清めんとす」とある。ちなみにこの戦いのはじまるまえ、魏博・成徳の兵も五万と伝えられている（通鑑二二五大暦十二年末条）。

六　家兵類似の官兵、唐末兵乱の普及

上に私は唐代藩鎮の牙軍と家兵（私兵）とを別個に論じ、その機能の相違にもふれたのであるが、しかし唐代の藩鎮のなかには、官健を家兵と同様に藩帥の身辺におき、牙軍にたいする圧力として利用しようとした事例もないわけではない。以下この点について検討しよう。

「[元和]十五年（八二〇）十月、鎮州王承宗卒す。弘正を以て……成徳軍節度鎮・冀・深・趙観察等の使に充つ。弘正以えらく、新たに鎮人と戦伐し、父兄の怨みあらんと。乃ち魏兵二千を以て衛従と為し、十一月二十六日鎮州に至る。時に鎮州の三軍に賞銭一百万貫を賜う。不時至るに、軍衆諠騰して以て言を為す。弘正親しく自ら撫喩し、人情稍ゝ安んず。乃ち表請して魏兵を留めて紀綱の僕と為し、以て衆心を持し、其の糧賜は給を有司に請う。時に度支使崔倰大体を知らず、固く其の請いを阻む。凡そ四たび上表するも報ぜず。明年七月、卒を魏州に

帰す。是の月二十八日夜軍乱し、弘正并びに家属・参佐の将吏等三百余口、並びに害に遇う。」（旧唐書田弘正伝）

これは「憲宗中興」のあとをうけて、穆宗初年河北三鎮の藩帥を外部から任命したときのことである。魏博の田弘正は成徳節度使に任命され、魏兵二千をひきいて赴任したが、成徳軍の牙兵を抑えるために、その魏兵をそのまま留めて「紀綱の僕」としようとし、その糧賜を政府に要求したが拒絶され、兵を魏博に帰したところ、さっそく殺害にあったというのである。この記事はもちろん通鑑にもあるが（同書二四二長慶元年秋七月条）、その胡注に、「旧制に、諸鎮の兵境を出ずるときは、度支其の衣糧を給す」とあるのは、いわゆる食出界糧のことを指したものである。しかし食出界糧はふつう戦争で出兵するとき支給されるのであるから、このような場合はおそらく異例のことであるとみえ、そのために拒絶されたものと思われる。田弘正が二千の兵をかえしたのは、その費用を成徳の財源から割くわけにいかず、また私費で賄うこともできなかったからであろう。

「令狐楚、河陽三城節度使と為る。時に烏重裔、滄景に移鎮し、河陽の鋭卒三千を以て紀綱の僕と為す。士卒土を去るを願わず、中路にて潰散す。」（冊府元亀四二二将帥部推誠）

これは烏重裔（重胤）が河陽から滄景（横海）にうつるとき、河陽の兵三千を「紀綱の僕」としてつれていこうとした記事である。これは憲宗の元和十三年（八一八）のことであり、烏重裔は河北にのりこむのを警戒してこの措置をとったのであるが、河陽の軍は郷里を去るのをこのまず、中途から逃げかえったのである。これら二つの記事をみると、これらが官健をもって「紀綱の僕」としようとしたのは、ともに相応の理由があってのことである。そしていずれも失敗に終わったのである。田弘正が政府の給与の支給なくしてはこれを養いえなかったこと、河陽の兵卒が潰散してしまったこと、これらはこのような事例が通例でなかったことをしめすものと思われる。

ところがここに右のような失敗の例とちがって、官健をもって自己の腹心としてつれあるいた例がある。それは澤潞（昭義）の劉氏の場合である。

「劉悟卒し、従諫継がんことを求む。与に扶同する者は、只鄆州随来の中軍二千のみ。」（樊川文集一一「上李司徒相公論用兵書」）

劉悟ははじめ平盧（治鄆州）の都知兵馬使であったが、節度使李師道が兵をおこしたとき、元和十四年（八一九）その形勢の不利なのをみて、李師道を殺して投降し、まず義成軍（滑州）節度使に任命され、翌元和十五年穆宗が立ってから澤潞節度使に任命された。劉悟はこの移動の際、平盧以来の二千人の手兵をひきいて、鄆州より滑州へ、滑州より潞州へとうつったものとみえる。右は杜牧が会昌三年（八四三）宰相李徳裕におくった書の一節で、これよりさき宝暦元年（八二五）劉悟が死んで子の従諫がその地位をつぐことを望んだときのことを回想して、それを支持したのは、鄆州からつれてきた中軍二千だけであったということをのべたものである。

これは李絳の「論劉従諫求為留後疏」という文のなかに、「今昭義の兵衆、必ず盡くは従諫の乱に同ぜざらん。縦い同ずる者あるも、厚くする所の一二千人に過ぎざらん」（全唐文六四五）とあるから、あるいはこれを参照したのかもしれない。この「鄆州随来」の二千人にたいしては、とくに給与を厚くしたものであろう。

さて劉従諫の軍隊については、その構成をうかがうに足る恰好の史料がある。

「乃ち幕客張谷・陳揚庭と、河北諸鎮に效わんと謀る。弟右驍衛将軍従素の子稹を以て牙内都知兵馬使と為し、従子匡周を中軍兵馬使と為し、孔目官王協を押牙・親事兵馬使と為し、奴李士貴を以て使宅十将兵馬使と為し、劉守義・劉守忠・董可武・崔玄度、牙兵を分かち将ゆ。」（通鑑二四七会昌三年夏四月条）

牙内都知兵馬使はふつう牙軍を管する総指揮官で、この場合はっきりはいえないが、おそらく中軍以下の親衛軍全体を指揮していたのではないかと思われる。この職は一般に一族、後継者やもっとも重要な武将を任ずるのが例であり、この場合も劉従諫の姪稹は従諫の後継者である。つぎに中軍兵馬使に従子匡周を任じているのも、中軍を重んずる意図からであろう。中軍はいうまでもなく上記の「鄆州随来」の軍で、その兵力は二千ほどであったはずである。この記事によると、中軍は一般の牙兵とはあきらかに別であると考えてよいと思う。

この中軍兵馬使匡周は押牙をも兼ねていたというが、のち劉従諫の死後劉稹が立って唐朝と戦ったとき、劉稹を謀殺しようとした諸将は、匡周の押牙兼任をきらってこれをやめさせようとした。そのとき匡周は、「自分が牙院のなかにいるからこそ諸将が謀反しないのだ。自分が牙院を出ればかならず家が滅ぶだろう」といったという（通鑑二四八会昌四年閏月条）。中軍の指揮官が押牙を兼ねることによってはじめて牙内へのにらみをきかせることができたということによっても、中軍が一般の牙軍と別のところにあったことが想像される。しかもそのうえで右のような兼任がおこなわれたことは、中軍をもって牙軍をおさえる態勢を基礎として理解することができよう。魏博の牙軍は同時に牙中軍とも中軍ともよばれたようであるが、この場合の中軍は牙軍とは別個の部隊をさす名称であり、その役割も魏博の牙中軍とはちがうのである(1)。

つぎに注目すべきは、右のような腹心部隊の中軍のほかに、さらに孔目官王協の親事兵馬使と、奴隷李士貴の使宅十将兵馬使の名がみえることである。孔目官というのは、節度使の使司の一孔一目みなその手を経由するからそういうのだといわれ（通鑑二一六天宝十載二月条胡注、周藤吉之「五代節度使の支配体制」上）、しばしば節度使の親吏として権力をにぎっており、澤潞にあっても劉従諫ののちの劉稹の年少懦弱に乗じて、王協は李士貴とともに権を専らにしたといわれる（前掲通鑑会昌四年閏月条）。親事ないし親事軍の名は、澤潞の場合これ以外にみえないのでくわしいことはわからないが、それが親しく藩帥の身辺に奉仕するものであることは、その名称からもうかがわれる。

他鎮の例をみるに、旧五代史五四王鎔伝によると、唐末成徳の王鎔は、「親事軍十余人」に殺されるが、同書六二張文礼（王鎔の義男で王徳明とも称した）伝に照らして、それが王鎔の宦者李宏規のひきいた軍であることがわかる。王鎔は政治を宦官にまかせ、とくに李宏規は権力をふるって殺されたのであるが、このことから親事軍が王鎔の左右にあったことはあきらかである。五代になって親従軍・親随軍等の名であらわれるものも、これと同じであろう。澤潞の親事軍は宦官ではなく、藩帥側近の親吏によってにぎられていたのであるが、その親吏王協がやはり押牙を兼ねていたことも注意される点である。

つぎに使宅十将兵馬使であるが、使宅は節度使の治所である使牙にたいし、その日常起居するところをいう名称である（前掲通鑑太和四年二月乙卯条胡注）。李士貴は別に「宅内兵馬使」とよばれているが（前掲通鑑会昌四年閏月条）、これは右の使宅十将兵馬使の別称か略称であろう。李士貴がひきいたのは節度使のいわば私宅を守る兵士と思われ、その指揮者の李士貴が奴隷身分であるらしいことは、その兵士の家兵的色彩の濃厚なことを思わせるのである。ところで劉稹が牙将たちの離反にあって唐朝への抗戦を断念し、都押牙の郭誼を都知兵馬使に任じて軍政の全権をゆだねたとき、李士貴はこれをきいて、「後院兵数千」をひきいて誼を攻めたといわれる（前掲書同条）。劉氏の私奴であった李士貴の立場が、このような行動にあらわれているのであるが、ここにいう後院の兵が、李士貴の指揮下にあった使宅の兵と、どのような関係にあったであろうか。

後院軍の名はすでに日野開三郎によって、牙院の後面におかれたところから出たもので、唐の中頃以来藩鎮の親軍として活動していることが指摘されているが（日野「五代の庁直軍に就いて」、『支那中世の軍閥』四一頁）、建中四年（七八三）鳳翔節度使張鎰が後営将李楚林の乱によって殺されたときの模様を、唐国史補上には、「俄かにして後院に火起こり、妻女出でて鎰に投ず」としるされている（通鑑二二八建中四年冬十月壬子条参照）。後営は後院と同じであるが、これによって節度使の私宅は後院のなかにあったと想像される。

とすると澤潞の場合、後院兵は使宅十将兵馬使（宅内兵馬使）李士貴の麾下の兵と考えてほぼよいのではないかと思う。そうでなければさきの劉従諫の諸将のなかに、後院兵をひきいるものの名が別にみえてよいはずである。一歩譲って使宅の兵は後院兵の一部だとしても、奴隷李士貴の命令をきく、節度使個人に親密な兵力が、少なくとも数千はあったわけである。(2)

以上のように澤潞の親衛軍は、一般牙軍のほか、中軍・親事軍・使宅の兵（おそらく後院兵）等から成っていた。中軍は初代の劉悟に鄆州より随従してきた二千の兵で、澤潞の兵力の中核をなす精鋭であったと考えられる。そして親事軍はつねに藩帥の身辺の警護にあたっていたと考えられ、またそのほかに家兵かと思われる数千の兵が、使宅ないしは後院に配置されていたと考えられる。澤潞は唐末も近づいた会昌年間に反乱をくわだてた藩鎮であるから、その軍隊の構成は唐代一般の藩鎮よりも多少複雑であったろうと思われるのであり、その点は中軍等の由来にもうかがわれる。しかし注意すべきは、この場合においても、一般の牙軍と藩帥個人の特別な親衛隊との対立という、唐代藩鎮の原則的な性格は、なんら変わっていないということである。(3)

さてやはり通鑑のなかには、これらの兵力をいかにして養ったかをうかがえる伝えがある。劉従諫は「馬牧及び商旅を榷」して歳入五万緡があり、また塩鉄の専売による数万緡の収入もあり、大商はみな牙職すなわち牙前の将校の職に任じて、諸道に往来し貿易に従事させたといわれる（通鑑二四七会昌三年夏四月条）。これらは正規の税収入のほかにあったわけであるが、なかんずく在地の富商との結託が注目される点である。

このころの藩鎮においては、在地の土豪・富商層が、なんらかの形でしだいにこれと関係をとりむすぶようになっているのが、おそらく一般的な傾向であったであろう。たとえば長慶二年（八二二）諸軍に兵員の削減を禁じ旧額の維持を命じたとき、商賈・胥吏はあらそって藩鎮に賄賂をおくり、列将に補せられて朝籍に昇せられたといわれる

(通鑑二四二同年三月壬辰条)。このように正式に官職につくものの多かった背後には、藩鎮等のために荘磑を経営したり、その資本を運用するなどして、いわゆる影庇をもとめるものの多かったことを想像させる。(4)こうした点は魏博等の初期の構造にくらべて、かなり時代の差異を感じさせるのである。

澤潞の管下においては上記のほか、邢州に夜飛軍とよばれる軍隊があり、富商の子弟が多かったということも伝えられている。しかるに孔目官王協はさらに増収をもくろみ、諸州に軍将を配置して税商とよび、民衆の財産に苛酷な課税をしたため父兄の離反をまねき、邢・洺・磁三州の投降の原因になったといわれている(通鑑二四八会昌四年閏月条)。ここに依然として中央に反抗しながら在地化しきれない、傭兵的構造の矛盾がみいだせると思う。藩帥が旧任地からの随従軍や家兵等、身辺の兵力にたよって、牙軍と対立しているかぎり、在地の勢力を権力の基盤として把握することは困難であろう。上記のような在地勢力の台頭があればなおのこと、矛盾はきわめて容易に露呈し、牙将たちの離反をひきおこさなければならなかったのである。

澤潞の中軍二千人は、胡三省がこれについて「唐末の所謂元従なり」と注記しているように(通鑑二四七会昌三年夏四月条胡注)、唐末の乱以後五代において、元従・元随等とよばれて普及する形態である。元従の語は以前からあり、(5)唐代の藩鎮においても藩帥が旧任地からの移動にさいし若干の従者をともなうことは当然であったが、唐代藩鎮の元従は一般に、澤潞の劉氏や唐末以後の元従とはかなり性格を異にしているように思われる。

太和四年(八三〇)四月の中書門下の奏の一部には、

「又応る諸方鎮、或いは移易に因り、其の使を停罷せらるれば、随従・元従の軍将、只本道、才を量りて駆使すべし。住まるを情願せざる者は、一に東西するに任せ、更に朝廷に来りて、別に僥倖を求むべからず。勅旨、奏に依れ。」(唐会要七九諸使下諸使雑録下)

とあって、節度使がやめたのちの「元従軍将」らの処置について論じ、そのまま所在の道で勤務させるか、あるいは他処へうつるのをゆるすか、いずれにせよ中央政府の官職をもとめることのないように定めている。この奏の目的は諸道の軍将推薦を制限することにあったのであるが、ここで問題とされている元従はいうまでもなく一部の将校であって、澤潞の中軍のごとき集団的武力ではない。そして節度使とかれらとのあいだの関係は、節度使がやめるとともにたちきられるのである。この時代のように貴族官僚的な節度使の多い場合には、右のような元従の形態がふつうであったのではなかろうか。

会昌三年（八四三）に出されたつぎの法令は、その点で一層興味深い。

「其の年五月勅す、比来節将移改するに、随従の将校多きに過ぐ。唯に旧人職員を妨げ奪うのみにあらず、兼ねて軍資銭物を費用す。節度使移鎮するに、軍将より随身に至るまで、六十人を［過ぐるを］得ず。観察使は四十人、経略・都護等は三十人。宜しく観察軍使及び知留後判官に委ねて、名を具して聞奏せよ。此の数に違うが如きは、知留後判官、懲罰を量り加えよ。観察軍使は、別に処分あり。」（唐会要前掲条）

ここでは武将の転任の際の「随従将校」は、節度使でさえも、「軍将より随身に至る」までをふくめて六十人をこえてはならないと規定されている。随身については諸説があり、時代によって性格がちがうようであるから、この場合の随身がそのどれにあたるか問題であるが、ともかく武将の身辺に奉仕するものにはちがいない(6)。

右によると当時節度使移動の際、随従の将校が多すぎる傾向があったと思われるが、この勅が会昌三年五月に出ていることは注意すべきで、この前月に劉従諫が死んで劉稹が立ち、澤潞の謀反がようやくあきらかになったときのことである。おそらく澤潞の中軍の存在を念頭において出されたものであろうと思われる。唐代藩鎮における元従は、元従軍将・随従将校・従行将校などということばもしめすように、普通少数の将校や側近の従者にすぎず、右の澤潞の中軍のごときはおそらく異例の存在であったろう。澤潞の軍隊は、唐代的な藩鎮から五代のそれにいたる過渡的な形態といえるかもしれないが、このような元従の形態が普及するのは、胡三省の指摘のように、やはり唐末をまたなければならなかった。

しかしながら他面、魏博にも澤潞にもみられた藩帥と軍隊との対立は、一層激化して一般藩鎮の内部にひろがったもようである。次章でも指摘するが、九世紀のなかばをすぎた宣宗の末年には、従来唐朝の経済的基盤であった華中・華南にかけて、兵士の反乱が諸鎮で頻発するのであるが、その間の事情を右補闕内供奉張潛の上疏がよくしめしている。

「以為えらく、藩府代移の際、皆倉庫蓄積の数を奏し、羨余多きを以て課績と為し、朝廷も亦因って甄奨す。竊かに惟うに藩府の財賦、出ずる所常あり、苟も賦斂過差、及び将士を停廃し、衣糧を減削するに非ざれば、則ち羨余何に従りてか致さん。比来南方の諸鎮、しばしば寧からざることあるは、皆此の故なり。」（通鑑二四九大中十二年秋七月丁卯条）

すなわち藩帥転任のさい倉庫の蓄積を調査し、その多寡によって藩帥の成績がきまるため、過当な収奪と兵員および給与の削減がおこなわれ、そのために兵士の反乱がおこるというのである。唐末にちかづいて窮乏した唐朝は、節度使の羨余や財物進奉を奨励するのであるが、唐朝にむすびついた節度使としては、その成績をあげるため苛酷な政策をとらざるをえないのであって、それに抵抗する兵士とのあいだにはげしい闘争をまきおこすわけである。のみならずその過当な収奪は、一般農民の肩に一層重くかかっていたはずである。このような対立がひろく各地の藩鎮に内在しているのが、唐末の一般的な情勢であった。黄巣の反乱を通じて、各地の藩鎮が兵士や土豪たちの力で自立していくのは、このような情勢が前提にあったからである。

（1）ただもとはといえば、澤潞の中軍の名も、はじめ鄆州の牙中軍であったところからおこったのではないか。それが藩帥の腹心となって潞州にうつったため、澤潞在来の牙軍とは別個のものになったと考えてよいであろう。

（2）使宅十将兵馬使の十将は武職の名である場合もあるが、通鑑二三二貞元三年春正月条には、前にも引いたように淮西李希烈の騾軍について、「歩兵尤も精なる者を、左右克平十将と為す」とあり、胡注は「左右克平軍とは、則ち十将に分かちてこれを領す」と解しているが、もしこれに従えば、使宅の兵はかなりの兵力になってもよいことになろう。

（3）ここで唐代藩鎮親衛軍の組織にかんする、日野開三郎と矢野主税の見解の相違にふれておきたい。日野はかつてその著『支那中世の軍閥』のなかで、藩鎮の会府（治所）にある軍隊を牙軍とよび、そのうち藩帥の親衛軍となったものを牙内軍といい、牙内軍はとくに選抜された官健より成る場合も、家僮から成る場合もあったとした（四〇―四二頁）。これにたいし矢野は、「藩鎮親衛軍の組織と性格」なる論文においてこれを反論し、牙中軍（牙内軍）はすべて官健で、藩帥の交替に関係なく存続したとし、これと区別して一般的な私兵と賤民から成る「特別親衛隊」があったとした。私は日野が一般牙軍と牙内軍とを区別する点に疑問をもつし、牙内軍の組織については、本稿にのべてきたところから、原則的に矢野説に賛成である。しかし澤潞の劉氏のように、官健とその他の私兵的な兵力とがひとしく特別な親衛隊を形成する場合もあるのであって、日野説も一概に否定できない点がある。劉氏の中軍はおそらく旧任地鄆州の牙中軍（牙軍）であったのをひきつれてきたもので、それゆえに澤潞在来の牙軍と別個に存在するのである。中軍が官健でなくなったというわけにいくまいから矢野の説は修正を要しようが、唐代の藩鎮を特別親衛隊と牙軍ないしは牙中軍にわけて考えることは依然必要であろう。なお藩帥が牙軍をひきいて移動するのは、後述するように、牙軍が私兵的性格を濃厚にする唐末以後普及する形態である。

（4）影庇については、日野前掲著書、谷川道雄「唐代の藩鎮について―浙西の場合―」、周藤吉之「唐末五代の荘園制」、松井秀一「唐代後半期の江淮について」等参照。

（5）唐初高祖李淵が太原からひきいてきた義兵のうち、希望者に渭北の土地を与えて宿衛とし、これを元従禁軍とよんだことは有名な話である。玉海一三八鄴侯家伝、新唐書五〇兵志参照。

（6）　唐初の随身は唐律疏議のなかに部曲と色目同じものとしてみえ、玉井是博の論のように私賤民の一種と思われる。ただ元の王元亮の唐律疏議釈文に年期ぎめの雇傭人と解されており、少なくとも宋初の勅には女僕（女の雇傭人）と対置されて雇傭人らしきことが、仁井田陞により指摘されている。唐中期以後の随身については、従来玉井の説に従うものが多かったようであるが、浜口重国は軍将に支給される良民であるという。私は唐中期以後随身が王朝の側から職役として規定されていながら、他方ではその私従者化がすすんでいるように思っている。玉井「唐の賤民制度とその由来」、仁井田「中国の農奴・雇傭人の法的身分の形成と変質」、浜口「唐代の部曲といふ言葉について―附、随身―」参照。

七　唐末五代李克用集団の成立と構造

唐朝後半期と五代とは、いずれも藩鎮が地方で勢力をふるったといういみで、共通の点があるようだけれども、実は両者の間には、唐末の動乱期という一つの断層がある。これは唐から宋への過渡期のなかでも、もっとも決定的な時期である。従来唐朝にむすびつけられていた藩鎮はこの動乱のなかで解体していき、各地で兵士・土豪・群盗らの在地勢力が、唐朝任命の貴族的藩帥を拒否して、藩鎮機構を占拠し、在地の実権をにぎっていく。このようななかから五代の藩鎮が成立してくるのである。藩帥たちはあらためて自己の集団をつくり、それを掌握・支配していかなければならない課題に直面している。五代の藩鎮は当然唐代とは異なった側面をもつにいたるであろう。

五代藩鎮の構造についてはすでに周藤吉之らの研究があり、とくに周藤は五代諸王朝の始祖たちの軍事集団を形成する人々を検討することによって、この時代の牙軍の諸性格について論じている（「五代節度使の牙軍に関する一考察」）。この場合牙軍は藩帥たる始祖たちと密接な関係でむすばれ、かれらが王朝を創始した場合その集権力の中核をなすものとしてあつかわれており、藩帥と対立しがちな唐代の牙軍とは異なった点が注目されるのである。このような相違は、上記の唐末から五代への社会的変化におそらく応ずるものと思われるのであるが、ここではその関連を具体的な例によって検討することからはじめたい。

つぎにかかげるのは唐末の代表的な勢力であり、後唐王朝以下五代の諸王朝がそのなかから出た、李克用集団の成立過程である。

「康君立、雲中の牙校と為り、防御使段文楚に事う。時に天下まさに乱れんとし、代北仍歳饑に阻まれ、諸部の豪傑、咸聚を嘯び功を邀えるの志あり。文楚法令に稍ゝ峻しく、軍食転餉給せず、戍兵咨き怨む。雲州の沙陀兵馬使李盡忠、私かに君立等に謂いて曰く、『段公は儒者、与に事を共にし難し。方今四方雲のごと擾る、皇威振るわず、丈夫此の時に於いて功を立て事を立つる能わずんば、人の豪なるものに非ざるなり。吾れ等部衆を擁すと雖も、然れども雄勁を以て時に聞こえる者は、李振武父子に若く莫し。官高く功大にして、勇諸軍に冠たり。吾れ等勢を合してこれを推せば、則ち代北の地、旬月にして定む可し。功名富貴、事として済さざる無きなり』と。時に武皇、沙陀三部落副兵馬使たりて、蔚州に在り。盡忠、君立をして私かに往きてこれを図らしめて、曰く、『方今天下大乱、天子、将臣に付するに辺事を以てす。歳偶ゝ饑荒にして、便ち儲給を削る。我れ等辺人、焉んぞ能く死を守らんや。公家父子、素と威恵を以て五部に及ぶ。まさに共に虐帥を除いて以て辺人に謝すべし』と。武皇曰く、『予が家尊くして振武に在り。万一相い逼らるれば、予が稟命を俟て』と。君立曰く、『事機已に泄る。遅れれば則ち変生ぜん』と。咸通十三年（八七二）十二月、盡忠夜牙兵を帥いて牙城を攻め、文楚及び判官柳漢璋・陳韜等を執えて、これを獄に繫ぎ、遂に自ら軍州の事を知し、君立を遣りて太祖を蔚州より召す。」（通鑑考異二四乾符五年二月条所引『莊宗功臣列伝』）

ここにしめされている李克用擁立の事情は、辺境という特殊な条件があるにせよ、唐末の諸鎮に一般にみられる兵士の乱の例外ではない。擁立の原因は、雲州（大同）防御使段文楚が軍糧の不足によって軍人の給与を削減したことにあるといわれる。諸書の伝えは、擁立の年次についてさまざまであるけれども、[1]この点にかんしてはほぼ一致している。

つぎに擁立の首謀者について、右には「雲州の沙陀兵馬使李盡忠、私かに君立等に謂いて曰く、云々」とあるけれども、旧五代史五五康君立伝は、全体としてこの史料に依拠したことがあきらかであるにかかわらず、この部分だけを書きあらためて、

「君立、薛鉄山・程懐信・王行審・李存璋等と謀りて曰く、云々」

としている。なにゆえこのような書きかえがおこなわれたかあきらかでないが、おそらく別個の系統の史料が存在したにちがいない。旧五代史二五武皇紀と、新唐書二一八沙陀伝にも、

「辺校程懐信・王行審・蓋寓・李存璋・薛鉄山・康君立等」

とあり、ここではさらに蓋寓の名が加わっている。

さてこれらの人々のうち伝記がのこっているのは、蓋寓・李存璋・薛鉄山（本名志勤）・康君立だけで、あとの三人については伝わらない。その理由は、擁立後まもなく李克用の軍が唐朝側の攻撃をうけて潰滅し、李盡忠・程懐信は戦死し（通鑑二五三広明元年秋七月条）、李克用は一たん韃靼、すなわち北方のモンゴル人のなかへ逃亡するという状態であったため、これら三人がのちの李克用の政権確立にあずからなかったからであろうと思われる。かれらが段文楚麾下の牙将であったことはまちがいないが、たんなる牙将であっただけではあるまい。

この地方は「北辺五部の衆」（旧五代史二五武皇紀中和元年四月条）といわれる異民族の住地である。上記の引用に兵

乱のおこる前後の情勢を説明して、「諸部の豪傑、咸聚を嘯び功を邀えるの志あり」といい、旧五代史康君立伝には、「世々辺豪たり」とあるけれども、これらの人々はそうした異民族出身の豪族であり、同時に唐朝の傭兵隊長であったのではなかったか。後唐太祖紀年録（前掲通鑑考異乾符五年二月条所引）に、「辺校程懐信・康君立等十余帳」といい、上記李盡忠の言に、「吾れ等部衆を擁すと雖も、云々」とあって、かれらが帳下の部衆をもっていたことは当然であるが、それらの「部衆」なるものには、本来の種族的なつながりを予想してよいかもしれない。辺校とか辺豪とかいうよびかたや、「我れ等辺人」というような意識のなかには、唐朝の官僚や兵士とはちがったある程度の独立性をよみとることができると思われる。

こうした人々のなかでとくに「威恵を以て五部に及ぶ」とされたのが、沙陀の李国昌・李克用父子であった。李国昌は当時振武節度使（治朔州）であって、唐朝の官僚としての地位も高かったし、薛志勤（鉄山）がはじめ李国昌の「帳下の親信」であったといわれるように、上記の部将たちとある程度の私的関係がすすんでいたかもしれない。しかしそれにもかかわらず李克用が擁立されたとき、その権力はさほど強力ではなかったようである。おそらくその原因の一つに、李克用をもってしても辺境豪族の独立性を制することができなかったということがあるであろう。権力の弱さは、吐谷渾や唐朝の軍の攻撃をうけて多くの投降者を出し、李克用の兄弟や族父の離反さえまねいた点にあらわれており（旧五代史武皇紀乾符五年冬および広明元年春条、通鑑広明元年六月庚子条）、その結果は壊滅的打撃をうけて、韃靼へ走らざるをえなかったのである。

李克用はその後黄巣が長安を陥れたとき、唐朝の招きをうけて北辺にかえり、雁門節度使（治代州）となり、長安回復後河東節度使（治太原）に任ぜられた。このようにして再建された李克用の政権に、依然北辺の部将が多く、また太原新付のものも少なくなかったことは当然であるが、注目すべきは擬制的な血縁関係によって克用にむすびつけられた義児の多かったことである。

李克用の義児は百余人におよぶといわれ（通鑑二六六開平三年二月条、同二七九清泰元年三月条胡注）、そのうち李嗣源・李嗣昭・李嗣本・李嗣恩・李存信・李存孝・李存進・李存璋・李存賢・李存審・李建及らの経歴がわかっている。[2]これらはとくに李克用政権の中心になって活動した人々であって、史にはこれを、「皆中涓の效を以て、再造の功に参ず」[3]とするし、「少くして事う」とか帳中の「紀綱」であったとか伝えられるものが多い。しかしその出身はさまざまであって、部将の子弟から、捕虜や投降者、贈与や買得によってえたものにまでおよび、他方には李存璋のようにみずから初期の擁立に参加した部将をもふくんでいる。[4]これらがひとしく一様に李克用の義児として把握されていることは、初期の擁立時に比して、李克用の家父長制的支配権力が確立されたことをしめすものであろう。

個々の部将や従者がこのようないわゆる仮父子的関係によって主将にむすびつけられるしかたは、唐末五代のこの時期にとくにさかんな傾向であって、いうまでもなくこの時期における国家権力の無力化と官僚制度の解体に対応する現象である（栗原益男前掲論文、同「唐末五代の仮父子的結合における姓名と年齢」）。義児とか仮子とかいう形態をとらないまでも、私的・個人的関係によってむすばれた腹心的兵力をおいて権力を強化することは、この時期の節度使の一般的な傾向とみてさしつかえない。

ところで李克用には義児軍と称する部隊があった。史料が極度に欠乏しているためこの義児軍と個々の義児との関係は明瞭でない。上記の十一人の義児のうち六人は義児軍使になったことがあるとしるされているから、義児軍が義児によってひきいられるものであったことはほぼあきらかであるが、個々の義児が義児軍から出たという証拠はないし、また義児軍の構成員であったとは考えられない。[5]したがって義児と義児軍とは一応区別して考えるべきであろう。義児軍がいつ設けられたかはあきらかでないが、李克用がこのような部隊を設けたこと事態はなんら異とするにたりない。すでに唐の中頃以後、藩帥が仮子関係によってむすばれた集団的武力を身辺におくことは、かなりひろくおこなわれていたからである。むしろ李克用において特徴的なのは、多数の個々の義児たちが権力の中枢部をにぎるにいたったということであり、ここに以前とはちがったあたらしい情勢の展開をうかがうことができると思うのである。

しかし反面、以上のような個人的結合関係は、その中心となる主将の他界によって、容易に解体しかねないもろさをもっている（栗原前掲「唐末五代の仮父子的結合における姓名と年齢」七〇頁）。李克用の集団においても、その弱点が李克用の死によって暴露された。

㈠「初め武皇稍ゝ軍士を寵し、藩部の人多く　市に干擾し其の豪奪を肆にす。法司禁ずる能わず。」（旧五代史五三李存璋伝）

㈡「初め武皇軍戎を奨励し、多く庶孽を蓄う。衣服礼秩、嫡の如き者六七輩、これを嗣王に比するも、年歯又長じ、各ゝ部曲ありて、朝夕聚り謀り、皆乱を為さんと欲す。」（旧五代史五〇李克寧伝）

これらは天祐五年（九〇八）李克用が死に、実子李存勗（荘宗）が立った直後のことで、前者は一般部将たちの動向を、後者は義児たちの間における動揺をしめしている。ことに後者は、義児李存顥・李存実らの陰謀が、当時軍民いっさいの権をゆだねられていた李克寧（李克用の弟）を破滅させる事件にまで発展したのである。

李克用は生前においては、その仮子や実子がさらに仮子を設けることを許さなかったといわれるが（栗原前掲論文六八—六九頁）、かれらが武力を掌握するのを禁ずるわけにはいかなかったと思われる。右に「各ゝ部曲あり」というのはそのことをしめしている。当時李克用の軍隊が私的・個人的な関係によって主将にむすびつけられる傾向をもっていたとするならば、これらの「部曲」たちも主人たる義児との関係において、そのような性格をおびざるをえなかったであろう。少しのちの例であるが、義児李存審の牙兵の例にそのことがうかがわれる。

「秋七月戊戌朔、故宣武軍節度使李存審の男彦超、其の父の牙兵八千七百人を進む。」（旧五代史三二荘宗紀同光二年条）

李存審ははじめ幽州節度使であって、病をえて宣武に赴任せず、五月幽州で死んだのであるから、その牙兵は存審の幽州時代の牙兵である。しかし三月にはすでに李存賢が幽川節度使になっているから、幽州一般の兵は李存賢に属したはずであるが、右の牙兵は存審個人の私兵であって、当然子の彦超にゆくべきところを荘宗に贈ったのである。これによって李存審が少なくとも八千七百人の私兵をもっていたこと（その数が膨大なものであることは、唐代の家兵や牙軍とくらべてもあきらかである）、そしてそれが牙兵とよばれたこと、したがって牙兵の内容が唐代とはまったくちがってきたことを知ることができるのである。また李存審は当然天子荘宗の臣下であるが、荘宗の支配は直接にはこの牙兵におよばなかったのであって、いまあらためてこれを荘宗に献ずることによって、はじめて荘宗の直接支配下に編入されることになるのである。したがって当時私兵集団のヒエラルヒーがつくられていたということができると思う。[6]

このようなヒエラルヒーの存在を一層はっきりとうかがえるものに、つぎのような荘宗と李嗣源との間の挿話がある。李嗣源が盧龍節度使劉守光を攻めたさい、劉守光の部将であった元行欽の勇気に感心し、来降後これを仮子にしようとして、荘宗の許可をえた。ところが荘宗は自己の兵力を強化するために元行欽を求めたので、李嗣源はやむなくこれを荘宗に贈った（旧五代史七〇元行欽伝）。

栗原はこれを解釈して、李嗣源が仮子設定にさいして荘宗の許可を必要としたこと、またそれが一たん許可されながら、わずかののちにその関係を断ちきられてしまったことをあげて、主長の支配権力のつよかった証拠とする（栗原前掲論文六九―七〇頁）。しかしこの話には後日談がある。その後荘宗は李嗣源の家兵をひきいていた高行周をもほしくなり、[7]これを帳下におきたいと思った。しかしすでに李嗣源の帳下から元行欽を奪っているので、このうえ高行周を取って李嗣源の気持ちをそこなうことをおそれ、ひそかに高禄をもってこれを誘ったが、行周は嗣源の恩にそむくことができないといってことわったというのである（旧五代史一二三高行周伝）。ここには王朝支配のなかに私的主従関係の存在していることが、はっきりとしめされていると思う。

（1）通鑑考異乾符五年二月条によると、李克用擁立の年次については、a咸通十三年（八七二）、b乾符元年（八七四）、c同三年、d同五年の四説がある。aは荘宗功臣列伝・旧唐書本紀等の説で、新五代史はこれに依り、bは根拠が不明であるが実録が採用しており、cは趙鳳の後唐太祖年録の説で、旧五代史や新唐書沙陀伝がこれに依り、dは撰者不明の唐末三朝見聞録の説で、新唐書本紀及び通鑑がこれに従っている。

（2）旧五代史五二・五三、新五代史三六義児伝、旧五代史三五・新五代史六明宗紀、旧五代史五六・新五代史二五符存審伝、旧五代史六五李建及伝。これらの経歴の一覧表は、栗原「唐五代の仮父子的結合の性格」一五頁に出ている。なお俳優出身の仮子として李存儒の名が知られており、記事の出所は荘宗時であるが、その名からして李克用の義児らしいが、さして重要な役割を果したとも思えないので割愛した。

（3）旧五代史五二の跋に、李嗣本・李嗣恩についてしるすところ。中涓は古語で、漢の高祖の功臣に中涓出身者が多いところから、西嶋定生「中国古代帝国形成の一考察」と守屋美都雄「漢の高祖集団の性格について」との間に解釈の対立があるが、それが側近の奉仕者であることはまちがいない。その起源は戦国時代の私門の近習の家臣にある。増淵龍夫「戦国官僚制の一性格」参照。この時代中涓の語は、朱全忠の従者にかんしても用いられている。なお次に出る紀綱が腹心の従者であることは既述した。

（4）栗原は、通鑑の筆法を根拠として、李存璋は李克用擁立当時から義児であったとするが（「唐末五代の仮父子的結合における姓名と年齢」七七頁）、李克用擁立にかんする上述の諸史料からわかるように、通鑑は原史料をひきうつしたにすぎない。擁立にかんする諸史料に年月・人名等のくいちがいが多いのは、それらが李克用政権成立後につくられたからであり、そのころ李存璋の本姓名はすでに知られていなかったのであろう。

（5）有名な新五代史義児伝の序は、義児軍と義児の関係を明確にしていない。義児軍使となった六人は、李嗣本・李存進・李存璋・李存賢・李存審・李建及であるが、このうち李存璋を除く五人は、その旧五代史の伝に、「義児軍使となってそのために（あるいはそれと同時に）名を賜った」という書きかたがされている。しかし新五代史の伝には、義児になったことが前にしるされているのがふつうであり、「後に」義児軍使になったと明記されているものもある。義児軍使になった時期はある程度推定できるのであるが、右のような事情で、義児になった時期との関係をあきらかにすることは難しい。

（6）後晋の節度使杜重威の牙隊も、以上のような事実をしめす好例であろう。通鑑二八四開運二年五月条によると、杜重威は部曲歩騎あわせて四千人と鎧仗・粟・芻を朝廷に献じたので、末帝はこれを禁軍に入れたが、杜重威はまたこれを請うて牙隊とし、給を県官から仰いだという。一定数の牙隊の給与を官からうけることは、後述するように当時公認されていた。

（7）李嗣源の牙軍は養子従珂（のちの末帝）と高行周によりひきいられていた。

八　五代牙兵の私兵化と制約

後唐の荘宗が軍士を遠ざけて側近政治をおこなったのは、以上のような継嗣以来の経緯やその政治構造に由来するところが多かろうと思う。しかるにそれはかえって軍士たちの反乱を誘発し、李嗣源、すなわち明宗が擁立されることとなったのである。明宗の治世は唐末以来の混乱が収拾され、王朝の集権政治の基礎が一応定まった時期として知られている。天成元年（九二六）八月の枢密院の条奏は、こうした一連の動きのなかで出されたものであるが、そのなかにつぎのような注目すべき個所がある。

「節度使・刺史置く所の牙隊は、軍都内より抽取し、便ち省司より衣糧を給することを許す。況や人数已に多きに、訪問するに尚諸邑の人を招致するあり。多く抵罪・亡命あり、便ち州府において投名し、使下の元随と為り、職務を邀求して、平人を凌圧す。及び有力戸人、諸処において賂を行い、事務を希求す。」（旧五代史三七明宗紀天成元年八月丁未条）

これによるとこの条奏以前に、節度使や刺史が管下の軍隊のなかから兵士を選抜して自己の牙兵を形成することを認め、これに政府から衣糧を支給していたことがあきらかであり、またその牙兵すら人数が多いのに、在地の人間で節度使・刺史に投名し、その元随となっているものが多かったことが知られる。同時に有力戸人、すなわち土豪との結託もうかがわれるのである。

さてこの条奏は明宗初年のものゆえ、牙兵に政府から給与が与えられるのは、荘宗ないしはそれ以前からのことであろう。このような牙兵の制度は唐代とちがわないようであるが、しかし牙兵の内実が変化して主将の私兵と化していることは、荘宗期の牙兵にたいする考察によって上にしめされたところである。こうした変化は唐末の争乱期に、主将たちが主将個人に親密で忠実な腹心の兵力を形成しようとしたところから生じたものであるが、その兵力は初期には兵士はむろんのこと、群盗・農民・土豪等から形成されていたのが、争乱の一応の終焉とともに、主将たちが任地の軍隊のなかから選抜するように変わってきたのである。(1) このような牙兵形成の方法は、王朝支配の一定の枠内で認められ、同時に唐代と同様、王朝から給与をうけとることが容認されるにいたったものと思われる。

しかしそのことはただちに牙兵が王朝の思うままに動くようになったことをいみしない。それはさきの荘宗期の考察でも明らかであるし、右の明宗期の条奏にも感じとられる点である。まして五代の牙兵がすべて政府の給与をうけていたとは思われない。たとえば五代の末、後漢・後周二代の節度使であった李洪信について、

「聚斂を好み、財を積むこと鉅万にして、尤も吝嗇。当時の節鎮、皆広く親兵を募る。惟洪信の畜える所は殊に

寡少なり。」（続資治通鑑長編一六開宝八年八月壬戌条）[2]

と伝えられるところから、牙兵という語はつかわれていないけれども、当時の節度使が一般に私費で親兵を養っていたことが想像されるのである。[3]

五代の牙兵は以上のようなものであったから、後晋の末に　時契丹が華北を占領したとき、

「自今節度使・刺史、牙兵を置き戦馬を市うを得るなかれ。」（通鑑二八六天福十二年二月丁巳朔条）

という命令が下っており、それはもとよりおこなわれなかったが、宋朝の統一がすすんだ乾徳四年（九六六）閏八月には、

「殿前・侍衛諸軍及び辺防監護の使臣、中軍の驍勇なる者を選んで、自ら牙隊と為すを得ず。」（長編七同年条）[4]

とあって、ついに中央禁軍および地方駐屯の武将らが牙兵をもつことを禁止したのである。それは牙兵の存在が、王朝集権力の浸透をさまたげるものであったからにほかならない。

五代の牙兵は以上のように主将の私兵たる性格が濃厚であったから、主将の任地移転にさいしてその私的隷属関係が断ちきられることなく、主将に随伴するのがふつうであったと思われる。唐末以後五代の軍に元従の名を冠した部隊が多いのは、そうした理由によるものであろう。そのような形態の先蹤として、唐代すでに澤潞節度使劉悟に鄆州より随来した中軍二千人があったわけであるが、それがなお当時異例の存在であったことはさきに指摘したとおりである。

唐末の動乱期をへて藩鎮体制の変革がおこなわれ、主帥と兵士との間に私的・個人的関係が生まれるにおよんで、はじめて元従も唐代とはちがった大規模な私兵集団となってくる。すなわち元従軍将から元従部曲への転化がおこなわれるのである。さきの明宗期の条奏のように、元随が牙兵とならんで問題とされるにいたったのは、このような状

況のもとにおいてである。おそらく実際の場合、牙兵と元随とはわかちがたい場合が多かったろう。

五代では元従・元随は親従・親随などともよばれ、むろん主将と特殊な私的関係によってむすばれていた。史書に「家臣と為る」（旧五代史九〇李承福伝、同書九六房嵩伝）、「策名委質」（同書一〇六皇甫立伝）、「委質」（呉越備史一・九国志一呉陳璋伝、宋史二五四趙晁伝、同二五七王仁贍伝、同二七三李漢超伝）、「録して親従と為す」（九国志七後蜀張公鐸伝）、「其の名を帳下に籍す」（旧五代史九六劉継勳伝）などとしるす場合は、あきらかにこのような関係がとりむすばれたことをいみしている。策名委質は春秋戦国時代の主従関係をあらわすに用いられた言葉であり、[5]「其の名を帳下に籍す」とあるのは、かれらが一般兵士とはちがった特殊な名籍に付せられていたことをしめしている。「録して親従と為す」も、同様な事実をしめすものであろう。さきの条奏に、「投名して使下の元随と為る」とある投名とは、このような名籍に名を投じて私的従属関係に入ることをいみするのである（周藤吉之「唐末五代の荘園制」参照）。

それゆえ郭威（のちの後周の太祖）が自己の私兵である庁子都を後漢の高祖に献じたとき、「帝（郭威）出征時の庁子都七十三人を以て、具籍これを献ず」（旧五代史一一〇周太祖紀）としるされているように、兵士の籍とともに献上するという手続きによって、はじめてこの庁子都は天子の所有にうつったのである。しかし牙兵が王朝支配の一定の枠内で容認されていたように、後唐の明宗の時代には、元従もまた王朝権力の制約をまぬがれなかった。天成四年（九二九）の勅につぎのようなものがある。

「其の年六月勅す、諸州の侯伯請う所の賓従及び主事・元随、並びに其の名姓を奏せしむ。」（五代会要二四諸使雑録）

これによって元従は主将のもつ名籍に登録されるだけでなく、その名を中央に申告されなければならなかったことがわかる。

このようにして元従が王朝支配の下に包摂されていった結果は、五代末の後周の広順元年（九五一）四月につぎのような勅が出ているのが注目されるのである。

「今重ねて則例を定む、諸州の防御使、料銭二百千・禄粟一百石・食塩五石・馬十匹の草粟・元随三十人の衣糧、団練使、料銭一百五十千・禄粟七十石・食塩五石・馬十匹の草粟・元随三十人の衣糧、刺史、料銭一百千・禄粟五十石・食塩五石・馬五匹の草粟・元随二十人の衣糧。仍って今年の五月一日後任に到る者を取りて、前の定例に依りて支す。其の已前任に在りし者は、請う所故の如し。」（五代会要二八諸色料銭下）

ここにいう防御使・団練使・刺史は、地方官たる州刺史の階級をしめす称号にすぎないのであるから、この勅が州刺史の俸禄だけを問題にしたものであることはまちがいない。節度使にかんする規定がどうなっているか、この勅は従前の則例の改定らしいからあるいは旧に従ったか、もしくは節度使の規定はまだこのようには画一化されていないのか、不明である。しかしこの勅によって、この前後の元随の動向をうかがうことはさしつかえなかろうと思う。

さてこれ以前の五代の則例はみあたらないのであるが、たまたま唐の貞元二年（七八六）の勅によってきめられた中央武官の料銭の規定がのこっており、その形式がほぼ上記の勅に一致する（唐会要九一内外官料銭上）[6]。ここでは諸衛や神策軍の将軍たちに一定数の「随身」があてがわれ、その衣・糧米・塩が支給されることになっており、これが上記の元随に相当すると思われる。しかし他方唐代では元従といわれるものは、「軍将より随身に至る」までをふくむものであったから（第六節参照）、唐代では随身は元従の一部にすぎなかった。それでは五代の料銭の規定で、随身にかわって元随があらわれるのはなぜであろうか。それは唐代の元従にみられた軍将と随身の区別が消滅したからにほかならないと思う。そしてその背景には上にのべてきたような元従の私兵化を考えてみなければならないと思うのである[7]。

しかしながら上記の後周の勅にみえる元随は、たんに私兵化した五代初期の元随とはちがった性格をおびてきている。すでに後唐の明宗の時代、元随の名は中央に申告されなければならなかったのであるが、一定数の元随にかぎって衣糧が支給されるようになったのも、このような情勢に関係があると思われる。実際の元随数はこれを上まわったであろうが、唐末以来発展してきた元従部曲は、ともかくこれによって王朝支配体制のなかにくみこまれていった。後周の勅は俸禄の秩序を正すのを目的としたと前文にいわれるが、ここで料銭・禄粟等とならんで元随が規定されているのは、元随の職役化の方向がうち出されていることをしめしていると思う。浜口重国はさきの唐の貞元二年の勅を根拠に、唐の中ごろの随身が防閤・白直・士力・執衣等と同じ役であると断定しているが（前掲「唐代の部曲という言葉について」）、元随が随身に比定されることのいみも、右のように解してきてはじめて完全に理解できると思われる。

五代の牙兵や元随の特徴は、一般に主将と個人的な関係によってむすばれた私兵集団を形成している点にあり、こうした個人的結合の極限的な形態としては、李克用の義児や王建の仮子にみられるように、擬制血縁的な関係によって主将の家父長権力のもとに服する場合もあった。もし主将が一王朝の創始者になるならば、これら私兵集団のなかから禁軍の将や重要な節度使が出て王朝集権力の中核になるのであるが（周藤吉之「五代節度使の牙軍に関する一考察」参照）、しかし他方別個の私兵集団の存在は、王朝集権力の伸張を妨げるものにほかならなかった。

王朝支配のなかに私的主従関係のヒエラルヒーが存在することはさきに指摘したが、このようなヒエラルヒーは、封建制度におけるごとき恒久的な社会秩序をつくりうる性質のものではなかった。というのは個人的ないしは家父長制的結合は、主将個人にたいする求心的な権力の集中を要求するものであって、他の集団にたいし排他的にならざるをえないからである。この時代におけるアナキー、いわゆる「五代乱離」の根本的な原因はこの点にあると思われる。

それゆえにまた、個人的結合関係の中心となる節度使や刺史は、みずからの官僚としての地位をどうしても否定できなかったし、他方王朝権力の側としては、敵対的な私兵的集団の破砕に全力をそそいだから、皇帝権と官僚制の存続と復活をささえる条件もまたそこに存在した。

五代においてはしばしば節度使の反乱や王朝の交替がくりかえされる反面、中央権力の意外な強さが指摘されている。このような集権力の強化をもたらした契機についてはさまざまな面から考えることができると思うが、軍事的な面にかぎっていえば、地方私兵集団の細分の反面に、中央に強力な禁軍が形成されている点があげられると思う。この禁軍については別に研究がおこなわれていて本稿の論ずべき範囲に属しないが（堀「五代宋初における禁軍の発展」、菊池英夫「五代禁軍の地方屯駐について」「五代禁軍に於ける侍衛親軍司の成立」）、宋朝による藩鎮体制の破壊が、地方の精兵を中央におくって禁軍に編入するという方法でおこなわれたことは周知のとおりである。しかしこのような方法は従来も部分的にはおこなわれており、敵対的な藩鎮勢力が破摧された場合など、その軍隊は王朝の禁軍に吸収されるのがふつうであった。相互に排他的な私兵集団の対立は、最後的にはこのようにして解決されなければならなかったのである。

宋朝がはじめて組織的に地方藩鎮の精鋭を集めたのは乾徳三年（九六五）のことであるが（続資治通鑑長編六同年八月戊戌朔条）、その翌年には既述のとおり、「侍衛諸軍及び辺防監護の使臣」の牙兵をもつことが禁止されるにいたったのである。

（1）このような変化は、周藤吉之「五代節度使の牙軍に関する一考察」においてあつかわれた、五代諸王朝の始祖たちの集団構成の変遷に明瞭にしめされている。

（2）宋史二五二李洪信伝に、後周の時代京兆に移鎮したとき、「本城の兵、千に満たず」といわれている。
（3）冊府元亀四一三将帥部召募に、「後唐の安重栄、鄭州巡簡たり。清泰元年（九三四）上言す、騎兵五千人を召募し、自ら鎧馬を出さんと。これに従う」とある。これは直接給与には言及していないが　装備を負担することを明言した例である。
（4）この翌年、殿前都指揮使・義成節度使韓重贇が、「私に親兵を取りて腹心と為す」というかどで殺されるところを免れ、禁軍の指揮を罷免されている。
（5）貝塚茂樹「春秋戦国時代の主従関係」は、委質をもって忠誠誓約とするが、この点についてはかねて仁井田陞と意見が対立している。仁井田「中国社会の家父長制と封建」「中国社会の『封建』とフューダリズム」参照。
（6）唐会要の文は長文で掲げられないので、新唐書五五食貨志の要約をしめすと、「左右衛上将軍以下、又六雑給あり。一に曰く糧米、二に曰く塩、三に曰く私馬、四に曰く手力、五に曰く随身、六に曰く春冬服。私馬には則ち蒭豆あり、手力には則ち資銭あり、随身には則ち糧米塩あり、春冬服には則ち布絹　紬綿あり。射生・神策軍大将軍以下、増すに鞋を以てす。」本料のほかにこの六雑給があるというのである。
（7）貞元二年勅は職役としての随身をしるしたもののようであるから、第六節の注で指摘したように、随身の私従化が論じられなければならないが、このことは今後の問題である。

九　五代武人政治と土豪・文臣との関係

藩鎮親衛軍の構造が唐と五代の間で大きく変わったことは、上にのべてきたことであきらかであろう。五代の藩鎮は唐代官僚制の無力化した唐末の争乱のなかから発達したもので、たしかに唐代にいたる「貴族政治」の没落に大きな役割をはたした。すなわち五代の武将たちは自己に緊密にむすばれた私兵的集団を構成し、それを通して権力を強化し、なかには天子になるものも出てくる。主人が重要な地位をえたり天子になったりすれば、かれらに個人的にむすびつけられた元従や牙将たちは、その主人とのきずなを通して要職につく。こうして武将の元従や牙軍を構成するさまざまな階層の出身者が政治の表面にうかびでてきた。これが五代の「武人政治」であって、唐代までの身分制度はそのなかで崩れ去ったのである。(1)

しかしこの武人政治は、宋以後の「文治主義」的官僚制、あるいは文臣官僚制にもとづく「君主独裁政治」とも性格を異にするものであって、近々半世紀の間に宋朝の統一によって消滅してしまった。したがってそれは、「貴族政治」(門閥官僚制)より「君主独裁政治」(文臣官僚制)にいたる過渡的な政治形態にすぎなかったのである。この時代の武人政治が、ヨーロッパの封建社会におけるような、軍事的指導者の安定した支配秩序をつくりえなかった点はさきにも指摘したとおりである。封建制度はいうまでもなく封建的領主層の支配体制であるが、しからば旧来の門閥貴族にかわり、宋朝にいたって支配的地位を確立する新興の地主＝富商層は、五代の武人政治においてどのような位置を占めるものであろうか。この問題について最後に若干の点を指摘しておきたい。

第一に、藩鎮と土豪＝富商層との結託が、唐代においてもすでに徐々に進行している点である。もとより唐代の藩鎮は専制王朝の官僚制的な支配体制であって、制度上新興の階層的秩序を容認しうる性質のものではない。それはしばしば反唐朝的な態度をしめした魏博の牙軍の構成にさえみられた点である。しかしその反面において土豪＝富商層との結びつきは、影庇・影占といわれる形でしだいにさかんになった。唐代における藩帥と牙軍との対立において、在地土豪層との関係がなんらかの役割をはたすであろうことは、さきの澤潞節度使劉氏の反乱の崩壊にさいしても暗示されている。このような結びつきを評価することなしには、唐末の争乱期に藩鎮が地方政権として自立していく前提を理解することはできないと思われる。(2)

事実李克用の擁立にみられたように、唐末の地方政権のなかに土豪層のすがたを見出すことは困難でない。五代の藩鎮においてもむろん、在地土豪層との結託がさかんにおこなわれた。そのことは上にたびたび言及した後唐明宗天成元年（九二六）八月の枢密院の条奏にも、「有力戸人、諸処において賂を行い、事務を希求す」といい、また翌天成二年春正月辛巳の詔にも、「兼ねて富戸あり、或いは勢要に投名して、以て影庇を求め、或いは権貴に仮らんことを希って、以て丁徭を免る」（旧五代史三八明宗紀、冊府元亀六一帝王部立制度、五代会要六雑録）などとみえている。

第二、しかし問題は藩鎮体制と土豪＝富商層との結びつきかたである。さきにもふれたのであるが、唐の長慶二年（八二二）諸軍に兵員の定額維持を命じたとき、商賈・胥吏は多く藩鎮に賄賂をおくって列将に補せられたといわれる。これは上に五代において、有力戸人が諸処に賄賂をつかって事務を希求したとあるのに同じ状態である。しかしこのことはかならずしもかれらが実際に軍事的指揮者になったとか、政治的職務を執行したとかをいみしない。

建中四年（七八三）諸鎮の乱中、京師の神策禁軍について、

「但だ市井の富児の賂を受けてこれを補す。名は軍籍に在りて給賜を受け、而して身は市廛に居りて販鬻を為す。」

（通鑑二二八同年冬十月丁未条）

とあるような状態は、他の藩鎮においても同じであったと思われる。澤潞の劉氏は大商をことごとく牙職に任じたが、それはかれらをして諸道に往来して貿易にしたがわせ、もって軍備を維持するための財政的目的に奉仕させるためであった。この時代の藩鎮はよくこのような重商的政策をおこなったのである。澤潞管下の邢州の夜飛軍に富商の「子弟」が多かったというのも、右のように富商が本来の生業からはなれなかったことと関係があるのではないか。

これと同じような事例が、五代最初の王朝をひらいた朱全忠の有名な庁子都にみられる。庁子都は「最も親軍である」（旧五代史一九鄧季筠伝）と称せられたが、これについては、

「梁祖の汴に鎮するや、富家の子の材力ある者を選んで、これを帳下に置き、号して庁子都と曰う。」（旧五代史六四王晏球伝）

と伝えられる。これによると庁子都は富家の子弟から成っていたが、その選にあずかった王晏球（杜晏球）の伝によると、かれは軍隊に掠売されて汴州の富人杜氏の仮子となったものとされている。この時代家内奴隷を仮子として蓄えることはひろく普及していたと思われるから、富家の子といっても、実際にはこのような仮子、すなわち家内奴隷が多かったのではないか。汴州の富豪たちは身は市井にあって生業を営みながら、その家僮・子弟をさし出すことによって、傭兵隊長朱全忠ととりむすんだのである。

土豪がみずから武器をとって立った自衛的な小集団や小地方政権においても、似たような事情を指摘することができると思う。湖南衡山県の土豪で衡山指揮使であった廖偃は、五代の末期、楚王馬氏の内紛にあたり、兵をおこして馬希萼を擁立した。

「是において荘戸及び郷人を帥いて悉く兵と為し、……徒衆を召募し、数日にして万余人に至る。州県多くこれに応ず。」（通鑑二九〇後周広順元年九月丙戌条[3]）

これによると兵力の中心ははじめ荘戸と郷人にあったが、これに募集した「徒衆」が加わって万余人になったため、他の州県が呼応して勢力が拡大したのである。

唐末江西の臨川県で農民出身の危全諷が兵をおこしたときは、「其の居に即いて軍営と為」したと伝えられる（九国志二呉・危全諷伝）。また武陵の農家の出で団兵（土団）から身をおこした周行逢が、五代の末湖南の支配者となって武陵に拠ったとき、その妻厳氏はなお青裙を着て「家田の佃戸」を監督し、租を城中におくっていたといわれる（新五代史六六楚世家周行逢条）。このような土豪らの兵力や基盤の狭隘さを考えると、かれらが一面において召募の徒衆にたよらざるをえなかった点もうなずけるのである。

杭州地方の自衛団の連合体であった著名な杭州八都の場合、その指揮者董昌の諸将には傭人が多かったといわれ、またもう一人の指揮者杜陵は、「郷党に帰り、徒衆を保聚して、千余人を得、武安都と号」したといい（九国志五呉越・杜建徽伝）、また成及は、「富春に保聚して、静江都と称」したと伝えられる（前書呉越・成及伝）。このような「衆を聚める」というやりかたは、この時期の集団構成の一般的な方式であって、傭兵的な性格をもつものと考えてよいと思う。上記の徒衆を召募するというのも同じやりかたである。

以上はこの時代、都市の商人にしろ郷村の地主にしろ、かれらが在地の生業とふかい結びつきをもっており、封建的領主として政治的支配者にまで成長することが困難であって、それゆえ一面において傭兵的兵力に依存しなければならなかった事情をしめすものといえよう(4)。

むろん土豪らのなかには、五代王朝の武人的官僚となって在地をはなれるものも多かったが、この時代の武人政治の担い手となった階層は、土豪にかぎらず実にさまざまであって、なかには奴隷から出世したものも少なからずあったように思われる(5)。かれらはひとしく天子なり藩帥なりと個人的な関係でむすばれ、その家父長的、あるいは家産制的支配をうけたのである。なお一言するならば、以上にのべたような土豪層の性格はおそらく宋代にまでもちこされたであろう。そのため宋朝治下において官戸・形勢戸の地位が確立するためには、宋朝における文臣官僚制の整備とともに、他方においてかれらの間に宗族結合の強化や族産の設置等が要望されたのではないかと思われる(6)。

第三、しかしながら宋朝の文臣官僚制の起源を、五代政権のなかにたずねることもまた必要であると思う。従来五代の政治体制を武人政治とよぶ場合、五代における文臣の地位を過小評価したきらいがなくもない。もちろん私も、この時代の権力の中心は藩鎮の親軍や王朝の禁軍にあったと考えるが、藩鎮の幕客やそれから出た中央政府の文臣がはたした役割は相当なものがあったと思われる。[7] ただし五代の文臣には、唐朝の貴族官僚につながるものと、宋朝の官僚につながる新興の階層との両種があったであろう。

四川や華中・華南等周辺の諸国では、唐末の難をさけて移り住んだ旧官僚の系統が国政に参与したが、これにたいし北方では後梁・後唐王朝の中央官職において、旧貴族が文臣的な職を占めたものの、その地位はかなり名目的なものであったようである。地方藩鎮の幕職官から出た新興の階層が台頭するにおよび、王朝の文臣的な職務も復活して、武人との間にはげしい対立をひきおこすことになる。このような傾向は後晋王朝のころから顕著になったと思われるが、こうした過程は、中央政府がその集権力を強化するために文臣を利用するとともに、新興の富裕層の一部が、それを通してしだいに政局の主導権をにぎるにいたる情勢をしめすことになるのではないかと思う。文臣制の問題はまったく本稿の範囲外に属するのであるが、あえて問題点を指摘しておきたい。

第四、宋朝の官僚制はいうまでもなく近代的官僚制とは別ものである。そのような官僚制の末端機構を形成するものに胥吏や職役があるが、とくに北宋朝で重要な役割をはたす衙前（牙前）の起源が五代にあることは周知のとおりである（浜口重国「宋代衙前の起源に就いて」、宮崎市定「宋代州県制度の由来とその特色－特に衙前の変遷について－」）。衙前なる語は元来牙軍ときりはなすことのできない言葉であるが、五代に入って牙軍が藩帥の私兵と化し元随となるにおよんで、各州府所在の軍将をさす名称となったのではないかと思われる。後晋の天福二年（九三七）二月にはつぎのような詔が出ている。

「壬寅詔す、応ゆる諸道の馬歩都虞候は、今より後朝廷更に差補せず。委ぬるに藩方よりし、本州の衙前大将中において、久しく任を歴事し、刑獄に暁会する者を慎み選びて充てよ。三年を以て限と為せ。仍って元随の職員内において差補するを得ず。」（旧五代史七六晋高祖紀）

これによると、本州の衙前大将と元随の職員とはあきらかに別である。

この衙前がどのような経過をたどって職役と化したかくわしくはわからないが、宋朝の兵力集中化と牙軍・元随の消滅ののち、地方に衙前の職がのこったことだけはあきらかのように思う。五代において私兵的親軍兵力は、中央政府の集権力と対立するばかりでなく、在地との対立も依然存したのである。この在地との対立、換言すれば在地からの遊離は、さきに指摘したような、土豪層が在地性を克服できなかった事態とふかく関連していると思われる。これに反し諸州の衙前が在地土豪層と関係がふかかったであろうことは容易に想像されるのであるが、その具体的なかかわりあいを追究することは、なお今後にのこされた問題である。

(1) これが周藤「五代節度使の牙軍に関する一考察」の中心テーマである。
(2) 藩鎮と土豪層(民衆上層部)との結びつきを高く評価したものに、谷川道雄「唐代の藩鎮について―浙西の場合―」がある。その後谷川は「龐勛の乱について」において、藩鎮の反農民的性格を指摘し、「農民そのもの」の闘いのなかに唐末の変革の方向を見出そうとしている。私もまたこの時代の土豪=富商層の寄生的性格の反面、密貿易商人=群盗を中心として結集する農民の反乱に、変革の主体的な勢力をもとめようとした(次章参照)。この時期の変革が農民の起ちあがりなくしておこなわれなかったことはあきらかなのであるが、農民反乱の失敗と退潮ののちに、前代とはちがった武人政治が生まれ、そのなかでしだいに新地主層の勢力が確立していくことを考えるならば、ここで指摘するような唐代後半期における藩鎮と土豪層との結びつきを、やはりもう一度考えてみる必要があると思う。
(3) 宋の陳彭年の江南別録には、「大姓廖偃、叔匡凝と、部曲数百人を以て、希萼を道に刧し、奉じて衡山王と為し、以て希崇を伐つ。数日にして衆万人あり」とある。
(4) この見解はかつて杭州八都の分析の結果としてしめしたことがあるが(次章参照)、本稿ではこれを多少補足しえた。栗原益男「唐末の在地勢力韋君靖について」も、同様な見解を提示している。

（5）王峻なるものは元来歌が上手で後梁の相州節度使張筠に養われ、張筠から租庸使趙巌に贈与され、後唐の初めに趙巌が殺されてからは、流落ののち三司使張延朗に仕え、後晋の初め張延朗が殺されたとき、その資産・僕従はことごとく劉知遠（後漢の高祖）に没収されたので、かれも劉知遠の側近に仕えて出世するようになり、郭威（後周の太祖）の監軍をつとめたため、後周の初め枢密使となった（旧五代史一三〇王峻伝）。後贇はやはり歌が上手で張延朗に仕え、張延朗の死後、後漢の高祖に仕えたというから、王峻と同様僕従として没収されたのであろう。後漢の隠帝に愛幸されて飛龍使となり、権臣史宏肇・楊邠らの殺害に与かった（新五代史三〇後贇伝）。李彦韜は邢州節度使閻宝の僕夫であったが、のちに後晋の高祖の帳下に隷し、少帝の腹心となって宣徽北院使権侍衛馬歩都虞候の地位をえた（通鑑二八四開運二年二月丙申条）。ここで私は西アジアのデスポティックな軍事的支配者のなかに、奴隷出身者の建てた王朝がかなりあることを想起する。これら王朝のデスポティズムや傭兵制度は中国のそれと比較してみるに値いしよう。

（6）青山定雄「五代・宋における南方の新興官僚」は、宋の官僚と五代の武人とのつながりが比較的少ないこと、宋代でも官僚の家柄が続くようになるのは仁宗ころから後であることを指摘している。この指摘は本稿の所論と関連して示唆に富むと思う。

（7）西川正夫「呉・南唐両王朝の国家権力の性格」は、南唐朝においては文臣官僚制が支配的な地位をもつが、それはむしろ唐朝官僚制とつながりをもつ反動的な性格のものである点を指摘している。しかし西川はそのあとがきにおいて、華北でははげしい王朝交替の間に、宋朝の中央集権政策を支持し代行するにいたる文臣官僚が、すでに強力になっていたであろうと推測している。

（東洋文化研究所紀要二〇、一九六〇）

第三章　黄巣の叛乱

一　唐宋の変革と黄巣の反乱

唐と宋との間に中国社会の大きな変化があることは、古くから加藤繁の経済史研究や内藤湖南の政治史研究等によって証明されていた。ただその変化をめぐって中国史をどう時代区分するかということになると、その見方はまちまちで、古代から中世への転換となすもの（前田直典「東アジヤに於ける古代の終末」、仁井田陞「中国社会の『封建』とフューダリズム」）、中世から近世への移行とするもの（内藤湖南『中国近世史』、宮崎市定『東洋的近世』）、封建社会の前期から後期への再編成と考えるもの（侯外盧「中国封建社会土地所有形式的問題」「唐宋時代の農民戦争の歴史的特徴」）等がある。しかしこの変化についての共通の認識としていえることは、唐代までの支配階級であった門閥貴族階級が最終的に没落して、新しい勢力が台頭してきたこと、その系統が宋代以後の支配階級になったということ、その転換期が唐末・五代の動乱期だということであろう。

唐代までの支配階級であった門閥貴族は、その起源は漢代に地方から台頭してきた土豪・豪族にさかのぼると思うが、かれらは唐代になると唐朝国家に寄生する官僚と化して、唐朝国家の没落と運命を共にせざるをえない存在となっていた。もちろんその没落の過程には、さまざまな段階が考えられるのであって、私は大学卒業後はじめて執筆した論文において、その政治史的諸段階の粗削りなスケッチを試みたことがあったが[1]、本書の付録二として収めたのがそれである。そこでは唐朝宮廷政治の退廃的な関係にも言及したが、私の研究はその後、宮廷の外部からおこって、唐朝支配を震撼させた藩鎮と農民反乱の研究に集中したので、これらの研究論文を本論に収録した。中国古来の人民支配は、徭役・兵役の強制徴集の上に成り立っていて、それを一部では個別人身支配などともよんでいるのであるが、傭兵制度の出現はその支配原理に反したものであって、それ自体が唐朝国家衰退の第一歩といわなければならないであろう。安史の乱がこの傭兵集団の公然たる反乱としておこったのは偶然でない。乱中にこの武装勢力が藩鎮とよばれて中国各地に割拠するようになったために、唐朝本来の中央集権体制は完全に崩壊した。乱後にもしばしば反乱をおこしたいわゆる強大藩鎮の多くが、安史の反乱勢力になんらかの関係をもつことは興味深い（第一章参照）。しかしながらその藩鎮の反唐的行動にも限界があって、結局唐朝との絆を断ちえなかったことを、私は第二章で論証した。

とするならば、唐朝支配体制に最終的な打撃をあたえ、その滅亡の契機となったものとしては、黄巣の乱を頂点とする広範な農民反乱に注目せざるをえないのである。反乱の指導者は旧貴族階級に対抗しておこった新興の地主・富商勢力であったが、その武力となったのは、むろん蜂起してくる膨大な農民層であった。しかもこれら農民層のなかにはいわゆる破産農民が非常に多く、それらが急速に乱に参加してきたために、乱の指導層はこれらを十分に組織し把握することができず、確固とした反乱の拠点を築くことができなかったと考えられる。そこで反乱に参加した人々は、主として破産農民に原因する略奪によって各地を流浪するようになり、流寇・流賊といわれる特徴をうみだした。内藤湖南はこれを「支那名物の流賊の元祖である」（『中国近世史』）といっているが、実際中国に農民の反乱は昔からあったけれども、流賊的特徴は黄巣の乱から始まるのである。流賊の原因が破産農民にあるとするならば、なぜかくも膨大な破産農民がこの時期に生まれたかという疑問が生じ、それは唐代後半期の農民層分解の特徴に求められると考えられる。そのことは後述するとして、さきに流賊的反乱の結果についてのべるならば、この乱の破壊力をきわめて大規模なものにしたということがあげられるであろう。その結果それまで唐朝と藩鎮とを結んでいた絆がずたずたに断ち切られ、唐朝支配の解体・没落を決定的なものにした。しかし反乱自体は流動作戦に終始したために、唐朝に代わる新しい権力の基盤を築くことができずに、乱後の官僚制の復活を防ぐことができなかった。

そこでこの官僚制を古代以来の、あるいは唐朝官僚制の継続とみなし、古い遺制を引きずるものとみる見解が有力なものとなった。古代的官僚制継続の原因について、石母田正は新興の土地制度における地主・佃戸関係を、古代末期のコロナトゥス制にあたるものとみなし（「中世史研究の起点」）、のちに松本善海はこの段階を「封建主義への傾斜」と表現した（毎日新聞社版『世界の歴史　東洋』）。そこで私は歴史学研究会一九五〇年度の報告において、そのような傾向を批判することにした。それが本書に収めた付録一で、私の最初の学会登場を記念するものである。それは不満足な点が多いものの、ともかく私が主張したかったのは、第一に、黄巣の乱後の官僚制が新しくつくられたものであって、古代の遺制などではないこと、第二は、このような官僚制の形成は日本・ヨーロッパ等の発展とは異なるであろうけれども、中国には中国の発展があるのであって、それによって今後世界史の発展法則をもみなおす必要があろう、ということであった。それは当時流行していた「世界史の基本法則」なるものの考え方に異論を投じたものであるが、そのような考え方に夢中になっている大方には、あまり気づかれなかったようである。(2) 私自身にしてからが、その後の「黄巣の叛乱」の叙述において、地方からおこった新興勢力が、なぜ日本やヨーロッパのような封建的権力をつくりえなかったのかという問題の立て方を底流においていたのである。

唐宋の変革の指標とされたものは、第一に唐代中葉までに盛んになったと考えられる小作制である。この点を早くあきらかにしたのは加藤繁の経済史研究であって、加藤は小作制を戦国時代までさかのぼってあとづけることができるけれども、大官豪族の大土地は主として奴僕によって耕作されたと考えていた（『支那経済史概説』）。前田の唐末まで奴隷制という説は、このような加藤説にさかのぼることができる。加藤の唐宋時代の小作制説をうけついで、これをより詳細に発展させたのが周藤吉之の佃戸制研究で、石母田のコロナトゥス説はこの周藤の研究にもとづいて唱えられたのである。周藤の研究はその後も佃戸の奴隷に近い特徴を実証的にあきらかにすることに努めたといってよさそうである。実際唐宋の荘園においては、身ひとつで地主の荘園のなかに流れこんで、地主から耕地はもちろん、農具・種子・食糧・住居まで借りなければならぬ農民（佃戸）が多く、かれらが十分には独立性をもちえず、なにほどか奴隷に近い境遇にあったことは疑いないのである。佃戸制形成の原因に、この荘園に流入する佃戸が多いことは、さきに黄巣の乱に参加する破産農民と共通する点があることに注意しておきたいと思う。

もっとも宋代以後の小作制については、これとはまったく異なる農民像が提供されている。宮崎市定は宋以後の小作制を自由な契約によって成り立つものとし、これを近世的な特色をもつものとして強調している（「宋代以後の土地所有形体」）。この小作関係、地主・佃戸関係が、契約によって成立することは、いったん契約関係に入れば、仁井田陞の指摘したように両者の間に「主僕の分」が生ずるけれども（「中国の農奴・雇傭人の法的身分の形成と変質」）、その関係が地主・佃戸関係に入った場合に限られることがしめすように、地主・佃戸両者はともに良民身分にあるのであって、そのために契約関係が発生するのである。契約関係自体はけっして近世的なものではない。また両者の関係が自由でないことは宋代法に規定された主僕の分がしめしているが、当時の契約書のひな型（実際の契約書は残っていない）をみれば、その内容は、佃戸がいつ、どこに小作料を運び込むかという一方的な約束であって、地主の側はそれによってなんら拘束されない形のように思われる（仁井田「元明時代の村の規約と小作証書など」）。このようなものをみると、地主・佃戸両者間の契約が対等に結ばれたようには思われないのである。もっともこのような議論は、やがて明清時代ころになって、佃戸の地位・身分が上昇し、地主との間に対等な関係が生じてくることを否定するものではない。またその萌芽が南宋代に生まれていることも否定できない（周藤「宋代の佃戸・佃僕・傭人制」「南宋の田骨・屋骨・園骨」）。

しかし地主・佃戸間にみえる一見「近世」的な特色は、一方で破産農民を大量に生みだす、唐代後期以来の農民層分解の特徴とおそらく分かちがたいであろうと思われる。前田も宮崎も時代区分の指標に大土地所有の耕作者をのみとりあげて、当時多数存在したはずの自営の小農民を無視している。土地所有のおかれている社会全体に眼を向けなければならない。佃戸制的な土地所有が生まれてくる前提には、唐代まで機能していた均田制がある。均田制は国家が自営農民を維持しようとした制度である。均田制の崩壊にともなって、この均田農民のなかから、荘園に流入して佃戸となるもの、自営的手段を失って破産農民になるもの、一方に営々たる努力によって、新興の地主・富商にならないまでも、自立しうる小農民や「近世」的小作契約に入りうる農民も生まれたであろう（このような分解の一例を、後編で敦煌地方の例でみることになろう）。

しかしこのような農民間の分解をみるだけでは、黄巣の乱にみるような農民分解の激しさを理解することはできないであろう。そこでいままで言及しなかった商業との関係に注意しなければならない。前田直典は中国の中世を日本やヨーロッパに比べ、その特徴を、「中世開始時期にあっての商業の発達と未発達とに起因するものであろう」といい、商業の一定程度の発達をみたローマの古代社会が、ゲルマンの征服とサラセンの地中海貿易の弱化（これは前田の言だが、より正しくはサラセンによる地中海貿易独占というべきであろう）によって、西欧の封鎖的社会ができたのにたいし、中国では商業のある程度発達していた古代社会が、自己の生産力の発展によって「自然に」中世を生みだし、商業をもさらに発展させていったのだとのべている。

われわれは黄巣の乱の指導層を新興の地主・富商層を代表するものとのべたのであるが、黄巣自身は富裕な塩の密売商人であった。また大量の破産農民の出現は、自然経済的な農民分解からは考えられず、商業・高利貸資本の搾取によって生まれたとみるほかないであろう。そもそも藩鎮の傭兵制度自体が貨幣経済にたすけられて発達した点があるのであるし、唐朝後期の財政政策では、専売制度はむろん両税法にしても貨幣経済と関係していた。それが宋代になると、官僚制や傭兵制度を維持するための財政的必要から商業が一層発展したことが指摘されているが、そのようないわゆる「財政国家」が生まれたのは、前代に民間からおこった商業活動に起因するものと考えなければならない。そのような商業活動が唐代後期の農民の分解をうながし、それが農民反乱の流動性・破壊性を生んだことはすでにのべたが、この乱を指導した富商の側にも全国範囲の市場の知識と、市場形成の欲求があって、それが乱後の中央集権国家（官僚制国家）の形成をうながす遠因になっているということもできるであろう。[3]

以上には、黄巣の乱そのものよりも、唐宋の変革にこだわりすぎた感じがあるが、ここまでは「黄巣の叛乱」の旧稿に拘泥せず、現在（二〇〇一年末）の段階での私見を披瀝することにした。最後に、黄巣の乱の研究史にふれておきたいが、この点については、旧稿の見解をなるべく踏襲することにして、旧稿の本論（第二節以下）につなげたいと思う。

中国においては、「農民革命史」にたいする関心が大きいにかかわらず、この反乱の研究はかならずしも多くない。それは一つには、中国ではこの時代の歴史的変化にたいする評価が低いということによるものであり、黄巣の乱にかぎらず、この時代の研究全般がいちじるしく立ちおくれているのである。[4]このような立ちおくれが、反乱の研究自体の質的内容をも制約するであろうことはいうまでもない。また一つには、農民反乱といわゆる統一戦争との関係という問題で、農民反乱の成果はその後成立する王朝の繁栄にあらわれるという独特の考えがあるため、五代の分裂と宋朝を生みだす黄巣の乱は、あまり重視されないことになるのである(5)。

現在（旧稿執筆当時）われわれが手にしうる王丹岑（『中国農民革命史話』）・鄧広銘（「試談晩唐的農民起義」）・楊志玖（「黄巣大起義」『晩唐五代史綱要』）らの諸研究は、いずれも農民革命史全般の研究の一環としてあらわれたもので、中国学界の伝統的・支配的な学説にしたがって、封建社会下における農民戦争という立場からおこなわれたものである。ここでは相闘う勢力は、封建的地主政権と被圧迫農民階級という、相対立する二つの階級だけに単純化されているのが特徴である。反乱内部の対立は個々の場合に指摘されるのであるが、それが支配階級の間の敵対や交替などと結びつけられることはむろんないのである。もう一つ目につく点は、農民軍の略奪や黄巣の投降を否定しようとする傾向である(6)。これらの点には本論でふれたいと思うが、時代の制約性を無視し、乱の正しい位置づけをかえってさまたげることになるのではないかと思う。

これにたいし唐末農民反乱の歴史的意義を、時代の転換期とそれなりに関連させてとらえようとするものに趙儷生がある（「通過五代十国到宋初的歴史過程認識唐末農民起義之更深遠的社会意義」）。趙によれば、均田や士族等のごとき封建社会中の中古の典型的要素が払拭されて、商品経済の発展や手工業と農業との分離の開始というような、近古期の諸特徴が発展してくるようになるという。そしてこれは資本主義の出現にたいする前提条件になるという。また彼は農民戦争と統一戦争の関係について、唐末の反乱は漢・唐・明のごとき大帝国をつくらなかったが、その成果は五代十国の地方政権における生産力の回復・発展にあらわれており、それが宋の統一によって総括されて、前記のような新しい特徴を生みだすことになるという。ところがこの論文は、反乱自体の叙述を目的にしたものではなく、右のような転換をもたらす具体的な政治過程と階級間の関係にふれていないのであって、もっぱら第二の五代諸国における生産力の回復に力を注いでいるのである。しかし五代諸国における生産回復と発展を実証することが、どうして唐末農民反乱の意義をしめすことになるのであろうか。それには、農民戦争の結果、新王朝の人民にたいする譲歩がおこなわれ、そのために生産力が発展し、王朝の繁栄がみられるという図式が、暗黙の前提になっているのである。

農民反乱と新王朝との間のこのような考え、いわゆる「譲歩政策」論においては、農民と支配者との力関係だけが考慮に入れられていて、社会の諸関係や制度は問題にされていない。このような考え方は、農民戦争によって封建的経済関係や封建的政治制度は基本的に変わらないという考えと、無関係ではないかもしれない。しかしそれぞれの王朝の制度や体制には、それぞれの具体的な特殊相があるはずであって、それは封建社会内部におけるそれぞれの段階に対応するものであると考えられる[7]。まして趙のいうごとき転換期があるとすれば、前後の社会的諸関係と反乱との具体的な関係が問題にされなければならない。反乱というものは、そのような制度や諸関係の矛盾・桎梏によっておこり、それを打破する働きをするものであろう。そのような桎梏がいくらかでも打開されてはじめて、生産力が解放され、新しい王朝のもとで「譲歩」も可能になり（同時により合理的な収奪が可能になり）、繁栄もみられることになるのであろう。そうでなければ、王朝の興亡はただのくりかえしに終わらなければならない。

一方わが国における善峰憲雄の「黄巣の乱」は、農民反乱のなかから一応さまざまな階層をとり出しているのであるが、これら諸階層の動きが反乱中にどのようにあらわれるのか、かならずしも明確でなく、そのうえ乱はむろんのこと、乱後の軍閥間の闘争も、すべて一様に民衆の闘いであるがごとく強調されている点に問題があると思われる。例えば乱と乱後の世界を結ぶ朱温の投降は、一方において農民の反乱にたいする背信とされていながら、他方において「いわば官服で擬装した反乱軍である」とのべられていて、両者の関連が明らかでないのである。思うに民衆の闘いというだけではそれは何事も説明していない。問題は民衆の闘いがどのような関係のなかでおこなわれ、どのような役割をはたしたかということであって、それによってはじめて、乱や乱後の世界の歴史的位置づけが明らかになるはずである。

黄巣の乱を専攻した研究はわが国ではそれだけであるが、日野開三郎に唐末の動乱期を概観した長編がある（「唐末混乱史稿」）。日野の意見は大体において、反乱も乱後の軍閥も、流民・客戸その他の最下層民・窮民が活路を求めたものだというのである。しかし善峰も指摘しているように、反乱内部にも軍閥内部にも、さまざまな階層がふくまれているのであるが、これらをどのように考えるのかあきらかでない。反乱や軍閥を指導したり支持したりするものをどう考えるのかということである。

黄巣の乱に先行する農民の反乱に、浙東の裘甫の乱と、徐州の龐勛の乱があり、前者には松井秀一（「唐代後半期の江淮について―江賊及び康全泰・裘甫の反乱を中心として―」）、後者には谷川道雄（「龐勛の乱について」）の論がある。松井は長江流域を荒掠した江賊において、土豪・富商層と没落農民層との統一戦線が形成されていたが、裘甫の乱によってその戦線が分裂し、没落農民大衆の反乱としての黄巣の乱の先駆となったという。江賊の統一戦線説については、江賊の略奪対象が江淮草市の富室大戸にあることとどう関係するのか、疑問である。谷川の場合、反乱内部の諸階層の立場と矛盾が明解に分析されているのは注目すべきである。この乱はもともとは藩鎮軍士の反乱であって、その点は黄巣の乱とはおのずから異なるであろうが、谷川は農民の側にのみ革命性を認めていて、それが黄巣の乱をみる場合にどう反映するのか、この時代に貴族と対立している土豪層をどう位置づけるのか、問題であると思う。

私の本論文の主たる目的は、黄巣の乱の具体的な経過をたどりながら、そのなかにこの乱の特質を見いだし、この乱を唐宋変革のなかに位置づけようとすることにある。が、それと関連して、上述の従来の研究にたいしても、若干の疑問を提出したいと考えている。

（1）この論文を書いたとき、私は政治史固有の領域と構造があるのではないか、それを唐末の政治史の叙述のなかで実現してみたいという考えをもっていた。経済史的考察等を省いたのは意図的なものであったが、それが正しかったかどうかは疑問である。経済をぬいた政治は成り立たないのであるから、それを政治史の領域のなかにどう組みこむかが問題であろう。そういうわけでこの論文が、プーリィブランク「安禄山の叛乱の政治的背景」の批判をうけたのは理由があるのだが、私の意図を理解していただきたいと思うし、この時代の私的・個人的結合関係の重要性は、私のその後の論文をみても理解していただけると思う。

（2）ただし遠山茂樹『戦後の歴史学と歴史意識』は、この点を正しく評価している。

（3）黄巣が科挙の落第生であり、朱全忠が没落知識人の家から出たように、新興階級も一応知識人であることをめざしていたということができよう。この点も宋代の士大夫層につながるものであろう。

（4）その後、中国でもこの時期の研究が進んだが、黄巣の乱をめぐる状況はそれほど変わらない。

（5）この点は後述する趙儷生の意見による。

（6）ただし楊志玖は、黄巣の投降の記事の真偽と信憑性を証明するに足る材料はないという。

（7）その点、孫祚民『中国農民戦争問題探索』は、黄巣の乱を、中世紀の荘園地主経済から近古の新興地主経済に移る重要な契機とし、土地に付着し隷属性をもっていた農奴が、世族地主の荘園から解放されて、比較的自由をもった独立自営の小農になったとしている（同書一九頁）。ここでは封建的土地所有における二つの段階を、はっきりと区別しているのは注目すべきである。ただこの書は反乱の具体的な事実をのべたものではなく、歴代農民戦争全般にわたる諸問題を、問題別に論じたもので、引用された事例としても黄巣の乱は少ない方である。ただ私は本書を、この種の問題を論じて理論的に最もすぐれたものであり、事例の解釈もおおむね妥当と思うのであるが、中国では毛沢東主義の観点からきびしい批判をうけた。

二　黄巣集団の性格

黄巣は曹州冤句（山東）の人で、「もと販塩をもって事と為す」（旧唐書二〇〇下黄巣伝）とか、「世ミ塩を鬻ぎて貲に富む、撃劔騎射を善くし、稍ミ書記辯給に通じ、亡命を養うを喜ぶ」（新唐書二二五下黄巣伝）とか、「巣少くして仙芝と、皆私塩を販するを以て事と為す、巣騎射を善くし、任侠を喜ぶ、ほぼ書伝に渉り、しばしば進士に挙げられて第せず」（資治通鑑二五二乾符二年六月条）などと伝えられる。黄巣にさきだって反乱をおこした、「濮（山東）の名賊」（新唐書黄巣伝）[1]王仙芝の人となりについて伝えられるところはないが、若いうちから黄巣とともに私塩の販売に従事したというのであるから、ほぼ同じような型の人物と考えてよいであろう。ここにしめされた乱の指導者の性格については、第一に富裕な塩商、それも主にやみ売り商人であったということ、第二に亡命を養ったり、任侠を喜んだりしたということ、第三に文武の教養をもち、試験をうけ官吏になろうとして志をえなかった、等の諸特徴をあげることができるであろう。

ところで注意すべきは、唐末騒乱期、各地——とりわけ河南・山東・江淮等の中心地帯——におこった新興勢力の指導者ないしはその周辺に、これらの諸特徴を少なからず見出すことができるということである。まず私塩についていえば、鄆州（山東）の節度使となった朱瑄の父朱慶は、がんらい宋州下邑（河南）の人で、「里の豪右、攻剽販塩をもって事と為す」（旧五代史一三朱瑄伝）とか、「豪猾をもって里中に聞こえ、鬻塩に坐して死に抵る」（新唐書一八八朱瑄伝）などといわれ、その地域からいっても、「豪右」である点からしても、王仙芝・黄巣の部類に属するものであろうと思われる。しかし朱慶は捕らえられて死刑になったので、[2]父とともに私塩をおこなっていた朱瑄は、亡命して青州（山東）の軍に入り、のち鄆州に拠ったのである。前蜀の建国者王建は、許州舞陽の人とも陳州項城（ともに河南）の人ともいうが、「少くして無頼、牛を屠り驢を盗み、私塩を販するをもって事と為す、里人これを賊王八と謂」った（新五代史六三前蜀世家）といわれ、また「微なる時、鹾を均・房の間に販い、仍って小窃を行い、号して賊王八という」（太平広記二二四「僧処弘」）とも伝えられる。

呉越の始祖銭鏐は、杭州臨安の半農半漁の家に生まれ（旧五代史一三三世襲列伝）、「射と槊とを善くし、稍ゝ図緯諸書に通じ」（新五代史六七呉越世家）、ちょっとした武術と俗書を解したが、「少くして拳勇、任侠を喜び、仇を解き怨を報ずるをもって事と為し」（旧五代史世襲列伝）、また「壮なるに及んで無頼、生業を事とするを喜ばず、販塩をもって盗を為し」た（新五代史呉越世家）といわれる。海州朐山（江蘇）の人で、はじめ楊行密に従っておこり、のち実権をにぎって南唐建国の基礎を築いた徐温については、「少くして無頼、群盗中に入り、販塩をもって事と為す」（九国志三徐温伝）などと記されている。最後に、江西に自立した鍾伝の例をひくと、「農業を事とせず、恒に射猟を好み」（太平広記一九二「鍾伝」）、「負販をもって自ら業とし」（新唐書一九〇鍾伝伝）、「販鹾をもって事と為す」（太平広記「僧処弘」）と伝えられる。彼は黄巣の乱中、衆に推され周辺の少数民族を糾合して山寨に拠り、のち洪州を占領するにいたったのである。

さてこれらの私塩の徒は、朱慶のごとき豪右と伝えられるもの、銭鏐のように俗書を解する程度のもの、王建のように里人から賊王八などとあだ名されるものなど、さまざまな階層から成っていたものと思われるが、これらを通じてみられるのは、「生業」、例えば「農業」のようなまともなしごとに従事せず、射猟を好み、「屠牛盗驢」を事とし[3]、私塩をおこない、はては盗賊にさえなるということであり、またかれらが、豪猾・無頼・任侠などという相似た性格をもっていたことである。そしてこの点は上述の黄巣らの場合、第二の特徴としてあげておいたものに相当すると思われる。

そこで次に無頼とか、任俠とか、亡命とかいう特徴づけを、唐末の群雄のなかにもとめるならば、さらにいくつかの事例をあげることができる。荊州（湖北）に拠った成汭は、荒廃した荊州を復興して名をあげたが、はじめは、「少年にして任俠、酔に乗じて人を殺し、讎家の為に捕らえられ、因って落髪して僧と為る」（旧五代史一七成汭伝）といい、あるいは「少くして行無く、使酒人を殺し、亡げて浮屠と為る」（新五代史一九〇成汭伝）ともいわれ、のち蔡州秦宗権の軍に入ったが、また「亡げて盗と為る」（前掲成汭伝）というようなことをくりかえしたすえ、荊州を占領したものであり、したがって「僧盗」（北夢瑣言一七）ともよばれている。これは任俠で人を殺して亡命し、僧となり盗となった例である。陳州項城（河南）の李罕之は、「少くして学び、儒と為りて成らず、又落髪して僧と成り、其の無頼なるをもって至る所容れられず、……亡命して盗と為」った（旧五代史一五李罕之伝）。たまたま黄巣の乱がおこったので、これに合流して幹部にまでなったが、のち唐に降り河陽節度使（河南孟州）にいたった。李罕之は農家の出であるが、学問をしたというからある程度の家であるにちがいない。志すところは官位にあったであろうが成功しなかった。この点は黄巣もまた同じで、さきに第三の特徴としてあげておいたところである。これは志をえないで無頼の僧となり、ついに亡命して盗となった例である。

後梁の太祖朱全忠（朱温）は、宋州碭山県（江蘇）の人で、はやく父を失い、母や兄弟とともに、蕭県（江蘇）の地主劉崇の家に傭食していたが、「唯温狡猾行無し」（北夢瑣言一七）、「生業を事とせず、雄勇をもって自負し、里人多くこれを厭う」（旧五代史一梁太祖紀）、「壮にして無頼、県中皆これを厭苦す」（新五代史一三梁家人伝）などと伝えられ、黄巣の乱がおこるや、仲兄存とともにその軍に投じたのである。ただし朱全忠の家はもと儒者で、北夢瑣言一七に、「家世〻儒たり、祖信・父誠、皆教授をもって業と為す」といい、朱全忠自身が、「朱氏辛苦儒を業とし、一命だに登らず」といったと伝えている。[4]また朱全忠の妹は、全忠が有名になる前に、宋州下邑の婁敬初に嫁いだが、敬初の祖父は成都少尹、父は忠武軍節度判官で（旧五代史五九袁象先伝）そのような家と婚を通ずるとすれば、朱全忠の家は宋州においてけっして小さな家ではなかったであろう。それが父の夭折によって一きょに没落したのである。されば朱全忠が人に嫌われ、劉崇の譴責をうけた際、崇の母がつねにこれをかばったというのも不思議でない。[5]このようにみてくれば、朱全忠は没落した下級知識層の出というべきで、上にのべた朱全忠の行状も、このようなかれの運命に負うところが多いのではなかろうか。

これを要するに、無頼とか任侠とかいわれるものは、具体的には、「行無し」とか、「生業を事とせず」というような、行為ないしは精神のあり方としてあらわれるのであるが、「行無し」とは既成の社会規範にしたがわないことであろうし、「生業を事とせず」とは通常の社会生活をおこなわないことであろう。とすれば、これらはなんらかの理由で、当時の社会のなかに自分の正当な座をもたぬ、不平不満の徒の態度ということができるであろう。

つぎに亡命とは、このような社会にいれられない人々のよってくる主な（すべてのではない）なりたちをしめすものであろう。さきにあげた李罕之は、官吏になろうとして成らず、僧になって果たさず、亡命して盗となったものであり、成汭は、殺人の罪により、亡命して僧盗となったものであるが、さらにこのような亡命の例をあげれば、秦彦は徐州の兵卒で、盗の罪をえて獄につながれたが、逃亡して百人の徒をあつめ、下邳令を殺してその資装をうばって黄巣の軍に入り（旧唐書一八二秦彦伝）、朱友謙は澠池鎮（河南）の兵卒であったが、罪により逃亡して盗となった（新五代史四五朱友謙伝）。また張雄と馮弘鐸は徐州の偏将であったが、吏の圧迫をうけ罪をおそれて逃げて海賊となったという（新唐書一九〇張雄伝、九国志二呉馮弘鐸伝）。これらはみな兵士で、罪をえるか罪をおそれて、亡命して盗となったものである。青州博昌（山東）の人諸葛爽は、県に役属して伍伯となったが、県令に笞うたれ役をすてて逃亡し、

「里謳をもって自ら給」したというから（旧唐書一八二諸葛爽伝）、あるいは流し芸人のようなものであろうか。龐勛や黄巣の乱に参加して河陽節度使となった。濮州臨濮（山東）の農民張全義も、県の嗇夫となって令の辱めをうけ、「亡命して巣の軍に入」ったが（旧五代史六三張全義伝）、のち諸葛爽に依り、洛陽の復旧に力があった。これらは賦役が原因で亡命した農民である。

要するに上は官吏志願の失敗者から、下は収奪によって亡命した民衆にいたるまで、そのような不平分子の反逆的精神、そういうものが無頼・任侠となってあらわれるのであろう。そしてかれらのおもむくところは、上例のごとく、牛驢猪狗の屠者であり、里謳をもって給する者であり、僧であり、私塩であり、盗であり、ときには兵士でもあったが、なかんずく多いのが私塩と盗であったのである。それゆえに、黄巣が官吏試験の落第者であり、任侠を喜び亡命を養い、私塩の富裕な商人であったことは、この時代の不平分子、反逆者結集の中心人物として、最も典型的な姿をしめしているといってよい。黄巣が亡命を養い任侠を喜んだのは、かれらの私塩集団が、ふだんからかれ自身をもふくめて上のような人々から成っており、多くの亡命者がかれに依存して生活していたことをしめしている。そこでさらにたち入って、かれらの集団の結合形態について考察したい。

黄巣が乱に参加したとき、「群従八人」と行をともにし、さらに「衆を募って数千人を得た」といわれるが（新唐書黄巣伝）、この「群従八人」は「黄巣・黄揆昆仲八人」（旧唐書黄巣伝）ともいわれ、別に「兄存・弟鄴・揆・欽・秉・万通・恩厚」（新黄巣伝）の名があげられている。のち黄巣が長安を占領して即位したとき、とくに五百人の勇士をえらんで功臣と名づけ、「其甥林言」を軍使に任じて親衛隊としたが、林言は終始黄巣の身辺にあった模様で、巣が狼虎谷で自殺したときに立ちあい、巣と七人の兄弟とその妻子らの首をとって徐州に降ったといわれる（旧新両唐書）。また巣の滅亡後、「従子浩」なるものが衆七千をもって江湖の間に横行し、浪蕩軍と号したといわれ（新黄巣伝）、はじめ黄巣の集団の中核は、これらの血縁者にあったにちがいない。「群従」とは、この時代ひろく家口・同族を指す言葉としておこなわれたものである。(6) そしてこれら血縁的中核体のもとに、平生黄巣の保護をうけそれに依存して生活している、上述のような「亡命」たちがあったものと思われる。換言すれば、家父長制的結合を中心として、私的な保護関係がつくられていたといってよいであろう。これがふだん私塩集団として行動している範囲内のもので、またただちに盗ともなりうるものであった。乱に際会してはそのうえ数千人の「衆」があつまり、その後乱の拡大とともにこれがますます増加していったわけであるが、かれらが主として応募という方法であつまり、黄巣に身を託したかぎりにおいて、その結合原理は、初期の「亡命」らと変わらなかったであろうことも注意しておきたい。

以上が黄巣に直接隷属した集団の構造である。王仙芝もおそらく同様であったろうと思われるが、詳しいことはあきらかでない。ただ王仙芝については、「其票帥、尚君長・柴存・畢師鐸・曹師雄・柳彦璋・劉漢宏・李重覇等十余輩、所在に掠を肆にす」（新黄巣伝）ということが伝えられているので、これを検討しておきたい。このうち李重覇はわからないが、尚君長ははじめ王仙芝とともに挙兵した随一の頭目であり（新唐書九僖宗紀、通鑑二五二乾符二年六月条、旧黄巣伝）、畢師鐸も「騎射を善くし、其徒目して鷂子と為す」といい、やはり仙芝とともに乱をおこした一人であり（旧唐書一八二畢師鐸伝）、曹師雄は仙芝の余党の一将として宣・潤・湖州方面を掠したものとして記録されており（通鑑二五三乾符五年三月、四月条）、柴存は黄巣の長安入りの前鋒の将として伝えられる（通鑑二五四広明元年十二月甲申条）。しかし柳彦璋は乾符四年（八七七）江西で別個に行動した「賊首」で、直接には王仙芝とも黄巣とも関係ないものと思われ（旧唐書一九下僖宗紀乾符四年七月、新紀同年四月、通鑑二五三同年三月、六月、十二月条）、劉漢宏はもと兗州（山東）の小吏で、王仙芝の討伐にしたがい、その輜重を奪って賊となり、しばしば反服をくりかえしたもので（呉越備史一、新唐書一九〇劉漢宏伝）、これも王仙芝の反乱に関係がない。王仙芝・黄巣の乱には、各地に別個の群盗が呼応蠢動したが、これらの顕われたものが柳彦璋・劉漢宏らであろう。したがってこのような誤りがあるにしても、王仙芝の「票帥」なるものが、乱の拡大後各地に活躍した将領たちを言おうとしていることはあきらかで、前述の黄巣集団を形成した人々とはちがい、それぞれが多くの部下をもった頭目なのである。

　これらの人々と王仙芝との関係はどのようなものであったろうか。これを直接うかがう史料はないのであるが、王仙芝と黄巣との関係から考えてみたい。かれらは若いうちから私塩をおこなっていた仲間であったらしいが、反乱をおこしたのち、唐朝がこれを招安しようとして、王仙芝にのみ官を授け、黄巣を無視したことからみれば（後述）、王仙芝の方が首領とみなされていたのであろう。ところが黄巣はこれに不満であって、「始めは共に大いなる誓を立て、天下に横行せんとせしに」とて（通鑑二五二乾符三年十二月条）、この授官の問題を契機に、二人は袂を分かってしまうのである。さきの尚君長はときに王仙芝と名をならべる票帥であるが、仙芝の死後、君長の弟の尚譲は、仙芝の余衆をひきいて黄巣と合流し、黄巣を「推して」王としたという（旧新黄巣伝、通鑑二五三乾符五年二月条）。このような関係は、保護関係というよりは、仲間としての関係であり、連合体として考えられるであろう。畢師鐸も曹州冤朐の人で、里人王仙芝と嘯聚して盗となったというのであるから（前掲畢師鐸伝[7]）、やはり仲間の一人として考えてよいのではないか。志賀義雄はすでに楊行密の「三十六英雄」の例をひいて、唐末の庶民集団の構造を仲間的結合とよんでいる（「五代王朝の支配構造」）。私はさきに黄巣にみられる諸特徴が、かなり唐末の群雄に一般的であることを指摘したが、以上のべてきた血縁的中核、私的保護関係、仲間的結合というこの原理もまた、王仙芝・黄巣のみならず、唐末の群雄の集団結合に支配的な原理であったと思う。

　ところで私的保護関係といい、仲間的結合といい、これらが私的・個人的結合であるという点変わりはない。ひるがえって任侠の本来の意味を考えるに、魏の如淳のいうところによれば、「相与に信ずるを任と為し、是非を同じくするを侠と為す[8]」ということである。そうとすれば、国家の保護をうけず、ときには法を犯すこともあるかれらの間の、私的・個人的な交際・結合を、内面からささえるモラルの面をあらわす言葉であろう。また一説に、「侠の言たる挟なり、権力をもって人を侠輔するなり[8]」というが、これは結合の中心となる者の側から、その私的保護の関係を表現したものであると思う。

本来的な意味における任侠の習俗、すなわちパーソナルな対人的信義関係は、戦国以来の社会分化によって生まれてきた諸階層において、その人間関係をささえる原理としてひろくおこなわれたものといわれている（増淵龍夫「漢代における民間秩序の構造と任侠的習俗」）。すなわち古代的帝国の没落期にあたって、唐朝支配体制の破綻のなかから、それに対立するものとして生まれてきた、黄巣らの私的な集団においても、そのような原理がなお生きているのを、われわれはみることができるのである。しかしつぎに問題なのは、このような関係——個人的結合関係——が、この時代のはげしい階級分化によって、急激な勢いで拡大していく乱を、はたして捉えることができるであろうかということである。のちの乱の過程を考える場合、そのことについて論じなければならないと思う。

（1）旧唐書の伝だけは、王仙芝を黄巣の「里人」としているが、その他の史料、通鑑・旧新両唐書本紀はいずれも濮州の人としている。

（2）なお旧唐書一八二の伝は「父慶盗塩抵法」といい、新五代史四二の伝には「少従其父販塩為盗」とある。

（3）唐代では牛畜を屠ることも無断では許されなかったので、これも法を犯していることになる（唐会要四一断屠釣条）。また唐会要六七京兆尹条、会昌三年五月京兆府の奏に、「両坊市閭行不事家業、黥刺身上、屠宰猪狗、酗酒闘打、及僦構関節、下脱銭物樗蒲賭銭人等、伏乞今後如有犯者、許臣追捉、若是百姓、当時処置、如属諸軍諸使禁司、奏聞」とある。唐末、寿（安徽）・光（河南）二州に拠った王緒（福建に建国した王潮のはじめの主人）は、通鑑二五四中和元年八月条によれば「屠者」であり、新唐書一九〇王潮伝に「亡命」であったという。

(4) 新五代史一梁太祖紀に、「其父誠、以五経教授郷里」とあり、同書一三梁家人伝には、朱全忠の言として、「朱五経、平生読書、不登一第」とある。

(5) この語は旧五代史一梁太祖紀はじめ諸書に出ている。劉崇の家も父が蕭県令をつとめ、土豪でもあり官僚でもあった。旧五代史一〇八劉鼎伝参照。

(6) 群従という言葉は、すでに魏晋南北朝期よりみられる。河地重造は、顔氏家訓および晋書華表伝附載の華恆伝を引用して、「しからば群従とは、兄弟以下の血族をひろくさした言葉とみえる」と断定している。そして顔氏家訓においてその家族倫理が、「血縁――群従を環として、末端の奴僕をつかんでいる家父長制支配の構造を反映していたものであったと思われる」とのべている(「晋の限客法にかんする若干の考察」二一、二五頁注六)。

なお唐代以降における群従の用例をいくつかあげると、旧唐書七八于志寧伝によれば、かれは雍州高陵(陝西)の人であるが、隋末唐初のこと、「乃棄官帰郷里、高祖将入関、率群従於長春宮迎接」とあり、旧唐書一三二李抱玉伝に、「武徳功臣安興貴之裔、代居河西、善養名馬、為時所称、群従兄弟、或従居京華、習文儒、与士人通婚者、稍染士風」とある。権徳輿の文にはしばしばこの語があるが、例えばその権載之文集三七送従兄南仲登科後帰汝州旧居序に、「将与群従叔季、復修異日之賀」とあるのはその一例である。太平広記二七八所引伝載「豆盧署」に、かれの本名は輔貞といったが、衢州刺史鄭式瞻は、二字の姓に二字名はよくないといって、署・著・助の三字を書きあたえ、「吾恐子群従中有同者、子自擇焉」といったという。北夢瑣言九に、「雖盧氏衣冠之盛、而累代未嘗知挙、乾符中、盧携任中書、以宗人無掌文柄者、乃擢群従陝虢観察使盧渥、司礼闈」といい、太平広記四〇一所引玉堂閑話「宜春郡民」に、宜春郡の民章乙は数世同居して、「群従子弟婦女、共五百余口」という。宋初の例で、続資治通鑑長編四〇至道二年六月庚辰条にも、徳安の陳旭一族は、「旭家長幼千余口」で、「旭群従聚居」といっている。なお通鑑二六三天復二年十二月丁酉条、昭宗が鳳翔に籠城したときの語に、「十六宅諸王以下、凍餓死者、日有数人」とあるのにたいし、元の胡三省は「十六宅諸王、上之兄弟及群従也」と注し、同書二九〇応順二年正月条に、「永興節度使李洪信、自以漢室近親、心不自安」とある文に、「李洪信、漢李太后之群従也」と注している。李洪信は李太后の弟であるが、上の諸例をみると、兄弟以下の同族をひろく指すこと、河地の断定したとおりである。

（7）これによると彼は曹州冤朐の人で「里人王仙芝」と盗になったという。旧唐書黄巣伝とともに、王仙芝と黄巣を同里の人とみているわけである。注（1）参照。

（8）これらの語は、通鑑二五二咸通九年十一月条の胡注に引くところであるが、その本文には、辛雲京の孫讜が広陵（揚州）に寓居し、任侠を喜び、年五十にして仕えなかったとされている。この時代、士族の子弟にして自ら敢えて仕官しなかった者は、比較的多かったように思われるのであるが、かれらの経済的基盤は、唐の中頃より発達した荘園にあるのであって、かれらの名望と財力とが、旧来の共同体のわくをこえて、多数の賓客や亡命の寄生するところとなったものと思われる。本来は佃戸もまたその一つであろう。

三　私商および群盗の形成

1

黄巣らの私塩集団は、上にあきらかにしたところによれば、唐朝の国家秩序から疎外された反逆的分子の、典型的な集団であったわけである。ところでこのような私塩集団は、一時期の私茶の徒とともに、かなりはやくから、群盗とよばれる武力的抵抗の中心勢力となっていた模様であるが、ここではまず反抗のそのような形態を生みだした歴史的条件について考えたいと思う。

私塩はいうまでもなく榷塩、すなわち専売制度の産物である。唐朝の専売制度は、産塩地において監院をおいて塩を買い占め、これに榷価を加えて商人に売りわたし、あとは商人の行くにまかせるのであるが、この制度は安史の乱中唐朝の直面していた財政上の必要からはじめられたもので、爾来もっぱら政府の財政収入の見地から運営された。

すなわち榷価はきわめて高く設定され、塩利の財政収入中占める割合は大きかったのである。はじめ天宝・至徳の間、すなわち専売制度のおこなわれる直前、塩価わずか一斗十銭であったものが、乾元元年（七五八）第五琦によってこの制度が施かれるや、これに榷価百銭を加え、百十銭として商人に売りわたしたといわれ、ついで劉晏が江淮の塩法を担当すると、若干の改革をくわえて、塩利はついに政府収入の半ばを過ぎるにいたった。試みに劉晏就任時と末年の収入を比較すると、つぎのようになる（単位万緡）[1]。

	（a歳　入）	（b江淮塩利）	（c河東塩利）	（dその他の収入）
A劉晏初年（七六二頃）	四〇〇	四〇	二〇	三四〇
B劉晏末年（七七九頃）	一、二〇〇	六〇〇	八〇	五二〇
C増　加（B－A）	八〇〇	五六〇	六〇	一八〇

その後両税法の施行により租税収入がふえたが、塩利の重要な地位は変わらなかった。唐末に近い大中七年（八五三）には（単位万余緡）、

（歳　入）	（租　税）	（榷　酤）	（塩　利）
九二五	五五〇	八二	二七八

と伝えられるが（通鑑二四九大中七年十二月条）、他方には大中年間の塩利四八一万緡の数字もあげられている（金井之忠「唐の塩法」[2]）。かくして塩価も、はじめの百十銭からさらにひきあげられ、貞元中（七八五－八〇四）のごとき三百七十文にいたったが、その後も二百五十文ないしは三百文を下らなかった。[3] つぎに茶は唐代では専売ではなく、[4] 各地において茶の産地および通過の商人に課税したのである。貞元九年（七九三）十分の一の税を課し、四十万緡の収入をえたのがはじまりで、その後長慶元年（八二一）および武宗の初年（八四〇）に増税のことがみえ、かくして私販がおこ

るにいたったのである。このことについては後述するが、右のようなわけではじめは塩法ほど問題になっておらず、したがって具体的史料にも比較的乏しい。

さてここに登場する商人たち、これら塩法や茶法のにない手は、どのような種類の人々であろうか。さしあたり塩商については、白居易の「策林」二十三議塩法之弊（白氏長慶集四六）に、

「関より以東、上農大賈、其の資産を易えて、入りて塩商と為る。」

とあって、関東の「上農大賈」であるとしており、また杜牧の「上塩鉄裴侍郎書」（樊川文集一三）のなかに、

「毎州皆土豪百姓あり、把塩を情願し、毎年利を納る。名づけて土塩商と曰う。」

とあり、また

「況んや土塩商、皆是れ州県の大戸。」

とあって、江淮の塩商がその地方土着の「州県の大戸」「土豪百姓」であることをしめしている。

ここに「土塩商」というのは、客塩商にたいする言葉で、これら塩産地である江淮の商人にたいし、他の地方——おそらく主として北方の淮北・河南・山東方面からくる別個の客商の存在を予想させるものである。このことはのちに関説するのであるが、これらの塩商の行動する地域が関東や江淮であるのは、とくに重要な江淮の海塩のおこなわれる地方だからである。ともかく右によって、塩商が在地の地主・富商・土豪層であることは明らかである。そしてこれらが系譜をたどれば、均田農民の分解のなかから成長してきたものであることは、ほぼ異論がないであろう。「土豪百姓」の語によってあきらかなように、とくに身分制度のやかましかった当時としては、かれらが旧来の支配階級であった中央の貴族層と、社会的・政治的に、一応区別さるべき階層であることを、まず注意しておかなければならない。(5)

しかしながら塩商となると、かれらは塩籍に登録されて、居住地州県の差役を免除されたうえ、諸道の課税をも免れて、各地を自由に往来する特権を享受することができたのであり[6]、またこれらの土豪・富商層が、諸省・諸使・諸軍・藩鎮に投託してその官職につき、あるいはその高利貸事業をうけおい、あるいは荘磑を経営するなどして影庇をもとめ、中央・地方の政治機構と緊密に結びつきながら成長していたことは、従来からも注意されていることである。この時代の影庇・影占の評価については、谷川道雄が富商・富農の賦税忌避が藩鎮の武力を背景におこなわれた点をたかく評価し、富商・富農の反唐朝的な成長の面からこれをみているのにたいし（「唐代の藩鎮について―浙西の場合―」）、松井秀一は中央有力官僚層と結合した藩鎮の政治権力にたいする、寄生＝特権化の面を重視する（「唐代後半期の江淮について」[7]）。これは同じ楯の両面をなしているものであり、このような権力との結びつきを通じて、土豪層が成長していく方向を見失ってはならないのであって、これがやがて唐末騒乱期のなかから地方政権が形成されていく前提条件となるものではあるが、この段階においては、かれらの成長の度合いや、下にものべるその成長のしかた、あるいはまた憲宗以来の寄生化した藩鎮の地位等からすれば[8]、ここから唐朝支配に打撃をあたえる勢力は出てこないと思われるのであって、かれらの特権的な発展の方向は否定すべくもないように思われる。

均田制下の自営農民層の分解は、当時の階級分化の基本的な方向であった。両税法の体制はこの基礎の上に施行されたものであって、大暦混乱時の臨時非法の徴収をもって恒久的制度とした、という陸贄の非難はともかく（陸宣公奏議六均節賦税恤百姓六条、其一論両税之弊須有釐革）、現実を容認する役割をはたしたことは確かであり、またこの制度にともなう加税、税外の徴収、攤配等の政治的収奪が強化されることによって、右の基本的な方向を一層おしすすめてもいたのである。とりわけ両税法下の階級分化において、当時の論議のまととなり、注意すべき影響をあたえたと思われるのは、その銭納原則であった。この制度は、なお自然経済の様相の強かった農民層を、外から流通経済にまきこんだうえ、貨幣価値の騰貴、物価の低落をまねいて、事実上当初に三倍、四倍する納税を強いる結果となり、農民の分解を急速におしすすめることになったのである（日野開三郎「両税法と物価」）。[9]

もちろん折納がはじめから許されており、その割合はしだいに拡大したといわれるが、折納の場合も、政府が一方的に物品を要求し、ためにそれを買って納めなければならない場合のあったことは、やはり陸贄の奏議に指摘されているところである（均節賦税恤百姓六条、其二請両税以布帛為額不計銭数）。[10]その結果が白居易の、「是を以て商賈大族、時に乗じて利を射う者、日に以て富豪と為り、田壠の罷人、望歳勤力する者、日に以て貧困となる」（策林十九息遊惰）といい、あるいは李翺の、「是に由り豪家大商、皆多く銭を積みて、以て軽重を逐う、故に農人日に困しみ、末業日に増す」（李文公集九疏改税法）などという状態となった。ここにみられるのは、一方に政府の施策を利用して勢いをはる商業資本があり、他方に多数の貧窮農民・破産農民の析出があるという事実である。すなわち王朝支配の基礎をなす小農民層の崩壊のうえに、富商・豪族をもふくめて、商人・兵士・僧侶・遊民等のいわゆる末業、すなわち寄生人口の増加が、[11]周知のごとく、当時の深刻な社会問題となっていたのである。この時代の階級分化の特質は、このような点にみられるのであって、前節で明らかにしたような、生業を事としない気風の弥漫する背景は、ここにあったということができる。

榷塩法もこのような趨勢に拍車をかけたのであった。韓愈の「論変塩法事宜状」（韓昌黎集四〇）[12]によれば、

「臣今通計するに、所在の百姓、貧多く富むもの少なし。城郭を除くの外、見銭もて塩を糴するある者、十に二三無く、多く雑物及び米穀を用て博易す。塩商は利己れに帰し、物として取らざる無し。或いは従って升斗を賒貸し、約するに時熟に塡還するを以てす。此を用て濟を取り、両つながら利便を得。」

とあって、塩商が米穀その他のあらゆる雑物と引き換えに、[13]あるいは前貸しによって、塩を売り利をえている様子が

しめされている。塩は民衆の必需品であり、それゆえに古来もっとも原始的な商品であった。塩法はその国家的な独占によって成り立つのであり、塩商はこれに寄生する特権商人であって、塩法もまた両税法と同じに、あるいはそれ以上に、農民を流通経済にまきこみ、商業資本の圧迫のもとに、その窮乏化をすすめる役割をはたしたのである。こうして、「商人時に乗じて利を射い、遠郷の貧民、高估に因りて、淡食する者あるに至る」（新唐書食貨志）状態をも生みだしたのである。私塩は塩法がもつこのような矛盾のなかから生まれてきたものである。

　私塩の原因は塩価の高価なことにあるのであるから、「其の後軍費日に増し、塩価寖く貴く、穀数斗を以て塩一升に易うるあり。私羅法を犯して、未だ嘗て少しも息まず」（前掲書）といわれるように、私塩は塩価の値上がりにつれて盛行するものであり、それにともなう利潤もまた莫大なものであったと思われる。したがって、既述のように貞元中塩価が大はばにあがったとき、新唐書食貨志によれば、

「江淮の豪賈は利を射い、或いは時にこれに倍す。官収は半ばを過ぐる能わず、民始めて怨む。」

とあって、江淮の塩商たちが、私塩のにない手として登場している様子がうかがえる。このことをさらに詳しくのべたのが、前に引用した白居易の「策林」二十三議塩法之弊で、

「臣又見るに、関より以東、上農大賈、其資産を易えて、入りて塩商と為る。率ね皆多く私財を蔵し、別に裨販を営む。官利を出すこと少なくして、唯名を隷せんことを求む。居りて征徭無く、行きて権税無し。身は則ち塩籍に庇われ、利は盡く私室に入る。」

といい、塩商が特権商人の地位にありながら、むしろこれを利用しつつ、私塩の利を追求している状態を指摘している。これは例の新楽府の「塩商の婦」（白氏長慶集四）のなかでも、「壻は塩商と作る十五年、州県に属さず天子に属す、毎年塩利官に入る時、少しく官家に入れ多く私に入る、官家の利は薄く私家は厚し、塩鉄の尚書遠ければ知らず」

と歌っているところである。

白居易は上文において、専売をあつかう官吏の昇進や賞罰は課利の多少によって計られるが、院場や吏職が多すぎて成績をあげるため競争となり、余分な塩をつくりこれを流して商人を誘い、粗雑な品物を収めて課利を多くするのだといっている。私塩にまわされる塩の入手経路がうかがわれるのであるが、専売制度の営利主義の結果はここにもあらわれているのであり、また特権的な富商の私販に関しては、吏員との結託を無視できないことをしめしている。しかし他面では、「亭戸法を冒して、私鬻絶えず」（新食貨志）といわれるように、生産者から直接流れるのもふつうであったろうし、これら富商の背後に、私塩にたずさわる小民の存在を忘れてはならないと思う。

専売制度は当初より、私塩にたいする対策をともなって施行された。第五琦のとき、「私塩を盗煮するもの、罪差あり」（唐会要八七転運塩鉄総叙）とあり、劉晏のとき、「淮より北に巡院十三を置き、揚州・陳許・汴州・廬寿・白沙・淮西・甬橋・浙西・宋州・泗州・嶺南・兗鄆・鄭滑と曰う。私塩者を捕らえ、姦盗これが為に衰息す」（新食貨志）という。これら巡院が淮北におかれたというのは誤りで、名称からあきらかなように、劉晏管下の海塩の行塩地一帯におかれて、私塩を警戒していたのである。塩価があがり私塩がますます盛んになるにしたがって、取り締まりもまたきびしくなった。貞元中の値上がりによって、「巡捕の卒は、川県に遍し」（前掲書）といわれ、同じく貞元中、「両池の塩一石を盗鬻する者は死」（前掲書）と規定された。おそらくこの厳重な規定は河東にのみおこなわれたものであって、開成元年閏五月七日の塩鉄使の奏によれば（唐会要八八塩鉄）、貞元十九年（八〇三）以来、私塩一石以上の刑は脊杖二十と罰金であり、太和四年（八三〇）、二石以上の者は死刑にきめられたが、開成元年（八三六）にいたって、ふたたび一石以上に及ぶ者は脊杖二十とし、三石以上の者は西北辺境に送って労働させることにしたという。なお私塩がみつかれば、刺史・県令らも処罰されたのである。

さらに右の塩鉄使の奏では、

「軍器を挟持し、所由と捍敵して、方に擒に就く者は、即ち請う、旧条に準じ、光火賊の例に同じく処分せん。」

とのべており、新唐書食貨志には、宣宗（八四六―五九）のとき、河東の塩池にかんして、

「塩盗弓矢を持する者も亦皆死刑とす。[14]」

と記していて、私塩の徒が唐末に近づいて、ついに武装してきた状態が知られるのである。このころ取り締まりの強化とともに、収奪もさらにはげしくなり、監院の成績主義は、さきに富裕強盛を誇った塩商をさえ、破産させるにいたった模様である。すでに引用した杜牧の「上塩鉄裴侍郎書」は、諸監院の追求はなはだしく、江淮の土塩商が破産逃亡して訴えるところなきゆえに、江淮留後を復活せんことを求めたものである。おそらく唐末のきびしい条件のもとで、私塩の利潤を追求するためには、徒党を組み武装する必要が生じたのであるが、そのような傾向は、唐朝の専売制度にたいする打撃をさらに大きくし、[15]取締と収奪とを一層強化することによって、特権的であった土豪・富商層の一部をもまきこんで、広範な武力抵抗に発展する条件をつくり出していたものと思われる。

唐末に近いこのころでは、税茶に関しても、同じような条件があったように思われる。武宗の初め（八四〇）江淮の茶税を増したとき、重税にともなって、私茶もまた非常にさかんになった。新唐書食貨志に、

「武宗即位す。塩鉄転運使崔珙、又江淮の茶税を増す。是の時茶商の過ぐる所の州県重税あり。或いは船車を掠奪し、雨中に露積す。諸道、邸を置いて以て税を収む。これを榻地銭と謂う。故に私販ますます起これり。」

といい、そのときの塩鉄司の奏（冊府元亀四九四邦計部山沢）に、

「伏して以んみるに、江南百姓の営生、種茶を以て業と為す。官司事を量りて法を設け、惟売茶の商人に税す。但店舗に於いて交関し、自ら公私通済するを得たり。今は則ち私売を須うるを事とし、苟に隠欺に務む。皆是れ

主人・牙郎、中より誘引し、また販茶の姦党の、分外の勾牽を被り、所繇此れに因りて姦利を為す。」

とあって、茶園の経営者や仲介業者と私茶の商人らが、おそらく胥吏を籠絡して、さかんに取引をおこなっていた様子がしめされており、またやはり同じ奏に、

「伏して以んみるに、私茶を興販するもの、群党頗る衆し。場鋪の人吏、皆与に通達す。旧法厳なりと雖も、終に行使し難し。」

とあって、私茶の徒がすでに、場鋪の吏員とも通じながら、徒党をくんで往来している有様を伝えている。

新唐書食貨志に、宣宗の大中の初め（八四七）塩鉄転運使裴休が定めた法によれば、私鬻三犯いずれも三百斤に及んだ者は死刑とされており、かれがまた諸道の榻地銭を廃止し、強幹の官吏を茶の産地および廬寿淮南の界内に布置して、私茶を捕捉させ、かれらが自首すれば、半税を付加して自首の帖を給し、正式に商業に従事させたというのも（唐会要八四雑税、旧唐書食貨志）、このような情勢にたいしてとられた処置であった。

2

私塩や私茶の徒の群盗としての活動が、このような情勢のなかで注意されるようになったのである。会昌五年（八四五）正月三日の南郊赦文（文苑英華四二九）によれば、

「聞くならく、江淮諸道、私塩の賊盗、多く群党を結び、兼ねて兵仗を持して劫盗し、及び私塩を販売す。因縁《よって》便ち大劫と為る。」

といい、また新唐書食貨志に、宣宗（八四六－五九）のころのこととして、

「是の時江呉の群盗、剽する所の物を以て茶塩に易う。受けざる者は其の室廬を焚く。吏敢えて枝梧せず。鎮戍・

場鋪・堰埭、関通するを以て富を致す。」

と伝えている。

右の文章には曖昧なところがあるが、その間の事情を一層具体的に説明したものに、杜牧の「上李太尉論江賊書」(樊川文集一一)がある。これは武宗(八四〇－四六)の末年[16]、池州(安徽)刺史に赴任した杜牧が、長江の水路を利用してこの地方で活動していた群盗、いわゆる江賊[17]の実態を調査して、太尉李徳裕に送った報告書であり、その内容は、江賊と私茶との関係、江賊の草市劫掠の状況、江賊の根拠地と行動範囲、杜牧自身の提唱する対策等にわたって、興味ある記述を展開している。この文書は松井秀一も引用しているのであるが、部分的ではあるし、私と解釈を異にする点もあるので、ここにあらためて紹介する価値があると思う。ただ何分長い文章であるので、以下私なりに要約と説明とを加えたいと思う。

まず江賊の兵力は、船二・三艘、五十人・百人というところで、二三十人を下らないという。おそらくこれは平時の個々の集団をいったもので、特殊な事情があると、結集して大集団になることもあったと思う。華北の藩鎮の反乱のはげしかった建中三年(七八二)には、江賊三千余衆が江南西道に入寇したといわれ(通鑑二二七建中三年十月辛亥条)、黄巣の乱中、江西の賊帥柳彦璋は、江州城外の長江にそそぐ湓江をかためて水寨とし、戦艦百余をもっていたといわれる(通鑑二五三乾符四年六月条)。つぎに江賊の襲撃の対象は江淮の草市である。これらはみな水際にあり、「富室大戸」がその間に住んでいる。賊は白昼公然と市に入り、殺人と略奪をはたらき放火して去るが、胥吏のきびしい追求検束によって捕まるのは多く平人であって、真の賊は十人に一人もないという。江西から淮南にいたる長江の水路は、舟船の往来の最もさかんなところで、大船はかならず富商が所有し、その間を往来して巨利を博していた[18]。したがって商取引の中心地はみな水辺にあり、富室大戸が居住して、多額の富が蓄積されていた。江賊の略奪の目標がこれらに向けられていたことはいうまでもない。　その刧略はこの十五年来ことにはげしくなり、被害をうけない草市はないと報告されている。この十五年来といえば、文宗の太和年間（八二七―三五）以降にあたり、元和・長慶の一時的な安定期を過ぎて、唐室の衰勢がいちじるしくなってきたころのことである。建中三年の例のように、江賊の活動はかなりはやくからあるようであるが、上来のべてきた諸条件からいっても、唐末に近づいて、その動きが活発になったことが考えられる。太和五年（八三一）鄂岳観察使となった崔郾は、この地に群盗が多く被害甚大なのをみて、戦艦を造ってかれらを誅滅したという記録があり（通鑑一四四太和五年八月戊寅条、樊川文集一四崔公行状）、また江西観察使裴誼は、賊帥陳璠を軍職に採用して、かえって治安を維持することができたといわれる（前掲上太尉論江賊書）。

さてかれらは略奪によってえた異色の財物をもち、一般商人にまじって茶の産地に入り、ひそかに茶と交易し、出でては武器をもって横行するが、鎮戍の所由のごとき小吏にはなかなか捕らえがたく、たとい捕らえられても賊の疑いはうけず、ただ罪は私茶にとどまる。それゆえ「凡そ千万輩、盡く私茶を販す」といわれる。けだし茶は当時随一の商品生産物であり、その流行とともに、全国的な市場をもっていたので、杜牧によれば、錦繍・繒纈・金釵・銀釧等の「異色の財物」は、都市においてではなく、茶山においてのみ消化しえたといい、また交換した茶は北方に運ばれて、多大の利潤をあげることができたのである。この点においては、違法ではあったが、表向きは純然たる商業行為であったということができる。ここに群盗と私茶との関係はかなりあきらかになったのであるが、さきの新唐書食貨志に、「剽する所の者を以て茶塩に易う」というのも、このような意味をもつものと思われる。

杜牧が私茶にのみ言及しているのは、その調査のしかたにもよろうし、その地域にもよろうが、現実には前記の南郊赦文や食貨志にもいうように、私塩もまた関係をもっていたはずであって、それは一般農民をひろくまきこんでいた点において、私茶にまさるものがあったと思われる。

さらに杜牧は茶賊の動きについて、つぎのような注目すべき事実をのべている。

「濠・亳・徐・泗・汴・宋州の賊は、多く江西・淮南・宣・潤等の道を刧し、許・蔡・申・光州の賊は、多く荊・襄・鄂岳等の道を刧す。刧し得たる財物は、皆是れ茶に博し、北のかた本州に帰りて貨売す。循環往来、終りて復た始まる。

更に江南の土人あり、相いに表裏を為し、其の多少を校べれば、十に其の半ばに居る。蓋し倚淮介江、兵戈の地なるを以て、郡守たる者、文吏を得ること罕なり。村郷聚落、皆兵仗あり、公然賊を作すこと、十家に九親なり。江淮の所由、屹として敢えて其の間に入りて、能く捉獲する所あらず。

また是れ沿江の架船の徒、村落の負担の類、時に臨んで脅かし去り、涓毫を分かち得るなり。雄健聚嘯の徒、尽く獲る能わず。」

ここにのべられているのは、江賊を構成する三つの要素である。第一は、賊の主力と思われる河南・淮南諸州の群盗であって、濠・亳・徐・泗・汴・宋等、運河沿いの諸州のものは、長江下流を襲い、許・蔡・申・光等、西方河南平野の諸州のものは、中流域を襲うとされている。かれらはおそらく私茶を業とする北方の客商（私塩でいえば、南方の土塩商にたいする北方の客商）に相当するもので、長江沿岸に南下して、あるいは商業を営み、あるいは機をみて富裕な沿江の草市を略奪し、その結果えた物資を茶に易えて、本州に帰り利をえるのである。第二は、これと連絡する江南現地の民で、その数において賊の半ばを占めるという。注目すべきは、江淮地帯に、官吏の支配をうけつけず、武装・自立した村落があり、公然賊をなすといわれ、一種の「解放区」[19]ができていたのではないかと思われることである。これが杜牧の別にのべている土塩商の没落と関係あるかどうか知らないが、唐末の騒乱期をへて五代の新しい社会秩序につらなる、村落共同体の再編成が進行していることを予想してはならないだろうか。[20]いずれにせよ江賊の場合、草市に拠る一部の特権商人の繁栄にたいし、広範な在地農民層の参加があったことはあきらかである。第三の、沿江架船の徒と村落負担の類は、私商のために直接茶や塩を運搬する小民たちで、その生活を商人に依存し、かれらと密接な連絡をもっていたもので、刧略の際には率先して武力を提供したものと思われる。

これを要するに、江賊が他の地方の群盗と孤立したものでなく、意外にひろい活動範囲をもっていたことがあきらかになったうえ、その内部に、江淮の富の略奪を利とする私商の存在、特権商人の繁栄に反し没落していく農村の抵抗、私商に寄生する運搬業者、細民の参加があったと考えられるのである。唐末における武力的抵抗が、私商を中心として広範に形づくられてくる経緯が、以上によってあきらかになったと思う。

最後に杜牧は対策として、宣・潤・洪・鄂各二百人、淮南四百人、計千二百人の兵をえらび、これらを四十隻の船に分けて、分番巡検すべきこと、百里に一つのわりで官渡を増設して船団を渡すこと等を提案しているが、おそらくそのためであろう、李徳裕の「請淮南等五道置遊奕船状」(李文饒文集一二)が残っている。これによれば淮南三百人、浙西(潤)・宣歙(宣)・江西(洪)・鄂岳(鄂)各二百人を出し、一百人ごとに遊奕将をおき、五十隻の遊奕船をつくって管内を巡守するというのであるが、李徳裕はまもなく失脚したことであるし、もとよりこのような方法では根本的な解決はなんらできなかったはずである。ただ杜牧のこの文が、注目をうけたことはたしかであったにちがいない。[21]

もう一つつけ加えておきたいのは、やはり松井も言及している李公佐の「謝小蛾伝」である。これは現在太平広記四九一に収められているが、謝小蛾という婦人の復讐物語で、教訓的性格をおびた小説である。謝小蛾は予章(江西)の富商の子で、歴陽(安徽)の侠士段居貞に嫁いだ。小蛾の父はつねづねその婿と江湖の間を往来していたが、あるとき盗賊にあい、同伴の一族・僮僕数十人とともに長江に沈んでしまった。小蛾は夢にみた謎を解いて、仇が申蘭・申春という名であることを知り、男装して傭保となって尋ねあるいた末、潯陽郡(江西)にいたって、申蘭という名[22]

の家をみつけ、そこに傭われて、夫や父の衣服・財宝がその家にあることをたしかめる。春は蘭の兄弟で、江北の独樹浦というところに住み、つねにともに出かけては、月余にして財帛をえて帰ってくる。ある晩二人が群賊数十人を招いて宴をひらき、酔って寝た隙をうかがって仇をとり、自分は尼になったというのである。元和八年（八一三）以前から十二年に及ぶころの話とされている。

さて李公佐は当時の有名な作家で、その後世におよぼした影響も少なくないが[23]、「謝小蛾伝」も唐代すでに相当ひろくおこなわれたらしく、細部をかえて李復言の「続幽怪録」に載せられた。これは現在の「続幽怪録」には残っていないが、やはり太平広記一二八に、「尼妙寂」と題して収録されている[24]。これは謝小蛾を葉氏、江州潯陽の人とし、申蘭を蘄・黄（ともに湖北）の間の中村の住人として、「或いは農・或いは商、或いは貨を武昌に蓄え」ていたといい、あきらかに土豪・富商層であることをしめしている。葉氏はここで「昼は群傭とともに苦作し」たことになっており、また年代は貞元十一年（七九五）から永貞（八〇五）の間に設定されている。

商業資本が略奪をも兼ねたことは、はやくから考えられないことではないが、初期においては、この話のように、一般農民から秘密の徒党を組んで、孤立しているのがふつうであったろう。しかしもしこのような現実があったとすれば、この時代の土豪・富商層の地位からして、唐末に近づいて、全村落的な「江南（ひろくいえば江淮）の土人」の抵抗へと発展する、一つの足がかりがここにあったかもしれない。

以上私塩や私茶から群盗への発展をたどってきたのであるが、黄巣の集団もまた、このような条件のなかで生まれてきたということができるであろう。それは大まかにいって、その近傍の汴・宋・徐州等の私商なり群盗なりと同じく、北方の客商の部類に属するものであったろう。

しかし黄巣の場合には、さらにもう一つその地域の特殊性について、一言しておくべきことがある。黄巣の郷里曹州は、王仙芝の郷里濮州とともに、鄆州に治所をおく天平軍節度使の管下にあった。そして天平軍は、もとは青州を中心とする平盧軍節度使の領域であった。平盧は河北三鎮とともに、安史の乱以来ながらく賦税・榷利を中央に送らず、独立の態勢をつづけたいわゆる「反側の地」(25)である。それが元和十四年（八一九）二月、李師道の滅亡とともに、はじめて唐朝の支配下に服したのである。そこで唐朝はその版図を三分し、平盧・兗海・天平の三節度使を任命した。専売制度も、同年三月鄆・青・兗三州におのおの榷塩院をおき（唐会要八八塩鉄、旧唐書食貨志）、このときはじめて節度使のもとをはなれて中央の直轄になった。ところがその結果、この地方の軍費が不足し、兵士の糧食をへらしたり、百姓の両税を増すこととなり、長慶二年（八二二）五月、ふたたび専売制は三節度使の所管に帰したのである（前掲書）。

この措置は、長慶元年以来、河北の再反相つぐ形勢のなかで施行されたもので、旧平盧の地においても、なんらかの抵抗をひきおこしていたのものと思われる。節度使の管下に移された専売制度は、制度としては中央のそれと変わらなかったと思われるが、節度使の領土という狭い範囲でおこなわれたことは、私塩の様相にもなんらかの特徴を加えたかもしれないが、具体的なことはあきらかでない。しかし王仙芝・黄巣の乱の初期においては、ともかくこの地域の反側の伝統が作用しなかったとはいいきれないであろう。

（1）通鑑二二六建中元年七月条を中心に、旧唐書食貨志（唐会要八七転運塩鉄総叙同じ）、旧唐書一二三・新唐書一四九劉晏伝等を参照したもの。ただし穀類はこれらの数字に含まれていない。

（2）これによって唐代の塩利を表示すると次のごとくである（単位万緡）。

（年　代）	（河東塩利）	（江淮塩利）	（全体の塩利）
宝応　元年（七六二）			六〇

大暦十四年（七七九）	八〇	六〇〇余	六八〇余
貞元　二年（七八六）		二六三	
貞元中（七八五－八〇四）			三六〇
永貞　元年（八〇五）		三〇一	
元和　元年（八〇六）		四五一	六〇〇余
〃　二年		五二三	
〃　三年	一五〇	七二七	八七七
〃　四年		七二三	
〃　五年		六九八	
〃　六年		六八五	
〃　七年		六七八	
太和　三年（八二九）	一〇〇		
大中中（八四七－五九）	一二一	三六〇	四八一

（3）金井之忠前掲論文を借りれば、唐代塩価の変遷は次のごとくである（いずれも一斗の値）。

（年　　代）	（河中塩価）	（江淮塩価）
天宝・至徳	一〇銭	一〇銭
乾元　元年（七五八）	一一〇文	一一〇文
建中　三年（七八二）		二〇〇
貞元　四年（七八八）	三七〇	三一〇
貞元中（七八五－八〇四）	三二六	三七〇
永貞　元年（八〇五）	三〇〇	二五〇

長慶　元年（八二一）　　三〇〇

（4）一時塩鉄使王涯が権茶をもくろみ、民の茶樹を官場中に移し、貯積を焚かせて問題をおこしたことがあったが、旧唐書一七下文宗紀によれば、これは太和九年（八三五）十月のことで、十一月甘露の変によって王涯は誅せられ、十二月一日には令狐楚の奏により廃止された。

（5）土豪たちは政治的には、影庇等によって官司の収奪を避けながら、一面宦官・貴族・藩鎮等と関係を結んでいくが、進士等の選挙制度がおこなわれたにもかかわらず、家系・身分は依然唐末まで重んぜられ、「貴族政治」の本質は変わらなかった。荘園所有の点からみても、周藤吉之「唐末の荘園制」にあきらかなように、その所有者は貴族、武人、豪民としだいに交替して、豪民が表面に出るのは比較的後期のことであった。均田制崩壊の結果発達する荘園の所有者や、そのなかから登場する政権担当者を、ただちに新興地主とするのは当たらない。

（6）前引、白居易の策林二十三議塩法之弊に、「居無征徭、行無権税」といい、唐会要八八塩鉄、長慶元年三月塩鉄使王播の奏に、「応管煎塩戸及塩商并諸監院・停場官吏・所由等、前後制勅、除両税外、不許差役追擾」とあり、やはり前引、杜牧の上塩鉄裴侍郎書の文のつづきに、「如此之流、両税之外、州県不敢差役」とあり、また新唐書食貨志によれば、諸道の課税（権塩銭）は劉晏のとき廃止されたという。

（7）なおこの論文においては、江淮における階級分化の詳細な状況について、参照することができる。

（8）憲宗末年の改革による藩鎮の地位の変化については、日野開三郎によってつとにあきらかにされている。「唐代藩鎮の跋扈と鎮将」（四）『支那中世の軍閥』「唐末混乱史稿」（一）等参照。なお私もこのことについて後述したい。谷川ものちに、藩鎮兵士の傭兵的本質から、その限界を指摘している。「龐勛の乱について」参照。

（9）なお当時の大問題であった貨幣の欠乏、塩価の騰貴は、滞蔵・鎔鋳・海外流出等によってもおこったが、日野によれば、最大の原因は両税法にあったといわれ、滞蔵等の諸現象も、両税法と密接な関係があったといわれる。当時の識者の議論も、この問題を両税法とならべて論じている。

（10）ここでは、一方的な官の現物請求のため、百姓が賤売貴買しなければならないこと、税額が貨幣建てのため、物価変動の影響をうけること、この二点が指摘されている。

(11) 元和六年六月の宰臣李吉甫の奏（唐会要六九州府及県加減官）に、「国家自天宝以後、中原宿兵、見在軍士可計者、已八十余万、其余去為商販、度為僧道、雑入色役、不帰農桑者、又十有五六、是天下以三分労筋苦骨之人、率七分待衣坐食之輩」とあり、元和初年の独狐郁の「対才識兼茂明於体用策」（文苑英華四八八、全唐文六八三）によれば、古の四人（士農工商の四民）から今は転加して七になったといい、農のほかに、入士・従軍・髠削・工師・貿遷・駔儈・（官吏・兵士・僧道・手工業者・商人・仲買人）の六種の寄食的職業をあげている。

このうち兵士についていえば、元和二年（八〇七）の戸数二四四万にたいし兵数八三万、三戸をもって一兵を養い、長慶年間（八二三頃）の戸数三九四万にたいし九九万、四戸をもって一兵を養う割合となり、しばしば銷兵の必要が論じられたがほとんど実現しなかった。僧侶については、会昌五年（八四五）の廃仏によって、還俗させられた僧尼二六万余人、奴婢の解放されたもの一五万におよんだという。これら奴婢もおそらく民衆の逃亡したものが多かったと思われ、会昌五年四月の中書門下の奏（唐会要八六奴婢）によれば、寺奴婢は江淮にとくに多く、寺のなくなった後でもその身分のまま自活しており、官吏や「富豪商人百姓」らに庇われて、官の点検を逃れることが考えられるとされており、八月の廃仏に際しても、重ねてこのことを警戒している。

(12) これは長慶二年（八二二）の張平叔の塩の官売案にたいする駁論である。

(13) やはり張平叔の議にたいする反論である、韋処厚の「駁張平叔糶塩法議」（全唐文七一五の題による。冊府元亀四九三邦計部山沢、長慶二年三月条）に、興元（陝西漢中）における物々交換の実例があげられており、麻糸・蝋漆・魚鶏等が塩と交換されるとしている。

(14) 冊府元亀四九四邦計部山沢、宣宗大中元年（八四七）閏三月塩鉄の奏のなかに、「前件賊等、並是固違勅文、扶持弓刀・棒杖、皆作殺人、……今請、捉獲此色賊、推勘得実、合寘極刑者」とあるのが、この記事の出所であろう。

(15) 元和年間を境として、唐末にむかって塩利が減少する傾向について、前述注3の金井の表、および本文大中七年の歳入表参照。また大中年間に財政収入が全体として不足し、後年の税をも徴収するにいたった点について、次節参照。

(16)　新唐書六三宰相表によれば、李徳裕が太尉になったのは、会昌四年（八四四）八月で、武宗の死とともに、六年四月には荊南節度使に出されているから、報告はその間に送られたものである。なお杜牧はこのころ黄・池・睦三州の刺史を歴任しているが（樊川文集一〇自撰墓銘等）、黄州刺史の任にあったのは会昌二年のころで（通鑑二四七）、池州刺史になった年月ははっきりしないが、この書の冒頭に、「某到任纔九月日、尋窮詢訪、実知端倪」とあるから、この書のおくられたのが、池州刺史就任後九カ月めであることがわかる。文中には池州青陽県の例があげられている。

(17)　通鑑二二七建中三年十月辛亥条胡注に、「江賊、江中群盗也」とある。

(18)　李肇の唐国史補下に、大暦・貞元の間の兪大娘の例を引きながら、東南の郡邑中でも舟船の盛んなのは江西が第一で、洪・鄂の水居はすこぶる多く、大船はかならず富商の所有で、江西・淮南の間を歳に一往復して巨利を博していたこと等を記している。

(19)　池田誠は「草賊」（ここでいう群盗）を唐朝権力にたいする常時的な武力抗争の集団と考え、あるいはかれらなりの「解放区」をもっていたかもしれないと想像しており（「唐宋の変革をどう展開するか」六七頁）、谷川道雄も、四川の例をあげてそれを肯定しているが（「龐勛の乱について」四一頁注五）、杜牧の江賊にかんするこの例は、まさに常時的なものと考えてよいのではなかろうか。

(20)　唐末の騒乱期にこの地方にひろくつくられる、自衛村落ないし小政権（時には盗ともよばれる）を、念頭においているのである。

(21)　原文には「各一百人」とあるが、これでは合計千二百人にならないし、つぎの李徳裕の文に照らしても、二百人が正しいと思う。

(22)　魯迅『唐宋伝奇集』三にも収録されている。解説は魯迅著、増田渉訳『支那小説史』にものっている。新唐書二〇五列女伝にこの話をのせるのは、新唐書のイデオロギーのなせるもので、史実ではない。

(23)　前掲『支那小説史』（上一四五頁）によれば、代宗のときに生まれ、宣宗のはじめにまだ生存していたとされ（約七七〇―八五〇）、「南柯太子伝」はじめ、四篇の作品が現存している。

（24）現存の「続幽怪録」は四巻本で、龍威秘書・琳琅秘書叢書・四部叢刊続編等に入れられているが、琳琅秘書叢書には太平広記より集めた「続幽怪録拾遺」があり、その下巻にこの話も収められている。その末尾に、太和四年（八三〇）この話を採録した由来を記すが、話の大すじが李公佐の原作と同じであるにもかかわらず、地名・人名・年代その他細部の相違が非常に多いことからみて、太和にいたる間ひろく伝えられて、類話がいろいろできたことをしめしている。この小説は、宋代になると、輿地紀勝三四にのせられて、仇は「塩商李氏」となり、明代には、凌濛初がこれによって通俗小説をつくり、拍案驚奇一九に収められた。魯迅『唐宋伝奇集』巻末「稗辺小綴」参照。

（25）河北三鎮や憲宗以前の平盧・淮西等のごとく、自立・世襲をつづけて、唐朝の羈縻をうけるにすぎない諸鎮を、唐朝側では「反側の地」とよび（全唐文六四六李絳「論河北三鎮及淮西事宜状」、韓昌黎集四〇「論変塩法事宜状」等）、これにたいし、唐朝の支配下にある地域を「順地」といった（李文公集一一「韓公行状」）。

四　群盗より農民反乱への発展

民衆の抵抗は、私塩や私茶の徒らを中心に結集し、群盗という形態をとってはやくからおこなわれていたが、これを一段と政治的な闘争へ発展させたものは、より広範な農民の蜂起と参加とであり、さらには不平知識層らの参加と指導も与かっていたと思われる。黄巣の乱にさきだって、裘甫・龐勛の二つの反乱があったことはすでに定説であるが、このような農民的な反乱は、どのような一般的な情勢のなかでおこなわれたか、まずそのことから考えたいと思う。

九世紀の半ばを過ぎた宣宗の末年は、唐朝の支配がようやくゆらぎだし、唐末騒乱期の端緒がひらかれた時期として、注意すべきであると思う。この時期に南方諸鎮において、兵士の反乱が相ついでおこったのである。まず大中九年（八五五）七月に、浙東（越州）の軍が乱をおこし観察使李訥を逐った。訥は「性卞急で将士を遇するに礼を以てしなかった」から、反乱がおこったといわれる。大中十一年五月には、容州（広西）の軍が乱し経略使王球を逐ったが、これはこの方面の少数民族が、このころ侵寇をくりかえすようになった結果で、翌年七月にも都虞候来正の反乱をひきおこしている。このような影響のもとにおそらくあったのであろう、十二年四月には、嶺南（広州）の都将王令寰が乱をなして節度使楊発を捕らえており、五月には湖南（潭州）の軍が乱し、都将石載順らは観察使韓悰を逐い都押牙王桂直を殺した。悰は「将士を待つに礼を以てしなかった」ので難に及んだといわれる。六月には江西（洪州）の軍が乱し、都将毛鶴によって観察使鄭憲が逐われ、七月には宣州（安徽）の都将康全泰が乱をなし、観察使鄭薫が逐われた（以上の事件は通鑑二四九参照）。

このように大中十二年（八五八）になると、広州におこった反乱はつぎつぎに隣藩におよび、北上して江南に達したのである。(1)藩鎮における傭兵の反乱は、従来もたえずおこなわれていたのであるが、安史の乱以後の一時期を除き、とくに憲宗の改革以後、それらはほとんどすべて北方の強藩にかぎられていた。(2)東南の沿江地帯は唐朝の経済的基盤であったし、その背後の福建・湖南・広東等の地は当時の後進地域であり、したがってこれらの地域には大兵がおかれず、多くは観察使によって支配されていて、南方諸鎮の離反はみられなかったのである。だからこれらの地域に動揺がひろがったことは、新たな情勢の発展をいみしていた。

その原因について、右補闕内供奉張潛の上疏（通鑑二四九大中十二年七月丁卯条）は、

「藩府代移の際、皆倉庫蓄積の数を奏し、羨余多きを以て課績と為す。朝廷も亦因って甄奨す。竊かに惟るに、藩府の財賦、出ずる所常あり。苟も賦斂の過差及び将士を停廃し衣糧を減削するに非ざれば、則ち羨余何に従りてか致さん。比来南方諸鎮数〻不寧あるは、皆此の故なり。」

と指摘している。すなわち羨余の多寡が藩帥の成績になるため、過当な収奪と兵員および給与の削減がおこなわれ、そのために兵士の反乱がおこるというのである。

このことはある程度、北方諸鎮における反乱の場合にもあてはまるものと思われる。傭兵集団としての藩鎮は、もともと中央との結びつきなくしては存在しえないのであるが、安史の乱から乱後にかけて、初期藩鎮の中央政府にたいする反抗は、律令政治と貴族勢力の弱体化のなかから台頭した傭兵隊長たちが、中央政界や在地にその勢力を扶植しようとして、唐朝権力と衝突した結果生じたものであった。憲宗の改革は、このような藩鎮の遠心的傾向を抑制するためにおこなわれたもので、爾来貴族や中央出身の武将らが、もっぱら藩帥にあてられるようになり(3)、中央との結びつきは一段と強化されたのである。他方正規の租税収入に比して、軍費等の膨大な財政支出に対応するため、藩帥の羨余や財物進奉が奨励され、それらがかれらの昇進をも左右するようになった結果、上のように部下兵士の生活を圧迫して、反乱を頻発するようになったのである。そのような反乱が南方諸鎮にひろがるようになったのが、唐末に近づいた時期の新しい情勢であったのである。

兵士の乱の原因として、しばしば藩帥の「性卞急」「性厳刻」「将士を待つに礼を以てせず」「将士を恤まず」などという性格があげられるのは、単にかれらの個人的な性格というべきではなく、藩帥のおかれたこのような地位の結果であったと思われる。加えるにこれら兵士の反乱には、中ごろ以後、影庇によって藩鎮の要職を占めていた土豪の指導があったであろうことは、理論的には谷川道雄により（「龐勛の乱について」三二頁注四）、宣州康全泰の反乱の具体的な例において松井秀一により（「唐代後半期の江淮について」二三―四頁）、すでに指摘されているところである。すなわちこれら兵士の乱には、中央と地方との対立、貴族的支配層と在地土豪との対立が、内在していたのである。

ところで給与改善を目的とする兵士の闘争は、在地土豪層の寄生的な性格と相まって、なんら藩鎮体制を打破し克服する性質のものではなかった。しかしこのような乱が唐末に近づいて一層はげしくなったうえ、その動揺が東南の財源地帯にひろがったことは、唐朝支配の崩壊がはじまるきっかけをつくるに十分であったのである。宣宗の大中年間の財政収支をみると、「天下の両税・榷酒・茶塩銭の歳入九百二十二万緡、歳の常費は率ね少なきこと三百余万緡、有司遠く後年を取りて乃ち済す」（新唐書食貨志）といわれ、三百余万緡の不足のため、はるか後年の税まで取るという状態であったから、南方の財源地帯にはとくに重圧が加わり、張濬の指摘するような欠陥が助長され、動揺がひろがるにいたったものであろう。大中十三年（八五九）十二月、「浙東の賊帥」裘甫が象山（浙江）を陥れたのは、このような情勢の結果であったと思われる。

翌咸通元年（八六〇）正月、裘甫は剡県（浙江）を陥れてここを根拠地とした。はじめ百人にすぎなかった裘甫の衆は、ここにいたって、「府庫を開いて壮士を募り、衆数千人に至る」といわれ、ついで剡西に浙東の官軍を全滅させてからは、「是に於いて山海の諸盗および它道の無頼・亡命の徒、四面より雲集し、衆三万に至る」と伝えられ、また「群盗皆遙かに書幣を通じて麾下に属せんことを求む」（通鑑二五〇咸通元年正月乙丑、二月辛卯条）ともいわれた。ここに各地の群盗が反乱に呼応してくる大勢が伝えられているが、これらの群盗には、右拾遺内供奉薛調の上言に、「兵興りて以来、賦斂度無し。所在の群盗、半ばは是れ逃戸」（通鑑咸通元年五月壬申条）とあるように、搾取に苦しむ多数の農民の参加があったのである。裘甫は三万の衆を三十二隊に編成し、自ら天下都知兵馬使と称し、羅平と改元して、周囲の諸県城を攻略した。三月にいたって、中央は安南都護として威名のあった王式を観察使に任じ、農民軍の討伐にあたらせた。王式は増兵を要求し、速戦即決を主張して、遅延して賊勢が拡大すれば、江淮の群盗が蜂起してこれに応じ、江淮との連絡が絶たれて、重大な財政危機に陥るであろうと訴えた（通鑑咸通元年三月辛亥朔条）。事実うえにみたように、王式の心配は実現しつつあったのである。

このような形勢のなかで、王式の出動をむかえ、反乱軍のなかに重要な意見の対立がおこった。農民軍の部将であった劉晗の主張するところは、まず浙東の政治経済の中心都市である越州を急襲してここに拠り、銭塘江に塁を築いて官軍を拒み、機をみて長駆浙西・揚州を略していまの南京を守れば、宣歙・江西にはかならず呼応するものがあろう。また海に出て南の方福建を取れば、国家の財源地帯はことごとく手に入るであろう、ということであった。かれの意見は広範な農民蜂起の必然性を信じ、東南地帯に一個の独立政権をうち建てようとしたものである。これにたいし裘甫の反乱軍には、数人の進士が客となって乱の指導に参画していた。かれらはおそらく試験に落第して官位をえられなかった不平不満の徒であろう。その一人の王輅は、いま中国は無事であるから、劉晗の策は成り難い、衆を擁し険に拠って自ら守り、陸に耕し海に漁し、事急なれば逃れて海島に入るのが万全の策である、と主張した（前掲三月条）。唐末騒乱期の初期的な段階において、かれらの状況判断はある程度当たっていたかもしれない。しかし唐朝の進士であったかれらは、あまりに現状を固定的にみており、その主張は従来の群盗的方式を出ておらず、反乱してくる勢力を少なくみており、その結果敗北主義に陥ったものということができるであろう。

この二つの相対立した意見は、初期の群盗から広範な農民反乱へ転化する過程で、それぞれの立場から提起されたものであった。裘甫は猶予して決することができず、乱を破滅に追いやったが[4]、劉晗に代表される方式は、この反乱のなかでしだいにその条件がつくりだされており、黄巣の乱を経過して実現をみたのである。反乱が農民の飢餓状態のなかで拡大していることを知っていた王式は、到着早々諸県の倉庫を開いて貧民に供給し、一方吐蕃・回鶻の兵をふくむ強力な軍隊で農民軍を包囲し、水軍をもって海への退路を断ったので、農民軍は六月には剡県に退くのを余儀なくされ、女軍をもふくめた抵抗も空しく鎮圧されてしまった（通鑑考異二三咸通元年六月条所引鄭元著『平剡録』）。

唐末の藩鎮がもとより内部にはげしい対立をもっていたことは、さきに張濬の言を引いて説明したところであるが、それらのうち最強の「驕兵」をもって鳴ったのが徐州であって、咸通九年（八六八）ここで龐勛の乱がひきおこされた。これについては谷川の論考に加えることはないと思うので、必要な点だけをのべておきたい。徐州の兵は、長慶二年（八二二）王智興が反乱によって武寧節度使をえ、銀刀・彫旗・門槍・扶馬等七軍二千人の士をおいて以来、中央との長い抗争をくりかえしてきた。大中三年（八四九）には節度使の李廓を、十三年（八五九）には康季栄を、咸通三年（八六二）には温璋を逐った。そこで中央は裘甫の鎮定に功のあった王式を起用し、浙東にあった諸道の兵をもって、銀刀都以下数千人の兵を殺戮した。このとき地方に潜伏して群盗となった兵士も相当あった模様で、徐州の不安は一層はなはだしいものとなった。兵士の反乱が農民の抵抗と結びつく一つの機縁は、この辺にあったかと思われる。翌四年（八六三）には群盗が徐州に入り官吏を殺したと伝えられている。

反乱のもう一つの要因は、西南辺境にたいする南詔の圧迫であった。さきに大中十二年の諸鎮の乱が嶺南からはじまったのは、この方面の動揺に誘発されたものと考えたのであるが、翌年南詔が建国するとその侵寇はいよいよはげしくなり、諸鎮の兵士は防衛に動員され、財政の窮乏もまた加わるにいたった。咸通五年（八六四）、徐州においても三千人の官健が募集されて南方へ送られた。このときの制勅によれば、この処置は群盗となっていた亡命兵士たちを招集して、この地方の不穏を鎮める目的を兼ねていたように思われる（旧唐書一九上懿宗紀咸通五年五月丁酉制、唐大詔令集一〇七嶺南用兵徳音）。南方に送られた兵士のうち、八百人は桂州に分戍させられていたが、三年一代の約束は守られず咸通九年にいたった。ときの徐泗観察使崔彦曾は「性厳刻」（通鑑二五一咸通九年七月条）といわれ、親吏尹戡らは「貪猥にして軍旅を恤まず」といわれて軍中の怨をかっていたが、戍卒らがしばしば交替を求めたにかかわらず、「軍帑空虚にして発兵費やす所頗る多い」（旧唐書一七七崔彦曾伝）ことを理由に、さらに一年の延長を決定した。戍卒らの怒りは爆発せざるをえなかった。七月、群盗出身の将校許佶・趙可立・姚周・張行実らは都将王仲甫を殺し、糧料判官龐勛を擁して、北方への帰還を開始した。

龐勛らはあまり抵抗をうけずに九月淮南に入り、銀刀等の亡命をあつめて千人に達した。反乱の第一段階は兵士の乱であって、その目的は尹戡らを罷免させて徐州に帰ることにあった。崔彦曾がこれを拒否して両者が正面衝突するや、しだいに農民反乱の様相を呈してきた。十月宿州を陥れたとき、反乱軍は城中の貨財をあつめて農民をさそい、これをえらんで兵として数千人をえたといわれる。このときは半ば強制的であったが、徐州の兵力を粉砕して城下にせまると、城外の民はすすんでこれを助け、草車を城門に立ててこれを焼いた。こうして崔彦曾を捕らえ尹戡らを殺して龐勛が徐州に入ると、「即日にして城中附従せんと願う者万余人」といい、また「力を效し策を献ぜんと願う者は、遠近より輻輳す。乃ち光・蔡・淮・浙・兗・鄆・沂・密の群盗に至るまで、皆道を倍してこれに帰し、」旬日の間に米価の暴騰をまねいたほどであった。また農民は、「父は其の子を遣り、妻は夫を勉まし、皆鉏首《すきさき》を断じてこれを鋭くし（これを霍錘とよんだ）、執りてもって応募し」たと伝えられる（以上通鑑二五一咸通九年十月、十一月条）。「下邳（江蘇）の土豪鄭鎰は衆三千を聚め、自ら資糧器械を備えてもってこれに応じ、」これを義軍とよんだといい（通鑑二五一咸通十年五月条）、蘄県（安徽）では土豪李兗の参加もあった。

このようにして群盗・土豪・農民らの支持のもとに戦果は拡大し、北は沂・海から南は舒・廬・和・寿州等におよんだのであるが、ここでも兵士・士人と農民大衆との乖離があらわれてくる。龐勛は節鉞を求めて江淮征服の機を失し、強制的に民衆を駆りたてて兵とし、富室・商旅の財に七・八割の税を課して、隠匿するもの数百家を殺し、その部下は人の資財・婦女を略奪するという凶暴ぶりであった（同書咸通九年閏月条）。こうして唐軍の配備が整うにつれて民心は急速に離れ去り、反乱は失敗に終わる。反乱軍が唐軍と遭遇するごとに、まず潰えるのは駆掠の平民であったといわれ、やがてさきの土豪や将士たちの離反・投降がつづき、咸通十年九月には徐州も陥り、龐勛は蘄県において李袞に阻まれて敗死した。十月には最後にのこった濠州も陥落した。

反乱は終わったけれども、これによって唐朝権力のうけた打撃は大きかったようである。民衆の抵抗が各地にひろがって新しい局面をみせはじめたからである。乱の翌年には、「徐賊の余党、猶閭里に相聚りて群盗と為り、兗・鄆・青・斉の間に散居す」（通鑑二五二咸通十一年四月条）といわれており、谷川によれば、かれらが「閭里に相聚」っているのは、農村自体が武力抗争の場に転じていることをしめすものであるとされる。またその地域が山東方面にひろがっているのは、地形の影響もあって群盗がこの方面に入りこんだのであろうが、王仙芝・黄巣がこの一角からおこったことを想いあわせるべきであろう。乾符元年（八七四）十二月にも感化軍（徐州）の奏に、「群盗寇掠して州県禁ずる能わず」（通鑑二五二）とみえ、もはや個々の地方権力によっては抑えきれなくなったことをしめしている。

このような地方権力の状況は、龐勛の乱前後から、農民と刺史との直接の衝突が頻々とおこっていることにもあらわれている。咸通八年（八六七）七月には懐州（河南）の民が刺史劉仁規を逐い（通鑑二五〇）、十年六月には陝州（河南）の民が観察使崔蕘を逐い（通鑑二五一）、十一年五月には光州（河南）の民が刺史李弱翁を逐い（通鑑二五二）、乾符元年（八七四）十二月には商州（陝西）の民が刺史王枢を殴り官吏を殺した（通鑑二五二）。これらの争いはいずれも、災害による農民の控訴や刺史の苛政によっておこったといわれる。咸通の末年には関東の広大な全域が水旱の災をうけたにもかかわらず、官の督促はますます急ならざるをえなかった（通鑑二五二乾符元年正月丁亥条、翰林学士盧攜の上言）。唐朝の政治の破綻がそのようなところにまで達していたのである。かくして「関東連年水旱あり、州県実をもって聞こえず。上下相蒙く、百姓流殍し、控訴する所無し。相聚りて盗と為り、所在に蜂起す」（通鑑乾符元年末条）といわれ、黄巣の乱前夜の情勢がかたちづくられたのである。

以上、裘甫・龐勛等の反乱を通じて、黄巣の乱にいたる情勢があきらかになったと思う。このなかでまず注意されるのは、反乱の拡大の方向が農民の蜂起と結集にあるということである。それによって群盗から各地の農民蜂起へとつながっていき、局地的なものから全国的な乱へと拡大していき、黄巣の乱の時期にいたったのである。ところがこのような過程で、反乱内部における指導層と一般農民層との対立があらわれてきた。もともと初期群盗のなかに富商・地主層と小農民層との対立は内在していたのであるが、一方に不平知識層や兵士らが、一方に広範な農民層が参加して、政治的な反乱へと発展するにおよんで、きわだった対立をみせるようになったのである。この両者は唐朝にたいする反乱のなかで、もともと立場と動機を異にしていたわけで、その結果両者の対立と抗争は、唐末の諸反乱に一貫してみられるのである。

この点にかんして、龐勛の乱における谷川の分析は注意すべきものであろう。ただ最後に、これを「節鉞を求むる者」と「真に反する者」と二つのコースの間の闘いとして把握し、その違いは農民の革命性を信頼するかどうかにかかるといわれる場合、なお問題が残るのではないかと思う。谷川は裘甫・龐勛の乱は前者のコースに支配されたが、黄巣の乱にいたって、農民の革命性を信頼した後者のコース、すなわち黄巣のコースが、他のコース、すなわち王仙芝のコースを圧倒したとみとおしをのべている。このような見解は、谷川の参照している王丹岑をはじめ、中国の歴史家にも共通のように思われる。

この考えの基礎は、黄巣と王仙芝の立場をはっきりと対立させるところにあるが、はたして両者の関係は事実そのようなものであろうか。また黄巣の乱にいたって農民層の力が圧倒的になったのは事実であるが、それならば反乱は何故失敗しなければならなかったのか。反乱のなかにおける対立をとらえる場合、問題は指導層が農民との闘いをつづけながら、そのなかでいかにそれを把握・支配し、効果的にそれを指導するかにかかっていると思う。すなわちいうところの「農民の革命性」を現実化する、組織と指導とが必要であるということである。そうでなければ、少なくとも古代・中世における変革は成功しなかったであろう。このことは冒頭からのべてきた、黄巣らの階級的立場や集団構造にかんする問題である。この点から黄巣の乱を検討する必要があると思う。

（1）宣州の隣藩の浙西では、宣州の反乱中、唐朝が鎮海軍節度使をおき、武臣の李琢を任じたため、反乱はおこらなかったが、その後浙東で、裘甫の乱がおこった。

（2）憲宗の改革については、前節注（8）にあげた日野開三郎の諸論文を参照。その後の兵士の乱については、日野「唐末混乱史稿」（二）に掲げられている、「自開成元年至乾符二年四十年間驕兵逐殺藩帥事例表（据資治通鑑）」によって、大勢をうかがうことができる。

（3）日野のいわゆる文臣主義・儒臣主義。厳密にいえば武臣もいるのであるが、それらは多く中央の武官で、中央から派遣された。

（4）反乱の失敗があきらかになったとき、劉晊は陣中の進士をことごとく斬り、「我が謀を乱る者は此の青虫なり」とののしったという。彼らがみな緑衣を着ていたからである（通鑑咸通元年五月条）。

五　黄巣の反乱

1

まず黄巣の乱が、圧倒的な農民の参加によって拡大し、威力を発揮したということを確認しておかなければならない。裘甫・龐勛の乱において、なお農民の蜂起は局部的であり、その力は比較的弱かった。それがあのような結果を生んだのであるが、黄巣の乱の前夜におよぶと、もはや全国的な農民の蜂起がみられる情勢に変わっていたのである。

王仙芝がはじめ長垣県（河北）に乱をおこしたとき、三千の衆があったが（旧唐書一九下僖宗紀乾符二年五月条、新唐書二二五下黄巣伝）、乾符二年（八七五）五、六月ごろ、曹・濮二州を陥れたときは、「万人を俘」にしたといわれ（同書）、黄巣が数千人をあつめて仙芝に応じ、ともに「河南十五州」を剽掠してあるくと、「民の重斂に苦しむ者、争ってこれに帰し、数月の間、衆数万に至」ったといわれる（通鑑二五二乾符二年六月条、新唐書黄巣伝）。

ここで注意したいのは、農民の参加のしかたが、生産の場をすて郷里をはなれて、王仙芝・黄巣に身を託し、各地を流浪するというやりかたをとったことであり、したがって各地の農民たちが結集して、たちまちに乱が拡大していったということである。またこのことは、参加してくる農民の大多数が、破産ないしはそれに近い農民たちによって占められていたということを、予想させるものである。すでに裘甫の乱中、群盗の半ばは逃戸であったといわれ、黄巣の乱の前夜には、「百姓流殍し、控訴する所無し。相聚まりて盗と為り、所在に蜂起す」（前章所引）といわれていて、乱の拡大の急激な勢いは、これらの「盗」の参加にもとづくところが多いと考えられる。

乾符二年の暮に、「群盗侵淫し、十余州を剽掠して、淮南に至る。多き者は千余人、少なき者は数百人」（通鑑二五二乾符二年十二月条）と伝えられているが、群盗たちが河南十余州から淮南に下っていることは、王仙芝を中心として動いていることをしめしており、それらがあるいは千余人、あるいは数百人と、いくつかの集団にわかれていることは、各地に散在していた群盗が、相呼応して大きくなっていることをしめしている。このような状態は、「王仙芝及び諸賊の頭領」によびかけた乾符四年三月の詔にもしめされていて、「近く諸道の奏報を準るに、草賊稍く多く、江西・淮南・宋・亳・曹・潁、或いは郡県を攻劫し、官軍を抗拒し、或いは商徒を窘虐し、進奉を俘掠し、彼に出でて此に入る」（唐大詔令集一二〇討草賊詔[1]）とあるのによれば、王仙芝に呼応した各地の群盗（草賊）の行動のしかたが、あるときは官軍と戦って都市を攻略し、あるときは隊商や進奉を襲撃するという、さまざまなかたちの剽掠方式をとっていることがうかがわれるのである。

これらの反乱の指導者が、商業資本家であったということにも注意すべきであろう。かれらは狭隘な郷村をこえる視野の広さをもち、各地の反乱を連結し結集していく力をもっていたと思われるのであるが、他面、日ごろ各地に往来し通交するかたわら、群盗を指導し略奪にも従事していたかれらの生活様式は、膨大な破産農民の存在に支持されて、反乱のいわゆる流寇的な方式を生みだしたということができるであろう。反乱の中核となった私塩ないし群盗的集団は、元来これら指導者の保護のもとに、亡命・任侠などの寄生人口が、私的・個人的に結合・従属したものであったが、反乱がおこるや、破産農民の蜂起によって、支配すべき寄生人口が、急速かつ大量に増大していったのであって、このような個人的な狭隘なきづなによっては、群衆を効果的に組織・指導し、支配権力を確立することは難しかったし、むしろ略奪に依存しつつ各地を流れあるく方式の方が、これに適していたのである。はじめ黄巣が王仙芝とともに、「共に大誓を立てて、天下に横行せん」（通鑑二五二乾符三年十二月条）と誓ったことは、指導者の側における流寇的な意識を表白したものといえよう。

これら乱の指導者の階級的立場は、本来土豪・富商層であり不平知識分子であった。土豪・富商層は均田農民の分解のなかから成長してきたものであったから、当然一般農民を収奪しこれを支配する立場にありながら、反面その政治的進出は、唐朝の貴族主義と律令政治のゆきづまりとによって阻まれていた。唐末の反乱や新興勢力の参謀として活躍する不平知識分子は、多くこの階層の出身であり、黄巣もそうであったごとく、科挙の落第生はその代表的なものであった。裘甫の乱にはすでに王輅ら数人の進士が参画しており、龐勛の上客に隠者周重があった。

黄巣の乱にも多数の士人が馳せ参じた[2]。乱がおこるや、「時に朋党多く、小人の讒勝り、君子の道消ゆ。賢豪忌憤し、退いて草沢に之く。既に一朝変あらば、天下離心す。巣の起こるや、人士従いて之れに附す。或いは巣、檄を四方に馳せ、章奏論列、皆朝政の弊を指目す。蓋し士の不逞なる者の辞なり」（旧唐書二〇〇下黄巣伝）と伝えられ、また王仙芝の檄なるものの内容には、官吏の貪汚、賦斂の過重、賞罰の不公平があげられていたといわれ（新唐書黄巣伝）、黄巣が広州で発した露表には、宦官執政の混乱や諸臣との贈賄関係、銓貢の不当、刺史・県令らの贖職・蓄財等が非難されていたといわれるが（新黄巣伝）、右にも指摘されているように、檄や露表にあらわれたこのような主張は、乱の指導者の政治的意識を反映したものといえよう。これらの階層のめざすところは直接政治権力にあったのであるから、反乱の政治的指導にはたした役割を無視できないのであるが、反面しばしば民衆から遊離し、唐朝と妥協を策することもありえたのである。(3)

かくして反乱の前期の段階、すなわち反乱軍が、いまの山東・河南・湖北・安徽等、河南江北の各地に転戦し、乾符五年（八七八）王仙芝の敗死後、黄巣がその余衆をあわせ、山東・河南から長江を渡って江西・浙江・福建をへて、乾符六年広州にいたるまでの四年余の時期は、流寇主義と屢次の投降の試みによって特徴づけられている。このような流動作戦の結果、反乱は驚くべき運動能力と破壊力とをもちながら、はっきりした政治的目標をたてず、政権の基礎を建設することがなかったのである。流寇的形態が典型的にあらわれるのはこの前期の段階であるが、その影響は乱の全段階におよんだ。それは流寇主義が、乱の諸階級のありかたにふかく根ざすところがあったからである。内藤湖南は黄巣の乱を、「支那名物の流賊の元祖である」（『中国近世史』二七頁）(4)といったが、その意味でも黄巣の乱は、歴代農民反乱中一つのエポックを画するものであり、流寇主義もまた歴史的段階なのであって、この時代の転換期としての意義と無関係ではありえないと思われる。

王仙芝や黄巣の幾度かの帰順・投降という問題も、以上のような指導層の階級的立場と流寇主義に関係する問題である。史書の記載にしたがって列記すると、王仙芝については次のとおりである。

（1）乾符三年（八七六）十二月、反乱軍が山東・河南・湖北・安徽をまわって蘄州（湖北）に達したとき、蘄州刺史裴渥と捕虜の汝州刺史王鐐とを介して、左神策軍押牙兼観察御史の官職をうけようとしたが、黄巣の反対にあって断念し、両者はこれより別行動をとるようになる。

（2）乾符四年十一月、おそらく河南・湖北方面（一説に江西）で、[5]監軍楊復光の誘いをうけ、部将尚君長らを派遣して降を請うたが、かれは途中招討使宋威に捕らえられ殺される。これより王仙芝は振るわず、翌年二月敗死する。

黄巣については次のとおりである。

（1）乾符五年二月、王仙芝の死後、山東で擁立された黄巣は、しばしば官軍に敗れて天平節度使に降を請うた。唐朝は右衛将軍を授け、鄆州で武装解除を命じたが、黄巣はやってこなかった。[6]

（2）乾符六年広州を包囲し、浙東観察使崔璆・嶺南東道節度使李迢を介して天平節度使を要求したが拒否され、再度広州節度使を要求したが、得たのはわずかに率府率であったので、怒って広州を陥れた。

（3）広明元年（八八〇）北上の途次、信州（江西）において「疾疫に遇い卒徒の死するものが多」かったため、諸道行営都統・淮南節度使高駢に降り、高駢も巣のために奏上して節鉞を求めることを約束したが、諸鎮の兵が解散したのを知って高駢と絶った。

これらの伝えは、乱の指導者が反乱の前段階でたえず動揺していたことをしめしている。しかるにこれについては、王仙芝と黄巣の態度をまったく対立させ、黄巣の投降の試みを認めない論者がいる。[7]その主な理由は、王仙芝が最初に妥協しようとしたとき、真っ向から反対したのは黄巣であったということにあるが、このことによって三回にわたる黄巣の投降の記事を否定できるものではない。なぜならば、黄巣の反対理由は官位が自分に及ばなかったことにあるというのが、新唐書の伝や通鑑の解釈であって、この説をとるならば、かえって黄巣自身も官位にたいする執着をもっていたことになり、のちに再三帰順の意をあらわしたとしても不思議ではないからである。この場合黄巣の下心が何であれ、王仙芝と対立するかぎりにおいて「衆の怒」[8]に一致しえたのであり、それによって王仙芝は妥協を断念せざるをえなかったのである。王仙芝と黄巣とがわかれて別行動をとるようになったのち、王仙芝は主として河南・湖北方面にあり、ふたたび妥協を策して自滅するが、その間黄巣は山東から河南・淮南方面に出てまた山東にもどってきた。

王仙芝の余衆は尚譲にひきいられて黄巣と合し、巣を擁立して王とし、衝天大将軍と号し、これより黄巣は名実ともに農民軍の指導者となったのであるが、その直後天平軍に降伏を申し出、結局は姿をあらわさなかった。この間の経緯に、王仙芝の死や相次ぐ敗北に直面して、動揺している黄巣の様子がうかがわれると思う。その後黄巣は、広大な中国を南北に縦断する大流動作戦を敢行したのち、広州において節鉞をもとめるのであるが、これはこの地の節度使李迢と、捕虜として軍中にあった崔璆が上奏し、中央政府にあってさまざまな論議が沸騰したことは、王仙芝が蘄州で官をうけたときの事情とまったく同様であり、節鉞が拒否されたのを知ってはじめて黄巣は広州を攻めおとしたのである。したがって黄巣が節鉞をもとめる意図のあったことは否定できないと思う。また唐末には実力のある人間が各地に拠って、既成事実をつくりあげたうえで長安政府の追認をうけたのであり、黄巣のごときがわざわざ長安の任命をまつ必要はなかったという議論も誤りである[9]。このような客観情勢は当時まだなかったのであり、それはのちに指摘するように、ほかならぬ黄巣の乱の結果、この乱の過程で開かれたのである。結局黄巣に投降の意図があったとしても驚くにたりない。農民はしばしば妥協的な面をしめすのであり、これをただちに現代の労働者階級の革命性と比較すべきでないという、楊志玖の指摘は正しいし（「黄巣大起義」七二頁）、私はこのような動揺を、反乱の指導者の階級的立場と政治的無組織性との必然的結果であったと考えるのである。

黄巣がともかく唐朝と対決する意図をもつようになったのは、広州において節鉞を拒否されてからのことである。黄巣は広州を攻めおとして李迢を捕らえると、上奏して入関を告げ、唐朝の失政を非難し、義軍百万都統兼韶広等州観察処置等使と称したと伝えられる（新黄巣伝、通鑑考異二四乾符六年五月条所引『続宝運録』）。ここでは一方で入関を標榜しながら、一方で広州に占拠しようとした意向もうかがわれるのである。まもなく疫病の流行に悩まされて衆を失い、部下のすすめで「北に還り以て大事を図る」（通鑑二五三乾符六年十月条）ことに同意した。その過程でふたたび李迢に表を書かせ、懐うところをのべようとしたが、拒絶されてこれを殺している。[10] 黄巣の憤懣の情はこれによって知られるが、同時に唐朝打倒の決意がまだ確立していなかったようにも思われるのである。これが湖北において山南東道節度使劉巨容らの抵抗に遭遇し、東下して江南で淮南節度使高駢の将張潾に敗れると、信州で降伏を申し入れることにもなるのであるが、高駢が功を独占しようとして諸軍を解散したのを知ってこれを取消し、采石（安徽）より長江を渡った。これが黄巣にとってルビコンであったと思う。高駢は諸道行営都統として諸道の軍を統べ、黄巣防御線を形成していたのであり、この線が突破されると、長安への道は黄巣の眼前にひらかれたのである。

ここで注意すべきは、唐朝支配下の藩鎮の解体がこのときからはじまったことである。黄巣が江を渡って淮南にいたると、唐朝は河南諸道の軍を発して溵水に駐屯させたが、このなかから兵変がおこり、忠武（許州）の大将周岌はその帥薛能を殺し、同じく忠武の将秦宗権は蔡州に拠り、また徐州の大将時溥もその帥支詳を殺して自立したといわれる（新黄巣伝、旧唐書僖宗紀・通鑑二五三広明元年九月、同二五四同年十一月辛未条）。[11] これより藩鎮の独立がひろがっていくが、その特徴は、いままでの藩帥が中央から任命されたのに反し、地方勢力が中央の介入を拒否して藩鎮機構を奪取している点にあると思う。このことについてはまた別に論じなければならない。

さて黄巣は淮を渡ったのち、率土大将軍（あるいは天補大将軍）（次節参照）と称し、「衆を整えて剽掠せず、過ぐる所、惟丁壮を取りて兵を益す……吏皆亡ぐ」（新黄巣伝[12]）と伝えられている。ここではもはや流寇主義は払拭された感があり、一路唐都長安をめざして進撃がつづけられていて、決戦に備えて兵の補充だけがおこなわれているのである。黄巣の軍は洛陽に入っても、「巣入城して労問するのみ。閭里晏然たり」（通鑑二五四広明元年十一月丁卯条）という状態であった。このようにして反乱の動きは、初期的な段階からこの段階にいたって大きく変わってきたのである。このような反乱の複雑な動きを具体的に把握することなしに、これらの史料から農民軍の全般的な規律の厳正さを証明しようとする試みは（楊志玖前掲論文六九頁参照）、適切でないと思われる。

2

広明元年（八八〇）十二月五日、長安はなんなく陥落した。僖宗皇帝は五百の神策軍をひきいた田令孜にともなわれて金光門を逃れ出た。従うのは皇子・妃嬪数人だけであった。これにひきかえ、黄巣の入城はまことに堂々たるものであった。金吾大将軍張直方が文武数十人をひきいて迎えるなかを、黄巣は金輿、その他の幹部は銅輿に乗ってつづいてくる。従う部下は数十万、みな被髪を紅繒でむすんで錦繍を身にまとい、甲騎は流るるごとく輜重は道をふさいで千里絡繹として絶えず、あつまる市民は道をはさんで見物したといわれる（通鑑二五四広明元年十二月甲申条、新黄巣条）。

ここでこのような事態に対応する、この地方の民衆の反応をみておきたい。唐朝の天子の蒙塵は、安史の乱以来、吐蕃の侵入、朱泚の乱等いくたびかのことである。安史の乱のときには取るべき食とてなく、馬嵬駅にいたって飢に疲れた軍士の背反をみ、楊国忠・楊貴妃らを殺さなければならなかったが、寵臣らが殺されると、「父老」たちは乗輿をとりまいて西幸をさえぎり、子弟をさしだして長安の奪回を誓ったので、やむなく皇太子（粛宗）をとどめて中原回復を図らせることになった。これより粛宗は霊武におもむいて即位し、郭子儀・李光弼らと力をあわせることになったのである（通鑑二一八至徳元載六月条）。このたびも咸陽にいたって沙野軍十余騎が反乱をおこし、「巣、陛下の為に姦臣を除く。乗輿いま西す、秦中の父老何ぞ望まん。願わくは宮に還らんことを」と叫んだが、かえって田令孜の羽林軍に斬られたといわれる（新唐書二〇八田令孜伝）。もはや大子も軍隊も宦官に握られている時代であった。

ところで右の言葉は、軍士が黄巣の主張を逆用して姦臣を非難した言葉であるが、唐朝と長年むすばれた関中の父老としては、やはり天子の西幸を望まなかったであろう。しかし田令孜はひたすら四川にむけて落ちていったのであって、したがって唐朝は父老の具体的な支持をえることはできなかったのである。他方京師の細民の反応はいつもこれとは違っている。かれらはこのような機会をねらって、宮廷や府庫の略奪に出るのである。これは安史の乱以来つねに記録されていることであって、黄巣の乱の場合も例外ではなかった。天子が脱け出て宮城が空虚となったとき、軍士や坊市の民が競って府庫に入り、金帛を盗んだと記されている（通鑑広明元年十二月甲申条）。

こうした略奪がひととおりすんだあとで、黄巣の軍が入城してきたのである。入城にあたり尚譲は、「黄王の兵を起こすは、もと百姓の為なり。李氏の如く汝が曹を愛せざるに非ず。汝が曹ただ安居して恐るる無かれ」（同書同条）という布告を発した。この布告は往々考えられるように、単に黄巣の民衆的な立場を表明したものではなく、新たな長安の支配者としての立場から発せられたものと考えられなければならない。そうでなければ通鑑がつづいて、「その徒、盗を為すこと久しく、富に勝えず。貧者を見ては往ゝこれに施与す。居ること数日にして、各ゝ出でて大掠し、市肆を焚き、殺人街に満つ。巣禁ずる能わず。尤も官吏を憎んで、得る者は皆これを殺す」（同書同条）と記している事情を、完全には理解することができないであろう。別の記録には、「富家は皆跣にて駆らる」（新黄巣伝）とも記されている。

貧者に施し、富者を走らせ、官吏を憎んで殺すという行動には、農民軍の階級的な根深い感情がしめされている。黄巣はこのような民衆をひきいていままで戦ってきたのであるが、支配者としての彼は、前にも指摘したように、かかる民衆的立場をしっかりと組織化してはいないように思われる。入城後数日で長安の街々を襲ったこの嵐のような行動には、軍衆のこのような感情が裸のままであらわれたものであり、他面では黄巣軍の組織の弱点を暴露したものであった。淮を越えてから堂々たる長安入城まで、もっぱら唐朝打倒をめざして、上下とも一路進撃してきたのであるが、長安に入るにおよんで、はやくも黄巣らの指導者と軍衆との乖離があらわれざるをえなかったのである。

こうしたなかで、黄巣は唐朝に代わる自らの政権をうち建てたのである。十二月十三日、含元殿で皇帝の位に即き、国を大斉と号し、改元して金統といい、中央官制を整えた。すなわち、尚譲を太尉兼中書令、趙璋を兼侍中、崔璆・楊希古を同平章事（以上四人が宰相）、鄭漢璋を御史中丞、李儔・黄諤・尚儒を尚書、方特を諫議大夫、皮日休・沈雲翔・裴渥を翰林学士、孟楷・蓋洪を尚書左右僕射兼軍容使、費伝古を枢密使、張直方を検校左僕射、馬詳を右散騎常侍、王璠を京兆尹、許建・朱実・劉瑭を軍庫使、朱温・張言（張全義）・彭攢・季逵らを諸衛大将軍・四面遊奕使に任命し、五百人の勇士をすぐって功臣とよび、甥の林言を軍使として控鶴（親衛軍）になぞらえたといわれる（新旧黄巣伝、通鑑広明元年十二月壬申条）。

これらの氏名のなかには、尚譲・孟楷・蓋洪・費伝古のごとき幹部や、朱温・張言のごとき部将のほかに、趙璋・崔璆・皮日休・裴渥・張直方のごとき唐朝の降官がふくまれており、その他の未詳の氏名のなかにもあるいは投降者がいることであろう。一般には唐朝の旧官吏は、三品以上の高官を一律に罷免し、四品以下のものはもとのまま任命することとし（同上書同条）、趙璋の第にきて名銜を投ずるものは復帰させることになっていた（通鑑広明元年十二月己亥条)。それにしてもこのような機構は、黄巣が打倒の目標としてきた唐朝の再現ではなかったのか。このように皇帝の位に即き、唐朝の再現を期待するということが、この段階においてどのような意義をもったであろうか。

長年貴族政権と戦ってきた土豪と農民の政権が、デスポティックな形態をとった根本的な原因は、やはり黄巣の集団構造のなかにもとめなければならない。黄巣集団の第一の特質は、黄巣および同族を中核として個人的紐帯によって結ばれた、私的保護関係ともいうべき形態をとっていたことにあるが、畢竟それは家父長制的な隷属関係にほかならないのである。反乱の進展につれて、その集団は、有能な人物を主将として手兵をわけるという形でひろがっていき、それなりの統属関係がつくられていったであろう。例えば朱温(全忠)は、はじめ兄の存と二人だけで黄巣の軍に投じたが、やがて隊長となり、長安入城後は東南面行営先鋒使に任じ(旧五代史一梁太祖紀)、その間、朱珍・龐師古・許唐・李暉・丁会・氏叔琮・鄧季筠・王武ら八十余人が中涓となって従ったといわれる(旧五代史一九朱珍伝)。このような場合でもすべて個人的なつながりを通して分権化していくわけで、その頂点に立つのが一介の賊頭にすぎぬ黄巣であってみれば、官僚制を模倣し、デスポット化していく以外に方法がないのであろう。家父長制的支配が公権力を媒介として成り立っているところに、ほかならぬ古代デスポティズムの特質があるからである。

黄巣はすでに乾符五年王仙芝に代わって擁立されたとき、王となって衝天大将軍と称し、王覇と改元し、官属を任命したといわれる(新黄巣伝、通鑑二五三乾符五年二月条)。このときはその後まもなく天平軍に降伏を申し出たのであるし、唐朝に代わって天子になるほどの決意はなかったのであるが、黄巣の支配が小型のデスポティズムを指向していたことはあまりに明瞭である。その後長安に向かうにあたっては、自ら率土大将軍、あるいは天補大将軍と称し、尚譲を平唐大将軍に任じたといわれ(新黄巣伝)、長安に入ってついに帝位に即くにいたったのである。

しかしながらつぎに問題なのは、この黄巣のデスポティズムがはたしてどれだけの実質をともなっていたかということである。黄巣集団の第二の特質は、もともと破産者や無法者の集団であったことにあるが、乱が急激な勢いで拡大するにつれて、ますます多くの破産農民をかかえこみ、その支配はきわめて不完全なものとなった。それが反乱の前段階で流寇主義となってあらわれ、長安入城後にははやくも上下の乖離となってあらわれたことは、すでにあきらかにしたことである。長安入城後の略奪は一般に即位以前のこととして記されているのであるが、そうした乖離は、黄巣が帝位に即くにおよんでますますふかめられたと思われる。すなわち、「令を軍中に下して、妄りに人を殺すを禁じ、悉く兵を官に輸せしむ。然れども其の下もと盗賊、皆従わず」といい、あるいは「王、官を召すに至る者あるなし」とつたえられている（新黄巣伝）。数十万の衆を擁して堂々と入城してきた黄巣にしては、それはあまりに無力で惨めな皇帝の姿ではあるまいか。

翌年の春のこと、尚書省の門に詩を書いて揶揄したものがあったところ、尚譲は怒って省官や門卒の目をえぐり、城中の詩を作るものをことごとく殺し、文字を識るものは賤役につかせ、あわせて三千余人を殺したといわれる（新黄巣伝、通鑑二五四中和元年三月条）。ここにおいて「百司逃れて在る者なし」（新黄巣伝）という有様であった。これはちょうど黄巣が軍を西方に出して龍尾陂（陝西岐山県）に敗れたころのことである（通鑑中和元年三月辛酉条）。このとき官軍の一部は勝ちに乗じて長安に入ったが、ただちにこれを奪回した黄巣は、長安の人士が官軍を歓迎したのを怒り、兵を放って殺掠をゆるし、流血川をなしてこれを「洗城」といったと伝えられている（通鑑中和元年四月、新唐書九僖宗紀）[13]。ここには長安入城直後にあらわれたような、農民軍の敵愾心がみられるであろう。しかし黄巣の政策としてみれば、あきらかに誤りといわなければならない。多分の誇張があるにしても[14]、これらの伝えのなかに、流寇的な生地とともに、黄巣らの焦りをよみとることができないであろうか。

流寇主義の欠陥がとくにいちじるしくあらわれたのは、いうまでもなく地方との関係においてである。デスポティズムがデスポティズムたるためには、その官僚機構の末端が地域地域に根をおろしていなければならない。しかるに黄巣は地方から地方へ流れあるいただけであって、地方を占拠してそこに政権の基礎をおくことがなかったのである。地方権力を組織することがなかったならば、中央官制の整備のみをこころみてもそれは無意味であろう。それでは長安に入ってからの黄巣の政権は、地方藩鎮とどのような関係をもつにいたったか。黄巣は長安入城後、使者を各地の藩鎮に派遣したが、その結果、「時に僖宗西幸し、節を偽廷に附する者、十に三四」(冊府元亀三七四将帥部忠)と伝えられている。僖宗が長安をすてて蜀に奔った際には、唐朝の権威は一時まったく凋落しつくしたかに思われたのである。「時に天子蜀に在り、詔令通ぜず。天下謂えらく、朝廷復た振るう能わざらんと」(通鑑中和元年三月甲子条)。このような情勢であったから、このとき黄巣に通じた藩鎮も少なくはなかったのであろう。しかし問題は、これらの藩鎮と黄巣との具体的な結びつきかたである。そこでさらにたちいって、このことについて検討しなければならない。

実際に黄巣に通じたことのあきらかな藩鎮としては、わずかに忠武(許州)の節度使周岌、河中(蒲州)の李都もしくは王重栄、河陽(孟州)の諸葛爽、平盧(青州)の王敬武、鳳翔の監軍袁敬柔などの例をあげることができるだけである。この少ないということ自体、いみがないわけではないのであろう、ここにあげられた藩鎮は、平盧の王敬武を除いては、黄巣の進路か長安周辺に限られていることがまず注意される。これらの藩鎮は、黄巣の急進撃と唐朝の急速な没落を前にしては、当然黄巣と結ばざるをえない位置にあった。それと関連して注意されるのは、黄巣の進撃と支配とが、これら藩鎮内部に一種の変革を、すなわち唐朝派遣の旧藩帥にたいする在地兵士の背反をひきおこしたということである。

すでに指摘したように、黄巣が長江を渡って淮南に入ったとき、忠武の兵士は溵水の守備についたが、周岌はこれをひきいて節度使薛能に代わったものである(広明元年九月)。同じく忠武の将で、このとき蔡州を占拠した秦宗権は、まだ独立の藩鎮として公認されていなかったが、おそらく周岌とともに黄巣に通じたであろうと思われる。やはりこのとき徐州の時溥が自立したともいわれるが、これについては黄巣の長安占領後とする説も有力であってあきらかでない（注11参照）。ついで背反をおこしたのは河中であって、十一月都虞候王重栄が節度使李都を逐って自立し、十二月黄巣に降ったといわれる（通鑑二五四広明元年十一月・十二月条、新唐書九僖宗紀同年十一月条）。しかしこれにも異説があって、はじめ黄巣に降ったのは李都であったが、黄巣の収奪がはげしかったので、王重栄が代わって黄巣と絶つにいたったのだともいわれている（北夢瑣言一三、旧唐書一八二・新唐書一八七王重栄伝）[15]。いずれが正しいにしても、王重栄の目的が、中央からの干渉の排除、河中における支配権の確立にあったことはたしかであって、李都が四川の行在にかえったのち、唐朝は竇潏を節度使として送ってよこしたが、軍校はみな王重栄の親党であって、重栄はふたたびこれを放逐して権力を確保したといわれる（前掲書）。諸葛爽はもともと庶民の出で、龐勛の乱に参加したのち唐朝に降り、たまたま沙陀攻撃軍をひきいて北辺にあったのが、黄巣の乱に際会して関中に入り、ついで黄巣に降ったもので、黄巣により河陽節度使に任命された。唐朝の河陽節度使羅元杲は神策軍の出で、宦官の勢力をたのんで収奪を事としていたので、河陽の士卒はこれを逐って諸葛爽を迎えいれたといわれる（通鑑広明元年十二月条、新唐書一八七諸葛爽伝）。

藩鎮における兵士の反乱は、在来頻々としておこっていたことではあるが、傭兵としてのかれらの反抗は、ついに中央とのきづなを断ちきることができず、一般に新しい藩帥の中央からの任命で終わりを告げるのがふつうであった。したがって在地の将士が諸鎮においてつぎつぎとその藩鎮の運命を握るにいたったということは、画期的な意義をもつものであって、それは黄巣の長安進撃によってはじめて可能となったのである。

しかしながら一方、唐朝の権威がやはりまだ藩鎮将士のあいだに残存していたであろうことも注意されなければならない。鳳翔では、節度使の鄭畋が黄巣との戦いを望んだのにたいし、将佐たちはもうすこし情勢をみた方がよいと主張して譲らなかった。たまたま黄巣の使者が赦書をもたらしたので、監軍の袁敬柔が代わって表を草し、署名して黄巣にたいする謝意をあらわしたが、使者をもてなす宴がひらかれ楽が奏せられるにおよんで、将佐以下みな声をあげて泣き出し、民間でもこれを聞いて涙を流す者があったといわれる。鄭畋がこれを見逃すことはなかった。かれは民心がなお唐朝を去らないのを察知し、将佐を説いて盟を結び、隣道と連絡し、禁軍の関中に散じたものを招集して、黄巣にたいする最初の反撃態勢をつくりあげたのである（通鑑広明元年十二月条）。

しかしこの場合にも注意しなければならないのは、最初の鄭畋と将佐との対立が解消してしまったのではないということである。翌年行軍司馬の李昌言が鄭畋を逐ってこれに代わったのであって（同書中和元年十月条）、ここでも藩鎮における基本的な方向はつらぬかれていたのである。すなわち藩鎮将士の願望は、在地の実権を掌握することにあるのであって、そのために黄巣の支配と唐朝の支配との間をゆきさしつつ、不安定な状態をつづけていたのである。問題は、黄巣がこれら藩鎮の動向を正しく把握し、その期待にそうことができたであろうかということである。

藩鎮における新しい政権は、王重栄が河中の実権を握ったとさ、坊市の居人を剽掠して部下の歓心をかったという伝えがしめすように（新王重栄伝、通鑑広明元年十一月条）、あきらかに在地軍校たちないしはこれに結びついた土豪政権であって、土豪層によってひきいられてはいるが、多数の農民軍をかかえた黄巣政権との間に、すでに微妙なくいちがいがあったのではないかということがまず考えられるのである。そうしてこうしたくいちがいを決定的なものにしたのが、黄巣の政策の誤りであったと思われる。さきにもふれたが、黄巣は河中が降ると、前後数百人の使者を派遣して徴発につとめ、「吏民は其の苦しみに勝えなかった」といわれる。そのために王重栄はその使者を殺して黄巣の陣営を離れたのである（通鑑広明元年十二月条、旧新王重栄伝）。大軍をかかえて長安周辺にのみ依存する黄巣としては、徴発の強行もある程度やむをえない事情があったが、唐朝の長年の収奪に反抗して起ちあがった藩鎮にとっては、それは忍びがたいものであったにちがいない。

そのうえ黄巣にとって、戦況はしだいに不利なものとなってきた。王重栄は義武軍（定州）節度使の王処存らと結んで、西方の鄭畋とともに、黄巣にたいする包囲陣を形成し、藩鎮を糾合してしだいに黄巣を孤立においやった（旧唐書一八二王処存伝）。中和元年（八八一）三月、黄巣は五万の兵をやって鳳翔を攻め、龍尾陂に敗れて二万の兵を失った。これは長安占領後はじめて蒙った大きな打撃であった。河陽の諸葛爽がまたも唐朝にねがえったのはその直後のことである（新唐書僖宗紀、通鑑中和元年三月条）。このとき諸鎮の兵は長安にせまり、その一部は一時長安にまで入る勢いであり、四川の行在においては、「諸道及び四夷の貢献絶えず。蜀中の府庫充実し、京師と異なるなし」（通鑑中和元年三月条）と記されていて、唐室の権威が一時的に復活してきたことを物語っている。

五月、忠武の周岌も、「いかんぞ十八葉の天子を捨てて賊に臣たらんや」という監軍楊復光の言に動かされて黄巣をすて、その使者を伝舎に殺した。楊復光はさらに秦宗権を説き、許・蔡両州の兵八千をひきいて反黄巣の軍を挙げたのである（旧唐書一八四・新唐書二〇七楊復光伝、通鑑中和元年五月条）[16]。以上のように、黄巣の長安進撃にともなって、その周辺にあったこれらの藩鎮は、はじめ黄巣に通じながら、その時期は初期の一時期に限られたのであり、まもなく黄巣をみかぎって、かえって唐朝側の反撃陣の一翼を結成したのである。

これにたいして、平盧の王敬武の例は、ただ一つではあるが、黄巣より比較的遠方にあり、黄巣に通じた時期もおそいのが特徴である。しかし王敬武もまた在地の背反者である点は同じである。かれははじめ平盧の牙将で、黄巣の乱の混乱期にこの地方におこった群盗を討って実力をつけ、節度使の安師儒を逐って自立したものである（旧五代史一三・新五代史四二王師範伝、新唐書一八七王敬武伝）。これは中和元年十月のこととも（旧唐書一九下僖宗紀）、中和二年九月のこととも いわれる（新唐書九僖宗紀、通鑑二五五）。このような地方の背反は、黄巣の長安占領後になると、もはや全中国をまきこむ広範な運動となっているのであって、したがってこれら遠方の諸鎮のなかから、平盧のように、黄巣に通じたものも他にあったかもしれず、また関中における唐朝と黄巣との抗争――勢力関係の動きには直接影響されないがゆえに、その関係は比較的のちまで残りえたかもしれないのであるが、中央と疎遠であるというそのことのために、史料にあらわれなかったということも考えられるのである。しかしたとい黄巣と結びつきがあったとしても、それはルーズなものにすぎなかったであろう。王敬武の場合も、一度黄巣の官爵をうけたというだけであって、おそらくそれ以上の関係が結ばれたわけではないであろうし、したがって唐朝の使者張濬の説得をうけると、簡単に離反もできたのである（通鑑二五五中和二年十月条）。ここで平盧の場合は関中に兵を送るのであるが（それゆえに史料にあらわれてくるのであるが）、一般には遠方の諸鎮では、中央の動きにあまりわずらわされずに、独自の動き――すなわち唐朝の藩帥にたいする在地勢力の背反という基本的な方向――が成長していたのが事実であろうと思われる。(17)

以上を要するに、それぞれのおかれた条件のちがいはあるものの、黄巣の長安占領前後より、ひろく地方藩鎮における新しい動きがまきおこっているのであって、これら藩鎮のめざすところは在地における支配権の確立にあったから、そのためにかれらは、あるときは黄巣につき、あるときは唐朝につくという動きをしめしたのであった。しかるに黄巣は結局これらを把握することができずに、唐朝皇帝の権威がふたたび復活してくるのを許すこととなった。しかし唐朝の存続も、いまやこのような勢力を背景としてはじめて可能であったのであるから、それは新しい統一政権ができるまでの、一時的な過渡的な段階にすぎなかったのである。そのような新興勢力の興起は、黄巣の乱の結果としておこったものである。ここに反乱が歴史の発展のうえではたした主要な役割がある。にもかかわらず黄巣自身は、これら情勢に対応する能力を欠き、自らが打倒の目標としてきた、そしてそのためにいまや死滅しつつある、唐朝類似の政権の再現を期待せざるをえなかったのであって、そこに黄巣の悲劇があり、没落の必然性があったのである。

3

ともあれこのようなわけで、黄巣の支配は長安の近辺にのみ限られることになった。しからば長安の戦略的な位置はどうであろうか。周知のように、この地は政治上の中心地ではあったが、その地位は、唐の中葉以降、東南諸道の財賦の供給をまってはじめて保持しえたのであるから[18]、江淮との連絡が断たれたいま、大軍をかかえてこの地を維持することは到底不可能であったのである。中和二年（八八二）になると、唐朝は宰相王鐸を諸道行営都都統に任命して反撃の態勢をととのえ[19]、諸道の軍はいっせいに長安四周の要地に進出したから、黄巣の号令がおこなわれる地域は、長安以外にはわずか同・華二州だけとなった（通鑑二五四中和二年四月条[20]）。

こうして唐朝側の包囲態勢がととのう一方、この年には、黄巣軍の食糧の欠乏はすこぶる深刻なものとなった。ここに、「時に京畿の百姓、皆山谷に砦し、累年耕耘を廃す。賊空城に坐し、賦輸入るなし。穀食騰踊し、米斗に三十千」、あるいは「樹皮を屑って以て食し」、あるいは「官軍皆山砦の百姓を執らえ、賊に鬻ぎて食と為す。人ごとに数十万を獲」という有名な食人の記事をみるにいたったのである[21]。これには多分の誇張があったとしても[22]、黄巣軍の困窮はおおいがたいものがあった。

しかし黄巣の敗北がはじまったのは、その年の九月、同州を守っていた朱温が叛いてからである。それまでは農民軍は窮地にありながらよく戦っており、戦況は一進一退をつづけていたのである。朱温の反変については、その遊民無産者的性格と関連させて考えられているのがふつうである（楊志玖前掲論文七四頁[23]）。破壊的であり、妥協的で動揺しやすいのがその特徴であるとされている。たしかにそれはもっともな指摘であろう。そのうえ側近の胡真・謝瞳などの知識分子のすすめがあったことも無視できない[24]。しかしながらもともと黄巣の集団は遊民集団であったのであり、かなりの知識分子をもふくんでいたのである。また唐末の変革的な勢力が多くこのような性格をもっていたことを考えあわせれば、これはひとり朱温のみの特徴ではないのであって、いってみれば、この時代の変革的な勢力に内在している特質であり、弱さであるともいいうるであろう。この時期にこのような弱さがあらわれた理由については、朱温についてみれば、黄巣の左右にあった孟楷とのくいちがいがあったこと、黄巣の衰勢にみきりをつけたことがあげられている（旧五代史梁太祖紀、同書二〇謝瞳伝、通鑑中和二年九月丙戌条）。

さらに背反をくわだてたのは朱温だけではなかったのであって、同じ月、華州をまもっていた李詳も投降をはかったのであるが、ことあらわれて殺され、代わって黄巣の弟黄鄴が華州刺史となった。ところが十一月になると、李詳の旧部下が黄鄴を逐って王重栄に降ったのである。したがって動揺は朱温や李詳個人だけの問題ではなかったのである（旧唐書僖宗紀・通鑑中和二年九月・十一月条）。これらの事情を考えると、上にのべてきたような諸条件下、軍情が逼迫するにおよんで、黄巣軍においては、幹部の間や一般軍衆との間に争刓がみられ、動揺はかなりひろがっていたことが推測されるのである。[25]同州・華州の離反は、このような一般的な背景のもとでおこったということを理解することができるのではなかろうか。

ところで農民軍がこのような動揺をはらみながら、一面強力に戦っていたことは注意されなければならない。これよりさき「黄巣の兵勢尚彊し」（通鑑中和二年十月条）といわれている状態で、諸鎮の兵力をもってしては、この農民軍の強大な勢力を圧倒することができなかったのである。そこで唐朝側では、辺境における異民族の傭兵部隊、沙陀族の李克用をまねいて局面の打開をはかったのである。暮から正月にかけて、黒装束に身をかためた沙陀の勁騎一万七千（あるいは三万五千ともいわれる）[26]は、河中をへて関中に入ったが、これによって両軍の軍事力のバランスは完全に崩れ去ったのである。梁田陂（陝西蒲城県）に十五万の軍を動員して決戦をこころみたが勝てず、その後しばしば敗れた黄巣は、中和三年四月、あらかじめ藍田の道を確保しておいて長安を撤退した。黄巣の軍が十五万の衆を擁しながら整然と退却したのにたいし、長安に突入した諸鎮の兵は略奪・放火をほしいままにし、さしも壮麗な宮殿も灰燼に帰したといわれている（新黄巣伝）。

長安をすてて河南に出た黄巣の軍は、なお大軍を擁してその勢力は強大であった。その矛先をまともにうけた秦宗権は、抗しきれずにこれと兵を連ねて行動をともにするにいたった。しかるに黄巣の軍は陳州において思わぬ抵抗に遭遇することになった。陳州刺史趙犨は、州の「豪傑」数百人に擁立され、城外の資産ある民をことごとく城内に移し、その子弟らから兵をえらんで準備をととのえていたのである（旧五代史一四・新五代史四二・新唐書一八九趙犨伝）。黄巣は州北に宮闕を営み、これを八仙営と名づけ、陳州を囲むこと六月より十二月におよんだ。この間のこと、「時に民間積聚無し。賊、人を掠して糧と為し、生きながら碓磑に投じ、骨を併せてこれを食らう。給糧の処を号して舂磨寨という。兵を縦って四掠し、河南（洛陽）・許・汝・唐・鄧・孟・鄭・汴・曹・濮・徐・兗等数十州、咸其の毒を被る」（通鑑中和三年六月条）[27]といわれている。いわゆる舂磨寨については諸記録の一様に伝えているところではあるが、この種の記事の性質上誇張はむろん免れないであろう。ただ食人の事実については、さきの長安の場合にも、またのちの秦宗権の軍の場合にも記されていて（旧唐書二〇〇下・新唐書二二五下秦宗権伝、通鑑二五六中和四年末条）、おそらく当時おこなわれたことがあったと考えてよいであろうし、少なくともそれほどの飢餓と荒廃とがあったことは否定すべくもないであろう。

何度もいうようだが、ここにも流寇主義の欠陥が先鋭なかたちであらわれている。農民軍の戦力はなるほどなお強大であったが、略奪に依存し、生産に留意せず、国土と民衆に荒廃をもたらすだけであっては、やがては没落への道を歩まなければならない。黄巣軍のゆくてをさえぎるのは、いまや唐朝ではなく、朱全忠（朱温、汴州）・時溥（徐州）・

周岌（許州）等、河南諸鎮の連合であったが、かれらはまたしても黄巣軍に抗しえず、李克用に援助をもとめたのである。そして数次の戦いののち、黄巣は中牟（河南）の北の王満渡において決定的な打撃をうけ、李克用に追われて、わずか千人の衆とともに郷里にむけて逃れ、中和四年（八八四）六月[28]、泰山の東南狼虎谷で自殺して、悲惨な最期を遂げたのである。

（1）この詔は旧唐書一九下僖宗紀同年同月条にも載せられているが、引用部分は、「或攻郡県、或掠郷村」となっている。唐朝側はこれらの蜂起した民衆を「草賊」とよんだが、王仙芝自らは「草軍」と号したといわれる（旧唐書同条、諭河南方鎮詔）。

（2）黄巣を除いて、乱に参加した士人の具体的な名をあげられない。善峰憲雄は科挙落第生として敬翔・謝瞳を、官僚の家柄として葛従周および張帰覇・張帰厚兄弟をあげる（「黄巣の乱」七八頁）。このうち謝瞳は善峰のいうとおり末期の参加者であるが、敬翔は朱全忠が唐朝の節度使になってから汴州で従ったもの、葛従周が官吏の家に出た証拠は知らない。張帰覇についても、旧五代史一六の伝には、「清河人、祖進言陽穀令、父実亦有宦緒」とあるが、通鑑二五五中和四年五月戊辰条に、「冤句張帰覇及弟帰厚」とあり、黄巣と同里の冤句の人となっている。新五代史二一の伝には、「清河人也」とあるだけである。通鑑考異二五中和四年五月条に引く『梁功臣列伝』には、「張帰厚、祖興、父処譲」とあって、兄の帰覇に関する伝えと一致しない。これは考異のように従弟としても解決できるが、この兄弟の出自はともかく疑問が多いのである。なお李罕之はおそらく土豪の出で士人志願の失敗者であり、朱全忠が没落した知識人の家から出たことは、すでに指摘したところである。

（3）このような階層の地位をしめすものとして、僧侶のはたした次のような役割は興味深い。王建がはじめ販塩と小窃をおこなって賊王八と称していたころ、僧処弘は、「子他日極人臣、何不従戎、別図功業、而夜遊昼伏、沽賊之号乎」とすすめ、王建はこれに感じて忠武軍に投じ、のち建が蜀をえると、弘は門徒を擁して蜀に入ったといい、江西の鍾伝も販塩をおこなっていたころ、上藍和尚に遇い、「其の賊となって洪井に剋つ」ことを教えられ、これ以来和尚に敬事したという（太平広記二二四「僧処弘」)。これらは単なる私塩の小盗が、知識階級の僧侶によって、政治的目標と活動とを教えられた例である。

(4) 孫祚民によれば、最も主要な流寇は、黄巣・李自成・捻軍の三つだという(『中国農民戦争問題探索』四〇頁)。流寇主義とその原因となった破産農民の存在は、おそらく中国封建社会の構造的特質にふれる問題であろう。

(5) この事件は諸書の所伝が一致しないが、年月は通鑑二五三および新唐書僖宗紀に従う。通鑑は場所を河南・湖北方面とし、旧紀、旧新黄巣伝、旧新楊復光伝は江西とする。

(6) この事件は、新伝によると、黄巣が衝天大将軍を称して淮南に向かったのちのこととしてあるが、黄巣の南進はこの事件の後とする通鑑二五三の方が妥当であろう。

(7) 王丹岑および鄧広銘。鄧広銘は黄巣投降の信ずるに足りない理由をあげているが(「試談晩唐的農民起義」五九頁)、それが論証にならないことは本文に論ずるとおりである。これにたいし孫祚民はまったく逆の意見で、王仙芝ははじめ「天補平均大将軍」と称して農民の平均主義思想を反映していたが、仙芝の死後黄巣が反乱の指導者になってからは、しだいに封建的支配者に変わっていったとする(前掲書二四―五頁)。王仙芝がこの称号を称えたかどうかは問題があり(次節参照)、また私はこの時代の転換期としての評価について、したがって王仙芝・黄巣ら富商層の反乱指導の意義について、孫と意見を異にするのであるが、農民反乱が必然的に農民支配の政権を形成するという原則的な点と、黄巣自身が実際に支配者に転じていったという点において、孫の意見に賛成である。

(8) 王仙芝は黄巣とけんかしたのち、衆の怒りをはばかって命をうけなかったという(新黄巣伝、通鑑二五二)。

(9) これも鄧広銘の理由の一つである。

(10) この事件も諸書の所伝が一致せず、実録(通鑑はこれに従う)は嶺南の州県を掠したときとし、驚聴録は衡州、新紀・新伝・北夢瑣言は荊南(江陵)においてであったとする(考異二四乾符六年九月巣陥広州殺李迢条)。

(11) ただし徐州の時溥が自立した時期については、通鑑二五四および新唐書九僖宗紀は中和元年八月とし、旧唐書一八二時溥伝は中和二年とし、これらはいずれも黄巣入関後、節度使支詳が黄巣討伐軍を派遣したとき、中途で兵変をおこしたものとしている。

（12）同様の文は、通鑑二五三広明元年九月条および旧唐書一九下僖宗紀同年十月条にもみえている。

（13）この記事は諸書によって異同があり、旧紀および旧新黄巣伝はいずれも中和二年にかけている。考異二四中和元年四月黄巣復入長安唐弘夫戦死条によれば、驚聴録・唐年補録・実録等の書はやはり元年四月にかけているという。

（14）この二つの挿話は当然誇張されていることが考えられる。鄧広銘はこれをまったく否定するのであるが（前掲論文六〇頁）、このうち前の話を抹殺するだけの論拠には乏しいようである。後の話はちょうどこの時のことを詠んだ韋荘の「秦婦吟」があって、そのなかに洗城のことに言及していないのであるが、楊志玖は、「内庫焼為錦繍灰、天街踏尽公卿骨」とあるところから、死んだのはただ人民の恨むところの公卿だけであって、殺人はけっしてそんなに多くなかったはずであるという（前掲論文七〇頁）。傾向としてそういうことはあったであろうが、死傷する人民がなかったという証明はできない。

（15）旧唐書一九下僖宗紀には、中和元年正月、河中馬歩都虞候王重栄が李都を逐って留後と称したとある。

（16）このとき楊復光のひきいた忠武の八都のなかから、蜀の支配者王建が出たのである。

（17）平盧においては、その後も内部の困難を克服しながら、ふたたび中央の統制を排除して在地支配を確立していく。すなわち、王敬武が卒してその子師範が三軍に擁立されたとき、棣州刺史張蟾が叛く。唐朝ではこの機に乗じて崔安潜を節度使として送りこもうとし、張蟾はこれと結ぶが、師範は軍衆の支持をうけてこれをきりぬけ、崔安潜を追いかえすのである（旧新五代史・新唐書王師範伝）。唐朝が中央から貴族を派遣しようと企画し、各地でこれが拒否されるのが、黄巣の乱後の趨勢である。

（18）例えば、全漢昇『唐宋帝国与運河』に要領のよい記述を見いだすことができる。

（19）王鐸を諸道行営都都統、崔安潜を副としたのは、新唐書僖宗紀および通鑑二五四によれば中和二年正月であるが、旧唐書僖宗紀および黄巣伝によれば、すでに中和元年十二月、禁軍および山南・東川の師三万をひきいて京畿にいたったとされている。

（20）このとき王鐸は霊感寺（陝西富平県）に屯し、涇原（張鈞）の軍は京西に屯し、易定（王処存）・河中（王重栄）の軍は渭北に屯し、邠寧（朱玫）・鳳翔（李昌言）の軍は興平に屯し、保大（鄜坊の李孝言）・定難（夏綏の拓抜思恭）の軍は渭橋に屯し、忠武（周岌）の軍は武功に屯したといわれる。同州には黄巣の将朱温が拠っており、華州には李詳があった。

(21) 引用文は、旧唐書および新唐書黄巣伝。旧唐書一九下僖宗紀は中和二年正月にかかげ、通鑑二五四は同年四月にかかげ、新唐書九僖宗紀は歳末に記す。

(22) 鄧広銘は食人の事実を否定している（前掲論文六一頁）。

(23) 善峰憲雄も、「所謂無頼なる性格に出ずる者」で軍事的能力を発揮するが、利害によって動かされるとしている（前掲論文七九頁）。

(24) 胡真は少くして県吏となったが、黄巣の軍に参加して名将といわれ、入関後朱温の元従都将となった（旧五代史一六胡真伝）。謝瞳は咸通末の進士の落第生で、長安にあって朱温の門下に投じたものである（旧五代史二〇謝瞳伝）。かれらの役割については、すでに善峰が指摘している（前掲論文九一頁）。

(25) さらに推測を許されるならば、このような内部の対立は、やはり黄巣即位の時期にはじまっているのではなかろうか。

(26) 新五代史四荘宗紀、通鑑二五五中和二年十一月条には「沙陀万七千」をひきいたとあり、旧五代史二五武皇紀（冊府元亀七帝王部創業）、新唐書二一八沙陀伝には、「忻代蔚朔達靼之軍三万五千騎」をひきいたという。

(27) 春磨寨のことは、旧唐書一九下僖宗紀、旧新黄巣伝、新五代史四二趙犨伝等にも伝えられている。

(28) 黄巣の最期については、新唐書黄巣伝に六月とあり、通鑑二五六中和四年六月丙午条はこれに従う。新唐書九僖宗紀には、七月「壬午、黄巣伏誅」とあるが、この日は旧唐書一九下僖宗紀にいうように、捷書が行在に到着した日である。その旧唐書本紀には、七月「癸酉（十五日）、賊将林言、斬黄巣・黄揆・黄秉三人首級、降時溥」とあるだけであるが、新伝によれば、林言自身が時溥に降ったのではなく、太原の博野軍の兵が林言を殺して、巣の首とともに時溥に送ったのである。

六　若干の年代問題

1

唐末における史料の欠乏と紛糾とははなはだしいものがあり　黄巣の乱中の諸事件についても、その年代の比定しがたいものが一再にとどまらない。そのことは上の反乱過程の叙述においてすでにあきらかなはずである。これらを一つ一つ確定することは到底不可能であるし、またあまり意味もないことであろう。ここでは従来とも問題にされている、反乱発生の年代と、広州陥落の年代について、若干の意見をのべたいと思う。

反乱のはじまり、すなわち王仙芝挙兵の時期はいつであろうか。王仙芝の名がはじめてあらわれる現存の史料は、つぎの三系統にわけられると思う。

（1）乾符元年説　資治通鑑の説で、乾符元年の条の末に、「是の歳、濮州の人王仙芝、始めて衆数千を聚め、長垣に起こる」と記されている（通鑑二五二乾符元年末条[1]）。

（2）乾符二年五月説　旧唐書本紀の説で、「五月、濮州の賊首王仙芝、〔徒を〕長垣県に聚む。其の衆三千、閭井を剽掠し、進んで濮州を陥れ、丁壮万人を俘にす」とある（旧唐書一九下僖宗紀）。

（3）乾符二年六月説　新唐書本紀にはこの六月になってはじめてあらわれ、「六月、濮州の賊王仙芝・尚君長、曹・濮二州を陥る。河南諸鎮の兵これを討つ」と記されている（新唐書九僖宗紀）。通鑑もこの月にかけて、「王仙芝及び其の党尚君長、攻めて濮州・曹州を陥る。衆数万に至る」と記している（通鑑二五二乾符二年六月条）。

さて（3）の新唐書本紀に、乾符二年六月になってはじめて王仙芝の名があらわれるのは、曹・濮二州の陥落がこの月にかかるからであって、都市の陥落したこの時になってはじめて反徒の名がクローズアップされてきたことをしめしている。したがってかれらが実際におこったのはそれ以前になるわけで、乾符元年説をとる通鑑が、ふたたびこの史料をも採用している所以である。当時民衆はいわゆる盗となって各地に蜂起する情勢であり、王仙芝らはその一つにすぎなかったのであるから、その起源が注意されなかったとしても不思議はないのである。ところが（2）の旧唐書本紀をみると、あきらかにこれを五月にかけているもののように思われる。もちろんこれを本紀のためにつづめた文章とみるならば、「〔徒を〕長垣県に聚め」たのが五月で、「進んで濮州を陥れ」たのが五月ないし六月であるとも、あるいは「〔徒を〕長垣県に聚め」たのが五月以前で、「進んで濮州を陥れ」たのが五月であるともうけとれないことはない。現に『平巣事蹟考』は後説をとっている。本紀の場合、このような書き方は往々ありうることである。

しかし新唐書黄巣伝にも、「乾符二年、濮の名賊王仙芝、長垣に乱す。衆三千あり。曹・濮二州を残い、万人を俘にす」とあって、これはあきらかに旧唐書本紀と同一系統の史料によるものであり、両者に共通の原史料があるのであって、おそらく旧唐書本紀の方はその原史料のかなり忠実な模写であろうと考えられる。そして通鑑考異に引かれた宋敏求の実録には、「二年五月、仙芝長垣に反す」と明記されていた様子でもあるし（考異二三乾符元年王仙芝起長垣条）、五月に王仙芝が長垣におこったと考えた方が自然のように思われる。そのうえ王仙芝の挙兵が五月、濮州の陥落が六月であるとすれば、（2）の史料も、（3）の史料をも、同時に満足させることができるのである。

しからば（1）の乾符元年説はどうであろうか。この説をとる通鑑の根拠は、考異につぎのように説明されている。

「続宝運録を按ずるに、濮州の賊王仙芝、自ら天補平均大将軍兼海内諸豪都統と称し、檄を諸道に伝う。檄末に乾符一（二の誤り）年正月三日と称す。則ち仙芝の起こるは、必ず二年の前にあり。今歳末に置く。[2]」（考異前掲条）

すなわち、『続宝運録』にのせられた檄の末に、「乾符二年正月三日」とあるのによるのであって、檄の日付がこうである以上、仙芝のおこったのは二年より前であるはずだというのである。楊志玖は同じ論拠によって、挙兵は元年の末であるとし、乾符元年十二月一日が西暦八七五年一月十一日、乾符二年正月三日が西暦八七五年二月十二日にあたるから、王仙芝がおこったのは八七五年一・二月の間であったであろうと断定する（『隋唐五代史綱要』一〇七頁注四）。

ところが考異にはまた別に、この同じ檄をとりあげて論及している個所がある。

「又『唐末見聞録』によるに、広明二年十二月五日、黄巣京国を傾陥し、牒を諸軍に転ずと。牒に拠るに云う、『軍を淮甸に屯し、馬を潁陂に牧す』と。則ち淮南に在る時に似たり。長安に入るの後に非ず。又『続宝運録』に云う、王仙芝既に叛き、自ら天補均平大将軍兼海内諸豪都統と称し、檄を諸道に伝うと。其の文此れと略〻同じ。末に云う、『願わくは聴知を垂れんことを。謹みて告ぐ。乾符二年正月三日』と。此れ蓋し当時不逞の士、此の文を偽作し、仙芝及び巣に託して、以て時病を譏斥するならん、未だ必ずしも二人実は此の檄牒あらざるなり。」（考異二四広明元年七月黄巣囲天長高駢不敢出兵条）

ここで論ぜられていることは、一つは『唐末見聞録』の牒と『続宝運録』の檄とが同じものであり、一つは牒の内容からいって、この檄牒の出されたのは黄巣が淮南にあるとき（広明元年七・八月ごろ）であったということである。しかるに『唐末見聞録』の牒は広明二年十二月五日に出されたことになっており、『続宝運録』の檄は乾符二年正月三日の日付になっている。したがってこの檄牒は偽作であって、時代に志をえない不平不満の徒が王仙芝・黄巣に仮託して時病をなじったものであろう、というのが結論である。このような論断にはいささか飛躍があると思われるが、ともかく檄の日付から檄そのものを偽作とするその同一の論者が、他方においてその日付によって王仙芝挙兵の時期を証明しようとするのは、まことに不当であるといわねばならない。

このような論理矛盾から通鑑の立論をそのまま信じることはできないのであるが、他方通鑑が論じているように、この檄がはたして偽作であるかどうか、その日付が正しくないかどうかは、また別個に検討してみなければならない問題である。『続宝運録』なる書物は、新唐書五八芸文志に、

「続皇王宝運録十巻　韋昭度・楊渉譔」

と記されているもので、憲宗の時の人、楊岑の『皇王宝運録』という書にならって書かれたものらしい。著者の韋昭度は、咸通八年の進士、黄巣の乱では僖宗にしたがって蜀におもむき、中和二年宰相になったが、のち乾寧二年に李茂貞ら三鎮の兵に殺された人（旧唐書一七九・新唐書一八五韋昭度伝、通鑑二六〇乾寧二年五月条）、楊渉は乾符二年の進士、昭宗のときの吏部尚書、哀帝および後梁の宰相になった人で（旧唐書一七七・新唐書一八四・新五代史三五楊渉伝）、ともに唐末の代表的な貴族であり、政局の中心にあった人物である。(3) ただ唐末騒乱のなかで書かれてあまり普及しなかったのか、南宋の人王明清は、その著『揮塵後録』巻二のなかでつぎのように述べている。

「明清の家、続皇王宝運録一書あり、凡そ十巻、王景彝家所蔵の印識存す。多く唐中葉以後の事を叙し、詔令文檄に至りては悉く備わる。唐史新旧二書の闕文なり。但殊に文華に乏し。恨むらくは、宋景文・欧陽文忠諸公未だ曾てこれを見ざりしことを。」

これによれば、正史に欠けている詔令文檄が多数のっていて、利用価値があるというのである。そのせいか通鑑は黄巣の乱に関してしばしばこれを参照しているようであるが、考異に引用された文でみるかぎり、その信憑性は多分に疑わしい。例えば、「続宝運録にいう、乾符元年、黄巣、衆を会稽に聚めて反し、建元して王霸元年と曰う」とあるがごときは（考異二四乾符五年黄巣改元王霸条）、あまりにもでたらめである。黄巣が王霸と建元したのは、王仙芝が死んだのち擁立されたときで、乾符五年、場所は山東であったと考えられる。また広州で黄巣が発した上表なるものがのせられている。その一通は、黄巣が広州節度使を要求して拒否され、広州の攻略をおこなったのち発せられたも

ので、「義軍百万都統兼詔広等州観察処置等使」と称し、六月一五日の日付になっている。『続宝運録』によると、秋、宮廷は内侍の仇公度を派遣し、広南安南安東等道節度使等の官告六通と節度将吏の空名、尚書僕射の官告五十通をもたらし、九月二十日に広州に到着したが、黄巣は十月一日、もう一通の上表とともに、それらの官告を返却して公度に託したといわれ、その表の末には広明元年十月一日の日付があったといわれる（考異二四乾符六年五月黄巣上表求広州節度使条）。黄巣は天平および広州の節度使を拒否されてのち広州を攻めおとすのであるが、その後におよんで唐朝がこのような宥和の手をうったとは、諸史の記録にまったく伝えられておらず、しかも広明元年十月一日といえば、黄巣はすでに淮を渡って、洛陽にむけて進撃していたころである。そのようなわけで、『続宝運録』という書は、珍しい檄文等がのっている点で注目すべきであろうが、一方そこにのせられた事実や日付は、そのままうけとりかねることが多いのではないかと思われる。

王明清はさきの文で、宋祁・欧陽修ら（新唐書の編者）が『続宝運録』をみていないのは惜しいといっているが、はたしてそうであるか、私には疑問のふしがある。新唐書の芸文志には、上述のようにこの書の名をあげているし、黄巣伝には、広州を攻めおとしたのち、自ら「義軍都統」と号して「露表」を発したことがのっており、その露表の内容にも言及しているが、現存の他の史料にはみえないようである。またやはり黄巣伝に、「仙芝妄りに大将軍と号し、諸道に檄して言う、云々」とあるのは、当面の問題の、王仙芝が「天補平均（あるいは均平）大将軍」と称して諸道にとばした檄のことをいっているのであろう。これは旧唐書の黄巣伝にも、「巣、檄を四方に馳せて、章奏論列、皆朝政の弊を指目す」と記されているのに対応する。旧唐書はこれをもって、「蓋し士の不逞なる者の辞なり」といっているが、通鑑考異がさきの檄を、「不逞の士」の偽作だと疑うにいたったのは、この旧唐書の言を念頭においていったのではなかろうか。ただし旧唐書のいういみは、仮託だというのではなくて、不平の士の政治的主張だということを指摘したまでである。ともかくこれらの露表や檄は、『続宝運録』によったのでなければ、少なくともそれと同じ事実を伝える史料によったものであろうと思われる。私はそれによって、前節で、黄巣集団、とくにそれに参加している士人の主張を検討したのであった。したがってもしその檄が『続宝運録』のものと同じであり、それが偽作だとするならば、私の所論にも影響するところが大きいのである。

ところで檄の真偽および年代を決定するためには、この場合、檄文の内容を比較検討すること、「天補平均大将軍兼海内諸豪都統」ないしは「天補均平大将軍兼海内諸豪帥都統」という称号が称えられた時期を明らかにすること、この二つの方法が考えられると思う。ところが考異は、『続宝運録』を引用しながら、檄の原文は伝えていないのである。明らかなのは「時病を譏斥」したということだけであって、この点は旧新両唐書に伝えられる檄も同じである。そこで我々は、この檄の文章が『唐末見聞録』に伝えられる牒とほぼ同じだという、考異の説を信じるほかないのであるが、その際、『唐末見聞録』の方には、「軍を淮甸に屯し、馬を潁陂に牧す」という句があったということをやはり注意しておきたい。

そしてつぎに将軍号を検討してみると、王仙芝については、檄をとばしたときに「大将軍」と号したといわれるだけであるが、これは上述のごとく『続宝運録』ないしは同系統の史料にもとづいたもので、ここでいま問題にしている史料のひきうつしにほかならないと考えられる。黄巣については、乾符五年王仙芝の余衆に擁立されたとき、「衝天大将軍」と称したと伝えられ、これは諸書の一致しているところである。ところが広明元年十月、黄巣が淮を渡ったのちには、旧唐書本紀や新唐書黄巣伝によれば、「率土大将軍」と号したと伝えられており、一方通鑑によれば、十一月黄巣が汝州の境内に入ったとき、汝鄭把截制置都指揮使斉克譲の奏に、

「黄巣自ら天補大将軍と称し、牒を諸軍に転じて云う、『各〻宜しく塁を守るべく、吾が鋒を犯す勿れ。吾れ将に

東都に入らんとす。即し京邑に至らば、自ら罪を問わんと欲す。衆人に預る無し』と」とあったといわれる（通鑑二五四広明元年十一月辛酉条）。これはいずれも同じころのことであるから、黄巣が同時に二つの称号を使いわけたのでなければ、いずれかが正しく、いずれかが誤りであることになるが、現在いずれともきめがたい。[4]ちなみに旧唐書本紀と新唐書黄巣伝の記事はこの場合まったく同じで、同一の原史料によったものである。そこで一応この別説のある点を留保することにして、通鑑の記事をみるならば、「天補大将軍」というのは、完全な形では「天補平均（あるいは均平）大将軍」にあたるであろう。[5]とすれば諸軍におくった牒というのは、『続宝運録』の檄にあたることになるであろう。これを『唐末見聞録』の牒のさきの句に照らしてみれば、檄牒の発せられたのは、淮を渡ったころに一致する。時は広明元年十・十一月、檄を発したのは王仙芝でなくて黄巣であった。

この時期は、反乱軍の行動において一時期を画したときで、これより流寇主義をまったく払拭し、一路洛陽・長安にむけて進撃をはじめたのであるから、このときに発せられたとすれば、檄のもつ意義は大きいのである。以上のようなわけで、檄が淮北で発せられた公算が大きく、考異のようにその真偽まで疑うことはできないのであるが、『続宝運録』の「乾符二年正月」の数字は信用できないのである。したがってこれによって乱の発生を乾符元年とする説を証明することはできない。結局王仙芝の挙兵については、乾符二年五月（八七五）とする説に妥当性があり、たといそれ以前にさかのぼるとしても、元年と断定する根拠はないのである。

2

つぎに広州陥落年代の問題を検討しよう。広州陥落の年代は、中国史料によるかぎり、乾符六年とするのがふつうである。しかるにこれに異をとなえたのは桑原隲蔵であって、桑原はアラブ側史料にヘジラの二六四年とあるのにしたがって、これを乾符五年と決定した（「カンフウ問題殊にその陥落年代に就いて」）。桑原の目的は、アラブ人の記録にあるカンフウが杭州であるという説を否定して、カンフウ広州説を確立することにあった。この点においてかれの断定は間違いがないのであるが、これを補強するために出されたのが、広州陥落年代にかんする所説である。

すなわち十世紀の初めごろのアブー＝ザイドの記録には、黄巣がカンフウを攻めてイスラム教徒その他の外国人十二万人を殺し、またかれらが桑の樹を伐採したためアラブ諸国への絹の輸出が途絶したという有名な記述があるが、この攻囲の年代がイスラム暦二六四年と伝えられているのである。[6] イスラム暦二六四年は、乾符四年八月三日から五年八月二日まで、西暦では八七七年九月十三日から八七八年九月二日までにあたる（陳垣『中西回史日暦』九）。そこで桑原は、従来のように「単なる想像によって」これを誤りとするよりも、これを根拠として「年代一定せぬ」中国史料の当否を決定すべきであるとして、中国史料の批判に入り、その結果、広州の陥落は乾符五年と結論した。問題はこの中国史料の批判が当をえているかどうかということである。[7]

黄巣は広州を攻囲しながら、一面唐朝に妥協を申し入れた。そのとき黄巣の処置をめぐって宰相の鄭畋と盧攜がみぐるしい争論をひきおこし、両人とも即日罷免されたという説がある。そこで桑原はもっぱらこの両人が罷免された年代を決定することに力をそそいでいる。この両人の罷免については、史料によって乾符五年説と乾符六年説とがあるが、桑原は「宰相の任免に就いては概して『新唐書』の宰相表が尤も信頼すべ」きであるから、それによってまず「乾符五年説に従ふが穏当と思ふ」とのべ、ついでに罷免の原因が南詔との交渉問題にあるという異説に批判を加え、この事件が新唐書南蛮伝の叙述からすれば乾符四年またはそれ以前、北夢瑣言によれば長安陥落以後のこととなって成り立たないとし、この異説を否定するのである。

思うに桑原の意図は、まずアブー＝ザイドの年代に依拠したうえ、さらに中国側の史料においても、乾符五年によって整理した方が、「より合理」であるということを説こうとしたものであろう。しかし上記の所論からはたして桑原の意図が達せられたということができるであろうか。まず疑問に思うのは、両相の罷免にかんする異説をこれだけで否定し去って、これを黄巣に結びつけることができるかということである。つぎにたといこれが広州における黄巣の問題に関係あるとしても、乾符五年説と六年説の両説があるうち、新唐書宰相表にたいする信頼だけで、簡単に五年説を採用することができるかということである。

さて桑原の所論であきらかなように、鄭畋・盧攜両相罷免の原因については両説があり、一は南詔と和議をおこなうかどうかという問題、他は広州における黄巣の和議をうけいれるかどうかという問題である。年代についても両説があり、一は乾符五年、他は六年とする。

そこで最初に、南詔説とそれを否定する桑原の説から考えてみることにする。南詔説をとるのは新唐書南蛮伝と資治通鑑であり、通鑑はこれを乾符五年五月丁酉にかけている。このときまず和議に反対したのは、礼部侍郎（または吏部侍郎）の崔澹らであったが、かつて四川にあって和議への道をひらいた高駢が上奏反駁し、これがきっかけで両相の衝突となったもようである。桑原は、新唐書南蛮伝によれば、高駢が上奏したのは荊南節度使在職中のことであるが、旧唐書本紀や高駢伝によれば、乾符四年すでに鎮海節度使に移っているから（旧唐書僖宗紀乾符四年六月条、同一八二高駢伝）、この争論は乾符四年の初期かそれ以前の事件でなければならないとする。しかし通鑑は高駢の鎮海節度使就任を乾符五年六月とし、それ以前は荊南にあったとするから、通鑑の五年五月説はなんら支障を来していない。また桑原によれば、北夢瑣言には高駢が淮南より飛章反対したことが記され、これがかえって長安陥落後のこととなっているというが、これは反対したのではなく、南詔の幹部が来朝したおりこれを毒殺するよう献策したもので（北夢瑣言一二）、実はまったく別個の事件であり、新唐書南蛮伝もあらためてこのことを記している。以上のように、桑原の説ではかならずしも乾符五年南詔説を否定することができないのである。

この説の史料系統をみるに、通鑑考異によれば、通鑑の説は実録により、実録は鄭延昌の「畋行状」に拠ったものである（考異二四乾符五年五月鄭畋盧携罷相条）。鄭延昌は咸通末の進士で、鄭畋がのちに鳳翔節度使になったとき、その推薦で衙府に奉職し、鄭畋がふたたび宰相になったとき引かれて中央に入り、のちには宰相にもなった人で、したがって鄭畋の晩年終始これと緊密な関係にあったものである（新唐書一八二鄭延昌伝）。実録によれば、当時「旧史洎び雑説」はみな黄巣の節制の議に関連してやめさせられたといっているが、鄭延昌の「畋行状」は蛮事を議してやめさせられたと伝えており、関係者の言としてこれを採用したといわれる（前掲通鑑考異）。新唐書南蛮伝の方は、その文の内容からいって、かならずしもこれによったとは断言できないが、やはり拠るところはなければならない。年代の点は、南蛮伝では不明であるが、通鑑→実録→畋行状の説は乾符五年五月に結びついていることを注意しておきたい。

つぎに実録のいう旧史・雑説の説、すなわち広州における黄巣の処置に関係あるとする説である。これは旧唐書本紀、冊府元亀三三三および三一四、旧唐書および新唐書の黄巣伝、旧唐書鄭畋伝、同じく盧携伝等にみられるが、注意すべきは旧唐書盧携伝を除いては、すべてこの事件を乾符六年にかけていることである。ただ一つの例外、旧唐書盧携伝だけがこれを五年にかけ桑原説に一致する(8)。これらのうち同じ原史料による旧唐書本紀および冊府元亀三三三によると、乾符六年五月、黄巣は広州を囲んで天平節度使をもとめたが、その可否をめぐって両人が中書省で争論し、詞語不遜で罷免されたといわれる。また冊府元亀三一四と鄭畋伝は同じで、黄巣が広州でなく安南に拠ったとする誤りをおかしているが、年月はやはり六年五月と記している。したがってこの場合、唯一の例外である旧唐書盧携伝によって他を否定することは不可能である。ついでながら新唐書盧携伝および鄭畋伝は、広州および南詔の事でやめたと記して、併存する両説をそのままうけいれている。

以上のようなわけで、両相罷免の原因については、史料の系統により両説にわかれて、いずれを是ともきめがたいが、年代との関係においては、大体南詔説が乾符五年説、広州説が六年説と結びついている。ただ一つの例外だけが、五年広州説をとっている。

そこで第三に、両相罷免の原因については語らず、年代だけを伝える史料を検討しよう。鄭畋・盧攜がやめると、豆盧瑑・崔沆が宰相になったが、その日雷雨が烈しく大風が木を抜く状態であったといわれる。これらを伝える史料をみるに、新唐書の本紀・宰相表・五行志二は乾符五年五月丁酉とし、崔沆伝はただ五年とするが、五行志三は六年五月丁酉とし、豆盧瑑伝は年月を掲げない。これをみれば新唐書に関するかぎり五年説が優勢であり、宋の呉縝の『新唐書糾謬』九に、五行志三の六年五月丁酉を五年五月丁酉の誤りだとするのも当然ではある。ちなみに五月丁酉という日は、乾符五年にも六年にもあり、五年では五月二日、六年では五月八日にあたる。これにたいし旧唐書には、豆盧瑑伝に六年、崔沆伝に乾符末とあり、後者は六年説をとっているようでもあるが、くわしい月日は記されていない。そこで桑原にしたがって、宰相表の乾符五年五月丁酉説が正しいと仮定したとしても、上記の史料批判からすれば、南詔説を強めることにこそなれ、広州陥落年代をきめることにはならないのである。

最後に広州の陥落にかんする中国史料を概観するに、通鑑は乾符六年五月包囲、九月陥落、冊府元亀が五月包囲、旧唐書本紀が五月包囲・陥落、新唐書本紀が五月陥落、新唐書黄巣伝が三月以後十月以前としており、上記の旧唐書盧攜伝のごときがあるとしても、ほぼ六年に一致している。錯雑をきわめるこの時代の中国史料といえども、重要な事項についてはある程度まで一致しているところがあり、広州陥落年代もそのような事項のひとつである。(9) この年代が訂正されれば、それにしたがってその前後の年代も訂正されなければならなくなる道理であるが、例えば、これを五年五月とするならば、王仙芝の死が五年二月と認められているから、その間の事件をわずか三カ月の間に短縮しなければならないことになり、これはどうみても無理であろう。

以上のように、桑原の乾符五年広州陥落説の論点には問題があり、その方が「より合理」であるという根拠はみあたらず、断定するには材料が足りないにしても、むしろ通説の乾符六年（八七九）にしたがう方が穏当であると思われる。

（1）宋人の撰といわれる『平巣事蹟考』も乾符元年説をとっているが、これは他の部分の例からみても、通鑑に従ったものと思われる。

（2）ただしここに引用された日付、「乾符一年正月三日」は筆写または刊本の誤りであり、考異二四に引用されているように、「二年正月三日」とするのが正しい。

（3）ついでながら『唐末見聞録』についていうと、宋の高似孫の史略に、

「唐末見聞録　八巻、僖・昭両朝の事を紀す」

とあるものであろうが、詳しいことはわからない。通鑑では李克用擁立の条の考異（二四乾符五年二月条）に、「唐末三朝見聞録なる者あり。撰人の姓名を著わさず。専ら晋陽の事を記す」と記し、李克用にかんしては、これを『唐末見聞録』とか『三朝見聞録』などと称してしばしば引用しているが、内容から考えると、同じもののようにも思えない。

（4）『平巣事蹟考』は、天補大将軍説をとっているが、これはおそらく通鑑に従ったものであろう。文章も同じである。

（5）楊志玖は、「天補平均大将軍」という語は、天にかわって社会上の不平等現象を補い、これを平均するという意味をあらわしており、農民の平均主義思想の反映であることを指摘している（前掲論文六七－八頁）。孫祚民もまたこの点にふれている（『中国農民戦争問題探索』二四頁）。

（6）G. Ferrand, Voyage du Marchand Arabe Sulayman en Inde et en Chine rédigé en 851, suivi de Remarques par Abû Zayd Ḥasan（vers 916）, Paris, 1922, p.76. なお Abû Zayd と相識の仲である Maçoudi, Les Prairies d'Or, traduis par Barbier de Meynard et Paret de Courteille, Tome I, Paris, 1861, p.302-4 に同じ記事がある。藤本勝次訳注『シナ・インド物語』三三頁参照。

（7）本稿脱稿後、広州陥落年代にかんする桑原説を否定する二つの研究が相ついで発表された。一つはアラブ史料を批判した、前嶋信次の“Evaluation des Sources arabes concernant la Révolte de Huang Ch'ao à la Fin des T'ang”であり、一つは私と同じ中国史料をあつかった、桑田六郎「黄巣広州陥落と新旧唐書」である。とくに後者は本稿の所論とほとんど重なるのであるが、証明の手続きにおいて若干の相違もあるので、拙稿はそのまま存置した（この注は旧稿では補注に入れていたが、今回ここに挿入した）。

（8）旧唐書一九下僖宗紀、冊府元亀三三三宰輔部罷免、同三一四謀猷、旧・新唐書黄巣伝、旧唐書一七八鄭畋伝、同盧攜伝。旧唐書黄巣伝は年月を明記しないが、王仙芝の死を五年八月としているから、それ以後としていることはあきらかで、ほぼ六年説に分類すべきものと思う。また、冊府元亀三三七宰輔部不協にもこのことを記すが年月はない。

（9）善峰憲雄もこの点を指摘している（前掲論文八八頁注⑲、論集四三頁注⑲）。

七　反乱の歴史的意義

私がここで意図したことは、黄巣の乱の実証的な研究をとおして、唐から宋へのうつりかわりのなかでこの乱がおかれている歴史的な位置をあきらかにしたいということであり、またこの乱の過程から、唐・宋変革の特質の一端をつかみとりたいということであった。この時代の変革の意義を要約すれば、均田制の崩壊のなかから成長した土豪・富商層が、新しい農民支配者として立ちあらわれ、均田制＝律令機構に寄生する旧来の貴族支配を打倒して、これにとって代わるということにあるであろう。黄巣の乱は、このような土豪・富商層の指導による広範な農民反乱としておこったもので、乱自体は失敗に終わったけれども、この新しい政治勢力の制覇、支配体制への道をひらいたものであった。

それでは乱を指導した土豪・富商層は、なぜ直接乱後の支配者になりえなかったのであろうか。乱後に復活したかにみえる官僚支配体制は、乱前の官僚支配体制とどう違うのであろうか。前者の問題については、乱の経過の叙述のなかで具体的にあきらかにしたつもりであるが、唐代後半期の農民層分解の特徴とそれに制約された反乱の形態、反乱指導者の指導と組織に欠陥があったために、直接新しい政権を創りえなかったことは否定できない。しかし反面、同じ条件に規定されて、反乱は流動作戦と大規模な破壊力を発揮して、旧貴族政権の没落を決定的なものにし、全中国の広い範囲に来るべき政権を支持する基盤を創り出した。それら中国の各地に現れた新勢力は、黄巣の乱を指導したと同じ土豪・富商層と平民大衆から成り立っていた。それらのなかから、旧政権の中心地において、新興勢力によって政権が奪取されるという経過をたどったのであって、そのために古代以来の権力が継続するのではないかという誤解を生んだようであるが、新政権の担い手は右のように一新されているし、そこではもはや旧来の貴族層はいっさいの権限を失っていて、実際に没落する家柄も多かったのである。また政権の中心地も河南の大運河のかたわらに移動して、新政権の経済的・財政的構造が大きく変わる端緒がつくり出されたのである。このような新しい権力の世界を生み出すきっかけは、まさに黄巣の反乱にあったのである。

旧貴族政権がなぜ急速に、あるいはもろくも没落する所にまできていたかということについては、本書付録二の論文の末尾に私の感想をのべておいた。この論文執筆当時は、本文と多少異なる問題意識をもっていたが、あわせて参照されることを希望する。

（東洋文化研究所紀要一三、一九五七、はしがきを改訂）

第四章　朱全忠政権の性格

はしがき

唐から宋への変革期のなかでも、もっとも決定的な時期は、黄巣の乱にはじまる唐末の争乱期である。私はさきに、黄巣の乱の経過とその歴史的な性格についてのべたのであるが（前章参照）、この乱の敗退ののちに、どのような国家権力が生まれるかについては、ほとんどのべるところがなかった[1]。そこで本稿では、この点についてすこし考えてみたいと思う。

朱全忠は黄巣の乱に参加したのち、唐朝側に投降し、五代最初の王朝、後梁王朝を建てたのである。ただこの時期の史料の欠損ははなはだしく、相互にくいちがう点も多くて――そのこと自体がこの時期の争乱の烈しさをものがたるものであるが――細部は決定しがたいことも少なくないし、叙述が多少断片的になるのもやむをえない。最近、朱全忠の最親衛軍たる庁子都についでは、別に考察をくわえたのであるが（付章参照）、ここではその結果をもふくめて、荒削りなスケッチを試み、大方の叱正をえたいと思う。

なお朱全忠の競争相手であって、五代第二の王朝、後唐王朝を建てた李存勗の父李克用については、すでに前々章

（第二章）においてかなりふれたつもりである。

（1）　ただしこの時期をさかいとして、藩鎮の構造が大きくかわったことについては、第二章「藩鎮親衛軍の権力構造」にのべてある。

一　朱全忠の生いたち

朱全忠――本名は温、唐室より名を賜って全忠という――が下層の貧民、それも傭人の出であることは周知のとおりであるが、かれの家は、本来はそう低い家柄でなかったらしい。

郷里は宋州碭山県午溝里（江蘇）であるが、『北夢瑣言』一七はその家について、「家世〻儒たり、祖信・父誠、皆教授を以て業と為す」といい、朱全忠自身が、「朱氏辛苦儒を業とし、一命だに登らず」といったと記している。『新五代史』も同じ資料によったのであろうが、「父誠は五経を以て郷里に教授した」といい、「朱五経、平生書を読みて、一第だに登らず」という朱全忠のことばを伝えている（同書一太祖紀、同一三梁家人伝）。『旧五代史』にこのことはないが、黯―茂林―信―誠―温の系図を伝えているから（同書一梁太祖紀）、やはり信ずべき所伝であろう。

朱全忠の妹は、宋州下邑の人袁敬初に嫁いだ。その間に生まれた袁象先は、幼にして乱にあい、朱全忠が汴帥に任じたのち起家したといわれるから、この縁組は朱全忠が有名になる前のことでなければならない。袁氏の家は、「自ら称す、唐中宗朝の中書令南陽郡王恕已の後、曾祖進朝、成都少尹……祖忠義、忠武軍節度判官……」と伝えられるが、「南陽郡王の後」はともかくとして、曾祖と祖父は近い世代ゆえ信用してよいだろう。これは地方官僚の家柄であるが、敬初自身は、はじめおそらく無官であったと思われる。のちに後梁の太府卿となった（旧五代史五九袁象先伝）。いずれにせよ、このような家と通婚できる朱全忠の家柄は、そう低いものではなかったろう。

儒家の伝統は、朱全忠の甥、友寧・友倫に伝えられている。友寧については、「少くして詩・礼に習う」といい、友倫については、「幼にして……論語・小学に通じ、音律に暁し」とか、「幼にして歳に師に従いて書を読み、稍〻長じて欧陽詢の筆跡を字かきて、甚だ其の体勢を得たり」などと伝えられる。かれらの父存は、全忠とともに黄巣の乱に参加して広州で戦死したが、かれらは郷里にのこされて儒家の教養を授けられたものと思われる。朱全忠が汴帥になったはじめのころ、宣武軍校に任じられた友倫は、すでに年十九であったといわれる（旧五代史一二梁宗室伝、冊府元亀二六六宗室部材芸）。以上によって、朱全忠の家が郷村にあって儒学を業としており、それほど下層の民でなかったことは、ほぼあきらかであろう。

朱全忠の家がなぜ没落したか。史書にはただその父が夭折したことを伝えるだけで、具体的な事情はあきらかでない。母は若くして寡婦となり、まだ成人していない三人の子をかかえて、蕭県の地主劉崇の家を頼っていった（旧五代史梁太祖紀、冊府元亀一八七閏位部勲業、新五代史一三梁家人伝）。ここで推測を加えることを許されるならば、朱全忠の家は、おそらくかつての均田農民のなかから育ってきた土豪層に属するのではなかろうか。かれらが儒学を身につけるゆえんは、いうまでもなく唐帝国の官僚として登用されることを期待するからである。しかし身分的な差別のやかましい唐朝の貴族政治のもとでは、かれらの期待が達せられるのは、なかなか困難なことであったと思われる。現に朱全忠の家も、官僚としての足がかりをほとんどもっていなかったようである。専制的な支配体制のもとでは、官僚としての足がかりをもつことが絶対の強みである。しかも民衆の抵抗渦巻くこの動揺の時代においては、このような足がかりをもたない場合、かれら新興の階層といえども、その基礎は案外脆弱であったのではなかろうか。当主の夭折によって没落したといわれる朱全忠の家の一般的な背景は、このようなところにあったのではなかろうか。

劉崇の家に寄食した三人の子たちは、崇自身の監督のもとに、その所有地で農業労働に従事したものであろう。ところが朱全忠は、「既に壮にして、生業を事とせず、雄勇を以て自負し、里人多くこれを厭う」(旧五代史梁太祖紀)、「壮にして無頼、県中皆これを厭苦す」(新五代史梁家人伝)、あるいは「唯温、狡猾にして、行無し」(北夢瑣言一七)などといわれて、素行のおさまらない嫌われ者となっていた。このようなひねくれた反抗的な性格の形成は、朱全忠の経験した右の運命と、きりはなすことのできないものであろう。ただ注意すべきは、このような運命は、多かれ少なかれ唐末の反逆者に共通するところであって、右のような性格もまた、広範に形成されていたということである(前章参照)。そのいみで朱全忠は、この時代に生きる人間の、一つの代表的なタイプでもあったのである。

しからば劉崇の家はどのような家であったか。かれは徐州蕭県(江蘇)の人で、父の泰は蕭県令であったという(旧五代史一〇八劉鼎伝)。このことは劉家が先祖代々蕭県に住んでいたことをいみしない。父泰が蕭県令であったとすれば、おそらく荘園を設置して、退官後土着したもので、いわゆる前資寄住の戸であろう(加藤繁「唐宋時代の荘園の組織並に其の聚落としての発達に就いて」参照)。たとえば福建に国を建てた王潮は光州固始(河南)の人といわれるが、それは五代の祖曄が固始令となって土着したためで、それより「世〻農たり」「世〻貲を以て顯われた」といわれるのと同様な場合である(新唐書一九〇王潮伝、金石萃編一一八王審知徳政碑、旧五代史一三四僭僞列伝)。劉家においても崇の時代になるとかれは官途につかず、自ら荘園を経営したものと思われる。このような風潮は、唐の中葉以後、荘園の発達とともに盛んになったもので、かれらは官の徭役を忌避しながら、その名望と富とによって、地方に隠然たる勢力をもつ豪民としてそだっていったのである(周藤「唐末五代の荘園制」、とくに一七頁に引く楊夔の「宮闕を復する後執政に上る書」参照)。

劉崇の土地経営がどのようなものであったか、ほとんど知る由がない。ただ朱全忠らが崇の家に「傭力」したとか、「傭食」したとか伝えられることによって（旧五代史劉鼎伝、冊府元亀二一一閏位部求旧、新五代史太祖紀、同書梁家人伝）、かれらが雇傭人として仕えたことは疑いない。そして劉崇は自らかれらを監督しつつ、直営地の経営をおこなったであろう。全忠は慵惰でしごとをしなかったため、しばしば崇に笞うたれたといわれる。[1]

劉崇が客戸（佃戸）に土地を分与して耕作させたかどうか、そのようなことはいっさいわからない。しかし当時の一般的な形態についていえば、佃作経営は相当普及していたと考えられる。雇傭人や客戸はふるくから奴隷と併存していたが、唐代には均田農民層の分解、官僚や上層農民の土地集積とともに、奴隷制はしだいに雇傭労働や佃作経営にきりかえられつつあった。宋代にいたって、雇傭人や佃戸がはじめて法的身分としてたちあらわれるのは（仁井田陞「中国の農奴・雇傭人の法的身分の形成と変質」）、このような現実を背景とするものにほかならない。この場合雇傭人の地位は、一方で広範に展開しつつある佃戸制と、どのような関係にあったであろうか。右の宋代法の規定によると、かれらは主人とのあいだに「主僕の分」があるとされたが、その際雇傭人の法律上の地位は、佃戸より一段と低く定められている。おそらくその発展の系列を考えるならば、奴婢―雇傭人―佃戸の順と考えられるのではないか。

朱全忠は年少より母・兄弟とともに劉家に寄食していたのであるが、このような場合、その地位はおそらく家僕に近いものがあったと思われる。史書にも前記の「傭力」「傭食」等の語とならんで、母王氏が全忠らを携えて、劉崇の家に「養寄」したとも記されているのである（冊府元亀一八七閏位部勲業、北夢瑣言一七）。[2] しかしながら他方佃戸制についていえば、その様態はさまざまであって、自ら生産手段を有して独立の再生産を営みうる農奴的なものもあったが、この時代には、荘園に流入して家屋・牛具・種子・食料等を地主に依存しなければならないものもあり、むしろそのような形態が一般的であったと考えられるのであって、そのような場合、かれら佃戸の地位は、どれだけ上の雇傭人と本質的なちがいがあるか、疑問である。佃戸は自らの保有地をもつ点において、たしかに一歩前進しており、それゆえに上記のような法的な差異が生ずるのであるが、それにしても佃戸の右のようなありかたからすれば、保有地にたいする権利とてそう強いものでありえないはずであり、かかる形態の佃戸が存在するかぎり、雇傭人が中世において広範に併存するのも、けっして偶然でないと思われる。すなわち朱全忠にみられるような雇傭制は、この時代の主要な生産関係とされる佃戸制に、不可分に付随したものと考えられるのである。

さて歴史の大きな変動は、このような社会の最下層に転落した朱全忠らに、一つの機会を提供した。乾符二年（八七五）、山東の一角から王仙芝・黄巣らの乱がおこったのである。朱全忠は大中六年（八五二）の生まれというから、このときは二十四歳である。王仙芝・黄巣らはいくたびとなく河南・江淮を横行したのであるから、朱全忠が乱に投じた時期はわからない。新五代史梁太祖紀には、「乾符四年、黄巣が曹・僕に起こり、存・温は亡げて賊中に入った」とあるが、これが全忠らの参加の時期をしめすものであるかどうか、いずれにせよ、乾符三年から五年の初めまでのあいだであったことはまちがいない。三人の兄弟のうち、長兄の全昱はおとなしいが無能であったようで、仲兄の存と二人で参加した。旧五代史太祖紀の方は、「崇の家を辞して」参加したと記しているが、新五代史の「亡げた」という記述の方が正直であろう。

黄巣の乱は土豪富商層に指導され、不平士族の参加をもみていると思われるが、各地の富豪たちを組織していったものではなく、その戦力は圧倒的に破産・貧窮の農民に依存しつつ流動作戦をおこなったのであって、これら農民は多く朱全忠と似たようなやりかたで、乱に投じたと考えてよいであろう。さて兄の存は広州で戦死したが、全忠は乱軍中に頭角をあらわしたとみえて、やがて隊長となり、黄巣が長安で即位したときには、諸衛大将軍・四面遊奕使のなかにその名を見出すことができる。おそらくこのとき、東南面行営先鋒使に任じたと思われる。ついで中和二年

（八八二）二月同州をとって、同州防御使となった（旧新両五代史太祖紀、旧新両黄巣伝）。

朱全忠が同州に拠って唐朝に降った事情については、すでに旧稿（第三章）で論じたところである。旧来このことについては、朱全忠の遊民無産者的性格や側近の知識分子の役割が指摘されているのであるが、このことはもっともであるにしても、このような性格は黄巣の乱をはじめ、この時代の変革的な勢力の指導部に普遍的にみられる特質であって、朱全忠がこの時期に投降するにいたった固有の事情を、なんら説明するものではない。当時黄巣軍は長安に包囲されて、その号令のおよぶところは同・華二州だけであったといわれる（資治通鑑二五四中和二年四月条）。その同・華二州が相ついで離反したのである。すなわち朱全忠が投降したのは中和二年九月であるが、その月華州の李詳も投降をはかって失敗し、十一月李詳の旧部下が黄巣の将を逐って唐朝に降ったのである（旧唐書僖宗紀・通鑑二五五中和二年九月、十一月条）[3]。はじめ同・華二州は、河中節度使王重栄らの圧迫をうけて苦戦していた。朱全忠はしきりに兵力の増強を要求したが、黄巣の側近孟楷に抑えられて聞きいれられなかった。そこで黄巣の衰勢をみ、知識分子謝瞳らのすすめもあって、投降を決意するにいたったといわれる（旧新五代史太祖紀、旧五代史二〇謝瞳伝、通鑑中和二年九月丙戌条）。

前章に指摘したとおり、長安における黄巣政権の成立後、一般農民層と指導層とのあいだの乖離がふかまったのであるが、情勢が逼迫するにつれて、指導層の内部にも分裂と動揺がおこったのである。黄巣の反乱はこのような事情のために没落したのであるが、他方唐朝の一時的な復活は、反乱の過程で広範におこった地方の新興勢力によって、わずかに支えられているにすぎなかった。朱全忠の投降は、このような地方群雄の争覇戦にかれ自身参加する道をひらいたのである。長安陥落もせまった中和三年三月、かれは大運河の要地汴州（開封）に位置する宣武軍節度使に任じられた。ときに年三十二歳であった（旧新五代史太祖紀、通鑑同年同月条）[4]。

（1）このとき崇の母がつねに朱全忠をかばったといわれるのも、あるいは全忠の出身と関係あるかもしれない。旧五代史太祖紀、新五代史梁家人伝参照。
（2）ついでながら、中国における雇傭の語義は賃貸借と同じであり、実際にも雇傭は人身の賃貸借であったという。仁井田陞『唐宋法律文書の研究』第二篇第七章参照。
（3）ただし旧唐書本紀は朱全忠の投降を八月とするが、旧唐書黄巣伝・旧五代史本紀・新唐書本紀・通鑑等はいずれも九月とする。
（4）朱全忠は宣武節度使任命後も、依然河中行営副招討使であり、「仍って京闕を収復するを候い、即ち鎮に赴くを得しむ」（旧紀）といわれる。旧唐書本紀に任命を五月のようにつくるのは、おそらく四月に長安が回復されたのち、赴任の途についたときのことを指したものであろう。

二　朱全忠の軍事指導者と軍構成

朱全忠が宣武軍（汴州）に着任したのは、長安を回復したのち、中和三年（八八三）七月である。そのとき朱全忠がひきいて東下したのは、およそ一旅（五百人）の兵であった（旧五代史太祖紀。通鑑は数百人とする）。これらの兵こそ、黄巣以来朱全忠と行をともにした兵力であるが、その内容については、わずかに総司令官と、朱全忠側近の手兵の存在について知ることができるだけである。

まず旧五代史一六胡真伝に、

「太祖衆を以て唐に帰するに及び、時に真は元従都将と為り、従いて梁苑に至る。」

とあるのによれば、これらの軍が元従都将といわれる胡真によって指揮されたことが推定される。胡真については、旧唐書僖宗紀の中和二年八月庚子条に、「大将胡真・謝瞳等と来り降る」とあり、通鑑同年九月条に、「親将胡真・謝瞳、温に国に帰することを勧む」とあって、科挙の落第生であった謝瞳とならんで、朱全忠の投降に際し、胡真が重要な役割を演じていたことが知られる。

かれは朱全忠に従って汴州にいたったのち、光啓二年（八八六）朱全忠が滑州（河南）をとったとき、胡真は滑州留後となり、その後正式に節度使に任命された[1]。朱全忠の麾下から一藩の節度使になったのは、胡真が最初である。これらの事実から、胡真が朱全忠の部将のなかで、最高の地位にあったことがわかる。しかしその後かれは中央に入って統軍となり、唐朝の官僚となったから、朱全忠との関係はこれによって絶たれたわけである。元来胡真という人は、若いとき県吏であり、黄巣の軍中にあってすでに名将の聞こえがあったというから（旧五代史一六胡真伝）、黄巣が朱全忠を同州防御使に任じたときにでも、その都指揮使として朱全忠に与えられたものであろう。それゆえ胡真は、初期の朱全忠にとって、部下というよりは同輩に近く、高い地位にある反面、下記の中涓とよばれる人々ほど、朱全忠とは個人的に緊密な関係になかったと考えられる。

初期朱全忠の身辺にあったのは、旧五代史一九朱珍伝に、

「太祖初めて兵を起こすや、珍、龐師古・許唐・李暉・丁会・氏叔琮・鄧季筠・王武等八十余人と、中涓を以て従う。」

と記された人々であったと思われる。同書二一龐師古伝には、「中涓を以て太祖に従う……未だ嘗て左右を離れず」とあり、同書五九丁会伝には、「梁祖に従いて部曲と為る」といい、同書一九鄧季筠伝には、「太祖の麾下に隷す」という。中涓は古語で、戦国時代に私門の近習を指したが（西嶋定生「中国古代帝国形成の一考察」、増淵龍夫「戦国官僚制

の一性格」）、この時代には李克用の有名な義児についても、「嗣本・嗣恩は、皆中涓の効を以て、再造の功に参ず」（旧五代史五二李嗣昭・嗣本・嗣恩伝跋）というように用いられている。

全忠の中涓といわれる人々のうち、右のように、朱珍・龐師古・丁会・鄧季筠については伝があるが、許唐・李暉・王武には伝がなく、氏叔琮は、ごく初期ではあるが、実は汴州で応募したらしく思われる（旧五代史一九氏叔琮伝）。そのほか黄巣以来朱全忠に従ってきた人々のなかでは、徐懐玉・劉康乂・郭言・張存敬らの伝がのこっているが（旧五代史二一徐懐玉・劉康乂・郭言伝、同二〇張存敬伝）[2]、これらが八十余人と伝えられる中涓のなかにふくまれるかどうか、確証がない。

以上の人々は、その伝によって郷里を知ることはできるが、その出自や前身は不明なものが多い。わずかに、丁会が農産を治めず挽歌にたくみであったといわれるから、里中をうろついて葬式などに傭われて生計を立てることがあったと思われる。そのほか劉康乂・郭言が農民、徐懐玉は微賤よりおこったといわれるだけである。いずれも黄巣の乱中とくに名が知られたわけではなく、宣武軍にいたってはじめて重要な地位に任じた人々である。おそらく朱全忠と同様、単身乱に投じ、朱全忠が隊長として台頭してくる過程でその身辺に結集し、朱全忠に個人的に結ばれながら、その個人的なきずなを通じて、名前があらわれた人々であろう。

しかしそれにしても、八十余人のなかから名前の伝わるものが、右のように案外少ないのはどういうことであろうか。記録の喪失だけで説明できる問題ではなさそうである。反乱時代から宣武軍赴任にいたるあいだ、かれらが朱全忠の親兵として労苦をともにし、緊密に結ばれていたことはたしかであり、宣武軍着任後、朱全忠の意向をうけて重要な役割をはたしたものが、かれらの一部から出たのは当然であるが、他方宣武軍時代になると、朱全忠の軍隊の構成が、農民軍時代とかなり異なってしまったということに、一半の原因があるのではないかと思われる。

朱全忠の中涓のなかで、最も重要な役に任じたと思われるのは朱珍である。新五代史二一朱珍伝に、

「太祖初めて宣武に鎮するや、珍、太祖の為に、軍制を創立す。将を選び兵を練ること、甚だ法あり。太祖、諸将募る所の兵、及び佗の降兵を得て、皆以て珍に属せしむ。珍、将を選ぶこと五十余人、皆用うべし。(3)」

とあるのによれば、宣武軍の初期の時代に、朱全忠軍の改編が、かれの手によっておこなわれたと考えられる。はじめ朱全忠が一旅の兵をひきいて汴州に到着したとき、そこには在来の宣武軍所属の兵があったはずであり、さらに翌中和四年（八八四）には黄巣を敗走させて、その部下の投降するものがあったし、また他鎮より投帰するものもすでにいくらかあったから、右の文にいう「降兵」とは、これらを指すものであろう。中和年間（八八一―八八四）における朱全忠の軍隊は、主として右のような要素から成っていたが、その兵力があまり多くなかったことは、黄巣滅亡後河南一帯に勢力をふるった蔡州秦宗権の軍が、朱全忠に十倍したといわれ、汴州の郊外に柵をつらねてこれを攻囲するありさまであった、と伝えられることによって想像できる。

そこで朱全忠は、朱珍を淄州刺史として東方淄青方面へ、郭言を西方河陽・陝虢方面へおくって募兵させた。注意すべきはこれらがいずれも他鎮の管内であり、後述するように、このころ一般人民を捕らえて兵としたため、逃亡を防ぐために朱全忠の軍隊が入墨をさせられたという伝えによれば、募兵とはいっても、実は他領の人民を略奪拉致してきたというのが真相であろう。このとき朱珍には汴州の客将劉捍、黄巣の降将李唐賓・葛従周ら、郭言にも同じく黄巣の降将葛従周・李重允・李讜らが協力し、朱珍は兵万余・馬千匹（一説に数百匹）、郭言は兵万余人をえてかえったという。(4)朱珍は光啓三年（八八七）の二月に出て四月にかえったが、郭言の募兵は、旧五代史一六葛従周伝の所伝が正しいとすれば、朱珍の前にあったであろう。上に「諸将募る所の兵」とあるのはさまざまなものがあったであろうが、このときの募兵が最も大規模であったようである。これらはすべて朱珍の手もとに集められ、訓練され、再編

されて、宣武軍の軍事機構が整備されていったと考えられる。

初期の宣武軍における朱珍の右のような地位をしめすのは、光啓元年（八八五）、かれが「諸軍都指揮使」に任命されたという記事であろう（旧五代史朱珍伝、冊府元亀三六九将帥部攻取）。これは敬翔の『編遺録』[5]に、「都指揮使朱珍以うに、諸都の将士日に逃逸する者あり……」（通鑑二五七光啓三年八月条考異所引）とあるのによると、宣武軍を構成する諸軍（諸都）を統べる総指揮官であり、したがってそれは「宣武都指揮使朱珍」（通鑑二五七光啓三年十一月条）ともよばれるのである。この地位は朱珍のあとにもひきつがれたが、朱全忠の軍事的発展も、はじめ主としてかれらの担当するところであったらしい。

旧五代史二一李唐賓伝に、

「滑・平・蔡を取るに及び、前後鄆・淮・徐の衆を破る、功朱珍とほぼ等し……其の治軍行師の道の善きこと、また珍と名を斉しくす。」

とあり、同書二一霍存伝に、

「初め朱珍・李唐賓の没するや、龐師古、珍に代わり、存、唐賓に代わる。」

とあり、新五代史二一龐師古伝にも、

「是の時、朱珍・李唐賓已に死し、師古と霍存と、其の兵を分将す。」

とあるのによると、初期の軍事的発展（光啓二年の滑州攻略から龍紀元年の蔡州平定ごろまで）は朱珍と李唐賓が担当し、そのあとを龐師古と霍存がついだのである。朱珍の諸軍都指揮使にたいし[6]、李唐賓の職は「排陣斬斫使」（冊府元亀四四九将帥部専殺、通鑑二五七光啓三年十一月条）、あるいは「都押牙」（通鑑二五七文徳元年三月条）であったろう。朱珍が軍令を掌ったのにたいし、李唐賓は政治的な役割をより多くおびていたのではないかと思われる。[7]

朱・李両者の反目が生じ、龍紀元年（八八九）朱珍が李唐賓を殺して、朱全忠の怒りにふれて死んだあと、旧五代史龐師古伝に、「朱珍罪を以て誅せらるるに及び、遂に師古を用て都指揮使と為す」とあるのは、龐師古が朱珍をついで、宣武軍の都指揮使になったことをしめすものである。しかし他方、同書霍存伝によると、霍存もまた「諸軍都指揮使」になったと記されており、[8]龐師古と霍存との関係は、朱珍と李唐賓の関係とは多少ちがうらしい。龐師古は、景福二年（八九三）における霍存の戦死後も、徐州（景福二年）および兗・鄆（乾寧四年、八九七）の攻略において、ついで主将の地位にあり、しばしば「都指揮使」と称せられている。[9]

霍存なきあと、龐師古に協力したものに葛従周がある。かれは兗・鄆攻撃には龐師古の「先鋒」であったが（旧五代史太祖紀景福二年十二月条）、その征服後、鄆州留後に任じられた朱全忠の長子友裕とともに、龐師古は徐州、葛従周は兗州の節度留後となった（通鑑二六一乾寧四年三月丙子条）。ついでこの二人は相ならんで淮南に出兵したが（同年）、これは龐師古の敗北・戦没によって挫折した。朱全忠の軍事的発展は、一応この時期にいたって最初の限界に達したし、諸鎮の征服にともなって、その部下から刺史・留後・節度使等を出すようになったから、初期における諸軍都指揮使の役割も、このころで終わったと思われる。[10]

淮南出兵の失敗後、朱全忠は主として太原の李克用や河北諸鎮との交戦に力をそそぎ、末期には自ら関内に出兵するのであるが、この時期には、諸鎮の節度使や刺史が活動するようになっている。そしてまた、前期の軍事的発展が、朱全忠の元従（朱珍・龐師古・郭言・丁会ら）や黄巣の降将（李唐賓・霍存・葛従周ら）など、主として農民軍の出身者によって担われたのにたいし、後期には、諸鎮の降将が参加するようになったのは、[11]当然のことながら、朱全忠政権の変化に関連することであるから注意しておきたい。

ところで当時藩鎮の兵は、ふつう牙内軍（牙軍）と牙外軍とにわかれていた。牙内軍は親軍であって、藩帥は多くの場合、一族・縁者等を牙内軍の指揮者に任命し、その身辺を固めたのである。朱全忠もやはり上記の諸軍の上に牙内軍を設けたとみえ、長子友裕を「牙内馬歩都指揮使」に任命した（旧五代史一二梁宗室伝）[12]。その時期は蔡州平定後といわれるが、蔡州の滅んだのは龍紀元年（八八九）のはじめであって、翌大順元年四月には、友裕はすでに牙内都指揮使として宿州を攻撃しているから（通鑑二五八同年同月条）、任命はその間のことである。

このときの牙内軍がどのような構成をもっていたかあきらかでないが、旧五代史五〇張朗伝に、張朗が宣武軍内衙都将から各地の将を経て、「汴州十内衙」の都指揮使になったといわれ、同書七本紀に、朱全忠即位後の乾化二年（九一二）二月淇門（河南）に幸したとき、「内衙十将使、十指揮の兵士を以て、行在に至る」と記されていて、即位後の汴州内衙（牙内）軍は、十指揮から成っていたことを知りうる。牙内都指揮使の地位は高く、朱友裕は一時徐州攻撃の指揮をとったこともあり[13]、また一時期ではあるが、牙内・牙外両者を総括する職のおかれたことは、朱全忠の甥の袁象先が、乾寧五年（八九八）宣武軍内外馬歩軍都指揮使になったことで知られる（旧五代史五九・新五代史四五袁象先伝）。

一般の牙内軍のほかに、藩帥が後院軍（主に唐代）・庁直軍（主に五代）等とよばれる部隊を、とくに身辺においていたことは、つとに指摘されている（日野開三郎「五代の庁直軍に就いて」）。朱全忠も、後院軍・庁子都・長直軍等の部隊を、牙内軍とは別にもつにいたった。そのうち後院軍は初期にその形跡があるだけであり（旧五代史一九氏叔琮伝）、長直軍は末期にあらわれるのであるが（旧五代史二〇劉捍伝）、とくに注目すべきは庁子都の存在である。別稿で論証したように（付章参照）、庁子都があらわれるのはかなりはやく、おそくとも景福元年（八九二）までに存在したことはたしかで、あるいは牙内軍とほとんど同時の、大順元年（八九〇）ごろまでさかのぼらせることができるかもしれない。

この庁子都は、朱全忠個人の親衛隊として特別におかれたもので[14]、汴州の富豪の子弟から成り（旧五代史五四王晏球伝）、勇名を天下に馳せたといわれる（清異録四）。汴州の富豪といえば、当時商品経済の発達にともなって、主に大運河を通じて江南方面との取引に活躍していた新興の商人たちである。かれらが庁子都にさしだすのは、かならずしも実の子弟ではなく、仮子・家僮が多かったと思われるが[15]、これはかれら自身が戦うかわりに出すのであって、朱全忠はかれらの傭兵隊長であるという見方もできるかもしれない。その場合朱全忠の政府は、汴州市民の支持をえた政府だということになろう。しかし権力の所在は、あくまで朱全忠の側にあるとみなければならないであろう。庁子という言葉も、元来庁事（役所）の役夫をいみするものであって、徭役や雇傭のよって徴集された役夫と官人とのつながりの発展したものが庁子都であると、語源的には説明できるのである。そのいみで王朝政治はつづいているのであるが、ここでは王朝の性格が変わってきていることがほのみえないであろうか。

汴州の武将のなかには、朱全忠が汴州に着任した当初から、重く用いられたものがある。その最初の人は楊彦洪であるが、かれはおそらく朱全忠着任前からの都指揮使であったのであろう（通鑑二五五中和四年五月甲戌条考異所引『梁太祖編遺録』）。中和四年（八八四）、上源駅（汴州）において李克用を殺そうとしたのは、かれのはかりごとであって、誤ってこのとき朱全忠自身の矢にあたって死んだため、その伝記はのこっていない。朱珍はそのあとをついで都指揮使になったのであろう。

つぎに劉捍と寇彦卿がある。かれらはいずれも代々汴州の武将の家柄で、朱全忠はそれが「将家の子」であるがゆえに登用したのだという（旧五代史二〇寇彦卿伝）。劉捍は客将（副典客）、寇彦卿は通賛官（通引官）となり、主として外交方面で活動した（旧五代史二〇・新五代史二一劉捍・寇彦卿伝、冊府元亀四六七台省部宣賛）。朱全忠が、「敬翔・劉捍・寇彦卿は、蓋し我が為にして生まる」（旧五代史寇彦卿伝）と称したのは、有名な謀臣の敬翔とともに、かれらがはたした政治的役割を、高く評価したものであろう。それは先述の農民軍出身者が、諸鎮の征服戦争で活動したのと、すこぶる対照的である。

庁子都とは別に、朱全忠と特殊な関係をむすんだ汴州の富豪に李譲がある。李譲は朱全忠に資財を献じてその仮子となり（旧五代史六二董璋伝、新五代史六九南平世家、冊府元亀九三八総録部姦佞）。朱友譲の名を与えられ、その家僮であり仮子でもあった孔循・董璋・高季興らは、朱全忠の近臣にとりたてられた（前注のほか、旧五代史一三三高季興伝、新五代史四三孔循伝、同五一董璋伝）。これは個人的に抜擢されたものであるけれども、その関係は庁子都と似ている。(17)

朱全忠の兵士が入墨をしていたという伝えは、その軍隊の性格を考えるうえで興味深い。冊府元亀一九五閏位部仁愛によれば、

「〔開平元年〕十一月壬寅、帝、征討未だ罷まざるを以て、調補を先と為し、遂に命じて尽く逃亡背役髠黥の人を赦し、各〻郷里に帰るを許す。」

とあり、この髠黥を説明して、この二十年来、兵戈の地では一般人民を捕らえて兵とし、入墨して軍号を記し逃亡を防いだが、その後長年のあいだには逃亡して殺されるものもあり、郷里に容れられずに群盗となって害をなすものもあったのを、この詔の結果、寇盗もほぼおさまったとしている。また資治通鑑二六六同年同月条によると、朱全忠ははじめ将校の戦死するものがあると、その部下の兵を皆殺しにし、これを「抜隊斬」とよんだ。そのため逃亡者が多かったので、兵士はみな顔に入墨して軍号を記すにいたったものという。

これらによってみれば、朱全忠の軍隊は一般人民のほか強制徴発されたものが多く、これにたいし朱全忠はきわめて苛酷な処置をもってのぞんだのであり、兵士は脱走を防ぐため顔に入墨させられたのである。旧五代史三一唐荘宗紀に、後梁の滅んだ翌同光二年二月己巳朔、天下に大赦して、

「応有《あらゆ》る百姓の婦女、曾て俘擄を経て、他処に婢妾と為る者、一に骨肉の認識に任せ、男子の曾て刺面せらるる者、憑拠を給与して、放逐して生を営ましむ。」

とあるのは、朱全忠以来後梁の時代に、強制的に婢妾とされ、あるいは入墨して兵士とされたものを、解放したものである。これによって、兵士の地位がどのようなものであったか、人民のなかからこれらの兵士をかりたてる権力の性格がどのようなものであったか、想像することができよう。

兵士に入墨をする風習は、唐末にはじまったもので、朱全忠と前後して、江南地方におこった蘇州の徐約や越州の董昌によっておこなわれており、とくに董昌の軍隊は五十余灶の罪をゆるして「感恩都」と臂に刻んだというから、その軍隊の性格がうかがわれる（呉越備史一、新唐書二二五下董昌伝）。宋代になると、周知のとおり、罪人に入墨する風習がはじまるのである。

他方兗州（山東）の朱瑾は、驍勇数百人を募り、その頬に双鴈を入墨して鴈子都と称したので、朱全忠また数百人を選び、落鴈都とよんだという（旧五代史六四朱漢賓伝）。あるいは朱全忠軍の入墨は、この朱瑾にならったのかもしれない（曾我部静雄「宋代軍隊の入墨について」参照）。天祐三年（九〇六）朱全忠の攻撃をうけた幽州（北京）の劉仁恭は、部内の男子をことごとく徴発し、その顔に入墨して「定覇都」といい、士人はその臂に入墨して「一心事主」としたという（旧五代史一三五劉守光伝）[18]。唐末には、兵士は主将個人の私兵と化し、その駆使にまかされたから、単に逃亡を防ぐばかりでなく、そのような部隊のシンボルや、スローガンを刻むことがおこなわれるにいたったのであろう。

朱全忠は武将にたいしても、きわめて苛酷な処置をとった。朱珍についてはちょっとふれたが、軍令に違反したとか、軍政がおさまらないとか、馬がやせたとかいう理由で殺された宿将は、数知れないほどあるようである（旧五代史一九にそれらが一括されている）[19]。実子の朱友裕（牙内都指揮使）さえ、殺されかけたことがある（通鑑二五九景福二年二月条）。それをおそれて丁会（昭義節度使）や劉知俊（同州節度使）のように、敵に降ったものも出ている（旧五代史丁会伝、同一三劉知俊伝）。このようなやりかたには、朱全忠個人の酷薄な性格も反映しているようであるが、後唐の荘宗（李存勗）が即位後軍人を敬遠した点と、共通したものがあると思う。

その共通した点は、民間からおこった軍事集団の首長が、デスポットへ移行してゆく過程でおこる、部将との違和感から発生していると思う。それが猜疑心と苛酷な手段を生みだし（志賀義雄「五代王朝の支配構造」参照）、やがて公然たる摩擦をひきおこすにいたる。朱全忠の場合、開平三年（九〇九）雍州（長安）節度使王重師を殺したときには、同州節度使劉知俊が離反したばかりでなく、丹州・商州・襄州等でひきつづいて反乱がおこり、岐（李茂貞）や蜀（王建）に接する西南地方の動揺をはげしくしている。つづいて、北方の晋（李存勗）との戦況がおもわしくなくなると、朱全忠の苛酷さは一層はげしくなるのである[20]。

当時の武将たちが一般に私兵的な兵力をもち、独立性が強く、主帥の統制に服しがたかったことは、別稿（第二章）でものべたのであるが、最後に朱全忠の藩鎮支配の特質についてふれておきたい。朱全忠の勢力が拡大するにつれて、朱全忠とのあいだに、私的な関係をむすぼうとする藩鎮も存在した[21]。けれども一般には、朱全忠の征服した藩鎮にたいして、その一元的な支配がおよんだわけではけっしてない。そこには唐朝の伝統的な権威が存在しており、朱全忠はその一節度使にすぎなかった。それゆえはじめ朱全忠のもとにあった謝瞳や胡真らは、唐朝直属の官僚になってしまっているのであるし、むしろ朱全忠自身、積極的に唐朝の権威を利用しようとしているのである。

旧唐書二〇上昭宗紀、大順元年（八九〇）三月丁亥朔条には、つぎのような記載がある。

「朱全忠上表すらく、関東の藩鎮、除するに朝廷の名徳を用って節度・観察使と為さんことを請う。如し藩臣固位して代を受けざれば、臣請う兵を以てこれを誅せん。王徽・裴璩・孔晦・崔安潜等の如きは、皆縉紳・名族にして、践歴素より高し。宜しく用って徐・鄆・青・兗等の道の節度使と為すべしと。これに従う。」

これは朱全忠が徐州以下「関東の藩鎮」をほとんど征服しない前のことであって、唐朝の権威を背景として、これらの藩鎮を討とうとしていることをしめしている。このとき実際に唐朝では、崔安潜を平盧（青州）節度使に、劉崇望を徐州節度使に任命し、崔安潜は敗れて帰っている（旧唐書昭宗紀大順二年二月、十二月丙子朔条）。景福二年（八九三）朱全忠は徐州を陥れたが、このときやはり唐朝にたいして、文臣を節度使にすることを願い、宋州刺史張廷範が任命されたという（通鑑二五九景福二年夏四月己丑、乾寧元年六月甲午条）。しかし実権は朱全忠にあったであろう。

乾寧二年（八九五）ごろより、朱友裕や張存敬らの腹心が留後に任じられている（冊府元亀二八一宗室部領鎮、旧五代史張存敬伝）。乾寧四年兗・鄆の征服後、朱友裕・龐師古・葛従周が、それぞれ鄆・徐・兗の留後になったことは、既述のとおりである。ここではもう唐朝の文臣にたよることはやめているけれども、依然朱全忠の部将らは留後であって、正式の節度使ではない。

朱全忠自身は、やがて宣武のほかに、宣義（滑）・天平（鄆）・護国（河中）節度使を兼ねていき、天祐元年（九〇四）天平のかわりに忠武（許州）節度使を兼ねるのであるが、(22)朱全忠の直接支配がおよぶのはこの四鎮であって、それ以外は朱全忠の部将が、やがてこれも節度使として治めるようになる。もちろん朱全忠は、これらの部将にたいして気をゆるしていないのであって、天復三年（九〇三）、唐の昭宗を鳳翔（陝西）の李茂貞の手から奪って帰ると、諸道兵馬副元帥となり、天祐元年昭宗を殺して哀帝を立て、翌二年、相国総百揆となって、天下二十一道を支配する魏国をたて、同四年（九〇七）、禅譲によって皇帝になる、という道を歩むのである。(23)

しかしながら、朱全忠が即位するにいたっても、その専制権力には一定の限界があった。旧五代史一四九職官志に、「梁開平元年四月、始めて建昌院を置き、博王友文を以て院事を判し、太祖藩に在る時、四鎮管する所の兵車・

賦税・諸色課利を以て、旧簿籍を按じてこれを主らしむ。其の年五月、中書門下奏請すらく、判建昌院事を以て、建昌宮使と為さんと。仍って東京の太祖潜龍の旧宅を以て宮と為すなり。[24]」

とあって、朱全忠の旧領である宣武・宣義・護国・忠武の四鎮が、特別な扱いをうけたことを知りうる。おそらくこの直轄領からの従来の財政収入が即位後にもうけつがれて、中心的な地位を占めていたのであろう。朱全忠は即位後、両税法を施行しているが[25]、その他の諸鎮からの上供がどの程度あったかわからない。多くは貢奉（進献）というような形でおくられ[26]、これが租庸使によって扱われたのであろう。

建昌宮使の存在は、旧藩鎮時代の体制がのこったものであって、中央集権的な官僚支配体制の確立しない、後梁王朝の二重構造と、過渡的な性格をしめしていて興味深い。建昌宮は、乾化二年（九一二）六月の朱全忠の死まで続けられ、以後国計使がおかれて、財政は統一されたようである。

軍事的な面でも、後梁王朝はその兵力を、はじめ四鎮の旧に依存していた。五代会要一二京城諸軍の項に、

「梁の開平元年四月、左右長直を改めて左右龍虎軍と為し、左右内衛を左右羽林軍と為し、左右堅鋭夾馬突将を左右神武軍と為し、左右親随軍将馬軍を左右龍驤軍と為す。」

とあるのは、別稿（付章）でものべたように、内衛は旧五代史の引用に「内衙」とあって牙内軍であり、親随軍将馬軍はおそらく庁子都であって、後梁王朝の禁軍は、結局宣武軍以来の親軍をうけついでいるのである。朱全忠即位とともに、劉捍が「左龍虎統軍・兼元従親軍馬歩都虞候」になったといわれる元従親軍とは、これらの部隊を指すのであろう。そして劉捍は翌年、「侍衛親軍都指揮使」になったといわれるから（旧五代史劉捍伝）、五代・宋の禁軍である侍衛親軍は、この元従親軍から発展したのである。一方これにたいし、朱全忠即位時、劉鄩が「右金吾上将軍・諸軍馬歩都指揮使（もしくは諸軍馬歩都虞候）」に任命されたのは（旧五代史二三劉鄩伝）、旧牙外諸軍をうけついだことを

しめすものであろう。

朱全忠は即位後、これらの部隊のほかに、あらたに親王にひきいられる天興・広勝・控鶴等の軍を身辺におくにいたった（これがのちの殿前諸班の起源であろう）（五代会要京城諸軍、旧五代史六梁太祖紀乾化元年八月庚申・十月辛亥朔条）。上記のように、基盤のせまい後梁王朝のもとでは、朱全忠がこのような側近の兵力に依存する度合いは大きかったと思われるが、それがかえって、左右控鶴都指揮使であった庶子の友珪から殺害される事情を生みだしたのである。末帝（友貞）の時代になると、極端な側近政治がおこなわれるようになり、後梁王朝の滅亡をまねくのであるが、このような傾向は、つぎの後唐の荘宗の場合も同様であった。

（1）光啓二年胡真が滑州留後になったことは、新五代史一梁太祖紀に出る。旧唐書一九下僖宗紀によれば、このとき朱全忠をして義成軍節度使を兼領させたといい、通鑑二五八によれば、その後大順元年（八九〇）六月、滑州義成軍を改名して宣義軍とし、朱全忠をして兼任させたが、全忠は辞退して、胡真を節度使とし、かれが中央に入って統軍となるにおよび、はじめて朱全忠が兼任するにいたったという。胡真が節度使になったことは、旧五代史胡真伝にも記されている。

（2）龐師古伝以下、冊府元亀三四六将帥部佐命にほぼ同文がある。

（3）旧五代史朱珍伝には、「珍を署して宣武の右職と為し、以て腹心を総べしむ。是に于いて軍伍を簡練し、綱紀を裁制せしむ」とある。

（4）朱珍については旧五代史一太祖紀に馬千匹とし、通鑑二五七はこれに従うが、新五代史一太祖紀に数百匹とする。なお旧五代史二〇劉捍伝には、精兵三万をえたという。郭言については、旧五代史二一郭言伝参照。

（5）『編遺録』は、末帝の貞明中、李琪・張衮郗・殷象・馮錫嘉等に命じて『太祖実録』三十巻を修撰させたとき、漏略が多かったので、再び敬翔に命じて別に三十巻をつくらせ、『大梁編遺』とよび、実録と並び行わせたという。

（6）多少の推測を加えるならば、朱珍の麾下で騎軍をひきいたのは龐師古、歩軍をひきいたのは郭言ではなかったかと思われる。騎軍については鄧季筠もこれを主ったといわれるが、後の地位からいって龐師古の方が上位ないし先任とすべきであろう。旧五代史龐師古伝、同郭言伝、同一九鄧季筠伝、新五代史二一龐師古伝参照。

（7）新五代史二一朱珍伝付李唐賓伝に、朱珍が家族を陣中に迎えて朱全忠の疑惑をうけたとき、朱全忠は李唐賓をして伺察せしめたという。結局朱全忠のこのような態度が朱珍の疑心をうみ、李唐賓を殺すような事件をおこすことになるのである。

（8）冊府元亀将帥部佐命、同三九六同部勇敢に同文あり、同四二五同部死事にも、同様のことを記す。霍存の任命は、旧五代史二〇張存敬伝に、「大順二年、諸軍都虞候と為り、霍存を佐けて大軍を董め、宿州を収む」とあり（この年宿州を取ったのは丁会であったと思われるから、宿州は曹州の誤りかもしれない）、新五代史二一霍存伝に、「梁、曹州を得て（大順二年）、太祖、存を以て刺史と為し、諸軍都指揮使を兼ねしむ」とあるから、大順二年（八九一）もしくはそれ以前であったと考えられる。

（9）通鑑二五九景福二年二月条に、朱全忠が「都指揮使龐師古」を長子友裕に代えて徐州攻撃の将にしたとあるが、この場合の都指揮使は、宣武軍の都指揮使と解してよいであろう。また旧五代史二二牛存節伝には、乾寧三年鄆州攻撃の際、「都指揮使龐師古、馬頬に屯す」とあり、冊府元亀三六九将帥部攻取にも同文がある。

（10）その後、諸軍都指揮使ないし宣武軍都指揮使になったと伝えられる人々に、朱友裕・張慎思・黄文靖・李思安・牛存節等があるが、具体的な活動は知られず、朱珍・龐師古ほどの重要性をもたなかったと思われる。旧五代史一九朱友裕・黄文靖・李思安伝、同一五張慎思伝、冊府元亀三六〇将帥部立功、旧五代史二二牛存節伝。

（11）後期の戦争において主将として活動した農民軍出身者に、葛従周・張存敬・張帰厚等、諸鎮の降将に、康懐英・孔勍・楊帰厚・賀瓌・劉知俊等がある。

（12）朱全忠は宣武軍に鎮してから、郷里より母・兄弟・一族をよぶのであるが、友裕だけは、全忠が華州の黄鄴（黄巣の兄弟）を攻囲したとき陣中にあるから、すでに乱中より従っていたかと思われる。ただし全忠が乱に参加したのは二十五、六歳のときであったから、その由来はわからない。友裕の母も不明である。朱全忠の次子は養子の友文であり、第三子以下は宣武軍鎮守後生まれたものである。

(13) 景福元年十一月、朱全忠は友裕をやって濮州を取り、その兵を移して徐州を攻めさせたが、友裕は全忠の不満を買い、都虞候朱友恭の訴えもあって、景福二年都指揮使龐師古がこれに代わった。通鑑二五九、冊府元亀二九八宗室部不悌参照。

(14) 旧五代史一九鄧季筠伝に、「時に初めて庁子都を置く、最も親軍たり」とあり、冊府元亀三六〇将帥部立功によれば、朱全忠の「親従騎士」に属したらしい。

(15) 庁子都に属した王晏球の場合、蔡州秦宗権の軍に掠売され、汴人杜氏の仮子となって庁子都に入ったという。

(16) 冊府元亀九三八総録部姦佞には、軍功によって寵をえたとある。

(17) 仮父子関係については、矢野主税「唐代に於ける仮子制について」「唐代に於ける仮子制の発展について」、栗原益男「唐五代の仮父子的結合の性格」「唐末五代の仮父子的結合における姓名と年齢」等参照。

(18) なお続資治通鑑長編二七雍熙三年春正月戊寅条に引く、宋の刑部尚書宋琪の上言に、「奚霫部落、劉仁恭及び男守光の時、皆刺面して義児と為り、燕軍の指使に伏す」とある。これは唐末以降における「集団型仮子」（栗原前掲論文参照）の珍しい例である。

(19) これらの人々の名と、殺された年はつぎのとおりである。朱珍（龍紀元年）・李讜・李重胤（以上大順元年）・朱友恭・氏叔琮（天祐元年）・范居実（開平初め）・王重師（開平三年）・胡規・鄧季筠・黄文靖（乾化元年）・李思安（乾化二年）。

(20) 例えば通鑑二六八乾化元年十月戊午条のつぎのような叙述を参照。「帝、夾寨柏郷しばしば利を失うを以て、故に力めて疾く北巡し、一たび其の恥を雪がんと思う。意鬱々として躁忿多く、功臣宿将、往々小過を以て誅せらる。衆心益々懼る。」翌年にいたっては、朝臣の孫騭・張衍・張儁らが撲殺されている（通鑑乾化二年二月甲子条）。

(21) 例えば陳州の趙犨、潁州の王敬荛、洛陽の張全義等は、はやくから多額の貢納をおくって、朱全忠と関係をつけていた（旧五代史一四趙犨伝、同二〇王敬荛伝、同六三張全義伝）。

(22) 大順元年宣義、光化元年天平、天復元年護国を兼ね、天祐元年張全義が天平を領して、かわりに忠武を兼ねた。

(23) 天祐四年（開平元年）、朱全忠が禅譲を急いだ直接の契機は、このころ戦況が思わしくなく、諸鎮の離反的傾向が強まったことにあるという（通鑑二六六開平元年春正月丁亥条）。むろん禅譲の準備は、それ以前より進められていたのである。

（24）五代会要二四建昌宮使の項にも同文があるが、引用しにくい点があるので、旧五代史によった。旧五代史三梁太祖紀開平元年四月辛未条によると、皇子友文は宣武節度副使であったのであって、朱全忠即位とともに開封尹となり、建昌院の担当を兼ねたのである。

（25）冊府元亀四八八邦計部賦税に、「梁の太祖の開平元年、既に唐の禅を受け、両税の法、咸唐制に因る」とあり、同書四八六邦計部戸籍に、「梁の太祖の開平三年、中書侍郎同平章事判戸部事于競奏すらく、伏して乞うらくは天下の州府に詔を降して、各〻旧章に準じ戸口の籍帳を申送せんことを。これを允す」とある。

（26）通鑑二六七開平三年五月条によると、雍州節度使王重師が殺されたきっかけは、「其の貢奉時ならず」ということにあったという。

三　朱全忠の文臣と旧貴族

藩鎮の幕府は、かねて中央政府の官職に与かりえない不遇の士や、不平分子の集まるところであった。幕職の官には一定の資格があって、本来進士出身者や正規の官員中より辟署される定めであったが、唐末五代には、一般の幕客のなかから任用されるものも多くなり、かれらは軍政に与かるばかりでなく、藩帥の家事にも携わるようになった[1]。朱全忠はじめ、鄭州刺史から来降した李璠を行軍司馬に（旧五代史太祖紀光啓二年（八八六）条）、唐の右武衛将軍であった韋震を蔡州四面行営都統判官に任じたが（冊府元亀七二九幕府部辟署）[2]、これらはその地位が重視されたのであろう。李璠はまもなく戦死したが、韋震は宣武節度副使を経て天平留後になった。

しかし朱全忠がもっとも重んじたのは、幕客つまり私臣のなかから出た敬翔である。かれは乾符中進士に及第せず、黄巣の乱にあって関を出、汴州の観察支使であった同郷人の王発のところに寄宿して、朱全忠に見出され、宣武掌書記になった。軍士たちをうとんじた朱全忠も、かれには全幅の信頼をよせたとみえて、政治・軍事のいっさいに与かった。はじめ見出されたとき、かれの文章が卑近でわかりやすく、朱全忠に喜ばれたというのは、いかにも新興の軍事政権にふさわしい（旧五代史一八・新五代史二一敬翔伝、冊府元亀七一八幕府部辟署、同書八二八総録部論薦）。

つぎに李振も、咸通・乾符中進士に落第した人で、唐朝の武臣から台州刺史になったが、群雄興起で赴任できず、朱全忠に策を献じて、従事となった。かれがのち天平節度副使や青州（平盧）留後になったのはその前身によるもので、それだけ敬翔ほど身近にはなかったが、唐朝との接触によって生じた諸問題には、大きな役割を演じた（旧五代史一八・新五代史四三李振伝、冊府元亀七六六総録部奬附）。裴迪は名家の末であるが、財務官吏を歴任したのち、朱全忠の従事から節度判官になって、四鎮の財政を終始管掌した（旧五代史四太祖紀開平二年四月甲寅条、新五代史四三裴迪伝）。

そのほか、はじめ朱全忠に投降をすすめた謝瞳も落第生で、いったん唐朝の官吏をつとめたのち、再度朱全忠の宣義節度副使・両使留後となった（旧五代史二〇謝瞳伝、冊府元亀総録部奬附）。また淮南節度使高駢の従子であった高劭は、秦宗権の捕虜をのがれて朱全忠の客となり、宣武軍節度判官となったこともある（旧五代史二〇高劭伝）。襄州の幕職から朱全忠に降って天平軍掌書記となった李珽は、もと進士の及第者で、監察御史までいったが、母の喪に際して官をやめ、貧乏と病のため諸鎮の幕府を経た人である（旧五代史二四李珽伝、冊府元亀七二九幕府部辟署）。以上若干の例は、おおむね没落貴族や新興の知識階級であったと考えてよいであろう。

朱全忠が唐朝の貴族たちを黄河に投じ、大量に殺害した話はあまりにも有名である。はじめ朱全忠が唐の宮廷政治と直接関係をもつにいたったのは、天復元年（九〇一）ごろ、宰相の崔胤らが、兵権を握る宦官を抑えようとして、藩鎮の武力をひきいれたところから始まった。結局宦官らは天子（昭宗）を擁して鳳翔の李茂貞とむすび、崔胤は朱全忠とむすんだが、朱全忠は鳳翔を囲んで昭宗を奪いかえし、宦官勢力を一掃してしまった。崔胤自身は、朱全忠からも離れようとして自滅したが、朱全忠はこれより完全に唐朝の動向を左右するようになり、天祐元年（九〇四）には昭宗を洛陽にうつし、これを殺して哀帝をたてた。翌二年、滑州白馬駅（河南）で、三十余人の廷臣らが殺され、黄河に投ぜられた事件は、こうした状況のもとでおこったのである（通鑑二六五天祐二年六月戊子朔条）[3]。

この事件のきっかけは、宰相の柳粲が同僚の裴枢・崔遠・独孤損らを陥れようとして、朱全忠に訴えたことにあるといわれ、その際落第生の李振が、「この輩は平生清流だと称しているから、黄河に投げこんで濁流としてしまえ」といったので、朱全忠もおもしろがって賛成したのだという（旧五代史・新五代史李振伝）。朱全忠自身は、これよりさき側近の張廷範を太常卿に任じようとし、裴枢の反対にあって果たさなかったのをふくんでいたというが（新五代史三五唐六臣伝序、通鑑二六五天祐二年三月戊寅条）、これをこの事件の原因にするのは、あまりに狭い見解であろう。廷臣間の反目も、不平分子李振の私怨もあったにちがいないが、その李振が、「朝廷の治まらないのは、衣冠浮薄の徒が綱紀を紊乱するからで、王が大事を図ろうとするならば、この連中は朝廷の制しがたい者どもだから、ことごとく去るにしくはない」といい、朱全忠もこれを了承したといわれるから（通鑑天祐二年五月乙丑条）[4]、その時期からいっても、この事件は、朱全忠の即位という目的に沿っておこなわれた、と考えるべきであろう。

朱全忠はこの事件ののちにも、貴族たちをひきつづいて追放しており（旧唐書二〇下哀帝紀天祐二年六月条以下）、また禅譲のおそいのに業をにやしてさえいる[5]。元来禅譲は、貴族階級のあいだの政権移譲に利用された古い形式であるが（宮川尚志「禅譲による王朝革命の研究」「禅譲による王朝革命の特質」参照）、そのなかに旧貴族階級の排除というプログラムがふくまれたところに、この時期の政治過程の真に「革命」的な性格があらわれていると思う。

しかしながら朱全忠の後梁王朝においては、旧貴族階級が完全に一掃されてしまったわけではない。それが禅譲という形式をとって前代の王朝政治をひきついだ以上、少数にせよ、前朝の旧臣がのこらないわけにいかなかったし、むしろ王朝政治の形式をととのえるためには、積極的にかれらをのこす必要も一面あったのである。[6] 後梁王朝の宰相（平章事）をみると、ほとんど旧貴族によって占められており、[7] これと朱全忠の旧幕臣とは厳重に区別された。末帝のときであるが、衡王友諒（末帝の従兄）の入朝に際し、重臣の李振らがみなこれを拝したのにたいし、左拾遺・崇政院直学士李愚は会釈するばかりであったので、末帝がこれをとがめたところ、李振らは「私臣」であるが、自分は「朝列」にいて王と関係ないといったという話がある（冊府元亀四六〇台省部正直）。

私臣と朝臣とを区別しようとする意識は、なにも貴族の側にのみあったわけではない。朱全忠の掌書記であった李振は、即位後考功員外郎知制誥に除せられようとしたが、朱全忠の「故吏」を用いたくない意中を察して、固辞してうけなかったという（新五代史李振伝）。さきに貴族階級を猛烈に排撃した朱全忠の意識が、このようなあらわれかたをしているのである。朱全忠の側でもこのような区別をしたうえで、さて実権を与えられたのは私臣の側であって、前代内臣の掌るところであった枢密院を崇政院と改め、敬翔を院使として、政務をこれにゆだねたのである。[8] 宰相はただ位にあるだけであって、[9] 軍士との交通も禁じられていた。[10]

朱全忠の時代は以上のような状態であって、やがて新興の文臣たちが、旧貴族にかわって、宰相の地位まで掌握するようになるのは、五代ののちの王朝をまたなければならなかった。それは過渡的な時代ともいえるが、新旧両勢力の交替は、朱全忠の時代に手がそめられたのである。

（1）後唐の霍彦威の従事であった淳于晏は、軍府のことから私門にいたるまで、すべてを決裁し、以後これにならう諸鎮が多かったという。旧五代史七一淳于晏伝、冊府元亀七二五幕府部尽忠、新五代史四六霍彦威伝参照。

（2）朱全忠が蔡州四面行営都統になったのは、文徳元年（八八八）であるが、韋震はその前から朱全忠に帰していたらしい。

（3）旧唐書二〇下哀帝紀天祐二年六月条は、裴枢ら七人の屍を投じたといい、新五代史三五唐六臣伝序には、死者数百人とあるが、この前後に殺されたものは、これくらいの数にのぼったのであろう。

（4）李振の言にある「浮薄」という語は、朱全忠自身も用いており（通鑑天祐二年三月戊寅条）、おそらく貴族らは自ら「清流」と称しながら、当時の新興階級や下層民からは、一般に「浮薄」とみられていたのであろう。

（5）そのため天祐二年十二月、柳粲・蒋玄暉・張廷範らが殺されており、禅譲のやりなおしがおこなわれている。

（6）禅譲の儀式を施行したのは、新五代史にいう「唐六臣」（張文蔚・楊渉・張策・趙光逢・薛貽矩・蘇循）であるが、宗廟を整え、律令格式をつくり、ときに詔勅を草し、記録を留める等は、貴族のしごととしてのこされたであろう（冊府元亀五七〇掌礼部作楽、同六一三刑法部定律令、同五五〇―五一詞臣部等）。悪質の貴族はやはり排除されたが（旧五代史六〇蘇循および子楷伝、通鑑二六六開平元年五月条）、唐朝の旧官吏は後梁王朝のもとで、一応その地位が保証された（旧五代史三太祖紀開平元年四月戊辰即位詔）。

（7）後梁の宰相には、張文蔚・楊渉・薛貽矩（以上開平元年五月任）・于兢・張策（開平二年四月任）・趙光逢・杜暁（開平三年九月任）・敬翔（乾化二年六月任）・姚洎（乾化三年九月任）・鄭珏（貞明二年十月任）・蕭頃（貞明四年四月任）・李琪（貞明六年四月任）等があるが、敬翔を除いては旧貴族である。

（8）唐末朱全忠の禅譲の過程で、枢密院は廃止され、宣徽院のみのこったので、敬翔はまず勾当宣徽院事となり、ついで崇政院使となった（旧五代史敬翔伝）。

（9）朱全忠は薛貽矩らにたいし、「兵罷むるの後を待ちて、事大小と無く、一に中書に委ね、まさに暇食無からしむべし」といっているが、むろん実行されなかった（冊府元亀三一九宰輔部褒寵）。

（10）于競は末帝のとき、「私を挟みて軍較と還往す」という理由でやめさせられた（冊府元亀三七三宰輔部徇私）。

（駿台史学一一、一九六一）

付章　朱全忠の庁子都

一

朱全忠の庁子都については、旧五代史一九鄧季筠伝に、

「時に初めて庁子都を置く。最も親軍たり。」

といい、同書六四王晏球伝に、

「梁祖の汴に鎮するや、富家の子の材力ある者を選んで、これを帳下に置き、号して庁子都という。」

とあって、それが朱全忠の最も身近な親衛隊であり、治所汴州の富豪の子弟から成っていたことが知られている。

周知のとおり朱全忠は黄巣の乱から投帰したものであるから、このような軍隊の形成は、朱全忠の権力基盤が変化したことを示唆するものではないだろうか。かれは中和三年（八八三）七月、一旅（五百人）の兵をひきいて宣武軍（汴州）に赴任したが、このときの兵力はおそらく、投降以来かれと行をともにした農民軍が主であったと思われる。[1]

しかし宣武軍着任後は、宣武軍在来の兵もあり、またかなりの募兵もおこなわれたし、[2] 黄巣や諸鎮からの投降者もあったから、[3] 朱全忠軍の構成が変化したことは当然である。新五代史二一朱珍伝に、

「太祖の初めて宣武に鎮するや、珍、太祖の為に、軍制を創立す。将を選び兵を練ること、甚だ法あり。太祖、

諸将募る所の兵、及び佗の降兵を得て、皆以て珍に属せしむ。珍、将五十余人を選ぶに、皆用うべし。」

とあるのは、右のような事情に関連して、軍組織の整備がおこなわれたことをしめしている。朱珍は初期における朱全忠の腹心グループの一人であり[4]、光啓元年（八八五）「諸軍都指揮使[5]」に任じられた（旧五代史一九朱珍伝）。そして朱全忠麾下の宣武諸軍はおおむねその指揮下に入ったと思われるのであるが、やがてこの諸軍の上に親軍たる牙内軍が設けられ、一般藩鎮の例にならって、長子友裕が「牙内馬歩都指揮使」に任命された（旧五代史一二宗室伝[6]）。その時期は蔡州平定後といわれるが、蔡州の滅んだのは龍紀元年（八八九）の初めであって、翌大順元年四月には友裕はすでに牙内都指揮使として宿州を攻撃しているから（通鑑二五八）、任命はその間のことである。

それでは庁子都はいつ設けられたか。さきに引いた鄧季筠伝には「時に初めて庁子都を置く」とあるが、鄧季筠は大順の初め晋軍に捕らわれ、景福二年（八九三）梁・晋交戦の際に逃げ帰ったもので、これはその時のこととするのである。しかし庁子都の名はそれ以前よりみえる。旧五代史一六張帰厚伝（冊府元亀三六〇将帥部立功同じ）に、

「大順元年（八九〇）奏して検校兵部尚書を加え、又命じて親軍を統べしむ。是の歳、郴王［友裕諸軍を領し、濮州の境に屯す。十一月太祖親従の騎士を率い、まさに大軍を合せんとす。たまたま郴王］寨を遷して、未だ所在を知らず。忽ち兗・鄆の賊寇甚だ衆きに逢う。太祖亟やかに道左の高阜に登りて以てこれを観、帰厚に命じて所部の庁子馬直を領してこれを突かしむ。」

とあり、張帰厚が庁子馬直をひきいて兗・鄆の大軍を防ぎ、朱全忠の急を救った話が出ている。文中の［　］内は現行旧五代史の欠落部分を、冊府元亀の同記事で補ったものであるが、これによると事件は大順元年十一月であるかのごとくである。

しかるに旧五代史一梁太祖紀景福元年（八九二）二月条に、

「戊寅、帝鄆を親征し、先ず朱友裕を遣りて軍を斗門に屯せしむ。甲申……是の夜鄆州の朱瑄、歩騎万人を率い、朱友裕を斗門に襲う。友裕軍を抜いて南に去る。乙酉、帝晨に斗門を救うも、友裕の退くを知らず……遂に兵を村落の間に頓す。時に朱瑄尚濮州に在り。丁亥、朱瑄兵を率いてまさに鄆に帰らんとするに遇い、遂に来り衝く。帝馬に策ちて南に馳す。賊の為に追わるること甚だ急、前に浚溝あり、馬を躍らせて過ぐ。張帰厚矟を援いて其の後に力戦し、乃ち免る……」

とあって、前の事件と酷似した状況を伝えている。張帰厚伝は別に景福初めにもかれが殿軍となって朱全忠の不利を救ったことを記しているが、通鑑は両者を同一事件とみているようで、梁紀にしたがって景福元年二月に掲げている（同書二五九）。その胡注に「斗門城は濮陽県の界に在り」といい、帰厚伝の「濮州の境に屯す」とあるのに一致するし、他の史料に徴しても、朱全忠が大順元年十一月ごろ兗・鄆方面に出かけた記録はないようであるから、やはりこれは同一事件で、景福元年が正しいと認むべきである。

したがって庁子馬直の活動がはじめて伝えられるのも、正しくは景福元年（八九二）ということになる。ところでさきの張帰厚伝をみると、庁子馬直は朱全忠の「親従騎士」に属するもののようであり、大順元年に「親軍を統べた」という張帰厚の所部である。そこで推測を許されるならば、庁子馬直の存在をあるいは大順元年（八九〇）までさかのぼらせることができるかもしれない。このころは先述のように牙内軍が設けられた時期でもあり、この時期に朱全忠の親軍が全体として整備されたと考えることもできるであろう。

庁子都と牙内軍との関係については、後述する朱全忠即位後の親軍の動向からして、庁子都は牙内軍の外にあり、より側近にあったとすべきであろう。五代では主将の身近に庁直軍とよばれる親軍がひろくおかれていたようで、日野開三郎はかつて庁子都を庁直軍の一種と解した（「五代の庁直軍に就いて」）。この解釈は、庁直軍を庁事直衛というその原義にたちもどって一般化した場合にいえることであって、朱全忠の場合には、長直軍（庁直軍）は庁子都と別個の部隊として存在している。朱全忠の長直軍があらわれるのは、かなり唐末に近づいてからのことではなかったかと思われる。[7] また日野は庁直軍を唐代の後院軍の後裔とするのであるが、日野も指摘するように、朱全忠にあっては後院軍もまた存在した。それは氏叔琮が「後院馬軍都将」になったという記事によって知られ（旧五代史一九氏叔琮伝）、氏叔琮はこの地位にあって徐・鄆征服に参加したというから、庁子都とは併存したかと思われるが、他に記録のないことからみて、さして重要な地位を占めるにはいたらなかったのであろう。

もう一つ日野は「庁子馬軍」の語があるところから、朱全忠の庁子都が馬直と歩直とにわかれていたと推測したが、それは朱全忠の「親従騎士」に属することでもあり、むしろ馬直だけではなかったかと私には思われる。

（1）その一例として、これらの兵をひきいた元従都将胡真がある。かれは黄巣軍中から名将の名があったが、おそらく黄巣によって朱全忠軍の都指揮使に任命されたものであろう（旧五代史一六胡真伝）。

（2）初期の大規模な募兵の例に、光啓三年（八八七）ごろ朱珍を東方淄青、郭言を西方河陽・陝虢方面に送り、他鎮の管内で募兵させたものがある（旧五代史一梁太祖紀、同二一郭言伝）。

（3）黄巣の降将李唐賓・霍存・葛従周らは、元従の将朱珍・龐師古らとともに、初期の征服戦争を指導した。朱全忠の軍事的発展ははじめ専らこれらの農民軍出身者に負っていた。

（4）旧五代史一九朱珍伝に、「太祖初めて兵を起こすや、珍、龐師古・許唐・李暉・丁会・氏叔琮・鄧季筠・王武等八十余人、中涓を以て従う」とある。これらの人々の出自は不明なものが多いが、丁会が農産を治めず挽歌にたくみであったといわれるように、下層の出身者が多かったであろう。

（5）通鑑二五七光啓三年十一月条には、「宣武都指揮使朱珍」とあり、宣武軍全体の総指揮官である。朱珍のあとこの地位を龐師古がついだ（旧五代史二一龐師古伝）。

（6）藩鎮の兵は一般に牙内軍と牙外軍とから成る。朱全忠の場合上記の「諸軍」が牙外軍に当たるであろう。乾寧五年（八九八）袁象先が任じられたという宣武軍内外馬歩軍都指揮使は両者を統括するものであろうか（旧五代史五九袁象先伝）。

（7）天復三年（九〇三）劉捍が左右長直都指揮使に任命されたのが初見（旧五代史二〇劉捍伝）。これより唐末の四、五年間活躍する。

二

庁子都、庁子軍、庁子指揮等と称する部隊は、五代を通じてひろく存在した。王朝の禁軍の例としては、後唐の明宗の時代に、「随駕庁子軍」なるものがあった（新五代史二四安重誨伝）。地方藩鎮の例は日野が充分あげているが、ここではそれらが知られるかぎり馬軍であることを指摘したい。

冊府元亀九三帝王部赦宥、天福三年九月己巳条に、

「其の応ゆる在城馬歩軍将、庁子指揮・散員・親従・左右義勇・先鋒、并びに馬直に入れ、馬歩あるの人、神勇・弩手、鄭韜・張進手下の兵士、并びに薛覇・王建の遣わす諸色の将校・衙隊・名額ある軍都、竝びに陞せて侍衛親軍と為す。」

とあるのは、後晋の時代に反乱をおこした范延光の親軍を禁軍に編入しようとしたものであるが、その筆頭に庁子指揮なる部隊があげられており、それが馬直に入れられたことが判明する。

宋史一八七兵志、禁軍の条には、五代の定州・相州・石州・夏州各地に庁子と称する軍があり、それらが宋の禁軍

に編入されたことが記されているが、これら庁子に関係ある禁軍部隊は、雲翼・庁子・飛捷・揀中夏州庁子等いずれも侍衛司騎軍に所属する。一例としてつぎに掲げるのは雲翼の由来をのべたものである。

「咸平三年詔す、定州等の処の本城庁子・無敵・忠鋭・定塞指揮、已に並びに升せて禁軍馬軍の雲翼の指揮に充て、逐州の軍に依りて糧に就き、侍衛馬軍司をして管轄せしめよ。定州揀中庁子第一は、雲翼第一に充て、［庁子］第二は雲翼第二に充て、相州庁子第一は雲翼第三に充て、［庁子］第二は雲翼第四に充てよ。」

定州揀中庁子・揀中夏州庁子の語がしめすように、これらは選ばれて禁軍に入るのであるが、定州の軍は一部飛捷にも入れられており、また残留するものもあって、宋史一八九兵志、廂軍の馬軍の条には、本城庁子なる部隊が定州にあったと記されている。定州・相州にはまた石州庁子軍の移されたものがあった。さきの侍衛司騎軍所属の庁子なる部隊がこれにあたる。これら河北所在の部隊については、上記兵志禁軍の条に、

「仁宗即位し……復た河北招収の無敵・庁子馬を升せて……皆禁軍と為す。」

などとあるごとく、しばしば庁子馬なる語が用いられているのも注意される。

つぎに興味深いのは、後漢の時代にのちの後周の太祖郭威がもっていた庁子都の例である。旧五代史一一〇周太祖紀によると、乾祐二年八月河中の反乱を討って凱旋した郭威は、

「帝、出征時の庁子都七十三人を以て、籍を具してこれを献ず。」

といい、そのひきいた庁子都を籍とともに後漢の隠帝に献上したといわれる。臣下である郭威がことあたらしくこれを皇帝に献ずるということは、その兵が武将個人にのみ直属する私兵であることをしめしている。五代の武将は身辺に私兵をもつのがふつうであったし（第二章参照）、庁子都が武将側近の親軍であることを考えあわせれば、庁子都は一般にも私兵であったとみてよいであろう。

庁子の語義が庁事の役夫であることは、日野がすでに指摘しているが、それは最初徭役として徴発されたところから始まったのであろう。新唐書五五食貨志、光宅元年（六八四）諸官吏に給する奉仕者をのべた条には、

「諸司諸使、守当及び庁子あり、兵及び勳官を以てこれと為す。」

とあって、まず兵および勳官をもってあてたという。このようなものが官吏の身辺にあったのであるから、それがやがて官吏個人の私的従者と化し、さらに大規模な五代の庁子軍に発展していく可能性もあったのである。他方本来のいみでの庁子は、その後も五代から宋にかけて存続しており、一般の民衆を徴発したり雇傭するにいたっている。[1]

朱全忠の庁子都において特徴的なのは、いうまでもなく汴州の「富家の子」をあつめたという点にある。富家の子とは何か。庁子都の選にあずかった王晏球の伝によると、かれは少時河南の軍閥秦宗権の兵に掠売され、汴人杜氏の養子（仮子）となったものという。庁子都の兵員で名を知られたのはかれだけであるが、これとは別に朱全忠と特殊な関係をもった汴州の富豪に李譲がある。李譲は朱全忠に貲を献じてその仮子となり、朱友譲の名を与えられたが、[2]その家僮である孔循・董璋・高季昌（季興）らは朱全忠の部将に登用された。このうち孔循は汴州に流落した孤児から李譲の養子となったもの（新五代史四三孔循伝）、高季昌は李譲の奴隷たちのなかから朱全忠に見出されて李譲の子とされたものである（旧五代史一三三高季興伝）。当時武将や宦官のみならず、民間でも仮子を蓄える風習があったと思われるから、[3]富家の子と称するも実はこのような仮子、現実には家内奴隷が多かったのではなかろうか。庁子都を設立しようとする朱全忠の要求にたいして、多くこのような種類の人々がさし出されたとみてよいであろう。

唐代藩鎮と在地土豪層との結びつきはやくから発達したが、このなかで朱全忠の庁子都がしめすような関係はどのような位置を占めるだろうか。土豪らが藩鎮や諸官司ととりむすぶ関係はふつう影庇といわれ、その直接の目的は藩鎮等の勢威をかりて、王朝の賦課する徭役を忌避するにあった。この影庇、すなわち徭役忌避の形態はさまざまで

あって、正式に官位を獲得し、藩鎮の場合は武将となって朝籍につけられる場合もあれば、その下級事務を担当する胥吏や役人となる場合もあった。また塩・茶等をあつかう特権商人や、捉銭戸等として登録される道もあったようである。

もしこのような時代に、庁子都にみられる富豪との関係の原形をもとめることができるとすれば、それは庁子都の原義もしめすとおり、やはり色役の一形態にほかならないのではないか。官吏に給せられる色役が傜役忌避の手段として利用されたことは、唐代も実にはやい時期からのことである。民間の有力者が一般の傜役を忌避しようとすれば、この色役の人員として登録されることによって、その他いっさいの傜役が免除されるのである。そして色役の実際にあたる者には自己の子弟なり家僮なりを提供すればよいのである。上にみてきた庁子都の構造は、このやりかたにそっくりだといってよいだろう。ただ庁子都の場合、汴州の富家は単に傜役を避けるだけでなく、権力者朱全忠と直接結ぶことができた点に注目しなければなるまい。朱全忠の方からみても、汴州の富豪と結ぶことには多くの利益がみこまれたであろう。

朱全忠が拠った汴州は、江南とむすぶ大運河の要地であり、この時代には華北第一の商業・交通の中心地になりつつあった。これがそのまま後梁王朝の都となって、宋代開封（汴京）の繁栄にひきつがれていくのである。だから汴州の富家といわれるものは、この新興都市の新勢力を代表する商人であったといってよい。したがって朱全忠とかれらとの結びつきはきわめて注目しなければならないのであるが、そうとすれば両者の関係をどう解すればよいのだろうか。みようによっては、朱全忠政権は汴州市民の傭兵隊としての性格をもつといえるかもしれないのであるが、しかしこれをもってただちにヨーロッパ近世都市の傭兵に比するには問題があろう。汴州の商人たちは都市のなかでなんらかの機関をもっていたとは思われず、しだいに形成されていく朱全忠の官僚機構に服属していったと思われる。

ここでは官僚機構の発展についてはのべないが、色役から発達した私的関係である上記庁子都の性格に照らしても、富商たちの従属性はあきらかであろう。[4] ただこの段階では富商たちが子弟・家僮らを出すことによって、朱全忠政権とふかくとりむすび、その動向を左右したであろうことは充分想像されるところであって、それが朱全忠の官僚機構の形成にどのような影響を与えたかは、今後検討されなければならない重要な問題である。

(1) 日野前掲論文六四頁に、北夢瑣言一一および夢粱録一九を引いて説明がある。なお欧陽文忠公集一一五相度併県奏状によれば、州の色役に庁子がある。

(2) 貲を献じたというのは、旧五代史六二董璋伝・新五代史六九南平世家等で、冊府元亀九三八総録部姦佞孔循の伝では軍功によったとある。また朱全忠の子とされる朱友恭は、本名霍彦威、旧五代史一九・新五代史四三の伝によれば、幼時より朱全忠の家僮であったというが、十国紀年（考異所引）には寿春の買人とあるらしい。

(3) 以上の杜氏や李譲のほか、後唐末邠州の民郭氏の義子（仮子ともいう）と嫡子が遺産を争った例がある（旧五代史八八張希崇伝）。

(4) このような私的従属関係はいわば家産官僚制につながるものであって、この時代の政権の分権的な性格にもかかわらず、封建的な政治機構をつくらなかった。この点に関連して私は旧稿（第二章）において、土豪層の直接生産者的性格を指摘した。しかしこれを封建制形成の阻止的な要因として指摘しただけでは、この時代の変革の特質を充分あきらかにすることはできなかったと反省している。本稿は不充分ながらその補正を期するものである。

三

さて庁子都の存在が、朱全忠の地方政権としての性格にかかわりあっているとするならば、征服戦争の進行、後梁王朝の形成にともなって、庁子都がどのように変貌したかを最後にみておきたい。朱全忠即位後の親軍については、五代会要一二京城諸軍の条に、

「梁開平元年（九〇七）四月、左右長直を改めて左右龍虎軍と為し、左右内衛（内衙）[1]を左右羽林軍と為し、左右堅鋭夾馬突将を左右神武軍と為し、左右親随軍将馬軍を左右龍驤軍と為す。」

という記事がある。これは王朝の伝統的な制度にしたがって六軍を設けたものであるが、左右長直、左右内衙すなわち牙内の語がしめすように、宣武軍時代の親軍部隊の名称を変えたものにすぎないようである。堅鋭・夾馬等の名はむしろ朱全忠の即位後にあらわれてくるので不明な点があるが[2]、菊池英夫によると一般牙軍中より選抜した精鋭部隊であるという（「五代禁軍に於ける侍衛親軍司の成立」）。

それでは庁子都はどうなったかというと、左右龍驤軍がそれにちがいない。庁子馬直が親従騎士に属することはさきにふれたが、龍驤軍の前身である左右親随軍将馬軍がそれにあたるであろう。旧五代史二一王彦章および同書六四霍彦威伝によると、この両者はそれぞれ開封府押牙・左親従指揮使、同・右親従指揮使より、開平二年十月左・右龍驤軍使に任命されたという。したがって龍驤軍が設けられたのは即位直後の開平元年四月ではなく、このときには左右龍虎・羽林・神武の六軍が設けられただけであり、翌二年十月にいたって設置されたとすべきであろう。

これにともなって「最も親軍たり」といわれたかつての庁子都の地位も変わってきた。五代会要には上記の記事に

つづいて、

「其の年（開平元年）九月、左右天興・左右広勝軍を置き、仍って親王を以て軍使と為す。」

とあり、一方旧五代史八梁末帝紀には、

「太祖禅を受け、均王に封ぜらる。時に太祖初めて天興軍を置き、最も親衛と為す。帝を以て左天興軍使と為す。」

とある。これは王朝の国軍たる六軍や龍驤軍のほかに、皇帝の側近に親王にひきいられた新しい親軍が生じたことをしめすものである。

このような親軍部隊のなかでも、のちにとりわけ重要な地位を占めるにいたったのは控鶴軍である。朱全忠は庶子の郢王友珪を控鶴都指揮使に任じて殺害されたのであるが、末帝の時代にも最後まで側近にあったのは控鶴軍で、後梁の滅ぶとき城中には控鶴数千人があったといわれる（通鑑二七二同光元年十月条）。控鶴はその後歴代王朝にうけつがれ、「控鶴は親兵なり」とも称せられた（新五代史一六唐家人伝）。さきの六軍や龍驤軍は朱全忠の在藩時代の旧親軍であったから「元従親軍」といわれ、やがて「侍衛親軍」と称せられたようであるが[3]、控鶴以下皇帝の身辺に生まれた新しい親軍は、のちに後周の世宗によって定制化された殿前諸班とよばれる禁軍の前身であったと思われる。五代の国制はふつう藩鎮制度の拡大したものとされ、殿前諸班も藩鎮の庁直軍等にあたると考えられがちであるが、実際には王朝の形成にともなって変化した側面をも見おとしてはならない。

もっとも侍衛親軍とて藩鎮時代の親軍そのままでありうるはずはなかった。上記五代会要につづいて、開平二年十二月左右天武・天威・英武軍の軍号を、左右龍虎以下の六軍と交換したことを伝えているのは、朱全忠即位後新設された天武以下の軍をもって伝統的な六軍にあて、旧親衛軍に代えたことをしめすものであろう。

ただ興味深いのは、開平四年末の柏郷の戦いの際に晋将周徳威が後梁の軍を指して、

「是れ汴州天武の健児、皆屠沽傭販なり。」（旧五代史五六周徳威殿）と称している点である。このとき後梁の軍は別に龍驤・神威・神捷・拱宸等ともいわれているし（旧五代史二七唐荘宗紀、新五代史二五周徳威伝）、屠沽傭販の語を文字どおり受けとる必要はないのであるが、後梁の軍は一般に汴州の商人と密接な関係をもつと思われていたのであろう。後梁は河南・山東を中心とする比較的狭い地域を支配したにすぎないから、王朝としての形式を整えたとはいえ、右のようなぬきがたい性格を一面もっていたのではなかったか。ただし右の軍に龍驤軍がふくまれており、この戦いで龍驤・神捷等の軍がほとんど尽きたというのが真相ならば、屠沽傭販の語はかなり事実に近いであろうし、同時に庁子都以来のかかる伝統がここにいたって絶えようとしたのではないかと思われる。

けれども龍驤軍自体はその後募兵をも加えて拡大し（旧五代史一二九李暉伝）、末帝の時代には左龍驤第一・第二、右龍驤第一・第二の四軍から成っていて、後梁の禁軍のなかでも重要な地位を占めたらしい（旧五代史王晏球伝）。そして後梁滅亡後も龍驤馬軍と称する部隊が、後唐荘宗の軍中に残っていたようである（旧五代史三四荘宗紀同光四年三月壬申条）。

（1）　旧五代史三梁太祖紀同年同月条注に引用する五代会要同文に「内衙」とある。この方が正しいと思う。

（2）　開平元年以後夾馬指揮使尹皓はしばしばあらわれるし（冊府元亀三八九将帥部請行、通鑑二六六開平元年十一月、旧五代史四太祖紀開平二年十月丙午条）、末帝のとき潘環は左堅鋭夾馬都虞候になったという（旧五代史九四潘環伝）。

（3）　後梁建国とともに劉捍は「左龍虎統軍兼元従親軍馬歩都虞候」となり、ついで「侍衛親軍都指揮使」となった（旧五代史二〇劉捍伝）。これが侍衛親軍の初見で、私はこの任命をさきに開平二年十月と考証したが（「五代宋初における禁軍の発展」

八九頁）、これは誤りで同年四月ごろとすべきである。劉捍は太祖（朱全忠）が上党方面に親征したとき御営使となり、京師帰還後、侍衛親軍都指揮使になったのであるが、この年還幸は四月と十月と二回あったからである。劉捍にたいして、劉鄩が建国とともに、「右金吾上将軍充諸軍馬歩都指揮使（もしくは都虞候）」になったのは（旧五代史二三劉鄩伝）、元従親軍以外の一般諸軍をひきついだのであろう（一節注6参照）。なお後梁の侍衛親軍については菊池英夫と私の旧稿の間で解釈を異にし、菊池は旧制にのっとる正規禁軍（六軍）とは別個の天子の親従軍を侍衛親軍とするのであるが、上のように解するため私の根本見解は変わらない。

（『和田博士古稀記念東洋史論叢』講談社、一九六〇）

第五章　第二次大戦後の唐代藩鎮研究

高瀬奈津子

はじめに

戦後の藩鎮体制研究において、そのほぼ共通する課題となったのは、唐末五代を政治・社会構造の変革が行われた時代とする唐宋変革期において、藩鎮体制が当時の変革の中にどのように位置づけられるのかを検討することであった。戦争中に、日野開三郎氏の『支那中世の軍閥』が出されて以来、今日に至るまで一五〇編以上の関係著書や論文が公刊されており、藩鎮の権力構造、藩鎮と唐朝との関係、藩鎮辟召制、藩鎮と在地勢力との関わり、藩鎮の軍事・財政などの諸制度など、さまざまな側面から藩鎮に関して多くの研究成果が積み重ねられてきた。そのため、これまで藩鎮研究を総括しようとする試みもいくつか発表されている(1)。

近年、中国から墓誌銘などの石刻史料が陸続と公刊されたことにより、これを活用した藩鎮の制度史の実証的研究が緻密化し、個別の問題の解明に精力が注がれるようになった。そこから新たな唐代藩鎮像も生まれつつあるが、藩鎮研究の個別細分化が進んだ結果、これを唐宋変革期の中にどのように位置づけるかというような、藩鎮の歴史性をめぐる論争はほとんど行われなくなり、依然、課題として残されている。

そこで、本章では時代を唐末の動乱期以前の唐後半期とする。まず戦後から現在に至るまでの唐代藩鎮研究史を概観し、具体的課題として藩鎮の軍事構造、藩鎮と唐朝との関係、藩鎮辟召制と幕職官についての論考を取り上げ、これらを整理しながら、唐代藩鎮研究が今後どのような展望を期待されるのか、見ていくこととしたい。

一　戦後唐代藩鎮体制研究の主要成果

戦後の唐代藩鎮研究の本格的な出発点となったのは、日野開三郎〔一九四二〕である。日野氏は、唐後半期から五代を、藩鎮跋扈、武人政治の時代とみなし、その実態の把握を目指して、藩鎮体制成立の由来、藩鎮の権力構造、軍事・行政・財政の諸制度、唐朝の対藩鎮政策など、唐代藩鎮の実態をさまざまな側面から追求する。唐代藩鎮全般を扱った本書は、発表後五〇年以上たつ今日においても依然として利用価値が高く、唐代藩鎮制度全体を知る必読の研究書となっている。日野氏の研究で特徴とすべき点は、対藩鎮政策から見た唐朝の中央財政の重要性に注目し、中央財政が藩鎮に対する求心力として果たした役割を指摘したことである。これと関連して唐朝の中央財政については、日野氏の税・財政制度史に関する多くの論考で、「抑藩振朝」をキーワードとしてさらに詳細に検討している（日野開三郎〔一九五六A〕、〔一九五六B〕、〔一九五六C〕、〔一九五七〕、〔一九六一A〕、〔一九六一B〕）。そして、日野氏は、戦前から積み重ねてきた藩鎮に関する実証的な制度研究の成果を踏まえ、この時代の政治史的展開を次のように時期区分する。すなわち、藩鎮は両税法創設までが発展時代、憲宗の改革までが極盛時代、それ以後が弱体化時代、唐末が変態時代、五代が終焉時代で、宋初が死期であると（日野開三郎〔一九五六B〕）。このような日野氏の藩鎮理解に対してすでにいくつかの批判が出されているが、特に堀敏一氏や大沢正昭氏は、制度史的側面ではそれなりの説得力を持っていても、背景となる唐宋変革期をどのような構造としてとらえているのか、という根本的な疑念を提出している。

日野氏の成果を受けて、一九五〇年代には多くの藩鎮研究が発表されるようになった。また、戦後の中国史研究では、前田直典氏の提言を受けて[2]、唐宋変革期研究の議論が活発化した。こうして、唐宋変革期における国家や社会の変動過程の中で、藩鎮体制の権力構造は何か、藩鎮体制はどのように位置づけられるのか、という課題が提起されることになった。そこで注目されるのは、栗原益男氏と堀敏一氏の成果である。まず堀敏一氏は、堀敏一〔一九五一〕において、唐宋変革期の政治権力のあり方を検討するには、生産関係の変化と共に、それとは別の独自に存在する政治構造の把握も必要との立場から、唐代政治史の歴史的展開を検討する。そこで、唐末の社会において恩寵や個人的結合が重要な役割を持っていたことを指摘し、藩鎮体制においても、藩帥はその軍隊を支配するために個人的結合関係に頼らなければならなかったと論じた。

堀氏の所論を受けて、栗原益男氏は、藩帥的権力に見られる「仮父子的結合」を分析し、藩鎮の権力構造にある、私的・個人的結合関係と家父長的関係を考察した（栗原益男〔一九五三〕、〔一九五六〕）。そして、仮子について、集団型仮子と個人型仮子の二つのタイプの存在を指摘した。

そして、これまでの諸研究を集約した上でまとめられたのが、堀敏一〔一九六〇〕である。堀氏の研究は、おもに堀氏自身の〔一九五一〕と栗原氏の見解（栗原益男〔一九五三〕、〔一九五六〕）をふまえつつ、藩鎮軍の権力構造の特質を考察し、唐末五代の変革の過程における藩鎮体制の役割を追求したものとして、藩鎮研究のひとつの画期をなす成果とみなされる。

この堀氏の見解を乗り越えるべく、藩鎮研究に「地域差」という視点を提示したのが、大沢正昭氏である。大沢氏の研究は、地域的差異をふまえた藩鎮の性格的差異を分析した上で、藩鎮の政治史的展開を把握しようとする。そして徳宗・憲宗期における全国の藩鎮を、唐朝との対応関係から三つの類型に分類した（大沢正昭〔一九七三B〕）。また、河南・北と江南の藩鎮を、それぞれの藩鎮の権力構造と在地農民層の存在形態との関連から類型化を行った（大沢正昭〔一九七五〕）。のちに張国剛氏も、全国の藩鎮について地域的差異をふまえた類型化を行った（張国剛〔一九八三〕）。大沢氏や張氏の藩鎮類型化の試みから、地域的にせよ、性格的にせよ、各藩鎮間の差異が一層意識されるようになり、個別に藩鎮の性格や権力構造、在地勢力との関わりを考察する傾向が強くなった。

一方、礪波護氏により、藩鎮幕職官と辟召制が、新興層の統治機構内部への進出と、貴族層の崩壊に導いたとする見解が出された（礪波護〔一九六二〕、〔一九七三〕）。辟召制と幕職官の探究を通じて、唐朝の中央官制や地方統治と藩鎮体制とのかかわりという新たな課題が加わることとなった。その結果、唐後半期に藩鎮が跋扈したにもかかわらず、なぜ唐朝の支配が続いたのか、という唐朝支配の持続性に注目する研究が出されるようになった。

こうした流れを受けて、近年、中国から墓誌銘などの石刻史料が陸続と公刊されたことにより、これを活用した藩鎮制度の研究が緻密化し、個別的な問題の解明に精力が注がれるようになった。その結果、研究の細分化や制度の実証的研究に傾き、これを唐宋変革期の中に藩鎮体制をどのように位置づけるかというような、藩鎮の歴史性をめぐる評価や論争はほとんど行われていない。その一方で、新たな唐代藩鎮像を模索する動きも見られ、最近、渡辺孝氏は、藩鎮幕職官の分析を通じて、幕職官と辟召制の機能に関する新たな見解を展開し、従来の藩鎮理解に対して再検討を求めている（渡辺孝〔一九九八〕、〔二〇〇一A〕）。

二　藩鎮の権力構造研究

さて、戦後の藩鎮体制研究の中で課題とされたテーマをもう少し具体的に見ていこう。まず藩鎮の権力構造が研究者の注目を集めた論点となった。藩鎮体制の位置づけを明確にするためには、藩鎮がどのような権力構造を形成したかを探究することが必要となると考えられたからであろう。その際に分析対象となったのが、藩鎮の軍隊である。

1　藩鎮の軍事構造

一般に藩鎮配下の軍隊は「官健」と「団練」から成り立ち、藩帥はこの中から牙軍等と呼ばれる親衛軍や中核部隊を組織した。このような藩鎮軍の権力構造については、魏博の牙軍をはじめとする、いくつかの藩鎮の軍隊の分析が進められ、これまで数多くの研究成果が積み重ねられてきた。

藩鎮親衛軍について日野開三郎氏は、牙中軍は藩帥の親衛隊であり、藩帥の交代が行われれば、新任の藩帥の下に新たな牙中軍が設定されるのであり、もし前代以来の牙中軍が引き続き牙中軍とされるならば、それはその藩鎮の政治的事情による、と述べた（日野開三郎〔一九四二〕）。これに対して、矢野主税〔一九五一〕、〔一九五二〕は、藩鎮の親衛軍について、それぞれの藩鎮内で固定的に存続した牙中軍と、藩帥の近くにいた特別親衛隊とを区別すべきだと批判した。そして、牙中軍と藩帥の関係について、藩帥にとって牙中軍の統制は困難であり、牙中軍自体も地縁的血縁的関係によって強固に団結した結果、藩帥による統制よりも牙中軍からの牽制のほうが強い場合が多かったことを指摘した。

一方、栗原益男氏は、藩鎮の権力構造が持つ私的・個人的結合関係と家父長的関係に着目し、藩鎮体制に見られる仮父子的結合現象を追求した。すなわち、藩帥は、仮父子という擬制的親子関係を結んで究極の私的結合を形成し、その家父長権的支配下に自己の権力の不安定性をカバーし、藩帥個人の保身とその支配権力の保持拡大を目指したとする。仮父子的結合において、仮子は性格や存在形態から、奴隷的無主体者的な集団型仮子と、それよりは主体性を持ちえた個人型仮子とに分類でき、藩帥個人の保身には集団型仮子がその役割を果たし、藩帥的支配権力の保持拡大には個人型仮子が役割を果たしていた、と論ずる（栗原益男〔一九五三〕、〔一九五六〕）。

堀敏一〔一九六〇〕は、魏博などいくつかの藩鎮の親衛軍を分析することで、藩鎮軍の構造的特質について明らかにした。堀氏によれば、藩鎮親衛軍はもと在地農民より形成されたが、藩帥が給与を厚くしてこれを優遇したために、やがて自らの利益を第一義として動く傭兵集団、特権集団に転化し、そのために藩帥の地位をも左右する存在となる。これが藩鎮支配の不安定性につながり、藩帥は唐朝の権威を必要とし、唐朝から完全に独立し得ない主要な原因となった。また親衛軍の強大化に対し、藩帥は自らの地位を保全するための私的な家兵を置かざるを得なくなったとする。その結果、唐末までの藩鎮には、中央に反抗しながら在地化しきれない、傭兵的構造の矛盾が生じたと論ずる。

しかし谷川道雄氏は、堀氏や栗原氏のような、私的・個人的結合関係による藩鎮内部の権力構造への理解を批判した。谷川氏は、河北三鎮の藩帥と軍隊の関係を分析し、藩帥と軍隊との間には、藩帥の軍隊に対する公正さ、藩帥権力の公権的なあり方を求める意識があり、その軍政の公正さこそが兵士の権利を保証するものであると述べる（谷川道雄〔一九七八〕）。また、藩帥と軍との関係を、河北三鎮における「三軍推立」の慣行から、藩帥選任の主体が軍にあることを確認した上で、軍は将兵あわせた「仲間集団」であり、藩帥もその集団の一員と位置づけられるが、一方で藩帥は唐朝の使臣でもあるという二面性を備えているため、現実にはこの両面の間を揺れ動いていかざるを得ず、この矛盾を乗り越えて藩鎮が自立性を高めるのは、黄巣の乱以後であるとする（谷川道雄〔一九八八〕）。

ところで、堀敏一氏をはじめとする従来の藩鎮軍及び権力構造の研究は、おもに河北三鎮を分析対象としてきた。だが、大沢正昭氏は、こうした藩鎮理解に対して、藩鎮それぞれの地域的差異を捨象して全国の藩鎮を一律に扱っていると批判した。そこで、まず大沢正昭〔一九七三B〕は、藩鎮の政治史展開の把握には、「地域差」をふまえた藩鎮の性格的差異の分析の上に、地域的権力としての藩鎮と唐朝との対応関係を考察することが必要であるとし、徳宗・憲宗朝における全国の藩鎮を⑴河朔三鎮を中心とする「分立志向型」、⑵長安を占拠した朱泚や淮西の李希烈など唐朝権力を否定する「権力志向型」、⑶四川・江南など唐朝を支える「統一権力支持型」の三つの類型に分類した。

また、大沢正昭〔一九七五〕では、河南・北と江南の藩鎮における地域的差異の分析を通じて、各々の藩鎮軍の権力構造と在地農民層の存在形態との関連を三つに類型化した。まず、藩鎮軍の構成的特質について、関中・河南・河北地域の藩鎮では、親衛軍の傭兵的性格が強く、江南地域の藩鎮では「団結」「土団」等の土着兵的性格が強いという地域的な差異が見られる。一方、河北と関中・河南の間にも土着的性格という点で性格の差異が見られ、河北三鎮の軍隊は土着的性格を強く持った「傭兵」であり、河南では非土着的「傭兵」であるとする。大沢氏は、このような三者の軍構成の違いの背景を、農民層の存在形態の差異から明らかにする。すなわち、華北の主要部たる関中・河南・河北では、小規模農民が一般化しつつあり、小農の自立化傾向という旧来の大土地所有に敵対するような動きが、河北三鎮の強力な藩鎮の存在を生み出したとする。さらに関中・河南では、唐末の戦乱期に近づくにつれて収奪が一層激化し、その結果として、没落農民が大量に発生し、流民となって都市に集中したため、社会矛盾が蓄積されていた。河南では、一方で矛盾の爆発を抑えるため強力な軍隊が要求され、他方で没落農民が兵士の供給源となり、矛盾の深化と共に、軍隊の非土着的「傭兵」化が推し進められていたと理解する。さらに江南を中心とする地域では、開発地主の例に見られるような地主・佃戸の依存的関係もあり、また、生産力もかなり高くなっていたこともあって、華北主要部ほどには社会矛盾が表面化しなかったために、在地的勢力としての「土団」が成長していったとする。

この大沢氏による藩鎮の類型化という手法は、張国剛〔一九八三〕にも取り入れられた。すなわち張氏は、全国の藩鎮を(1)河北三鎮を代表とする「河北割拠型」、(2)河北を抑え、関中を防御し、江淮とつながるような、戦略的にも軍事的にも重要な位置にある「中原防遏型」、(3)西北と西南の辺境を防衛する「辺疆禦辺型」、(4)財源として唐朝を支える東南諸道の「東南財源型」、という四つの類型に分類し、河北型以外の中原型、辺疆型、東南型を割拠性の藩鎮ではないとする。また、各類型の性格や全藩鎮の中における位置づけを分析した上で、唐後半期の藩鎮の動向で注目されるのは、中央との対立と藩鎮内の軍乱であるとし、反乱発生の原因を検討した。そして、各藩鎮間は相互に制約しあう関係にあったため、唐朝が百年以上も安定して支配できたのだと結論づけた。

さらに渡辺孝〔一九九五〕は、河北三鎮を同一に扱うことに疑問を示した。渡辺氏は、「牙軍」の用例調査を行い、それが魏博における特定の軍を指す固有名詞的呼称であった可能性を指摘する。そして、従来のように、魏博の軍事構造を基準として、唐代藩鎮一般の、或は河北三鎮一般の権力構造を論ずることは、各藩鎮間の差異を無視している、と批判する。その上で、河北三鎮の魏博と成徳の軍事構造の比較を行った。まず、魏博は、他藩より大きな規模をもち、強い地域性と一枚岩の強固な団結力をもった牙軍が、主戦部隊にして宿衛部隊という田承嗣以来の初源的形態を唐末まで存続させ、藩の自立を支える主体となるとともに、藩帥にとっては絶えざる脅威となったのであり、これこそが魏博牙軍の特質であったとする。一方、成徳では、その軍事力の中核を担い、藩帥の地位を脅かす要因ともなったのは、配下に数多く抱えこんだ安史以来の有力諸将層であったと指摘する。

中国側では、王賽時〔一九八六〕が藩鎮軍を構成する兵士、軍将、藩帥を検討した。この三者は、それぞれ密接にかかわりあいながらも明確な差異があって、兵士は軍隊の主体であり基層でもあり、軍将は軍隊の中核であって、この二者が藩鎮軍の決定的な力を形成しており、藩帥は高い統帥権を持っていても、将兵たちの利益に反することができなかった。三者は互いに頼りにしながらも、また矛盾もはらんでいて、この複雑な関係のために、藩鎮軍が長期にわたって安定しなかった原因となったと述べる。

2　唐朝と藩鎮との関係

藩鎮の権力構造と共に、課題として常に意識され続けてきたのが、唐朝と藩鎮との関係である。というのも、安史の乱以降、藩鎮は地方に割拠し続け、なかには河北三鎮のように、唐朝の命令に従わずに半独立的傾向を示していたにもかかわらず、結局彼らは唐朝支配を打倒できずにかえって唐朝の権威を利用した。こうした藩鎮と唐朝との関係の背景に、藩鎮の権力構造が密接にかかわっていると考えられ、先述した論考のほとんどが、藩帥と軍隊との対立を、唐朝支配を克服できなかった原因として挙げている。したがって、唐代藩鎮は唐朝と利害をめぐって対立しながらも、その権威を利用するという、矛盾する二つの側面をもつ存在として理解されてきた。

こうした傾向に対し、大沢正昭〔一九七三B〕は、先述したように類型化という手法を用いて複雑な藩鎮と唐朝との関連を分析した。すなわち、地域権力としての藩鎮と唐朝との対応関係から、徳宗・憲宗朝の藩鎮を⑴「分立志向型」、⑵「権力志向型」、⑶「統一権力支持型」の三つに類型化し、それぞれの基本的志向やその背景を考察した上で、憲宗の「中興」が達成されていく過程を跡づけた。そして、唐朝の対藩鎮政策は、各藩鎮の志向を利用して、自らの中央統一権力としての存在を確立、保持するところにあったとし、⑶型藩鎮に経済的に依拠しつつ、⑵型藩鎮の出現を抑圧し、⑴型藩鎮には、その統一権力を否定し得ないという弱点を利用して、徐々に支配下に組み入れようとするものだったとする。

この大沢氏の立場に立って、辻正博〔一九八七〕は、河南に成立した河南・淮西・淄青の三節度使を対象として、八世紀後半から九世紀初めの唐朝の対藩鎮政策である、河南の「順地」化の過程を考察する。すなわち、唐朝による河南の「順地」化は、⑴反乱節度使の討伐、⑵討伐後に中央から藩帥を派遣、⑶藩鎮の分割（解体）、⑷新任藩帥による旧藩鎮の牙軍の粛清、という四段階のプロセスを経て達成し、唐朝は、河南諸藩鎮の反中央的傾向を解消することができたとする。

また中砂明徳〔一九八八〕は、唐朝と江淮の関係を手がかりに、地方支配を通じて唐朝と藩鎮との共存という視点で、藩鎮の唐代後半期の支配体制における位置づけを論ずる。安史の乱以降、律令体制の「一律性」が崩れ、河北を中心に半ば独立した勢力が出現するようになると、唐朝は支配理念の転換を迫られるとともに、江淮の行政に深い関心をもたざるを得なくなる。そして、中央の意向と連動して、地域社会に生起する諸事情を把握し、調整する地方支配を藩鎮に委ねたとする。そのほかに、唐朝が藩鎮を地方支配維持のために積極的に利用する政策をとったことを論じたものに、鄭炳俊〔一九九二〕、〔一九九四〕がある。

このように藩鎮と唐朝との関係については、唐朝の対藩鎮政策の分析を通じて、唐朝が藩鎮をどのようにして中央の支配下に置こうとしたのか、さらには藩鎮を地方支配のためにどのように利用したのかという点に関心が移っていく。その上で、藩鎮の跋扈にもかかわらず、唐朝の支配が続いた背景として、唐朝中央と諸藩鎮との共存について言及する研究も現れた。張国剛〔一九八八〕も、藩鎮の地域的差異によって⑴「河北割拠型」、⑵「中原防遏型」、⑶「辺疆禦辺型」、⑷「東南財源型」の四つに類型化し、各類型の政治・経済・軍事情況や、中央との関係について分析を行った。張氏は、安史の乱以降、唐朝と対抗して割拠を続けた⑴型ですら、唐朝の政策が施行されていたことから、どの類型も唐朝中央との関連は失っていなかったことを確認した。また、各類型の藩鎮間には相互を制約しあう関係があり、このために唐朝が安史の乱後百年以上も統治できたことにつながったと指摘した。

近年では、渡辺孝氏がさらにこうした見方を進めて、安史の乱後、藩鎮を核とする唐朝の行政体系が再編され、その枠内に河北三鎮も包摂されたと理解する（渡辺孝〔一九九五〕）。すなわち、名門貴族層や著名な文人の河北三鎮への出仕が見られることから、河朔三鎮は唐朝官人社会との結びつき・交流を保っていた、とする。その背景として、藩帥も、自身の権力の安定化・正統化のための権威づけのほかに、儒教理念や詩文などの人文的教養を社会的地位評価の価値基準とする伝統文化の圧力の下で、感化・同化を受けていたことを挙げる。こうして、唐朝は河北三鎮の自立体制を容認し、河北三鎮は「藩臣」として一定の結びつきを保つという、両者の「共存」関係が成立したと論ずる。このように、渡辺氏は、河北三鎮と唐朝との「対立」だけでなく「共存」関係も重視するのである。

それでは、「藩鎮を核とする唐朝の行政体系」による支配とは何か。この疑問の答えが、渡辺氏による幕職官研究の中で明らかにされている（渡辺孝〔一九九八〕）。氏によれば、幕職官制度と辟召制が、唐朝に対して遠心的方向へ動きかねない藩鎮体制をつなぎとめる、見えざる求心力として作用したことを指摘している。唐朝は、検校・兼・試官の改転や冬薦制度という中央官制の整備により、藩鎮幕職官を中央に有機的に結びつけ、官僚制度全体の枠組みの中へ巧みに組み入れることによって、かかる求心力に確固たる制度的裏打ちを与え、藩鎮体制を徐々に馴致して行ったという。さらに松浦典弘氏も藩鎮幕職官と中央官制との結びつきを論じている（松浦典弘〔一九九八〕）。

三　藩鎮辟召制と幕職官研究

つづいて藩鎮行政を担ったもうひとつの柱である藩鎮幕職官と、それを支えた辟召制について見ていきたい。唐後半期の政治史において、辟召制と幕職官の果たした役割の重要性を最初に指摘したのは、礪波護氏である。礪波氏は、まず礪波護〔一九六二〕において、唐後半期に新興層が政治機構の内部へ進出するのに、藩鎮幕職官への辟召が大きな役割を果たした、との見通しを述べた。つづいて礪波護〔一九七六〕の中で、石刻史料を分析し、辟召制と藩鎮幕職官制度の実態について明らかにしている。また愛宕元氏も、唐後半期の新興層が、科挙の州県段階での試験合格者である郷貢進士等の資格によって、藩鎮による幕職官や州県官の辟召に応じたことに注目し、彼らが藩鎮体制の強化に大きな役割を果たしていることを指摘する（愛宕元〔一九七二〕、〔一九七三〕）。両氏の論考は、唐宋変革期の社会構造の変化における藩鎮辟召制の役割の重要性に注目し、それまでの藩鎮の軍事構造にのみ扱っていた藩鎮研究に対して、新たな研究分野を作ったといえるだろう。

こうした研究の流れを受けて、張国剛〔一九八四〕が、辟召制の運用や唐代後半期の官僚制度との関連について述べ、藩鎮幕職官への辟召が唐朝の人事面や藩鎮対策に対して果たした役割について、評価を与えている。寧欣〔一九九五〕は、張氏の研究を受けて、さらに被辟召者の地位や条件、唐代の辟召制の特徴やそれが行われた背景などについて言及する。また、石雲濤〔一九九六〕は、幕職官の遷転ルートの分析から、藩鎮辟召制と中央官制との関連について検討し、藩鎮辟召制による幕職官就任が中央官制の通常の昇進ルートに対するバイパスとして機能しており、幕職官制度は中央官制とかかわりを持ち、たがいに補完しあう関係だという。

一方、盧建栄〔一九九三〕は、徐州藩鎮を例に、幕職官就任者を分析し、藩鎮の政治状況と士人の対応との関係に注目する。張建封時代の徐州藩鎮は安定し、多くの有用な士人を幕僚として任用できたが、次の張愔以降は何度も軍乱が起き、徐州藩鎮の政治的な地位が低下すると、有能な士人を辟召するのが困難になった、と分析する。藩鎮に辟召される側の士人から見たユニークな論考である。

また最近の研究では、中国で発表された大量の墓誌銘などの石刻史料を活用し、辟召制と幕僚官制度の具体的な実態の分析・探究が多く見られるようになる。戴偉華氏の研究は、文学作品や石刻史料を利用して、幕府が政治的にも社会的にも高い地位を占めていたこと、藩鎮幕職官が昇進ルートとして機能していたこと、幕府が豊かな文学的生産の場であったことなどを多面的に論じている（戴偉華〔一九九四〕）。また、王徳権〔一九九四〕は、幕職官からの官職の昇遷と、幕職官の出自・出身を統計的に分析した。

渡辺孝氏は、これまでの研究を取り入れながら、辟召制と幕職官の役割について検討し、藩鎮体制について新たな見解を加えることとなった。まず渡辺孝〔一九九八〕では、幕職官には、府主の奏請による検校・兼・試官の付与により、形としては朝廷の職事官に叙任されたことになり、昇進やその後の官途に影響を及ぼすキャリアを上昇させる途が開かれており、唐後半期の官人においては、幕職→入朝→幕職→入朝のような、ジグザグコースをたどりつつキャリアを上昇させて行くことが常態と化していたとし、したがって、藩鎮辟召制が当時の中央官制と有機的に結びつき、幕職官はエリートコースとも称すべき普遍的な昇進ルートの一環として位置づけられていたと理解する。そして、辟召制や幕職官が、唐朝に対して遠心的方向へ動きかねない藩鎮体制を、唐朝中央につなぎとめる見えざる求心力として作用したと結論づける。このように、渡辺氏は藩鎮辟召制と幕職官の歴史的意義を高く評価するのである。同じような立場に立って、松浦典弘氏は、松浦典弘〔一九九八〕において次のように述べる。藩鎮幕職官の人事は、中央から授与された名目上の寄禄官を通じて、中央の官制の体系の中で秩序立てられており、まったく恣意的に行われたのではないとし、藩鎮支配下の幕職官を従来の昇進コースに適合させるために、官品を有する官職を肩書きとして名目上授与し、官界での位置づけを明確にしたと論ずる。その結果、幕職官も昇進コースの一過程として位置づけられるようになり、幕職官自身も序列化されていくようになったとする。

渡辺氏は、ついで渡辺孝〔二〇〇一A〕において幕職官に辟召された者の階層について検討する。使府下の幕職官には、中央の官僚制と関連づけられていた上級幕職官と、吏職的な業務に従事する下級幕職官の二系統の職制があった。渡辺氏は、淮南・浙西藩鎮の幕職官就任者を分析し、上級幕職官には両藩とも貴族層だけで全体のほぼ三分の二を占めたことを明らかにした。そして、幕職官が新興層の官界躍進の階梯となったとは単純に認めがたいとし、唐後半期における辟召制は、門閥貴族層の中唐以降における政治勢力回復を支える役割を果たしていたと認め、そこにこそ、藩鎮辟召制の最大の意義があったと結論付ける。

一方、新興層の登用について、渡辺氏は、軍職や州県官、或は吏職的な下級幕職のレベルにおいて展開されたものと見通しを述べているが、のちに渡辺孝〔二〇〇一B〕は、そのことを裏付ける。すなわち、衙推・要籍・逐要などの、藩政のさまざまな庶務・現業に従事したと考えられる下級幕職官の実態、その社会的位相について分析し、石刻史料を使って、これら下級幕職官には、在地の新興層が多く進出していたことを確認する。そして、唐後半期における新興層の官僚機構進出は、専らこれら州県官・武職・下級幕職官レベルにおいて展開されており、新興層のさらなる勢力の伸張が実現したのは、黄巣の乱にはじまる唐末五代においてであったと論ずる。

こうした渡辺氏による藩鎮辟召制と幕職官の研究成果によって、従来までの藩鎮辟召制と幕職官の役割や藩鎮と唐朝との関係、さらには唐代藩鎮の存在意義そのものについて、再検討する必要があるだろう。まず礪波氏の研究以来、唐後半期に新興層が政治機構の内部へ進出するのに、藩鎮幕職官への辟召への役割を果たしたと評価されてきた。これに対し、渡辺氏の分析によれば、藩鎮体制を唐朝中央につなぎとめ、その一方で貴族層の政治勢力回復を支えたのが、藩鎮辟召制や幕職官制度であり、新興層の進出は下級幕職官に限られ、中央官制とリンクした上級幕職官は、ほとんど貴族によって占められていた、と理解できる。とすると、辟召制や幕職官が当時の社会構造に変化を促したとする見方は変更せざるをえないし、新興層にとっての唐後半期の藩鎮体制の存在意義も、改めて考え直さなければならない。さらには、唐後半期の藩鎮の権力構造やその歴史的位置づけについて、そして最終的には「唐宋変革期」という考え方自体も、問い直す必要があると思われる。

おわりに

以上、戦後の藩鎮体制の研究成果の中から、唐代藩鎮にかかわるものを取り上げ、整理を試みたわけだが、紹介できたのは当該時期の藩鎮の権力構造にかかわる議論に終始し、これ以外に、藩鎮と在地勢力との関係や個別の藩鎮の動向や制度を扱ったものなどには言及できなかった。

戦後の唐宋変革期研究の議論が活発となると共に、藩鎮体制の歴史的位置を問う藩鎮研究の議論も活発となった。その結果として、一九五〇年代以降、唐代藩鎮権力の構造的特質、変容、背景に関してさまざまな見解が示された。しかしながら、藩鎮がどのような権力構造をもち、どのような役割・機能をもった体制なのかということについては、いまだ結論を見ない状態である。

ところで、藩鎮研究史を整理してみたとき、一九七〇年代を境として、その前後の研究の間にある種の違いがあると思われる。それは研究の個別細分化であり、問題意識の希薄化状況であろう。また、あまりにも制度の実証的研究を偏重しすぎて藩鎮研究の目的意識が薄れてきているということでもある。その理由として、唐宋変革期研究の背景である時代区分論への関心の低下があり、これに近年の石刻史料による研究の精密化が拍車をかけている。したがって、今日求められているのは、従来の枠組みや問題意識にとらわれず、新たな発想に立って藩鎮研究を進めることにあるだろう。

そうすると、最近になって藩鎮と唐朝との共存の関係から提起された、渡辺孝氏による藩鎮辟召制の研究から、新たな藩鎮研究の議論が展開されることを期待したい。そのためにも、制度史のみならず、当該時期の社会構造にももっと目を向ける必要があるのではないか。穴沢彰子〔一九九九〕は、唐後半期以降各地で発生した自衛集団の保有する武器を通じて、これを取り巻く人間関係を論じ、とても示唆に富む。こうした当該時代の社会構造の研究成果を藩鎮研究にいかに取り入れるかが、重要となってくるだろう。すなわち、唐宋変革期の社会構造の変質に対して、藩鎮体制がどのような役割を果たし、どう位置づけられるのかという、七〇年代までの問題関心が、今日再び問い直されているのである。そして、その議論に必要となるのが、唐宋変革期をどのように捉えるかという、唐宋変革期の歴史的意義の再検討であろう。(3)

注

（1）唐代藩鎮の研究史を整理したものとして、栗原益男「安史の乱と藩鎮体制の展開」（『岩波講座・世界歴史』六、岩波書店、一九七一）、大沢正昭「唐末・五代政治史研究への一視点」（『東洋史研究』三一－四、一九七三）、清水和恵『藩鎮の研究史』（『龍谷史壇』八〇、一九八二）、伊藤宏明「唐末五代政治史に関する諸問題」（『名古屋大学文学部研究論集』八六・史学二九、一九八三）がある。

（2）前田直典「古代東アジヤに於ける古代の終末」（『歴史』一－四、一九四八、のちに『元朝史の研究』東京大学出版会、一九七八に所収）。

（3）近年の唐宋変革期に関する研究の状況について、丸橋充拓氏が研究史を整理している。丸橋充拓「『唐宋変革』史の近況から」（『中国史学』一一、二〇〇一）。

藩鎮研究論文目録

穴沢彰子　一九九九　唐宋変革期における社会的結合に関する一試論－自衛と賑恤の「場」を手掛かりとして－　中国社会と文化14

穴沢彰子　二〇〇〇　唐宋変革期における在地編成－検田制を中心として－　大阪市立大学東洋史論叢11

池田　温　一九七五　開運二年十二月河西節度使押衙王文通牒　『鈴木俊先生古稀記念東洋史論叢』山川出版社

伊藤宏明　一九七六　淮南藩鎮の成立過程－呉・南唐政権の前提－　名古屋大学東洋史研究室報告4

伊藤宏明　一九八三　唐末五代政治史に関する課題－特に藩鎮研究をめぐって－　名古屋大学文学部研究論集86・史学29

伊藤宏明　一九八七　唐末五代期における江南地域の在地勢力について　『中国貴族制社会の研究』京都大学人文科学研究所

伊藤宏明　一九九七　唐末五代における都校について　名古屋大学東洋史研究室報告21

伊藤宏明　一九九二　一九九三　唐五代の都将に関する覚書（上）（中）（下）　名古屋大学文学部研究論集113、鹿児島大学法学部論集（人文）36、37

伊藤正彦　一九七六　節帥の生き方－武寧節度使王智興の場合－　『木村正雄博士退官記念東洋史論集』

大沢正昭　一九七三A　唐末・五代政治史研究への一視点　東洋史研究31－4

大沢正昭　一九七三B　唐末の藩鎮と中央権力　東洋史研究32－2

大沢正昭　一九七五　唐末藩鎮の軍構成に関する一考察　史林58－6

大沢正昭　一九九二　唐末・五代『土豪』論　上智史学37

大沢正昭　一九九三　唐末・五代の在地有力者について　『柳田節子先生古稀記念中国の伝統社会と家族』汲古書院

愛宕元　一九七一　唐代後半における社会変質の一考察　東方学報（京都）42

愛宕元　一九七三　唐代の郷貢進士と郷貢明経　東方学報（京都）45

河上光一　一九五一　宋初の衙前について　史学雑誌60－2

片山正毅　一九六四　宋代幕職官の成立について　東洋史学27

金井徳幸　一九七三　唐末五代鎮州（正定）に於ける臨済禅－鎮将王鎔並びに五台山文殊信仰との関連を中心に　立正史学37

菊池英夫　一九五六　五代禁軍における侍衛親軍司の成立　史淵70

菊池英夫　一九五八　五代後周に於ける禁軍改革の背景－世宗軍制改革前史－　東方学16

菊池英夫　一九六一～六二　節度使制確立以前における『軍』制度の展開（正）（続）　東洋学報44－2、45－1

菊池英夫　一九六二　後周世宗の禁軍改革と宋初三衙の成立　東洋史学22

菊池英夫　一九六六　節度使権力といわゆる土豪層　歴史教育14－5

菊池英夫　一九七九　日唐軍制比較研究上の若干の問題　『隋唐帝国と東アジア世界』汲古書院

清木場東　一九七三　五代の知州に就いて　東方学45

清木場東　一九七四　呉・南唐の地方行政の変遷と特徴　東洋学報56－2・3・4

清木場東　一九七八　唐末の初期楊光密集団について－集団成員と集団規範を廻って－　純真女子短期大学紀要19

清木場東　一九七八　唐末楊光密勢力の社会体系－景福～天復年間の社会体系－　鹿大史学26

清木場東　一九八〇　唐末・五代の土豪集団の解体－呉の土豪集団の場合－　鹿大史学28

栗原益男　一九五三　唐五代の仮父子的結合の性格　史学雑誌62－6

栗原益男　一九五六　唐五代の仮父子的結合における姓名と年齢　東洋学報38－4

栗原益男　一九六〇　唐末の土豪的在地勢力について－四川韋君靖の場合－　歴史学研究243

栗原益男　一九七一　安史の乱と藩鎮体制の展開　『岩波講座・世界歴史』6

佐竹靖彦　一九七三　唐宋変革期における江南東西路の土地所有と土地政策－義門の成長を手がかりに－　東洋史研究31－4

佐竹靖彦　一九七八　杭州八都から呉越王朝へ　人文学報127

佐竹靖彦　一九九二　朱温集団の特性と後梁王朝の形成　中央研究院歴史語言研究所編『中国近世社会文化史論文集』

志賀義雄　一九五四　五代王朝の支配構造－主として五代藩鎮の成立過程について　桐蔭高等学校紀要1

志賀義雄　一九五六　五代藩鎮構成の拡大過程について－五代王朝の支配構造（続）　桐蔭高等学校紀要2

清水和恵　一九八二　藩鎮の研究史　龍谷史壇80

周藤吉之　一九五一　五代節度使牙軍に関する一考察　東洋文化研究所紀要2

周藤吉之　一九五二　五代節度使の支配体制－特に宋代職役との関連に於いて－　史学雑誌61－4、6、→『宋代経済史研究』東京大学出版会、一九六二

周藤吉之　一九六五　北宋の三司の性格　法政史学18→『宋代史研究』東京大学出版会、一九六九

周藤吉之　一九八七　唐末淮南高駢の藩鎮体制と黄巣徒党の関係について－新羅末の崔致遠　東洋学報68－3・4→『宋・高

の著『桂苑筆耕集』を中心として−　麗制度史研究』汲古書院一九九二

曾我部静雄　一九六九　中国軍隊編成名の都と指揮について　『福井博士頌寿記念東洋文化論集』早稲田大学出版部→『宋代政経史の研究』吉川弘文館、一九七四

谷川道雄　一九五二　唐代の藩鎮について−浙西の場合−　史林35−3

谷川道雄　一九五四　『安史の乱』の性格について　名古屋大学文学部研究論集8

谷川道雄　一九五五　龐勛の乱について　名古屋大学文学部研究論集11

谷川道雄　一九七八　河朔三鎮における節度使権力の性格　名古屋大学文学部研究論集74

谷川道雄　一九八〇　北朝末〜五代の義兄弟結合について　東洋史研究39−2

谷川道雄　一九八八　河朔三鎮における藩帥の承継について　『栗原益男先生古稀記念論集　中国の法と社会』

辻正博　一九八七　唐朝の対藩鎮政策について　東洋史研究46−2

鄭炳俊　一九九二　唐後半期の地方行政体系について　東洋史研究51−3

鄭炳俊　一九九四　唐代の観察処置使について　史林77−5

D・トウィチェット　一九六五　唐末の反乱と中央財政　史学雑誌74−8

礪波護　一九六二　中世貴族制の崩壊と辟召制　東洋史研究21−3→『唐代政治社会史研究』同朋舎、一九八六

礪波護　一九六四　唐末五代の変革と官僚制　歴史教育12−5→『唐代政治社会史研究』同朋舎、一九八六

礪波護　一九七三　唐代使院と僚佐と辟召制　神戸大学文学部紀要2→『唐代政治社会史研究』同朋舎、一九八六
冨田孔明　一九八六　唐末五代の軍団構成　龍谷大学大学院紀要（文学研究科）7
冨田孔明　一九八七　五代侍衛親軍考－その始源を求めて－　東洋史苑29
中砂明徳　一九八八　後期唐朝の江淮支配－元和時代の一側面－　東洋史研究47－1
中村裕一　一九八四　唐代の進奏院状に就いて　武庫川女子大学文学部史学研究室報告3
西尾賢隆　一九八一　唐代後半期における成徳藩鎮下の仏教　古代文化33－10
西川正夫　一九五九　呉・南唐両王朝の国家権力の性格　法制史研究9
西川正夫　一九六二　華北五代王朝の文臣官僚　東洋文化研究所紀要27
西川正夫　一九六七　華北五代王朝の文臣と武臣　『仁井田陞博士追悼論文集(1)前近代アジアの法と社会』勁草書房
畑地正憲　一九七二　五代地方行政における軍について　東方学43
畑地正憲　一九七三　呉・南唐の制置使を論じて宋代の軍使兼知県事に及ぶ　九州大学東洋史論集1
畑地正憲　一九八七　唐代華北藩鎮下における商業発展について　『岡崎敬先生退官記念論集東アジアの考古と歴史』（上）同朋舎

羽生健一　一九六五　五代の巡検使について　東方学27

日野開三郎　一九四二　『支那中世の軍閥』　三省堂→『東洋史学論集』1、一九八〇

日野開三郎　一九五六Ａ　楊炎の両税法における税額の問題　東洋学報38－4→『東洋史学論集』4、三一書房、一九八二

日野開三郎　一九五六Ｂ　藩鎮時代の州税三分制について　史学雑誌65－7→『東洋史学論集』4、三一書房、一九八二

日野開三郎　一九五六Ｃ　唐代両税の分収制　東洋史学16・17→『東洋史学論集』4、三一書房、一九八二

日野開三郎　一九五七　藩鎮体制下における唐朝の振興と両税上供　東洋学報40－3→『東洋史学論集』4、三一書房、一九八二

日野開三郎　一九六〇　唐韋君靖碑の応管諸鎮寨節級についての一考察　『和田博士古稀記念東洋史論叢』講談社→『東洋史学論集』1、三一書房、一九八〇

日野開三郎　一九六一Ａ　両税法の基本的四原則　法制史研究11→『東洋史学論集』4、三一書房、一九八二

日野開三郎　一九六一Ｂ　楊炎の両税法の見居原則と銭数・銭納原則　史淵84→『東洋史学論集』4、三一書房、一九八二

船越泰次　一九六五　五代節度使体制下に於ける末端支配の考察　集刊東洋学13→『唐代両税法研究』汲古書院、一九九六

堀敏一　一九五一　唐末諸叛乱の性格　東洋文化7
堀敏一　一九五三　五代宋初における禁軍の発展　東洋文化研究所紀要4
堀敏一　一九五七　黄巣の叛乱―唐宋変革期の一考察―　東洋文化研究所紀要13
堀敏一　一九五八　魏博天雄軍の歴史　歴史教育6―6→『中国古代史の視点』汲古書院、一九九四
堀敏一　一九六〇　藩鎮親衛軍の権力構造　東洋文化研究所紀要20
堀敏一　一九六一　朱全忠政権の性格　駿台史学11
堀敏一　一九六一　朱全忠の庁子都　『和田博士古稀記念東洋史論叢』講談社
松井秀一　一九五七　唐代後半期の江淮について―江賊及び康全泰・裘甫の叛乱を中心として―　史学雑誌66―2
松井秀一　一九五九　盧龍藩鎮攷　史学雑誌68―12
松浦典弘　一九九八　唐代後半期の人事における幕職官の位置　古代文化50―11
室永芳三　一九六一　五代節度使府の糧料使について　東方学21
室永芳三　一九六二　五代の北面転運使について　史淵89
室永芳三　一九六五　五代軍閥の刑獄機構と節度使裁判権　東洋史学28
室永芳三　一九六六　五代時代の軍巡院と馬歩院の裁判　東洋史研究24―4
室永芳三　一九六九　五代三司軍将の名称と性格について　長大史学8
室永芳三　一九七一　五代における租庸使の成立とその性格　東洋学報53―3・4
森部豊　一九九四　藩鎮昭義の成立過程について　『中国史における教と国家』雄

山閣
森部豊　一九九七　『唐魏博節度使何弘敬墓誌銘』試釈　『吉田寅先生古稀記念アジア史論集』
森部豊　一九九八　略論唐代霊州和河北藩鎮　史念海主編『漢唐長安城與黄土高原』陝西師範大学中国歴史地理研究所
柳田聖山　一九五九　唐末五代の河北地方に於ける禅宗興起の歴史的社会的事情について　日本仏教学会年報25
矢野主税　一九五一　藩鎮親衛軍の組織と性格　長崎大学学芸学部人文社会学研究報告1
矢野主税　一九五二　牙中軍統制の問題　長崎大学学芸学部人文社会学研究報告2
山根直生　二〇〇〇　唐末における藩鎮体制の変容　史学研究228
渡辺孝　一九八八　唐・五代における衙前の称について　東洋史論6
渡辺孝　一九九一・一九九三　唐・五代の藩鎮における押衙について（上）（下）　社会文化史学28、30
渡辺孝　一九九四　唐藩鎮十将攷　東方学87
渡辺孝　一九九五　魏博と成徳－河朔三鎮の権力構造についての再検討－　東洋史研究54－2
渡辺孝　一九九七　滎陽鄭氏襄城公房一支と成徳軍藩鎮　『吉田寅先生古稀記念アジア史論集』
渡辺孝　一九九八　中晩唐期における官人の幕職官入仕とその背景　松本肇・川合康三編『中唐文学の視角』創文社

渡辺孝　二〇〇一A　唐後半期の藩鎮辟召制についての再検討―淮南・浙西藩鎮における幕職官の人的構成などを手がかりに―　東洋史研究60―1
渡辺孝　二〇〇一B　唐代藩鎮における下級幕職官について　中国史学11
渡辺道夫　一九五九　呉越国の建国過程　史観56
易図強　一九九四　五代朝廷軍事上的削藩設置　中国史研究一九九四―三
袁英光　一九八三　試論唐代藩鎮割拠的幾個問題　『唐史研究会論文集』陝西人民出版社
王永興　一九八九　関於唐代後期方鎮官制新史料考釈　『記念陳寅恪先生誕辰百年学術論文集』北京大学出版社
王援朝　一九九〇　唐代藩鎮分類趨議　『唐史論叢』5　三秦出版社
王賽時　一九八六　論唐朝藩鎮軍隊的三級構成　人文雑誌（西安）一九八六―四
王賽時　一九八九　唐代中後期的軍乱　中国史研究一九八九―三
王寿南　一九六八　論唐代河北鎮之独立性在文化上的原因　中山学術文化集1
王寿南　一九六九　論晩唐裘甫之乱　政治大学学報19→『唐代政治史論集』商務印書館、一九七七
王寿南　一九六九　『唐代藩鎮與中央関係』　嘉新水泥公司基金会
王朝中　一九九三　李絳藩鎮対策述論　『中国唐史学会論文集』三秦出版社
王徳権　一九九四　中晩唐使府僚佐昇遷之研究　国立中正大学学報5―1
何勇強　一九九九　唐末両浙的武勇都與武勇都之乱　中国史研究一九九九―三

韓国磐　一九七九　関於魏博鎮影響唐末五代政権逓嬗的社会経済分析　『隋唐五代史論集』三聯書店
桂斉遜　一九九四　唐代都督・都護及軍鎮制度與節度体制創建之関係　大陸雑誌89－4
桂斉遜　一九九四　河東軍対晩唐政局的影響　中国歴史学会史学集刊26
厳耕望　一九六九　唐代府州僚佐考　『唐史研究叢稿』新亜研究所
厳耕望　一九六九　唐代方鎮使府僚佐考　『唐史研究叢稿』新亜研究所
黄永年　一九八一　論安史之乱的平定和河北藩鎮的重建　中国古代史論叢1
黄永年　一九八二　唐代河北藩鎮與奚契丹　中国古代史論叢2
黄清連　一九九〇　高駢縦黄巣渡淮－唐代藩鎮対黄巣叛乱的態度研究之一－　大陸雑誌80－1
黄清連　一九九二　宋威與王・黄之乱－唐代藩鎮対黄巣叛乱的態度研究之二－　中央研究院歴史語言研究所編『中国近世社会文化史論文集』
黄清連　一九九三　王鐸與晩唐政局－以討伐黄巣之乱為中心－　中央研究院歴史語言研究所集刊63－2
黄清連　一九九三　忠武軍－唐代藩鎮個案研究－　中央研究院歴史語言研究所集刊64－1
黄清連　一九九八　杜牧論藩鎮與軍事　黄清連編『結網編』東大図書公司
黄利平　一九九一　唐京西北藩鎮述略　陝西師大学報一九九一－一
呉光華　一九八一　唐代盧龍鎮初期之政局　史原11
呉光華　一九九〇　唐代幽州地域主義的形成　『晩唐的社会與文化』学生書局
蔡治淮
黄偉虎　一九八八　「汴宋」節度辨析　中国史研究一九八八－一

斉勇峰　一九八五　唐中葉的削藩措置及其作用　陝西師大学報一九八五－一
石雲濤　一九九六　唐後期方鎮使府僚佐遷転　魏晋南北朝隋唐史資料14
戴偉華　一九九〇　『唐代幕府與文学』　現代出版社
戴偉華　一九九四　『唐方鎮文職僚佐考』　天津古籍出版社
張国剛　一九八二　粛代之際的政治軍事形勢與藩鎮割拠局面形成的関係　南開学報一九八二－六→『唐代藩鎮研究』
張国剛　一九八三　唐代藩鎮類型及動乱特点　歴史研究一九八三－四→『唐代藩鎮研究』
張国剛　一九八三　唐代進奏院考略　文史18→『唐代藩鎮研究』
張国剛・楊志玖　一九八四　唐代藩鎮使府辟署制度　社会科学戦線一九八四－一→『唐代藩鎮研究』
張国剛・楊志玖　一九八七　唐代藩鎮進奉試析　文史28→『唐代藩鎮研究』
張国剛　一九八七　『唐代藩鎮研究』　湖南教育出版社
張国剛　一九八九　唐代藩鎮軍将職級考略　学術月刊（瀘州）一九八九－五
張国剛　一九九一　唐代藩鎮軍隊的統兵体制　晋陽学刊一九九一－三
張国剛　一九九四　唐代藩鎮軍事体制　『唐代政治制度研究論集』文津出版社
陳寅恪　一九四四　『唐代政治史述論稿』　商務印書館
鄭学檬　一九九三　「元和中興」之後的思索　『中国唐史学会論文集』三秦出版社

寧欣　一九九五　唐代的辟署制　『唐代選官制度』文津出版社
樊文礼　一九八三　試論唐河朔三鎮内外矛盾的発展変化　内蒙古大学学報（哲社版）一九八三－四
樊文礼　一九九三　唐代平盧淄青節度使略論　煙台師範学院学報（哲社版）一九九三－二
馮培紅　一九九七　晩唐五代宋初帰義軍外職軍将研究　敦煌学輯刊一九九七－一
方積六　一九八四　論唐代河朔三鎮的長期割拠　中国史研究一九八四－一
方積六　一九八八　関於唐代募兵制度的探討　中国史研究一九八八－三
方積六　一九八九　唐代河朔三鎮《胡化》説辨析　『紀念陳寅恪教授国際学術討論会文集』中山大学出版社
方積六　一九九一　唐及五代的魏博鎮　魏晋南北朝隋唐史資料11
毛漢光　一九九〇　唐末五代政治社会之研究－魏博二百年史論－　『中国中古政治史論』聯経出版事業公司
毛漢光　一九九〇　論安史乱後河北地区之社会與文化　『晩唐的社会與文化』学生書局
楊志玖　一九八〇　論唐代的藩鎮割拠儒家学説　南開学報一九八〇－三
楊志玖　一九八〇　論唐代的藩鎮割拠的社会基礎　歴史教学一九八〇－六
楊西雲　一九八五　長慶銷兵平議　社会科学戦線一九八五－三
李孝聡　一九九二　論唐代後期華北三個区域中心城市的形成　北京大学学報（哲社版）一九九二－二
李樹桐　一九八五　論唐代魏博鎮　『傅楽成教授記念論文集中国史

李昌憲　一九八二　五代削藩制置初探　中国史研究一九八二―三
劉安志　一九九八　唐五代押牙（衙）考略　魏晋南北朝隋唐史資料16
盧建栄　一九九三　中晩唐藩鎮文職幕僚職位的探討―以徐州節度区為例　『第二届国際唐代学術会議論文集』（下）文津出版社
盧向前　一九八六　関於帰義軍時期―份布紙破用暦的研究　『敦煌吐魯番文献研究論集』3、北京大学出版社

付録一　中国における封建国家の形態

私の報告しますことは、きょうの課題（「国家権力の諸段階」）に関連して、中国の封建国家について話すということなのですが、中国史において「封建制」とか「農奴制」とか、そういった概念を、ある特定の時代に安易に適用するということは、ずいぶん問題があることでして、それを裏づけるだけの実証的な研究もほとんどできていないし、時間もまた非常に短いことですから、きょうは従来の東洋史の成果に沿うて、最近になって中国史において、中世という問題が取り上げられるようになってきた事情について、ここでお話して、皆さんに理解していただくと同時に、今後こういった問題を進めるにあたって、一体どういうふうに考えていったらよいか、私なりの仮説をごく大ざっぱに、骨組みだけをお話してみようと思います。

きょうこのあとで石母田さんから提出される問題のなかに、中世における集権的な王権とか、国家というものが、封建制の必然的な要求として生まれ、あるいは存続してきたものであるということがあると思うのですけれども、中国のように最近まで専制的な王朝が支配していた国において、もし封建制ということがいわれるとすれば、あるいはこれほどよい証明はないかもしれません。

中国史において、なぜこういった中世というような範疇があらためて問題になってきたかというと、戦後東洋社会が非常に大きい変動をして、われわれのあらゆる生活の分野にたいへんな影響を与えたと同じように、東洋そのものを研究の対象としている東洋史において反省がおこなわれて、従来のいわゆる「停滞性論」というものを打ち破ろうとして出てきたのであります。これは午前中に西嶋さんも触れられておりますけれども、これを最初に提唱されたのが亡くなられた前田直典氏で、中国における古代の終末を、唐末均田制が崩れてくる時期におき、それ以前が奴隷制であるということを主張されたのでした（「東アジヤに於ける古代の終末」）。しかし前田さんは、中世については――それ以後は当然中世になるわけですが――日本と中国の政治構造が非常に違っているということを指摘されただけで、中国の中世というものを具体的にどうみるかということは、将来に期したまま亡くなられてしまったわけです。

前田さんが古代の終末として指摘されたこの時期――すなわち、唐の中ごろに均田制が崩れて、藩鎮、つまり節度使というようなものによって代表される分権的な小国家が各地にできてゆき、唐の国家を分裂させてしまって、ついにはこれを滅ぼしてしまう、そして五代をへて、宋になって再び統一国家ができ上がってくる――これは西暦では八世紀の中ごろから一〇世紀の中ごろに相当するのですが――この時期が、中国史における転換期であることについては、従来からもいわれていたことであって、内藤湖南先生やそれをついだ現在の宮崎市定教授など京都大学を中心とする説では、この時期を中世から近世への移行の時期とし、唐の末に貴族政治が崩壊して君主の独裁権力が強化確立してゆく、それに対応していわゆる読書人である官僚の支配する時代が成立してくる、というふうに見ております（例えば、内藤「概括的唐宋時代観」『中国近世史』など）。また経済史の方面では、加藤繁博士とか、それからここに来ておられる周藤吉之さんとかが、そこにさしあげた紙に書いてあるのですが、均田制の崩壊にともなって佃戸という直接生産者にもとづく大土地所有制、これを荘園ともいっているわけでありますが、この荘園のことについて研究されたのであります（加藤「唐宋時代の荘園の組織並に其の聚落としての発達に就いて」、周藤「宋元時代の佃戸に就いて」など）。したがって前田さんが提出された問題も、こういった従来の成果を批判し、またそれを継承することから出発しているわけです。

この前田さんが提出された問題をさらに具体的に進めるために、周藤さんが集められた佃戸制にかんする非常に詳細なデータをもとにして、この時代の基本的な生産関係を分析したのが、石母田さんでありまして、石母田さんは佃戸制というものが、賦役労働にもとづく直営地をもたない小作経営であり、佃戸というものが一応の経営主体であって、だから法律的にも良民なのですが、牛とか農具とか種子とかいう生産手段はもちろん、食料とか、住宅、そういうものまでも借りて、地主にたいしてきわめて依存的であり、寄生的である、したがって地主の方からいっても、独立の農民を支配するための封建的な組織を建設するよりは、農民の再生産の過程を債務関係で把握することによって、やはり同様に寄生的であり、そういった相互の寄生的な関係が、地主をして国家にたいしても依存的に、寄生的にするのだ、そうしてこういう佃戸制というものは、一般に古代末期におけるコロナート制、日本でいえば初期荘園的な構造に類似するということを指摘されたのであります（「中世史研究の起点―封建制への二つの道について―」）。周藤さん自身も最近再び宋代の佃戸制をとりあげ、豊富な例証で、宋代の佃戸が奴隷に近い関係にあるということを強調されたのであります（「宋代の佃戸制―奴隷耕作との関連に於いて」）。

なるほど、佃戸制というものはたしかにそういった構造をもっているわけであって、それが日本の初期荘園や、ローマのコロナート制的な形に似ているかもしれないのですけれども、コロナートというものが、つねに奴隷制の最後の段階に現れてくるというふうに考えると、形成されてきた宋代の集権国家というものは、その上に築かれているのですから、当然古代的なものであるというふうに考えられてくるわけです。石母田さんご自身は、けっして中国における封建制への可能性を否定しているのではなく、直生産者の側における生産力の上昇と、農民の地位の徐々とした成長が、やがては古代的な土地所有を封建的なものにかえてゆくという可能性があり、その場合には日本や西ヨーロッパに現れているような、政治形態の非常に明確な変革なしに、封建制へ移りうるのだというように考えられています。けれども石母田さんの場合にも、宋代国家の集権的・官僚制的な性格が、少なくとも佃戸制における古代的な遺制の反映として、その面からだけ考えられていたことは否定できないのであります。

しかし問題なのは、佃戸制というものは、宋以後発展してゆけばゆくほど、その上に立っている国家の集権的な権力というものを、ますます強めてゆくということであります。もちろん宋代の佃戸制が、非常に古代的な遺制をもっているということはあとでも一言するつもりですが、私がここで言いたいのは、佃戸制そのものが封建的な土地所有として未成熟だから集権制を再現するというだけではなく、こうして各地におこってきた佃戸制が新しい性格をもつものとして（古代の遺制というのではなくして）、必然的になにか集権制を要求するような方向へ動いている、と考えた方がよいのではないかということなのです。いったん分裂した国家が再び統一されて、さらにそれが強固になってゆく、しかもその際に、旧来の支配階級たる世族名門＝貴族階級――京都大学の史学が強調していることですけれども――が没落してしまって、新しい読書人（これをとくに士大夫とよぶことが一般化されていますが）が出てくるというようなことは、やはり唐と宋との間に生産関係をもふくめた根本的な全体的な変化があったというふうに考えた方がよいのではないか。ですからできあがった宋以後の国家というものは、やはり唐以前とは、同じようにみえる集権的な官僚国家ではあるけれども、質の違ったものと考えた方がいいのではないかということです。

石母田さん自身反省していることですけれども、佃戸制を分析した場合に、佃戸制だけを、その時代の社会や歴史の全体のなかからぬき出して、その構造を西ヨーロッパなり日本なりと比較したところに欠陥があった。西ヨーロッパや日本などと、いろいろな事象をたがいに比較研究することは、分析の方法として当然のことであり、またすぐれたやり方であるわけです。でもその場合に、一面では全体の間の連関がみられないということを承知していなければなりません。とくに歴史学の場合、歴史の具体的な生々しい動きというものを、見失わせてしまうことになり勝ちであります。

もとはといえば、近世になってヨーロッパの列強が進出してきて、アジアの古い伝統的な生活様式や秩序を根本から揺り動かしてしまった、そこから私たちの新しい在り方をいろいろな面で考え直さなければならなくなった、という事情に由来するわけであります。ですから西洋といろいろな形で比較されることによって、東洋というもののさまざまな性格が考え出されてまいります。「東洋的社会」というのも、「停滞性社会」というのも、そういうふうにして作り出されてきた概念であります。したがって、一応それはそれなりに意味をもつわけですし、そのおかれた社会によっていろいろな作用をするわけで、時には劣等感や運命論になるとともに、時にはそれを克服しようとする努力にもなりうる契機を蔵しながら、東洋自体のもっている歴史についてのふかい反省は、なされないままできたのであります。

だから、その停滞性論を打破しようとして、発展ということが非常に強調されているわけですけれども、この発展を考える場合にも、西洋との対比において、西洋と同じような形を東洋のなかに見つけだそうとする、単にそれだけであったならば、停滞性論をなんら克服することにはなりません。実際にも中国の社会において、たとえば、典型的な封建制をつくり出してくるような、いわば「純粋な」封建的土地所有制というようなものは存在しないのであります。したがって中国における封建制の問題は、従来考えられていた封建制度におけるいろいろな事象の型を、中国史のなかに見出すということによってではなくして、たがいに連関をもって進行する中国の歴史の全体の動きのなかで、解決を求めなければならない。そしてそこから逆に、ヨーロッパ史において従来つくられてきた既製の「封建制」の概念を、再検討してみる必要が出てくる。ここに、きょうの封建国家の問題において、中国の歴史の検討のもつ意義があると思うのであります。

それでは中国の中世について、どういうふうに考えたらいいかということですが、石母田さんが前に佃戸制を分析した場合には、先ほど申したような地主と農民の相互の依存性というものが、国家権力にたいする依存として現れたのだと考えたのですけれども、この考えの欠陥が、佃戸制を社会全体のなかからぬき出したことにあったとするならば、まず佃戸制と周囲の関係を考えることから始めなければならないだろうと思います。そのうえでもう一度佃戸制自体にたちかえってみると、佃戸制の新しい特徴づけもできるのではないかと思うのです。

また石母田さんが佃戸制だけを問題にしたのについては、日本史やヨーロッパ史の研究史が影響していたということもいえるかと思います。そこでは大土地所有者とその耕作者との関係が、社会や国家の性格を決定していたと考えられてきたと思われるからです。ところが中国では、佃戸制は社会の一部分しか占めていないで、その周囲に独立自営の小規模な農民が多数存在していたと考えられます。その独立自営の小農民の起源をさかのぼりますと、春秋戦国以来の古代社会にさかのぼります。そしてその小農民社会の展開の最後の段階といってもいいかと思われるのが、唐代まで続いた均田制でして、この小農民社会を代表する均田制が崩壊することから、いま問題にしている唐から宋への変動が生じたのですし、佃戸制もそのなかから生まれたのであります。

春秋戦国からそれを統一した秦漢帝国の時代については、きょうの午前中に古代の部で議論されたことですけれども、秦・漢の王朝の基盤として、共同体的な村落社会につつまれている小農民層と、その崩壊の上に成立する奴隷制的な豪族との対立があるとされています。そこで漢代を通じて地方の豪族がますます台頭してくると、村落社会が破壊されてしまって王朝の基盤がゆるぎ出し、豪族同士の対抗、豪族と王朝との対立が政治面に現れる。ついには漢王朝の滅亡、三国・魏晋の分裂というような状態になる。これには西晋の後半からさかんになる異民族の侵入・活動も分裂の原因になるのですが、異民族社会の中間的な統一をなしとげた北魏王朝から、危機をのりこえるために均田制というものが出てまいります。それは一口に申しますと、漢代以来解体をはじめた小農民の再建策、維持政策であります。それが今度は国家の強力な権力を背景として、三長制という村落組織をつくり、それを通して一人一人の農民に田土を給与することによって、王朝の基盤としての小農民層を創出しようとしたものです。

均田制はその後の王朝に受けつがれて、強大な隋唐帝国を生み出すわけですが、その間に、漢末以来の危機を通じて残った豪族は、国家に寄生する官僚と化してしまい、均田体制に依存して生存することになります。ですからこの最後の段階では、支配階級は、まったく国家に寄生する貴族になってしまう一方、農民は国家と直接対立して、相当な自立性をもつにいたると考えられます。均田制を土地の国有制・公有制と考える方もあるかもしれませんが、かつて中田薫博士は日本の班田収受制下の土地を私有制だと主張されました（「律令時代の土地私有権」）。しかしそこで検討されたのは中国から直輸入された律令の条文でして、そこで仁井田陞博士はその説をそのまま中国にもあてはめることができたわけであります（「中国・日本古代の土地私有制」）。実は日本の班田制は、共同体が比較的広範に残っている社会の上に施行されましたので、公有制的な要素が多いのですが、中国の均田制下の土地私有制は、春秋戦国以来中国の農民が営々として確保してきた、土地にたいする権利を継承したものだと私は考えています。そういう意味では、日本に比べますと、唐代あたりの均田制の土地・農民にたいする把握力はかなり弱いように思います。均田制はやがて崩壊する最後の段階にきています。その崩壊のうえに展開する中国の中世は、農民の高い独立性・自立性の上に築かれると考えられます。

唐代には農民の生産力も非常に高まってきております。華北における二年三毛作の普及とか、江南の水稲作地帯の開発とかにそのことが現れています。生産力の発展の結果、この時代には商品流通が非常にさかんになり、都市が発達したりギルドが結成されたりいたします。国家の財政も、塩・茶の専売制や両税法の一部の銭納強制など、貨幣収入を重視するようになってまいります。商品流通や国家の財政政策によって、農民のなかから富裕な土豪・商人も現れてくるわけで、これが時代を進めるうえでなんらかの働きをしたかと思います。佃戸を用いる大土地所有を発展させる中心になるのもかれらです。しかし一般の小農民は独立性が高いと申しましたけれども、それだからこそ、均田制崩壊後は国家や地主らの保護をうけることができません。そこへ商品経済の影響をもろに受けることになります。かれらは商業・高利貸資本の圧力にさらされ、債務等によって没落し、中国の研究者のいう破産農民になってしまいます。この破産農民の特徴は単に貧乏になるだけでなく、土地をすて、生産から遊離して、生活の基盤を失ってしまっている者が多いということです。これらが急速に増加して、全社会に溢れるような状態になったのが、唐末という時代の特徴です。

この破産農民を吸収する仕組みがどこかにあるでしょうか。一つは傭兵制であり、一つは佃戸制です。まず傭兵制から申しましょう。秦漢以来隋唐にいたる古代の国家は、農民を徴発して強制労働させることによって運営されてまいりました。兵隊も同じように農民を強制徴発することによって形成されていました。この強制徴発・強制労働を徭役・兵役というのですが、これこそいわゆる個別人身支配の直接的な現れです。ところがこういう仕組みが唐代の半ばに、均田制の農民支配とともに、崩壊してしまうのです。代わって現れたのが傭兵制度です。はじめは異民族の動きに対応して、辺境に膨大な数の傭兵がおかれたのですが、この傭兵を指揮したのが節度使で、かれらは多数の兵を握って勢力を強めました。唐代社会の最初の政治的大危機は、この節度使のなかから安禄山が反乱をおこしたことです。八世紀中葉の安史の乱ですけれども、この反乱を契機として、唐朝は節度使を中国の内地各地に置くようになり、民政をも兼ねさせて、これを藩鎮とよびました。今までの中央集権国家の体制は解体してしまって、大規模な分権勢力が各地に生まれたわけです。分権的な勢力を地方におかなければならなくなったということは、根本的な背景としては、いわば封建的な地方勢力が台頭してきているからなのではないかと思われます。それは古代国家の没落の第一歩をしめすものには違いありません。

藩鎮はなんども唐朝にたいする反乱をおこし、それによって唐朝の支配は動揺をくりかえすのですが、唐朝を崩壊させるまでにはいきません。それは傭兵というものが、地方の土地にねづいているものではなく、給与によって生活しているもので、その給与は中央政府が定めた租税収入に依存しているからです。また節度使は兵の給与をめぐって、兵士と対立しやすく、たえず兵士の反抗をひきおこしていますから、思いきって唐朝と対立しにくいのです。安史の乱後は強大な藩鎮の反乱が続くのですが、こういうような限界がありますので、それらはやがて終息してしまいます。しかし藩鎮内部における兵士と節度使との対立は一層はげしくなって、唐末に近づきますと、全国的な規模で各藩鎮の内部で兵士の反乱がおこるのですが、それぞれの反乱は狭い地域内に閉じ込められていて、相互に連帯することはできませんでした。その限界をつきやぶったのが、九世紀末の黄巣の乱に代表される農民反乱です。

黄巣の乱の指導者は、黄巣と王仙芝ですが、二人とも塩の密貿易によって産をなした富裕な商人です。塩は専売商品で、政府はたいへん高い値段で売ったのですから、これを横流しすれば相当な儲けになったのです。しかしこれは反国家的な行為で、政府の取り締まりにたいしては、武装して対抗していたのです。黄巣はしばしば進士の試験、つまり官吏登用試験に応じたけれども及第しなかったといわれ、文武の教養はひととおりもっていたけれども、世に入れられない不平分子の一人であったと思われます。そういう人間が武装集団をつくったのでありますから、多数の任侠無頼の徒や亡命者・浮浪者がかかえられることになったと思われます。しかし反乱がおこりますと、各地の群盗がこれに呼応したといいますが、群盗というのはそれぞれ黄巣のような武装集団ですから、こういう集団が各地にひろく存在したのだと思います。

そこに膨大な数の破産農民が参加してくるのです。かれらは生産の拠点をもたないあぶれ人口ですから、略奪によって食うほかありません。黄巣の乱はそれによい機会を提供したのです。一つの地域の略奪がすめば、他の地域に移ります。そうしてこの反乱は大規模な流動作戦をおこなうことになり、歴代農民反乱のなかでは、最初の流賊・流寇としての特徴をもつことになったといわれています。それは唐代後半期に多数の破産農民が生じたという時代の特徴とむすびついた現象です。商業の発達によって各地がむすばれるようになったこと、反乱の指導者がその各地を歩いていた商業資本家であったことも、反乱の流動に影響していることと思われます。しかし反乱の指導者と群盗や農民との結びつきはルーズなもので、組織はしっかりしたものとはいえませんが、そのかわり反乱の破壊力はものすごいものでありました。反乱は一〇年にわたって、四川を除く全中国の地を荒らしまわるのですが、唐朝の集権力はばらばらになってしまいます。各地で反抗していた兵士たちは、それぞれ藩鎮機構を占領して、唐朝には敬意をはらわない節度使が各地に出てまいります。黄巣は最後に都の長安に入って皇帝の位につきますが、各地を流動しただけですから、節度使らを充分把握しているわけではありません。長安周辺だけを支配していて、それが黄巣没落の原因になります。

しかし唐朝を滅ぼしたのは、黄巣の反乱軍のなかから出た貧農出の朱全忠です。かれが後梁王朝を建てるのですが、その後短命な五代諸王朝が興亡します。その間に旧来の貴族名門は地を払ってしまいます。しかし新興の土豪・

富商たちは、流動してまわった農民たちに地域地域ではとても対抗できませんでした。地域を支配する封建政権ができなかった主な理由です。地方の土豪のなかには自衛団を組織しようとする動きもあったのですけれども、局地的に個々の地域を独立のまとまりある村落として把握してゆくことができないで、結局集権的な国家権力に頼らなければならないことになります。ここでは商品流通について充分な分析ができませんでしたけれども、その流通圏が中国全体に及ぶようになっていくことも、集権国家の成立に大きな役割をはたしたことは否定できません。要するに集権的な官僚制が再建されていくようにみえるのは、けっして古代の遺制が残るのではなくして、唐代後半以来の情勢のなかで、とくに唐末の激動をへて、新しく造られてきたと考えてよいのではないかといいたいわけです。

最後に佃戸制にたちかえって一言しますと、右にのべてきたような破産農民が非常に多い状況のもとでは、佃戸になるのも主としてかれらですから、裸同然で荘園に流れこんでくる者が多く、その場合地主が住居・農具・種子・食料まで負担しなければならないのは当然で、その場合佃戸の地位は奴隷みたいに主体性がなかったり、債務にしばられて首がまわらなくなる場合も出てくると思います。だから地主と佃戸との間にかぎっては身分的な差別が現れなかったわけではありませんが、農奴のように土地に緊縛されて、まったく不自由身分として、社会的に公認されるまでにいたりませんでした。

宋代の地主と佃戸の関係は契約関係だという意見もありますが、それは地主も佃戸も同じ良民同士の関係だからです。両者の間は自由な関係だということもいえますが、それは農奴の場合とちがって、地主が契約を破棄して土地を取りあげようとする自由もあることを意味します。他方佃戸の側に余裕があれば、向上の余地があることをも意味します。南宋では地主が土地を取りあげるどころではなく、佃戸が土地にたいする権利を確保して、その土地を他人に又貸しするという現象もみえるようになります。こういう関係は明代になるとひろく普及するようになります。またこれから発達したのかどうか知りませんが、明代の南方には一田両主慣行といいまして、同じ土地の所有権を田面権と田底権とに分割して、両者をまったく別個に処分・譲渡・売買することができるという関係が発達します。こうなるとその土地制度はコロナート制とか初期荘園とか、とてもいえないわけですが、それが宋代佃戸制から発達したことに注意しなければなりません。

石母田さんは日本やヨーロッパのような明確な変動なしに、中国では徐々に封建的な関係が成熟していく可能性があるということをいわれたのですけれども、宋から明への発展を考えますと、それは参考にさるべき意見のように思えます。しかし私は唐末を中心とする変動を考えて、中国の封建国家は生まれたと考えるのですけれども、それは日本や西ヨーロッパとは違った独自の経過をたどったと考えるわけです。その原因に傭兵制や商品経済があり、さらに唐末の大激動があるといえると思うわけです。

（『国家権力の諸段階―歴史学研究会一九五〇年度大会報告―』岩波書店、後半修正）

付録二　唐末諸反乱の性格——中国における貴族政治の没落について——

はじめに——貴族政治について

中国の中世に封建社会の存在を認めようとする最近の動きは（古島和雄「『東洋的近世』と『封建主義への傾斜』」参照）、もと唐末より成長してくる荘園の佃戸制が、封建的土地所有制あるいは農奴制に属するということから出発した。しかしこうした生産関係の変化が重要な意味をもつのは、その上に営まれている人間の生活のあらゆる面においてもまた変化がおこるからなのであって、事実この時代のもっている画期的な意義は、この時期に全社会構造的な変革がおこなわれたということにあるのである。かつて内藤湖南は、この時代貴族政治が終わって貴族の家柄が滅び、庶民のなかから官吏が登用されて、君主の独裁政治が成立したことを指摘し（「概括的唐宋時代観」『中国近世史』等）、また周藤吉之は最近この新興官僚が、荘園の地主であることを論証したが（「宋代官僚制と大土地所有」）、佃戸制もこうした社会全体の動きのなかで、どのような関連をもちながら存在しているのかということを解決することなしに、歴史における封建社会の問題を論ずることはできないのである。しかるに従来は佃戸制自体の構造のなかから、政治権力のあり方を導き出そうとしていたのであって（石母田正「中世史研究の起点」）、ここから佃戸制がそのなかにおかれている社会のさまざまな関係は無視されてしまい、したがって政治構造自体の把握も当然出てこないのであった。もちろん政治権力は生産関係に対応する点があるにちがいないが、両者は複雑な媒介をへて結ばれているのであって、その間の媒介・連関があるから、政治構造は独自の存在をもつことができるのである。政治史の領域はこうしたところに存在している。私は唐末の争乱を通して、かかる領域の展開について考えてみたい。

戦争や反乱においては、時代の政治的な諸現象が最も集約的にあらわれ、権力をめぐる諸関係があらわに展開する。そしてその変化を決定的に促進するのもやはり戦争や反乱においてである。内藤も貴族政治の没落を唐末の争乱のなかにもとめているが、唐代においては貴族政治もすでに変化し、唐朝の政治権力のもとに旧来の門閥が再組織されているといわれ（宇都宮清吉「唐代貴人に就いての一考察」）、また唐初の官僚は北朝系の武人的な漢人官僚（布目潮渢「唐初の貴族」）、あるいは西魏以来の関隴集団中の人物に出るといわれる（陳寅恪『唐代政治史述論稿』）。有名な話であるが、唐初貞観年間吏部尚書の高士廉が氏族志を撰したとき、山東の名族崔氏を第一位にしたところ、太宗の命で皇室を第一とし、崔氏を降して第三位にしたという（旧唐書六五・新唐書九五高士廉伝、唐会要三六氏族、資治通鑑一九五貞観十二年正月条）。この話は当時なお名門が一般に尊ばれているとともに、すでに一方では皇帝の地位が貴族の門地を圧倒するようになっていた形勢をしめしている。こういう形勢は則天武后のときに一層おし進められ、新たに進士科出身者が大量に進出するようになったという（布目・陳両氏前掲論文）。そこで貴族政治なるものについて簡単に考えておこう。

貴族というものは二つの側面をもつと思われる。第一に貴族という以上、昔からの血すじ・家柄によって社会的な地位が定まっているものであるが、それはその家が代々一定の地域に勢力を扶植してきた豪族で、その地域において他の諸〻の家と区別される特別な家柄とされていなければならない。それで貴族は唐代になっても、博陵の崔氏、太原の王氏、隴西の李氏という風に郷里の名をもってよばれる。次にこういう家柄の尊ばれる社会では、これらの家柄によって政治上の地位が独占され、王朝の交替に関係なく代々存続するものである。だから貴族という以上、単なる地方の豪族と違ってなんらか政治上の地位をもっている。こういう貴族社会は魏晋のころ形成されたが、以来九品中正という官吏登用法が施行され、「上品に寒門なく、下品に勢族なし」という状態になった。

貴族社会成立の時期は漢末魏晋の喪乱の時代である。漢代を通じて最大の社会問題となったのは豪族の台頭であるから、魏晋の貴族はそうした豪族同士の競争や王朝との対抗のなかから、喪乱の過程において自家の地位を築きあげたものにちがいない。こうした貴族は当然政治上の有力な地位を占めるが、同時に政治上の地位を占めることによって、門閥としての家柄を維持し発展させてゆき、他の豪族や寒門の台頭を抑えることができる。そういう意味で、貴族は政治権力をもつと同時に、それに寄生する性格をもつといえる。南北朝はこのような貴族政治の最も盛んな時代であるが、南朝がこの時代の新開地で広大な荘園を占有し、貴族の門閥としての地位、巨大な豪族としての地位がより優勢であったのにたいし、北朝は相次ぐ異民族の侵入・戦争や農民の流亡の結果、貴族の国家権力にたいする依存性がつよく、北魏以来均田制が施行され、隋唐の統一にいたって全国的に拡大された。要するに均田制というものは、流亡や兼併に委ねられていた農民を王朝の直接支配下に編入し、田土を給与するかわりに租庸調および府兵を徴集して、王朝の財政・軍事の基礎にするのであり、貴族は従来のとかく王朝と対立する豪族的性格を失って、右のような財政収入や国家秩序に依存する官僚と化するのである。

唐代には貴族はもはや郷里を離れて住む者が多く、ことに長安・洛陽の近傍に移住した者が多い。ここにいたって九品中正にかわって科挙が実施されるようになった。しかしこの時代の科挙がなお貴族に有利に運営されたことはかねて指摘されているとおりで、貴族でなければ容易に高い地位に登りえなかった。ただ貴族の権勢も、すでに伝統的な血統・家柄によるよりは、宰相をはじめとする国家の官僚的な地位にもとづくようになっていたのである。(1)

こうした体制においては、天子を頂点とする官僚機構はきわめて徹底した膨大なものとなったのであり、このような機構の運営は律令格式において法制化された。唐はかくして充実した国力をもって周辺の異民族を羈縻服従させ、空前の大帝国を築くことになった。こうした態勢のきわまるところ、その背後に多くの退廃を蔵しながら、玄宗皇帝の四十余年にわたる開元天宝の治となったのである。范陽・平盧・河東三道の節度使を兼ねた安禄山が兵を挙げたのは、そうした玄宗治世の末年、天宝十四載（七五五）の末のことであった。

（1）　唐代ではその半ばを過ぎても、一般には伝統的族望がなお重んじられたが（陔余叢考一七、六朝重氏族）、それが政治上に反映して唐末の牛李の党争となったという（陳前掲書）。しかしこのことは貴族を圧倒する新官僚が登場したことと同時に、貴族もまた官位を確保しなければ権勢を維持できなくなっていることをしめしている。山東の貴族も天宝以後になるとみな両京に改葬するようになったという（白氏長慶集六一　唐故虢州刺史贈礼部尚書崔公墓誌銘）。

一　安史の乱

1　胡人の登用

安禄山は営州の雑胡といわれる。かれ自身の言によれば父は胡人といい（安禄山事迹上、旧唐書一〇四・新唐書一三五哥舒翰伝）、新唐書には「本姓康」とあるから（同書二二五上安禄山伝）、あるいは西方サマルカンドの人であろうか。母は突厥のシャーマンであった（安禄山事迹上、両唐書安禄山伝、通鑑二一四開元二十四年四月）。当時東モンゴルの営州（現朝陽県）の地は、奚・契丹の内付によって、開元五年（七一七）以来都督府が復活していたが、その再建のとき胡人の商人を招いて店舗を立てたというから（旧唐書一八五下・新唐書一三〇宋慶礼伝）、西域の胡人が相当いて商売を営んでいたにちがいない。安禄山も史思明もよく諸語に通じ、(1)最初この地の互市牙郎（すなわち貿易の仲介人）であったが、のち幽州節度使張守珪の将校になった（前掲安禄山事迹ほか）。唐初では国初より辺将にしばしば外国人を採用していたが、とくに中ごろ東突厥の復興以来、諸人種の北辺に南下するものが多かった。しかしこれらの人々が辺境軍団の総帥たる節度使に任用されるようになったのは、天宝中宰相李林甫の献策によるといわれている（旧唐書一〇六・新唐書二二三上李林甫伝、通鑑二一六、事迹上、大唐新語　一、太平広記二四〇用蕃将）(2)。

李林甫によれば、怯懦な文臣を将とするよりは、勇敢な蕃人や係累のない平民を用いた方がよいというのであるが、その意図するところは、権勢を保持するために競争者を絶ち、辺帥が功によって宰相となるのを防ぐにあった。辺帥より宰相になったものは、唐初以来あるにはあったのであるが（李靖・李勣・劉仁軌・韋師徳ら）、玄宗の開元年間になるとようやくその数も増してきた。開元天宝の間宰相に任命されたものは、新唐書宰相表によれば次の二十五人であるが、そのうち＊印を付した十人は直接辺帥より入ったか、あるいは辺帥を経験したものである。

蕭至忠　＊郭元振　姚崇　盧懐慎　＊薛訥　源乾曜　＊宋璟　蘇頲　＊張嘉貞　＊張説　＊王晙　李元紘　＊杜暹　＊蕭嵩

裴光庭　宇文融　韓林　裴耀卿　張九齢　李林甫　＊牛仙客　＊李適之　陳希烈　楊国忠　韋見素

こうした辺帥の登場は、実は辺帥自体の性格の変化によるものであろう。唐初の辺防軍は府兵より派遣された少数の軍団にすぎず、一朝事あってはじめて大軍が動員され、中央の重臣が一時総帥に任じられるのであるから、それが再び入って宰相になることはなんら問題ではなかった。

しかるに唐朝のよって立つ均田＝府兵の制度や羈縻政策の破綻がようやくいちじるしくなった睿宗の景雲元年（七一〇）、はじめて常任の辺将節度使が河西に出現し（岩佐精一郎「河西節度使の起源に就いて」）、爾来開元・天宝の交には辺境に十の節度使が配置されることになった(3)。節度使は府兵にかわって現れた傭兵すなわち健児を統括したが、これらは各種の出征者や客戸・逃戸のなかから募集されたようである（冊府元亀一二四帝王部修武備所載開元二十五年五月癸未詔、通鑑二一四開元二十四年春正月庚寅条、唐六典五兵部）。かくて辺境に久しきにわたって大軍を擁する節度使が、有力な宰相候補として登場した。前に挙げた辺帥出身の宰相十人は、最初の郭元振を除けばみな節度使の出身である。これらのなかには蕭嵩・牛仙客のごとく、宰相にして遙かに節度使を領する者もあった(4)。

節度使が専任の武将であり、その出現が唐朝支配体制の危機の表現である以上、正式の士族でない卑賤の者の登用が可能となるであろう。天宝以前の十節度使の氏名をことごとく知る由はなく、またその名があきらかでもかならずしもその出身をたどることはできないが、いま眼にふれる者のなかにも、郭知運・王君㚟・賈思順・張守珪らのごとく、一介の武弁から戦功によって昇進したと思われる者が少なからず存在する。しかし中央に入って政局を担当した前の十人を調べると（両唐書各列伝による）、

進士出身　　　　郭元振　宋璟

明経出身　　　　張嘉貞　王晙　杜暹

制科出身　　　　張説

蔭によると思われるもの　　薛訥　蕭嵩　李適之

胥吏出身　　　　牛仙客

ほとんど正途の出身であることがわかる。すなわちこの段階においては、微賤の出の節度使は宰相になることができなかったのである。宰相李林甫の献策はこうした情勢のなかでなされたのであった。

ところがただ一人例外なのは牛仙客であった。そこでかれが登用されるにいたった事情を考えてみよう。開元二

十四年（七三六）牛仙客が河西の節度使から朔方へ転じたときであった、後任者が倉庫の充実と器械の整備をみて上聞したため、玄宗は喜んでかれに尚書の地位を与えようとした。しかるに牛仙客はもと涇州鶉觚県（現甘粛省霊台県）の一小吏であったから、宰相張九齢はかたく反対して下らなかった。ただ十一月にいたってかれに実封を与えることが、九齢の反対を圧しきって強行された。それには李林甫の上言が与かっていたのである。当時林甫・九齢の両人は事ごとに反目していたのであるが、この月ついに張九齢と裴耀卿は罷めさせられ、李林甫は牛仙客を引いて宰相とし、林甫専権の時代が到来した（旧唐書李林甫伝、新唐書一二六張九齢伝、通鑑二一四開元二十四年十一月条、大唐新語七識量）。こうして牛仙客の登用は、張九齢の敗退と李林甫の勝利をまってはじめて実現されたのである。

張九齢はこの時代にはめずらしく嶺南の寒微の出であるが、進士科によって登第した文士である（旧唐書九九張九齢伝・新唐書同伝）。かれがよく玄宗と争ったのは、君主の恣意にたいして旧来の国家的な制度を守るためであった。これにたいし李林甫は元来宗室の出であるが、人の意向を伺うのがうまく、もっぱら玄宗の左右、中官妃家にとりいって出世した（両唐書李林甫伝）。その甘言に誘われて陥れられる者が多かったので、人これを肉腰刀といい、同僚と談じてこと阿諛におよべば、響応流るるが如しといわれた（開元天宝遺事下）。

はじめにのべたように、貴族政治の到達したところは官僚機構の完成であり、これに応じて成立したのが科挙の制度であったから、武后のころより選挙による新興の官僚が朝政の中心を握るにいたった。しかるにここにおいて権勢をえる所以は、官僚機構のなかで重要な地位を占めることにあるのであるから、官位の争奪をめぐる対立が一方においてようやく烈しくなったのである。そして唐の官僚機構の基礎が動揺しだすにつれ、こうした権勢の争いはますます激化せざるをえない。このような段階で栄達の道は、官僚制の頂点に立つ天子＝デスポットと個人的な恩寵関係を結ぶことであり、そのために天子やその側近をめぐって権謀術数が弄せられることとなろう。かくして寵臣の出現は、やがて正規の官吏登用の道を破壊するようになる。玄宗治世のとくに後半期は、こうした寵臣が現れた時代であった。

寵臣はまず天子の側近において現れる。玄宗の初め禁軍の将軍王毛仲は、もと東宮時代の官奴で恩寵最も厚かった（旧唐書一〇六・新唐書一二一王毛仲伝）。宦官の制度がとくに拡充をみたのもこのころで、王毛仲なき後はその勢いよいよ盛んになった。最も寵遇をうけたのは高力士で、玄宗の左右に起臥して四方の表奏をあつかい、開元天宝の将相は多くその手をへて栄達したという（旧唐書一八四・新唐書二〇七高力士伝）。かくてやがては外廷においても恩寵がこととされるとともに、玄宗もその専制的な孤高の地位に倦怠を感ずるようになったから、開元の末には張九齢らとの摩擦がはなはだしくなり、ついには寵臣にして権臣の李林甫が登場することとなったのである。

李林甫以後の宰相を表示すると左のとおりである（新唐書六二宰相表中）。

開元二十二年五月現在	李林甫	張九齢　裴耀卿	（林甫就任時）
二十四年十一月以降	李林甫	牛仙客	（九齢・耀卿辞任）
天宝元年八月以降	李林甫	李適之	（仙客死亡）
五載四月以降	李林甫	陳希烈	（適之辞任）
十一載十一月以降	楊国忠	陳希烈	（林甫死亡）
十三載八月以降	楊国忠	韋見素	（希烈辞任）

牛仙客就任の事情は前のとおりであるが、宰相になって後はただ唯々として事を決することがなかった。かれの死によって立った李適之は、李林甫に圧迫されてやむなく辞任した。よって林甫は、玄宗の左右に侍して老易を講じ、帝の信任厚い陳希烈を引いて相としたが、かれは林甫に唱和してその権を固めるだけであった。やがて林甫の権衰

え、その死によって楊国忠が立つと、陳希烈は林甫の党をもって退けられ、温雅にして制しやすい韋見素が宰相に選ばれた（以上両唐書各列伝による）。したがって開元の末から天宝にかけて実権を握っていたのは、李林甫と楊国忠の二人の寵臣であった。そのころ玄宗の傍らに楊貴妃が侍っていたことはいうまでもない。

李林甫が節度使にもっぱら胡人や平民を用いようとしたのは、こうした寵臣としての自己の権勢を維持するためであったが、しかし一面それによって胡人や平民の進出する端が開かれた。寵臣は本来個人的な結合によって立つものであるから、家格や経歴はその問うところでなく、むしろ旧来の貴族や官僚に対抗するため、新しい型の人間を登場させるものである。李林甫についても、「これと善き者は厮養・下士と雖も盡く栄寵に至る」（旧唐書李林甫伝）といわれた。時代の末期に登場してくる個人は、最初はこのような関係をたどって成り上がってくるものである。こうした時代に出現してきた節度使は、多かれ少なかれ成り上がり者的性格を内包するものであるが、その態勢のゆきつくところ全面的な胡人の登場となったのである。安禄山はその第一人者であるとともに、また典型的な寵臣であった。

2　恩寵の世界

平盧（営州におかれた軍ではじめ幽州節度使に属した）の武将であった安禄山がはじめて玄宗と接したのは、年代的にはかならずしもあきらかでないが、通鑑の考証によれば開元二十四年のことであった。奚・契丹を討って敗北し、京師に送られて本来なら殺されるところを、玄宗の特別なはからいで許されたのである（通鑑二一四開元二十四年四月条および考異）。二十八年平盧の兵馬使となり、玄宗の左右にとり入って恩信をえ、天宝元年平盧節度使、三載范陽節度使を兼ね、十載さらに河東の節度使を求めてこれをえた。その間玄宗の信頼はいよいよ厚くなったが、多く諸書の伝える挿話は、その寵臣としての面影を描いて余すところがない(5)。

武将である以上、しばしば奚・契丹に出兵し、辺功によって寵をえたのはもちろんであるが、胡人であるのを利用して、外愚直なるがごとく装い、巧みに恩寵を収攬した。あるとき太子に見えたが礼もせず、「臣は胡人で朝儀に習わないから太子とはどういう人か存じません」という、玄宗が説明すると、「臣愚かにして惟陛下御一人のみ存じておりましたが、さらに儲けの君と申す方があるとは存じませんでした」とこたえて礼拝した。のち請うて貴妃の養子となったが、玄宗よりさきに貴妃に礼拝する、玄宗がわけを尋ねると、「胡人は母を先にして父を後に致します」とこたえたので、玄宗大いに悦んだという。安禄山が肥っていたのは有名な話である。玄宗がたわむれて、「その偉大な腹のなかには何が入っているのか」と聞いたところ、「唯赤心があるのみでございます」とこたえた。はじめ張守珪の部下だったときには肥えるのを気にして食を節していたが、のち節度使になってからはますます肥満して、重さ三百余斤、腹垂れて膝を過ぎるといわれた。馬に乗るとき鞍を二つおいて前の鞍には腹をのせる、歩くときには左右から身を支えてもらってやっと歩を運んだ。その大将が玄宗皇帝の前に出ると、おくにぶりの胡旋舞を舞い、疾きこと風のごとしといわれた。玄宗の愛はいよいよ深く、玉座の傍らに特別の席をしつらえ、禄山だけをそこに坐らせて恩寵を誇示した。

寵をえる道は、直接天子にとり入るばかりでなく、その側近の寵のあつい者と結ぶことである。禄山が楊貴妃の養子になったことは前に一言した。正月の元日は禄山の誕生日であった。当時生まれたばかりの嬰児には、三日めに湯をつかわせ産衣を着せる儀式があって、これを三日洗児といった。正月の三日楊貴妃は大きな産衣をつくって禄山に着せ、五色の輿にのせて宮人にかつがせ大騒ぎをした。その騒ぎが玄宗の所まで聞こえたので、玄宗も出かけてともに歓を尽くした。これより禄山は自由に後宮に出入するようになり、楊貴妃と会食し、あるいは一晩中出てこないこともある。醜聞すこぶる外に聞こえたが、玄宗は疑わなかった。もちろんこれらの話は後に反乱をおこす安禄山の悪口をこめて書かれていて、かれの悪知恵と阿諛追従ぶりをしめそうとしているのであるが、玄宗・楊貴妃らの退廃ぶりと馬鹿さ加減をもしめしている。

宰相李林甫ははやくから禄山と関係があったようであるが、よく人の意中を見抜いたから、禄山もこの人には一目おき、会うときには冬でも汗をかいたという。李林甫の方は自分の上着を脱いではおってやったりして禄山を喜ばせた。范陽に帰って長安の情勢を聞くのに、まず第一に李林甫の様子を気にしていたという。以上のような関係を持続するために、安禄山はつねに劉駱谷という部下を長安に駐在させておき、宮中の動向を伺って報告させ(6)、時に応じてさまざまな献上をする。もちろん禄山にたいする賜与は山のようで、『安禄山事迹』には相当細かく記されており、なかには京師の邸宅、荘園・奴婢、上谷郡（現河北省易県）における鋳銭の五爐等がふくまれている(7)。

さて恩寵によるつながりは、天子や権勢者との個人的なつながりであるから、原則として個人対個人の関係である。だから天子が崩じたり権勢者が失脚すれば、ただちに瓦解しやすいものである。例えば宦官は最も天子と個人的な関係が深いものであるから、その権勢も最初一代限りであった。玄宗の時代に勢力を振るった高力士は、安史の乱後粛宗と東宮時代から関係のある李輔国に圧倒されて貶けられてしまう。李輔国も代宗即位の直後程元振に貶けられる（両唐書李輔国・程元振伝）。もっとものちにはこのような個人的関係の背後に武力の掌握が生じ、天子が逆に宦官に擁立されるような状態になるから、かならずしも右の原則があたらなくなる。また個人と個人との関係も、それがもう一人の個人とつながり、さらに他の個人とつながっていけば、個人対個人の関係を通しながら広いつながりが生じてくる。デスポティズムが進んで、個人同士の関係が社会的な関係としてさらに重要になれば、右のような広いつながりが出てくるのであって、いわゆる朋党比周がそれである。唐も穆宗朝にいたって牛李二党の対立が生じ、ついに唐末の政局を左右するようになる。

しかし玄宗の時代はまだそこまでは進んでいない。安禄山は三道の節度使を兼ね、その寵は天下を傾けるまでにいたったが、天宝十一載の末李林甫が死に、代わって楊国忠が宰相になると破綻が生じた。楊国忠はもと酒と賭博に長じた人間で、楊貴妃の従祖兄であった関係で中央に出た。最初はやはり権臣李林甫と結んで出世したのであるが、のちようやく恩寵をえてくると独立できるわけであるから、かえって林甫のごとき権臣は競争者として邪魔になる。そこで林甫の周囲の党を除いていって孤立させ、林甫の死とともについに代わって権臣の最高の地位についた（旧唐書一〇六・新唐書二〇六楊国忠伝）。こういうふうにして台頭してきたのであるから、楊国忠と安禄山は両立しない。禄山の方では林甫とちがって国忠を見て軽蔑したので、両者の溝が深くなった。そこで楊国忠はもともと禄山と反目している隴右節度使哥舒翰を引いて河西節度使を兼ねさせ、もって禄山に対抗させた（両唐書哥舒翰伝）。楊貴妃の寵が加わるにともない、国忠の権勢も日に熾んとなり、しばしば玄宗の前で禄山の反状を訴えるようになったから、禄山の地位はきわめて不安定なものになった。しかも玄宗は老いて天宝の末には齢七十をこえており、皇太子は禄山とかねて反目の仲である。(8) こうして安禄山権勢の基礎である個人的な結合関係が急速に崩れてきた。個人的な結合の内容は寵愛であるが、その外側は不安と疑心以外につながりはないのである。安禄山反乱の直接の原因はここにあると思われる。

もちろん安史以下唐末諸反乱の根本原因が唐の政治体制、さらにさかのぼって古くからの貴族政治のゆきづまりにあり、それが社会の基礎構造においては、均田制が崩れて佃戸制による大土地所有が成長してくるという形勢として現れていることはいうまでもない。節度使の地位そのものも、均田＝府兵制の崩壊の結果直接現れてきたものである。楊国忠らが宮廷費の財源を漁りまわったのも、根本に租庸調制の崩壊があるからである。しかしこういう生産関係の変化の影響は、その上に営まれている人間の生活の諸部面においては、きわめて多様な豊富な形態をとって現れるのであって、生産関係の変化自体からはその影響の仕方をかならずしも説明することはできないのである。

安史の乱が失寵の危惧からおこっているということは、恩寵や個人的な結合が当時の社会の政治的分野において重要な役割をはたしていたからであって、このような社会にあっては、個人の動きが重大な社会的な事件をひき起こすのである。人が個人的な結びつきしかしないような社会では、他人同士が最も緊密に結びあわされる様式は、養子や義兄弟の関係であろう。安禄山が楊貴妃の養子となり、楊銛・楊錡および楊氏三夫人と兄弟になったということは注意すべきである。元来禄山は范陽節度使張守珪の部将であるとともに養子であったのであり（安禄山事迹上、両唐書安禄山伝、通鑑二一四開元二十四年四月条）、禄山が権勢をえては、戸部郎中の吉温という者がこれと結んで兄弟となり、禄山の股肱として出世をはかっている（旧唐書一八六下吉温伝、通鑑二一六天宝十載二月条）。このような養子ないし私的な結合の形態は、デスポティズムのこの段階において、社会関係の比較的普遍的な形態であった。

傭兵の総帥として官僚制の危機に現れた節度使は、従来の門閥貴族にたいして成り上がり者なのであったが、この傭兵隊長とその部下との関係も、一種の徒党関係であった。元来辺縁の鎮軍は、「毎年更代して兵は将を識らず将は兵を識らざる」（冊府元亀一二四帝王部修武備開元二年八月条）状態であったが、やがて在鎮年限は三年四年と延長され、諸将総管以下が兵士を私役する者もようやく多くなった（全唐文二六元宗、禁私役兵士詔）。かくて最初在鎮六年の健児が募集され、開元二十五年ついに長征健児の出現をみるにいたったのである（浜口重国「府兵制度より新兵制へ」）。一方節度使の任命されること十余年の久しきにわたって易らざる状態であったから（通鑑二一六天宝六載末条）、将帥と部下との関係は一層緊密になったと考えられる。

節度使の軍隊が一般に部曲の名でよばれるにいたったのは、こうした関係からではなかろうか。部と曲とはもと漢代では軍隊編成上の単位であったが、漢末より部曲と熟して官私の軍隊を指す称となった。しかるに南北朝において兵士が主将の家に役属しその地位が低下した一方、北朝末より身分のよい官兵が出現したため、部曲はこれと区別されて、唐律には私家の賤民として規定されるにいたったようである（浜口重国「晋武帝紀に見えたる部曲将・部曲督と質任」「南北朝時代の兵士の身分と部曲の意味の変化に就いて」、仁井田陞『支那身分法史』）。府兵が部曲とよばれたことはたえてないのであるから、中唐以後の軍隊がふたたび部曲とよばれたことは、それが節度使と私的な関係をもつにいたったことをしめすものだと思われる。いうまでもなく養子ないしは私的な結合関係は、もと自由な個別的な人間の結びつきであるが、しかしそこでは同時に一身の恩顧や保護を通じて、デスポティックな支配・従属の関係が生まれるから、一面ではまた往々奴隷的な性格をもつにいたるのである。兵士もむろん多く良民の出であったろうが、それが私的な徒党関係を結ぶにいたれば、反面右のごとき奴隷的な支配を受けなければならないから、部曲の語が唐末五代において、依然として私賤の意味を一方でもち続けたとしても不思議ではない(9)。

節度使の軍隊が部曲とよばれたばかりでなく、さらに進んで節度使の場合も部下を養子とすることが多かったのである。安禄山の張守珪における場合がそうであるが、安禄山もその部将に王守忠・張（安）忠志（のちの成徳節度使李宝臣）らの養子をもっていた（安禄山事迹上）。唐の律令では養子はすべて同宗にして昭穆相当の者と規定されており、異姓収養は禁じられていたから、上のようなことは官僚制の健全であった唐初の時期にはまだなかったことで、太宗の貞観年間、刑部尚書張亮なる者が養子五百人を養っていたため、謀反を問われて死刑になったことがあった（旧唐書六九・新唐書九四張亮伝、通鑑一九八貞観二十年三月条(10)）。しかるにいま、さらに禄山の軍隊の構成を調べてみると、その主力が北方民族にあることはあきらかで、同羅(11)および奚・契丹の降る者八千人を曳落河（胡語で壮士ないし健児の意味というが原語不明）［補、本書二章五節注3参照］と称して、すべて養子にしていたともいわれている（安禄山事迹上[12]）。

そのうえ安禄山のより側近には、弓矢をよくする百余人（一説に数百）の家僮（家内奴隷）があったというが（安禄山事迹上、新唐書安禄山伝、通鑑二一六天宝十載二月条）、このような手兵が全軍の中核をなすところに、節度使の兵の注目すべき性格をうかがうことができよう。ここにいう家僮はおそらく別の記録に「牙門の部曲百余騎」とあるもので（新唐書安禄山伝）、のちの節度使において牙軍（親軍）の中核をなす親随部曲に相当するものであろう（日野開三郎『支那中世の軍閥』一〇〇頁）。唐代の豪族は膨大な家僮をもつ者が少なくなかったが、それらの家僮のなかには唐初においても、武器をとって主家のために戦う者があった（例えば旧唐書五七・新唐書八八裴寂伝、旧唐書七六・新唐書八〇太子諸子、越王貞・琅邪王沖伝）。節度使においても、全軍隊の中核がこのような私家の家族的構造をもっていた。とすれば、部曲の語もそれが全軍隊を指すように拡大される前には、最初こうした主帥の身辺から発生したのかもしれない。安禄山の軍隊はこれらの家僮や北族の曳落河を中心に、他の范陽・平盧・河東三鎮の衆をあわせて成り立っていたのであり、その兵をおこすにあたっては、これら全軍を父子軍と号したという（安禄山事迹中[13]）。

安禄山当時の范陽等三道の兵力はあきらかでないが、かつての天宝初年の統計によると、十道の総兵力四十九万のうち、范陽が九万一千四百、平盧が三万七千五百、河東が五万五千、計十八万三千九百を占める（通典一七二州郡、旧唐書三八地理志、通鑑二一五天宝元年正月条[14]）。安禄山が反乱をおこした天宝の末にはこれより相当増加していたであろう。さらに上述したように、安禄山の軍隊は北方民族を中心に編成されていて、つねに降者を懐柔し、俘囚を釈いては戦士に加えていたといわれ（安禄山事迹中、新唐書安禄山伝）、やがて阿布思の部衆をあわせては、その精鋭天下におよぶ者がないようになったという（注11参照）。天宝十四載（七五五）十一月、安禄山が楊国忠を除くと称して范陽に反旗をひるがえしたとき、そのひきいた軍勢は最初十五万、二十万と公称された（両唐書安禄山伝、通鑑二一七天宝十四載十一月条）。もちろん曳落河を主力に北辺三道の傭兵を動員したもので、のちには占領下の内地の団結兵（農民兵）や募兵も加わることになった（新唐書安禄山伝、通鑑天宝十四載十二月条）。

それにたいし唐でははやくから府兵制度が崩壊し、開元の初めにおこなわれた彍騎もようやく変廃して、応募する者は多く市井の商人や無頼の子弟であり、そのうえ長い平和が続いたので、各地の武備はそのままに放置してあった（新唐書五〇兵志、通鑑二一六天宝八載五月条）。天宝初年天下の総兵力は五十七万四千七百三十三と伝えられるから（通鑑考異一三天宝元年正月条に旧紀の所伝とするが、現存旧紀にはない）、辺鎮十道の健児四十九万を除くと、内地の彍騎と団結は当時すでに八万四、五千にすぎない。別の計算では、そのころ北衙の禁軍数が約六万、団結兵は多くても三、四万とされる（浜口「府兵制度より新兵制へ」）。したがって乱がおこるや、安禄山の軍はたちまち河北を席巻し、翌十二月にははやくも東都洛陽に入った。唐朝では急遽各地で募兵してこれに当たったが、玄宗の側近と武将との対立も加わって、やがて潼関の守備も潰え、玄宗は蜀に蒙塵し、太子粛宗が霊武で即位することになったのは周知のことである（至徳元載七月、七五六）。

さて安史の乱の発端は恩寵の失墜であった。そもそも恩寵の世界の出現は、唐朝官僚制の必然的な帰結であるとともに、その破綻の第一歩でもあった。しかしこの段階においては、流民の問題等が顕在化していながら、なお久しく内地の平和が維持されていて、地方の治安を根本的な問題とするにはいたっていなかったのである。しかるに安史の乱はこうした破綻を一挙に露呈することとなったから、ここから生ずる地方の動揺を抑え、乱の鎮定にあたるため、新たな地方支配の体制が当然必要とされるにいたった。そこで唐朝では、従来辺境にのみおかれていた節度使をひろく内地に列置し、激増する募兵や各地の義軍を統括して、反軍の防衛にあてることとなったのである。そしてこれに郭子儀・李光弼、のちには僕固懐恩を総帥として、主に西北辺境の軍をひきい、これにウイグルの援兵が加わった。

こうして唐朝の反攻がようやく緒についたころ、安禄山がその子慶緒に暗殺されるという事件がおこった。既述のように安禄山とその部下とはきわめて個人的な結びつきをしていたのであるが、その結合の物的基礎は、安禄山個人が唐の官僚制のなかで占めていた地位にあったのである。であるから一たび反乱がおこってデスポットとの関係が断たれてしまえば、いままで天子の寵臣としてあった安禄山の権威の性格も変わってこなければならない。安禄山自身が部下を自力で把握するだけの力をもたなければならない。そこで安禄山は洛陽を陥れた翌月、天宝十五載（至徳元載）正月元日、洛陽において帝位に即き、大燕皇帝と称し、聖武と改元し、ともかく中央政府の官僚を任命して、新しい権威を作りあげた。しかしこの権威が実際の裏づけをもつためには、官僚機構が占領下の地域に根を下ろさなければならない。安禄山は新しく都市を陥落させるごとに、自分の部下を長官に任命していたようであるが、禄山の軍隊が通過してきた河北の地に顔真卿や顔杲卿らが兵を挙げ、山西方面からは郭子儀・李光弼らが南下して、安軍との間に諸都市の争奪をくりかえしている状態であったから、占領州県にたいする把握力は弱く、その権威はたえず動揺していたと考えられる。こうした権威の動揺が、晩年失明したうえ疽を病んでいた禄山の焦燥をかって、左右がややもすれば箠撻をうけ、ときには死にいたったから、これが原因となって、側近の厳荘と子の慶緒に殺されることとなった（安禄山事迹下、両唐書安禄山伝、通鑑二一九至徳二載正月条）。

こうして唐朝側の反攻が開始されると反軍の瓦解がはじまった。その年の九月官軍は長安を回復し、翌月には慶緒を逐って洛陽に入ったから、安軍の部将の投降相次ぎ、河北はおおむねまた唐の有となった。しかるに前に安禄山が両京を取ると、財貨をえて悉く范陽に送っていたから、慶緒の范陽節度使史思明はそれに拠って強力になり（旧唐書二〇〇上史思明伝、通鑑至徳二載二月条）、一たん唐に降ったが再び叛いて、乾元二年（七五九）三月相州（現河南省安陽県）に九節度使の連合軍を破り、翌月安慶緒に代わって帝位に即いた。これより反軍の勢いまた振って洛陽を奪ったが、史思明もまたその子朝義に殺され、諸将分立してもはや命を奉じなくなった（上元二年三月、七六一）。宝応元年（七六二）唐はまたウイグルを引いて反攻を開始し、朝義は敗れて北に奔ったが、范陽節度使李懐仙がその首をもって降るにおよび、ようやく乱の終焉をみるにいたった（広徳元年正月、七六三）。

（1）史思明は「突厥の雑種の胡人」という（旧唐書史思明伝）。やはり突厥と胡の混血児であろう。

（2）この上奏がいつおこなわれたか、ただ一回のことであるか、あきらかでない。通鑑は天宝六載末に掲げるが、それは安思順・哥舒翰・高仙芝ら蕃将が節度使になったのがいずれもこの年だからである。上奏が一回だけだとすればおそらくこのすこし前のことであろう。とすれば安禄山だけは天宝元年に平盧節度使になっているから、それより早いことになる。しかし安禄山の栄達も李林甫の力によったのであって、とくに天宝六載御史大夫を兼ねてから玄宗の寵遇が加わったという（事迹上）。

（3）十節度使はいうまでもなく、安西（治所は亀玆）・北庭（庭州）・河西（涼州）・朔方（霊州）・河東（太原）・范陽（幽州）・平盧（営州）・隴右（鄯州）・剣南（成都）・嶺南五府経略（広州）で、その管轄区域、設置目的、兵馬・衣糧の数等が諸書にまとめられている（通典一七二州郡、旧唐書三八地理志、通鑑二一五天宝元年正月条など）。

（4）宰相の節度使遙領は開元十六年十一月、河西節度使のまま宰相となった蕭嵩に始まるといわれる（唐会要七八諸使中、宰相遙領節度使）。しかし通鑑は十七年六月蕭嵩が中書令を兼ねたとき河西を領するようになったという（同書二一四）。

（5）以下の挿話は、安禄山事迹、両唐書安禄山伝、通鑑二一五・二一六等に拠る。

（6）これが進奏院の初期の形態であろう。

（7）旧唐書九玄宗紀下にも記され、天宝十三載正月のことであるが、「奴婢十房・荘宅各一区」とあるだけでそれ以上は不明である。ただ当時の貴族の荘園はこのように賜与によって成立したものが多い。

（8）安禄山にかぎらず、李林甫・楊国忠はいずれも皇太子と善くない。かれらは玄宗の寵臣で、玄宗と個人的にのみ結ばれていたからである。

（9）唐末五代には部曲が軍隊を指すとともに、一方ではあきらかになお賤民として扱われている。しかし金律以後にはその規定もなくなった（仁井田『支那身分法史』八七三頁以下）。その後はただ、北方遊牧民の部民（村上正二「元朝に於ける投下の意義」）や、正式でない軍隊（楊中一「部曲沿革略攷」）を指す語として用いられた。これは官僚制の確立後、官僚制でない、部民的な、あるいは私兵的な軍隊のみが部曲とよばれたことをしめしている。

（10）その他開元以前には、高開道・杜伏威・竇建徳の例があるのみであるが、張亮以外はいずれも隋末の群雄であるから、唐初には唐律の規定が厳格におこなわれたと考えてよい。

（11）同羅は突厥碑文の Tongra で鉄勒九姓の一。ここにいう同羅は阿布思のもとの部衆であろう。阿布思は突厥の西葉護あるいは九姓の首領といわれ、天宝元年唐に降り、姓名を李献忠と賜って、朔方節度使に進んだが、安禄山が契丹征討に際し阿布思の同羅数万騎をひきいて共に出征しようと図ったため、禄山に害されることを懼れ、再び叛いて漠北に帰った。のち天宝十二載ウイグルに敗れ、その部衆は禄山に誘われてこれに降ったが、これより禄山の精兵は天下に及ぶものがなくなったという（通鑑二一五天宝元年八月、同二一六天宝十一載三月、十二載五月、安禄山事迹上）。

（12）新唐書の伝はこれに拠っているが、通鑑二一六天宝十載二月条は養子の件を否定している。ただし理由はしめされていない。

（13）父子軍とは、安禄山を父、部下を子に擬制したというより　父から子へと世襲的に仕える軍隊という意味のようである。鄴侯家伝（玉海一三八所引）に、「初め元従軍老いて欠に及べば、必ず其の家の子弟・郷親を取りてこれに代え、これを父子軍と謂う」とあり、新唐書兵志にも同様な記載がある。また冊府元亀一二二帝王部征討に、「［至徳］二年三月、関中節度王思礼奏す、将士張子卿等四十余人、耳を割きて盟を為し、請うて父子軍と為し、国の為に賊を討たんとすと」とある。

（14）この統計に記載された各節度使の所管軍鎮の兵数を計算すると、実は范陽は九三、五〇〇（通鑑では九六、五〇〇）、河東では六六、〇〇〇になる。

二　藩鎮の連兵

1　地方権力の成立

安史の乱中はじめて内地各地に大きな地方権力が生まれ、多数の傭兵を抱えることになった。唐の政治体制はもときわめて集権的で、地方行政の最高区画は最初州あるいは府にすぎず、その数は三百二、三十から三百六十余におよんだ。それらを大きくまとめて全国は十の道に分けられていたが、ここには官がおかれず、ときに使者を派遣して地方行政を監察させたにすぎなかった。地方政治の変化がようやくめだち始めると、開元二十一－二年の交（七三三－四）、各道に採訪処置使を常駐させることになった。[1] ただしこれはまだ地方の行政を扱うものではなかったが、安史の乱中節度使が内地に列置されるにおよんで、乾元元年（七五八）採訪処置使は観察処置使と改められ（唐会要七八採訪処置使、新唐書四九百官志、通鑑二二〇乾元元年五月条）、節度使がこれを兼任することになったから、一道の民政・財政・軍事を掌握する巨大な地方勢力が生まれる状況になってきた。もちろんこれは地方秩序の動揺がはげしくなって、節度使のような武力をもつ大きい政治勢力をおかなければ、唐の全国家体制が維持できなくなったからであるが、この節度使のもつ傭兵は、地方秩序の動揺、均田農民の分解のなかから生じてきたのである。この契機になったのは安史の乱であった。だから安史の乱中から乱後にかけて、唐朝の体制と権威が動揺している時代には、節度使の分権的傾向が増大し、はては反乱も各地に生じてきたのである。

こうして節度使の性格が安史の乱以前とだいぶ違ってきたが、唐朝もそういった分権的傾向を警戒しないではなかった。そのいちじるしい例は山南東道の来瑱の場合である。山南東道は治所が襄州（現襄樊市）にあり、乱中は江淮と関中とをつないだ要地で、しばしば反乱をおこして漕運を絶ったことがあった（旧唐書一三八・新唐書一四三韋倫伝、通鑑二二一乾元二年八月—十一月、上元元年四月条）。来瑱は乾元三年（七六〇）四月、部将張維瑾らの乱を平らげて節度使に赴任したものである。乱が終わろうとする宝応元年（七六二）、唐朝はかれを京師に帰らせようとしたが、来瑱は襄陽を離れるのを嫌い、将吏に請願を出させて留任を策した。そこで唐朝は警戒し、かさねて他への転出をせまったが聴かれず、ついに事によって入朝したついでにこれを殺したが、しかし山南東道はそのまま部下の梁崇義の手に帰することとなった（旧唐書一一四・新唐書一四四来瑱伝、通鑑二二二宝応元年建辰月—九月、広徳元年四月条）。

乱後しばらく藩鎮はほしいままに募兵し、あるいは亡命を嘯集する傾向があったらしく、大暦十年（七七五）詔して諸道の兵数を毎年申告させ、制勅によらないでは兵の召募を禁ずることにした（唐会要七二軍雑録、通鑑二二五大暦十年正月条）。翌々年にいたり、さらに諸州の兵額を定め、都団練使以外は、ことごとく諸州の団練・守捉使を罷め、地方官の俸給を統一する等、従来乱れていた制度もようやく形を整えるようになった（唐会要七八諸使雑録、同九一内外官俸銭上、通鑑二二五大暦十二年五月条）。こうしたことは乱後の代宗の時代のことであるが、つぎの徳宗の初め、唐は両税法を施行し、藩鎮の体制に基礎をおいた新しい財政・政治体制を施くにいたった（七八〇）。ここにおいて問題となったのは、それまでに分権的な勢力を確立しつつあった諸藩である。これらが唐朝の再編された権力と衝突して、建中二年（七八一）から貞元二年（七八六）まで、まるまる五年にわたって再び全中国を動揺させる大乱となった。

乱に加わったのは、最初魏博・成徳・平盧・山南東道の四藩の連合で、なかほどより盧龍と淮西が加わり、さらに盧龍の帥朱滔の兄で長安にあった朱泚が、涇原の軍に推されて立った。まずこれらの藩鎮がどのような性格をもつものであるか、その形成された由来について考えてみよう。

右のうち魏博・成徳・盧龍はいわゆる河北三鎮（河朔三鎮）で、当時すでに滅んでいた昭義（相衛）とともに、安史の旧将の安堵されたものである。乱の終わった年、官軍の総帥であった僕固懐恩は、乱が平定して恩寵の衰えることを懼れ、史朝義の降将田承嗣・李宝臣（張忠志）・李懐仙・薛嵩の四人に、それぞれ河北の地を分有させた（この説については異論もある。本書第一章参照）。したがってこれらの武将は、ほとんど旧来の版図と部曲とを保有したまま唐の支配下に入ったのである（両唐書各列伝、通鑑二二二宝応元年十一月、広徳元年正月、四―六月条、新唐書六六方鎮表）。

	（史朝義時代）	（投降後、広徳元年六月現在）
薛　嵩	鄴郡節度使（相・衛・洺・邢を以て降る）	洺相節度使（相・貝・邢・洺）
李宝臣	恒陽節度使（趙・恒・深・定・易を以て降る）	成徳軍節度使（恒・定・趙・深・易）
田承嗣	睢陽節度使（旧魏州刺史、莫州にて降る）	魏博節度使（魏・博・徳）
李懐仙	范陽（幽州）節度使（燕京留守范陽尹、范陽を以て降る）	盧龍軍節度使（幽・莫・嬀・檀・平・薊）

つぎに平盧はいうまでもなくもと北方の営州にあった節度使である。安禄山が叛いたとき、副使呂知誨は節度使となって禄山に降ったので、その将劉客奴・董秦は安東将軍王玄志と図り、呂知誨を殺して帰順した。よって劉客奴は平盧節度使となって名を正臣と賜い、王玄志は安東副大都護となった。しかるに劉正臣は范陽に敗れて、王玄志に毒殺され、玄志は平盧の将侯希逸とともに、禄山の任命した節度使徐帰道を殺して、代わって節度使となった。乾元元年（七五八）末王玄志が死んだとき、唐朝は軍士の希望を聴いて侯希逸に旌節を授けたが、その後侯希逸は范陽との攻守連年にわたって救援が絶え、そのうえ北方の奚に侵入されたので、軍二万をひきいて反軍のなかを南下して山東に出て、宝応元年淄・青等六州の節度使に任命された。これより平盧はこの山東の節度使の号となった。

のち侯希逸は逐われ、かつて侯希逸擁立の首謀者であった李正己（本名懐玉）が立った（旧唐書一四五・新唐書一五一劉全諒伝、旧唐書一二四・新唐書一四四侯希逸伝、旧唐書一二四・新唐書二一三李正己伝、通鑑至徳元載四月・同二載正月・乾元元年二月・同十二月・上元二年建丑月・宝応元年建寅月・同五月条）。

前に劉正臣・王玄志とともに呂知誨を殺した董秦は、王玄志のとき田神功とともに歩卒三千をひきい、筏に乗って海を渡り、山東・河南に転戦したが、名を李忠臣と賜って、宝応元年淮西節度使（治蔡州、現河南省汝南県）となった。その後李忠臣は逐われ、平盧以来かれに従っていた李希烈が代わることとなった（旧唐書一四五・新唐書二二四下李忠臣伝、旧唐書一四五・新唐書二二五中李希烈伝）。こうして青および淮西は、いずれも平盧の旧将の藩であった。

なお田神功のひきいる平盧の軍は、安史の乱中江淮に起こった劉展の反を平らげ、揚州・杭州等で略奪をほしいままにした。そのとき揚州で殺された西方（イラン・アラブ地域）の商人は千人あるいは数千人にのぼるといわれる。のち兗鄆の節度使をへて河南節度使となり、汴州（現開封）に鎮したが、その死後弟の神玉がつぎ、神玉なき後その将李霊曜が立って唐朝に反抗した（大暦十一年、七七六、旧唐書一二四・新唐書一四四田神功伝、旧唐書一一〇・新唐書一四一景山伝、通鑑上元元年十二月・同二年正月・大暦九年二月・同十一年五―八月条）。これがのちの宣武節度使の起源で、上の諸藩についで強力な藩鎮となった。

山南東道はすでにのべたように安史の旧将と関係ないが、来瑱が移封を肯んじなかったのは、かれがこの地に相当勢力を扶植していたからで、その殺されたとき門下の客が四散したと伝えられるのも、そうした形勢をしめすものであろう（両唐書来瑱伝）。はたしてかれの死後この地は部将梁崇義の得るところとなった。

涇原は元来西北辺境の四鎮・北庭の兵であったが、安史の乱中内地に転戦して労苦を積んだうえ、乱後吐蕃防衛のため邠州（現陝西省邠県）から涇州（現甘粛省涇川県）に徙されたから、軍中の動揺は少なくなかった。しかるに建中の初め（七八〇）、さらに吐蕃に陥没していた原州（現甘粛省鎮原県）に徙されようとしてついに反乱し、その鎮定後牙前兵馬使姚令言が留後となっていたが、軍情穏やかではなかった（旧唐書一二八・新唐書一五三段秀実伝、旧唐書一二七姚令言伝、通鑑大暦三年十二月・同十一年十二月・建中元年二月―五月・同八月条）。

以上みてきたように、これら諸鎮は乱中おびただしく新設された一般の藩鎮とは性格を異にし、特別な由来をもっていたが、とくに涇原を除いては、いずれも藩帥と部下との関係が密接である反面、唐朝との関係が比較的浅い藩であった。梁崇義が山南東道の主となるや、来瑱の祠を立ててこれを祀り、瑱の庁事では執務しなかったということや（両唐書来瑱伝、通鑑広徳元年三月条）、魏博の田承嗣が安史父子のために祠堂を立てて、これを四聖といったという事実は（通鑑大暦八年十月条）、唐朝権威の動揺時代、唐朝と最も縁遠かったこれらの藩鎮が、その支配を確立するため、前代の主帥の権威を借りようとしたものである。安史の乱中史思明が安禄山の墓誌を作り、光烈皇帝の諡を贈ったことがあるが（安禄山事迹下）、こうしたことは河北の諸鎮にも受けつがれたらしく、幽州においては長慶の初め（八二一）にもなお禄山・思明を俗に二聖とよんでいたという（新唐書一二七張弘靖伝）。

しかしこれらの藩鎮は一面では唐朝と関係を結んで、その権威に頼ろうとしているのであって、盧龍の節度使朱泚・朱滔の兄弟のごときは、積極的に防秋の兵をおくり自ら入朝しているし（旧唐書一四三・新唐書二一二朱滔伝、旧唐書二〇〇下・新唐書二二五中朱泚伝）、魏博の田承嗣は子の華のために皇女の降嫁を受けているのである（両唐書田承嗣伝、通鑑大暦九年三月条）。しかも唐朝の体制の動揺しているなかでは、魏博のごとく、武力によって領土を拡張し地位の安定を期することも許されたのであった。その第一は大暦十年（七七五）薛嵩の死後、昭義（相衛）の内訌に乗じたもので、昭義は滅び、乱は一年にわたって諸道の兵が動員されたが、結局平盧と成徳が魏博に通じ、田承嗣を入朝させる約束で乱は終わった。しかも田承嗣は入朝しないばかりか、翌十一年汴州李霊曜の乱に乗じて反抗し、李霊曜は斬られたが、田承嗣はそのまま官爵を復して許されることとなった。こうして諸藩の態度はさまざまであったが、その目的はいずれも唐朝支配体制のなかにおいて自己の権力を確立することにあったのである。

　ところがその間唐朝側の再編成はようやく進んだから、これに対抗して従来の権利を守るため、諸藩は連合せざるをえなくなった。したがって魏博・成徳・平盧・山南東道の連合が成立したのは、おそらく両税法の施行された建中元年（七八〇）を遠くない時期であったと思われる。これら諸藩ははやくよりたがいに婚を通じ、連絡をもってはいたが、田承嗣は李宝臣・李正己を軽んじ、宝臣の弟宝止が承嗣の子の維を誤って殺してからは、さらに両者の間が悪化し、大暦十年の昭義の乱のときには、成徳・平盧は率先して魏博を討とうとした（旧唐書一四二・新唐書二一一李宝臣伝、通鑑大暦十年四月条）。ところが前述のとおり、この乱中二藩は魏博と和解し、十二月李正己が田承嗣の入朝を斡旋しているから（新唐書田承嗣伝、通鑑大暦十年十二月条）、このころより接近がおこなわれた模様である。しかし翌年の汴州の乱に李正己は官軍の側にあったから、完全な連合ができたのはその後のことと思われる。通鑑も大暦十二年の末にいたって、四鎮の版図・兵力を掲載している（通鑑同年条、旧唐書一四四陽恵元伝。諸鎮の兵力については異説がある）。

平　盧	李正己	淄・青・斉・海・登・莱・沂・密・徳・棣・曹・濮・徐・兗・鄆	兵一〇万
魏　博	田承嗣	魏・博・相・衛・洺・貝・澶	兵五万
成　徳	李宝臣	恒・易・趙・定・深・冀・滄	兵五万
山南東道	梁崇義	襄・鄧・均・房・復・郢	兵二万

　このころこれらの藩は、領土の世襲を期して同盟を結ぶようになったのである。大暦十四年の初め田承嗣が死んだとき、その姪悦の世襲は李宝臣の奏請によって裁可された（通鑑建中二年正月条）。翌建中元年にいたって、唐は

両税法施行に際し、黜陟使を諸道に派遣したが、そのとき河北黜陟使洪経綸は、魏博の兵七万のうち四万を帰農させようとして将士の怨みを買った（両唐書田承嗣伝、通鑑建中元年二月条）。翌二年（七八一）成徳の李宝臣が死んで子の惟岳が立ち、しばしば承認を求め、田悦がその間に斡旋したが、徳宗は強硬な態度をみせて聴かなかったから（通鑑建中二年正月条）、五月前の四藩はついに連兵して叛くこととなった。

乱がおこってまもなく平盧では李正己が死んで子の納が立ち、ついで山南東道の梁崇義が滅ぼされ、魏博らの軍が敗退し、三年成徳では部将王武俊が惟岳を殺して唐に通じ、反乱は一たん平らぐかにみえたが、領土の分配で諸将の不満が多く、盧龍の朱滔と王武俊は田悦・李納と結んで、おのおの王を称し、淮西の李希烈またこれに応ずるにいたった。四年李希烈征討のため長安を通った涇原の兵がまた乱をおこし、朱泚を擁して帝位に即けた。唐朝は奉天（現陝西省乾県東）に退いて朱泚の乱に苦しみ、翌年田悦・王武俊・李納に官爵を贈って和解したが、李希烈はかえって帝位に即いた。この年朱泚を破って長安が収復され、翌貞元元年朱滔が病死して劉怦が代わり、二年（七八六）李希烈が暗殺されるにおよんで、戦火はようやく収まった。

まる五年にわたる戦乱の結果は、山南東道が滅んだほか、結局諸藩の特別な地位が唐朝官僚体制のなかで承認されることになり、ここに領土の世襲・税収の独占・官吏任免の自由等を原則とする、「河朔の旧事」（河朔の旧風、河北の故事）なる伝統が確立したのである。こうしてこれら諸藩の特別な地位を包摂することによって、唐の支配体制が一時安定をみたのが、「唐室の中興」といわれる次の憲宗の時代（八〇五―八二〇）である。この時代唐朝の権威は伸張して、淮西と平盧は撃破され、末年河北三鎮も命を奉ずるにいたったが、ただちに「河朔の旧事」が復活して五代に及ぶこととなった。

2　下克上の世界

そこで問題は「河朔の旧事」なるものの内容である。河北の諸藩はこれによって半ば独立的な地位を唐朝から認められたのであるが、その地位の継承はかならずしも同じ血統の父子相伝によるものではなかった。藩帥はたえず部下の軍士によって廃立されるのであり、また父子の世襲の場合も、大部分が軍士の擁立によるか承認をえるかしなければならなかったのである。左の表は河北三鎮における節度使の相続をしめすもので、―は父子ないしは一族の世襲、×は廃立、○は擁立によったことをしめしている（括弧内は唐朝の承認を得なかったもの）。

魏博　田承嗣―悦―×緒―○季安―（懐諫）　×田弘正―李愬―布　×史憲誠　×何進滔―×弘敬―×全皞　×韓允忠―○簡　×楽彦禎　×羅弘信―○紹威―周翰

成徳　李宝臣―○（惟岳）　×王武俊―士真―○承宗―○（承元）　田弘正　×王庭湊―○元逵―○紹鼎―○紹懿―景崇―○鎔　×張文礼

盧龍　李懐仙　×朱希彩　×朱泚―朱滔　○劉怦―○済―×総　張弘靖　×朱克融　×李載義　×楊志誠　×史元忠　×（陳行泰）　×（張絳）　張仲武―○直方　○周綝　○張允伸　×張公素　×李茂勲―可挙　×李全忠―×匡威―×匡鋳　×劉仁恭―×守光

こういういわば下克上的な風潮は、すでに反乱中の安史の迭立にみたところであるが、唐朝の支配体制のもとでは、乾元元年（七五八）平盧における侯希逸の擁立にはじまるといわれる（通鑑同年十二月条）。つづいて乱中宝応元年（七六二）河東の軍が乱して節度使鄧景山を殺し、代州刺史辛雲京を立てて認められたことがあった（旧唐書一一〇・新唐書一四一鄧景山伝、通鑑宝応元年建卯月条）。安史の乱後こうした傾向は、ひろく一般の藩鎮でおこなわれるようになったが、ただ下克上というものは支配体制の弱い所、弱い時におこるものであるから、唐朝の官僚機構のなかに入りながら、その影響が最も弱く分権的な河北三鎮において伝統と化したまでであって、支配力が弱まった場合には、いつでも他の藩鎮においても現れて、ときには唐朝もそれを承認せざるをえないことになる。

このような社会では、藩帥の権力がそれ自身ではきわめて不安定なわけである。世襲が部下の承認を要するばかりでなく、代々軍士の擁立がさかんな宣武のような藩では、藩帥が死んだとき布帛を散じて服を作らせ、また大事件がおこるごとに、三軍に賞を与えるのが慣例になっていたという（旧唐書一四五・新唐書一五一陸長源伝）。魏博などでも廃立その他事あれば、しばしば私財を部下に分与していたようであり（旧唐書一四一・新唐書二一〇田悦伝、旧唐書同巻・新唐書一四八田布伝）、朱泚もつねに得るところを与えて衆心をえていたという（両唐書朱泚伝）。ときに公私の財を散じて将士の歓心を買おうとした例は、その他の諸藩にもよくみうけられる（旧唐書一八〇朱克融伝（盧龍の例）、旧唐書一二四・新唐書一一一薛平伝（平盧）、旧唐書一三二・新唐書一三八李抱真伝（澤潞）、旧唐書一四六・新唐書一二九厳綬伝（山南東道）、冊府元亀一二二帝王部征討（振武）など）。

このような状態では、節度使はその身辺に多数の家僮を蓄え亡命を養って、全軍隊支配の中核としなければならなかった。これがいわゆる家兵であって、成徳の李宝臣、平盧の李師古、淮西の呉少陽らは、いずれもおびただしい亡命を養っていたといわれる（旧唐書一四二・新唐書二一一李宝臣伝、旧唐書一二四李師古伝、新唐書二一三李師道伝、旧唐書一四五・新唐書二一四呉少陽伝）。盧龍でも李懐仙以来散亡を招集していたといわれ（旧唐書一四三・新唐書二一二李懐仙伝）、建中四年朱滔がひきいた軍のなかには、歩騎五万・ウイグル三千のほか私従者万余人があったという（通鑑同年十二月条）。盧龍の藩帥中陳行泰と張絳は游客の出身といわれるから（旧唐書一八〇・新唐書二一二張仲武伝）、幕客かあるいはこうした家兵の出であるかもしれない。

節度使はこれらの家兵や部将を養子にすることが多かったから、この時代養子の関係は一層普及した。淮西の李希烈は元来李忠臣の養子であったが（通鑑建中二年六月条）、希烈のもっていた養子は少なくとも千人の余におよんだと考えられる（旧唐書一二八・新唐書一五三顔真卿伝、太平広記三二顔真卿、通鑑建中四年正月条）[2]。また澤潞の盧従史は義児三千人を養っていたといわれ（樊川文集一一、上李司徒相公論用兵書）、五代に入っては後唐の義児軍が最も有名である（新五代史三六義児伝）。

養子は異姓者と個人的に最も親しい関係をもとうとする場合生じるのであるが、これとならんで、主人が同姓の者をとくに重んじるということも、この時代にはひろく慣習となっていたようである。安禄山の掌書記高尚は、かつて同姓のため県尉高某に引かれて門下にあり、ついに兄弟の籍に入れられたといわれる（旧唐書二〇〇上高尚伝）、代宗のとき四川でほとんど独立していた崔旰は、最初四川に遊んだとき、同姓により行軍司馬崔論の知遇をえて牙将となったものという（旧唐書一一七崔寧伝）。盧龍の朱泚・朱滔の兄弟は、同姓のためとくに節度使朱希彩の信任をえ、のちついに代わって藩帥となったものであり（旧唐書朱泚伝、両唐書朱滔伝）、宣武の劉全諒ははじめ節度使劉玄佐に同姓によってあつく遇せられ、のち節度使をえるにいたったものである（旧唐書一四五劉全諒伝）。後梁の太祖朱全忠は、朱友文・朱友恭・朱友譲らの異姓養子とともに（旧五代史一二・新五代史梁家人伝、旧五代史一九朱友恭伝、旧五代史六二・新五代史五一董璋伝）、朱友謙（本名簡）を同姓のゆえに子としており（旧五代史六三・新五代史四五朱友謙伝）、またかつて鄆州にあった同姓の朱瑄に兄事したことがあった（旧五代史一三朱瑄伝）。こうしてここにおいても、節度使はその軍隊を支配するために、個人的なつながりや家族的な関係に頼らなければならなかったのである。

新五代史に侍衛親軍を天子の私兵だといっているが（新五代史二七唐臣伝）、侍衛親軍は元来一般節度使の牙軍に相当する。たしかに節度使の兵はもはや純官僚制的なものではなくなっており、そのいみで部曲とよばるべきものであろう。しかしかかる私兵は、上述のような構造をとっているかぎり、それ自身では安定した秩序をもたらすことはできなかったようである。有名な魏博の牙軍は、そのはじめ戸籍によって一般戸口のなかから丁壮を徴発して兵とし、そのうち子弟の強壮な者一万を選んで親軍としたものであったが、のちこれが統御に苦しみ、歴代主帥変易の中心勢力となった。そこで唐末節度使楽彦禎のとき、その子従訓は牙軍と反目し、亡命の徒五百余人を集めてこれを子将とよんだが、そのため楽彦禎は牙軍の廃立にあって死にいたった。次の代の羅弘信および紹威の時代にいたって、はじめて牙軍を壊滅させることができたが、そのためには羅氏はついに魏博の独立を棄てて、朱全忠に屈しなければならなかった（両唐書田承嗣伝、旧唐書一八一・新唐書二一〇楽彦禎および羅紹威伝、旧五代史一四・新五代史三九羅紹威伝）。

この話がしめしているように、藩鎮における私的結合関係は、官僚制の崩壊の結果出てくるのではあるが、官僚制そのものをまったく否定しきってしまうものではないのであって、はげしい下克上はかえって藩帥を中央権力に結びつけるのである。もともと秩序の不安定な社会では、社会的な連帯関係が生まれにくいから、人々は個人的な関係によって多く結ばれることになる。しかも個人的な関係はあくまで個人的な関係であって、それだけではその関係がいくら重なっても社会全体の秩序は生じない。だからかかる関係を維持する支柱として、官僚機構は否定されないであるといわなければならない。

それゆえ藩鎮はいくら分権的傾向を濃厚にしても、その結合関係が上のような形式をとるかぎりは、唐朝とのルーズな関係を絶つことはできなかったのであり、「唐室の中興」以来なお唐朝の命脈はつづいて、黄巣の乱が藩鎮以外の場所からおこるのを待たなければならなかった。そこでは「河朔の旧事」が認められても、結局藩帥は最後には唐朝の承認を必要としたのであり、宰相李徳裕がいったように、「河朔の兵力は強くても自立することはできないから、朝廷の官爵・威命をかりて軍情を安んじなければならなかった」（通鑑会昌四年八月条）のである。このようにみてくると、下克上の世界はすこぶる恩寵の世界に似ているようである。そこで下克上とは何か、その意味するところを考えてみたい。

人が個人的な関係によって結ばれている世界では、君主側近の個人的に親しい者が勢力をもつようになる。デスポティズムの下における寵臣政治では、天子は宰相に、宰相はその下に権力を委ねていられる。天子は独裁者でありながら、何も知らないでいることができる。したがってこの意味では実権が下に移りつつあるとともに、下層の者の成り上がる可能性が多いのである。

徳宗朝の宰相竇参は無学であったが、多くの親党を引き要職につけて耳目としたといい（旧唐書一三六・新唐書一四五竇参伝）、敬宗の寵臣李逢吉には李訓・張又新以下の八人の腹心があり、さらにそれに八人の者がついていて、当時八関十六子とよばれ、逢吉に求めんとする者はまずその手を経る必要があった（旧唐書一六七・新唐書一七四李逢吉伝）。安禄山の場合も、実際に反乱をはかったのは孔目官厳荘と掌書記高尚であったというし（安禄山事迹中、新唐書安禄山伝、通鑑天宝十載二月、同十四載十一月条）、その後の藩鎮においては、成徳の李惟岳に孔目官胡震・家僮王它奴（旧唐書一四二・新唐書二一一李惟岳伝、通鑑建中二年正月条）、魏博の田懐諫に家僮蔣士則があり（旧唐書一四一・新唐書二一〇田懐諫伝、旧唐書同巻・新唐書一四八田弘正伝）、平盧の李師道の政事はみな群婢に決したという（旧唐書一二四李師道伝）。

これらの場合下位の者が実際に権力を振るえるのは、かれらが上の者と寵臣関係にあるからであって、本来それを離れてかれらの権力はありえない。したがってやがてデスポティズムの機構がさらに崩壊し、人主の権威が動揺し出せば、ついにはかれらが上の者にとって代わるということになるであろうが、しかも全体の政治機構は本質的にはそのままにしておいて、上位の者に代わるという関係しか出てこない。これが下克上というものなのであろう。つまりここにおいては、官僚機構が存続しながらそのなかで支配者が交替しているのである。

もちろんその交替の時期、すなわち下克上のさかんな変動期には私的な関係が濃厚に出てくるが、官僚機構そのものを変革してしまうわけにはいかないのである。

しかし官僚機構という外観はそのままでも、内部でその担い手が交替する以上、下克上的な新勢力が台頭していることには注意しなければならない。こうした下克上的新勢力台頭の基礎には、均田農民の分解の結果出てきたものがいるであろうが、この段階ではそれが佃戸制にもとづく地主であるとはかぎらないのであって、地主もむろんあるであろうが、地主制も確立していないのが下克上の世界の特徴でもあって、下から朱全忠のような傭人や一介の兵卒が出てくるのは、当然のことであったといえるのである。

けれどもこれらの新しい勢力が旧来の勢力に交替するためには、さまざまな段階を経過しなければならないのであって、これらが唐朝の官僚制を動揺させ、恩寵政治を招来し、藩鎮の分立を生むにいたりながら、なお最後に唐朝の支配を直接つき破る時がこなければならなかったのである。その契機となったのが黄巣の乱であった。

（1）　採訪処置使の設置に関しては、大体つぎの三系統の所伝があって判然しない。①「開元二十年採訪処置使と曰って十五道に分けた」とするもの（新唐書四九百官志・文献通考五九職官考・通鑑乾元元年五月胡注）。これらはいずれも観察使を説明した条項に出ているもので、最も信憑性が薄い。②「開元二十一年天下を十五道に分かち、採訪使を置いて非法を検察した」とするもの（通典一七二州郡・旧唐書三八新唐書三七地理志・通鑑開元二十一年末）。③「開元二十二年二月十九日ないし辛亥、初めて十道採訪処置使を置いた」とするもの（旧唐書八玄宗紀、唐会要七八採訪処置使・文献通考六一職官考）。③については唐大詔令集一〇〇に「置十道採訪使勅」が載っている。

（2）　因亮の顔魯公行状（顔魯公文集付録）には、「親兵五千人、号して希烈の養子と為す」とある。なお旧唐書一三二・新唐書一四一李澄伝には希烈の養子「六百人」の数が出ている。

三　黄巣の乱

1　民衆の蜂起

そのころ関東地方は連年の飢饉で、民衆の流亡相次ぎ、所在に群盗が蜂起していた。乾符元、二年の交（八七四、五）[1]、濮州（現山東省濮県付近）の人王仙芝が長垣（現河北省濮陽県付近）に兵を起こし、ついで曹州（現山東省曹県付近）の人黄巣これに応ずるや、たちまちにして巨大な勢力になり、山東諸州を横行して、数月の間数万の兵力となった。王仙芝は一説に黄巣と同里の人ともいい（旧唐書二〇〇下黄巣伝）、かねてから連絡があったもようで、ともに塩の密売によって貲をえたかなり富裕な商人であった。黄巣について伝えられるところでは、騎射を善くし、任侠を喜び、亡命を養い、ほぼ書伝に通じて、しばしば進士に挙げられたが及第しなかったという（新唐書黄巣伝、通鑑乾符二年六月条）。

民間におけるこの種の地主・商人層は、おそらく均田農民のなかから成長してきたところで、この時代かれらに開かれていた道は、第一に進士の試験に応じて中央官界へ進出するか、あるいは第二に地方藩鎮の幕客や将吏になる道であった。しかし中央への進出は限界があったし、はげしい政争によって没落する者も多かったから、節度使の麾下には中央に志をえない悶々の輩が集まっていたらしく、詩人李益は進士でありながら久しく任用されないで、幽州の劉済に身を寄せていたことがあり（旧唐書一三七・新唐書二〇三李益伝）、穆宗朝澤潞の劉悟のもとには、朝廷の失意不逞（不逞とは元来志をえない人のこと）の徒が多く投じていたといい（旧唐書一六一劉悟伝）、黄巣の乱後宰相王鐸は魏州において節度使楽彦禎の幕客李山甫に図られて死んだが、李山甫は進士の落第者で、かねて中央の高官に怨恨を抱いていたものという（新唐書一八五王鐸伝、北夢瑣言一三）。

ところが「唐室の中興」以来藩鎮体制もしだいに固定化したから、いわゆる不逞の徒はやがて野に充満することとなった。そしてこうした乱世において、時政に不満を抱くかれらは、多少とも任侠と交通し、党を結ぶことが多かったことと思われる。然諾を重んずる古来の任侠の風は、個人と個人との信義の上に立つものであったから、ひろい社会的な連帯関係の生じないところでは、いつでも普及するものである。黄巣自身が科挙の落第生であるとともに、こうした地方の豪侠の徒であった。

黄巣の党の中核は黄巣・黄揆昆仲八人といわれ（旧唐書黄巣伝）、その内容は兄存、弟鄴・揆・欽・秉・万通・思厚と伝えられるが（新唐書黄巣伝）、他の所伝では群従八人とあって真の兄弟であるかをあきらかにしない（前掲書）。王仙芝にもその票帥として、尚君長・柴存・畢師鐸・曹師雄・柳彦璋・劉漢宏・李重覇等十余輩があった（前掲書）。だから一朝かれらが起つや、人士従いてこれに付すといい、あるいは檄を四方に馳せて、朝政の弊を指弾したといわれる。すなわちこの檄には、反乱を指導した不逞者の見解が表明されていたのである（旧唐書黄巣伝）。

黄巣らの軍には右のような指導層のほかに、乱の威力を発揮した膨大な民衆がふくまれていた。そしてその中心は逃戸・流民であったと思われる。藩鎮の体制は結局唐朝との関係を絶つことができなかったが、相次ぐ戦乱に農民の分解は急速におし進められ、あまつさえ「唐室中興」直後おこなわれた銷兵（兵力削減）によって、軍士の落籍する者が多く、みな山沢に聚まって盗を為し、乱おこれば一呼して亡卒みな集まるという状態であったから（旧唐書一七二・新唐書一〇一蕭俛伝、通鑑長慶二年二月条）、やがてこれらが民乱となって結集するにいたったのである。

黄巣にさきだつ反乱の主なものは、大中の末から咸通元年にかけて（八五九―六〇）、浙江を荒らした仇甫の乱と、咸通九―十年（八六八―九）における徐州の戍卒龐勛の乱をあげることができる。仇甫の軍は穀を集めて饑民を誘ったといい、山海の諸盗および他道の無頼亡命の徒が四面より雲集し、群盗みなはるかに書幣を通じて、麾下に属せんことを求めたといわれる（通鑑咸通元年二月、七月条）。龐勛が徐州を陥れたときも、諸人の従おうと願う者は遠近より輻輳し、光・蔡・淮・浙・兗・鄆・密の群盗にいたるまで、みなこれに帰したと伝えられる（通鑑咸通九年十月条）。そしてこれら所在の群盗については、半ばは逃戸であると当時いわれていた（通鑑咸通元年五月条）。

黄巣らが乱をおこしたときも、各地にあった群盗が、その他の窮民とともに合流して、たちまち巨大な勢力になったのである。これらはいずれも饑民や流民の群れであったから、略奪に依存しつつ、各地から各地へと流れ歩く流賊と化したのであり、それがこの乱に驚くべき運動能力と破壊力とを付与したのである。そしてこうした流賊の特徴として、諸方を転徙する間に、あるいは分かれあるいは合流して動いたから、その兵力は一定しないのがつねで、数千といい、数万といい、五千といい、十余万といい、二十万といい、あるときは五十万、六十万と称せられた。

はじめ王仙芝と黄巣は一緒であったが、のち二手に分かれて、三年がほど山東・河南・淮南の間を横行し、王仙芝の敗死後は、また黄巣に合してやがて江南に渡り、転じて福建を掠めて、ついに広州を陥れた。乾符六年（八七九）ころのことと思われる。(2) 十世紀の初めシーラーフの人アブー＝ザイドの伝えるところでは、バンシュア（黄巣）の徒がこのとき殺したイスラーム教徒、その他の外国人は十二万にのぼるとされ、またかれらが桑の木を伐採したため、アラブ諸国への絹の輸出が途絶えたといわれる。(3) 京師の貴族と結びついた南海貿易にたいする反感が現れたものであろうか。(4)

黄巣らは時勢によって官僚への進出をはばまれた不遇の十であり、その徒は多く流賊であったから、はじめから唐朝打倒の決定的目標をもっていたわけではない。唐朝ははじめ例によって招安をはかり、王仙芝らもしばしばこれに応じようとしている。黄巣が王仙芝と別れたのも、官が自分に及ばないのを怒ったためであった。その後も黄巣は降をはかり、最後には広州においてその地の節度使を要求するにいたった。しかるに授けられたのは率府率であったから、これより広州を陥れてこれに拠り、自ら義軍都統と号してはじめて入関の志を立てるにいたった（新唐書黄巣伝）。

まもなく瘴疫に悩まされて北上を開始し、桂州より湖南に出て襄陽に赴こうとしたところ、荊門（現湖北省荊門県）に敗れて長江を下り、江南において再び節鉞を求めたが、官軍の間隙に乗じてこれを撃破し、ついに北して淮を渡った。広明元年（八八〇）の九月であった。ときに黄巣の衆は十五万と号し、京師には六十余万と聞こえたようである。これより一路長安をめざし、過ぐる所虜掠せず、ただ丁壮を取って兵を増し、いたるところの官吏はみな逃亡したといわれる（新唐書黄巣伝、通鑑広明元年九、十月条）。この時期をもって黄巣の乱には一期を画さなければならない。

ただちに東都が陥り、その年の暮れには長安も陥落した。天子がひそかに脱け出たあと、兵士と民衆の略奪がひとしきりすむと、暮れ方黄巣の前鋒が近づいてきた。金吾大将軍張直方が文武数十人をひきいて迎えるなかに、黄巣は金輿、その党は銅輿に乗って入城した。従う部下は数十万、みな被髪を紅繒で結んで錦繍を着ており、甲騎は流るるごとく、輜重は道を塞いで、千里絡繹として絶えず、集まる市民は道を挟んで見物した。黄巣は唐の宗室を殺して帝位に即き、国を大斉と号し、建元して金統といった。宰相以下が任命され、唐の旧官吏は三品以上をやめて、四品以下はそのままにおかれた（新唐書黄巣伝、通鑑広明元年十二月条）。

けれども黄巣ははじめ各地を流転したのち、一気に長安に入ったのであるから、唐朝の官僚機構を抑えていたわけではなく、そのうえ元来流賊で、組織化された権力をもっていなかったから、部下の統率力も弱かった。長安に入ったかれらは窮民をみてはしきりに財を与えたが、数日にして市中の略奪暴行をほしいままにし、ことに官吏を憎んでこれを殺したけれども、黄巣は禁ずることができなかった（前掲書前掲条）。また黄巣が朝に立って官吏を召しても、至る者のないありさまであった（新唐書黄巣伝）。

そこで長安をめぐるはげしい攻防戦の末、しだいに黄巣の敗色は濃厚となり、ついに糧尽きて人を鬻ぐにいたり、沙陀の李克用をはじめ諸鎮攻囲の中、中和三年（八八三）長安を棄て、藍田より秦嶺をこえて東走した。黄巣は河南に出て蔡州の秦宗権を降し、陳州を囲むこと一年近く、兵を放って諸州を攻略し、その勢威はなお衰えなかったが、翌四年（八八四）にいたって、河南の諸鎮はようやく李克用の援をえてこれを討ち、黄巣もついに泰山の東南狼虎谷に逃れ、甥の林言に首を授けるにいたった。こうして黄巣の反乱は平定したものの、乱おこって十年におよび、四川以外の全中国を荒廃させ、唐朝の権威をまったく凋落させたのである。

2　王朝の瓦壊

乱の終わった翌年、僖宗は長安に帰って光啓と改元したが（八八五）、そのとき天下に割拠した強力な藩鎮は次頁にあげる諸藩であった（旧唐書一九下僖宗紀光啓元年三月条）。これらはすべて旧来の河北三鎮と同様、兵賦をほしいままにし、唐朝の命令をきかなかった大藩で、その間に大小の群盗が跳梁し、唐朝の制しうる所は、わずかに河西・山南・剣南・嶺南西道数十州にすぎなかった。

試みにこれら諸藩の由来をたずねると、李昌符の兄李昌言は鳳翔の行軍司馬、王重栄は河中（蒲陝）の都虞侯、孟方立は沢州天井関の戍将、秦宗権は許州の牙将、時溥は徐州の牙将、王敬武は平盧の牙将、いずれもその藩の部将で、黄巣の乱中節度使を逐って代わったか、あるいは一藩を割いて自立したものである。(5) 諸葛爽・朱全忠・秦彦はともに黄巣の配下で、朱全忠は傭人の出であるが、帰順後宣武（汴州）の節度使に任命された（旧五代史一・新五

（藩帥）	（拠点）
李昌符	鳳翔
王重栄	蒲陜
諸葛爽	河陽（孟）・洛陽
孟方立	邢洺
李克用	太原・上党
朱全忠	汴滑
秦宗権	許蔡
時溥	徐泗
朱瑄	鄆斉曹濮
王敬武	淄青
高駢	淮南八州
秦彦	宣歙
劉漢宏	浙東

代史一梁太祖紀）。秦彦は徐州の卒であったが、亡命して黄巣の軍に入り、帰順後宣歙節度使を襲ってこれに拠った。秦宗権の部下であったともいわれる（旧唐書一八二秦彦伝）。諸葛爽は故郷を亡命した流し芸人であったが、龐勛の乱にも参加し、黄巣の河陽節度使であったのをそのまま安堵されたのである（旧唐書一八二・新唐書一八七諸葛爽伝）。朱瑄も父の罪により亡命して、王敬武の牙卒となったが、黄巣の乱中牙将曹全晸にしたがって鄆州を奪取し、全晸の戦死後、継いで立ったものである（旧唐書一八二・新唐書一八八朱瑄伝）。劉漢宏はもと兗州の小吏といわれ、その後の経歴をあきらかにしないが、一説に王仙芝の部下ともいわれ、一説に王仙芝を撃ち、輜重を奪って叛いたとされる。いずれにせよいわゆる群盗で、途中一度降ったのちまた叛いて、最後に浙東観察使（治越州、現紹興）をえた（新唐書一九〇劉漢宏伝、新唐書黄巣伝、通鑑乾符六年十月条及び考異）。李克用はいうまでもなく突厥沙陀部の酋長で、黄巣の乱中山西の北辺を騒がせていたが、のち官軍を援けて黄巣を長安に衝き、乱鎮定の第一の功労者となった（新唐書二一八沙陀伝、旧五代史二五唐武皇紀上、新五代史四唐荘宗紀上）。

以上の諸藩はいずれも黄巣の乱中新しく台頭して勢力をえたものであった。わずかに高駢だけが例外で、代々禁軍の家に属し、諸道行軍兵馬都統（黄巣征討軍の総司令官）として重鎮揚州に赴任したが、黄巣北上に際して兵を出さず、のちついに貢賦を絶ったものである（旧唐書一八二・新唐書二二四下高駢伝）。藩鎮はもと唐朝の権威を必要とし、中央との関係を絶つことはできなかったが、黄巣の乱はその権威を蕩壊させ、その絆を断つにいたったから、前にのべた下克上勢力が各藩鎮の内外において、自由に活動することとなったのである。ともに、乱中乱後各地に割拠した大小の藩鎮・群盗はたがいに呑噬し、やがてそのなかから幾つかの勢力に統合されるようになった。

黄巣の潰滅後、最も猖獗をきわめたのは秦宗権であった。河南は黄巣のときすでに被害もっともはなはだしかった地で、黄巣が長安脱出後秦宗権と兵を連ねるや、食うに食なく人を捕らえて糧とし、生きながら碓磑に投じ、骨を粉砕して食ったといい、その糧を給する処を舂磨寨とよんだといわれる（両唐書黄巣伝、通鑑中和三年六月条）。黄巣の平定後も秦宗権の勢いは依然熾んで、部将を四方に遣わして拘掠し、陳彦は淮南を、秦賢は江南を侵略し、秦誥は襄・唐・鄧を、孫儒は東都・孟・陝・虢を、張晊は汝・鄭を陥落させ、盧瑭は汴・宋を攻撃した。これらの軍は行くに糧をもたず、塩漬の死体を車にのせて運んだといわれ、千里人煙を絶ち、荊棘が野を蔽うにいたった（両唐書秦宗権伝、通鑑中和四年末）。

朱全忠が勢力をえたのは、光啓三年（八八七）朱瑄・朱謹兄弟の援助のもとに秦宗権を破ってからで、やがて秦宗権を滅ぼし、時溥を殺し、朱瑄を滅ぼして、ついに鄆・斉・曹・棣・兗・沂・密・徐・宿・陳・許・鄭・滑・濮を併せ（通鑑乾寧四年二月条）、光化元年（八九八）宣武・宣義・天平の三鎮を兼領することとなった。ただ淄青はなお王敬武の子師範の領有で、朱全忠の直轄に帰したのはしばらく後のことであった（天復三年、九〇三）。諸葛爽の領土は、はやく秦宗権の将孫儒に占領されたが、その撤退後李罕之が河陽に、張全義が洛陽に拠り、前者は李克用に、後者は朱全忠についたが、地は朱全忠に入った（文徳元年、八八八）。河中は京師への入口に位置し、朱全忠・李克用・関内諸鎮の勢力の交錯点で、王重栄の弟重盈の死後、その相続争いをめぐって諸藩が干渉し、結局朱全忠の併せるところとなった（天復元年、九〇一）。

李克用は朱全忠に対立する勢力で、孟方立の領土を収め（大順元年、八九〇）、北は、雲州を併せ（大順二年）、河北三鎮・澤潞・河中を挟んで朱全忠と争ったが、唐の末年一時振るわなくなった。河北三鎮はなお独立を続けたが、この時代李克用・朱全忠両勢力角逐の場となり、早晩滅びなければならない運命にあった。李昌符は天子の廃立をはかって（後述）、扈蹕都将（宿衛の長）李茂貞に討たれ、李茂貞が代わって鳳翔に鎮したが、やがて関内二十州の地を併有して、李克用・朱全忠に対抗する隠然たる勢力となった。

揚州では高駢の部下の内紛に乗じ、まず秦彦が代わったが、まもなく秦彦は秦宗権の部下孫儒に殺され、孫儒と廬州刺史楊行密が争った結果、景福元年（八九二）楊行密が拠ることとなった。楊行密はその後朱全忠の軍を撃破して、淮南の覇権を確立した（乾寧四年、八九七）。江浙では杭州の自衛団の杭州八都の長であった董昌が、劉漢宏を破って帝と称したが、部下の銭鏐に討たれ、この地方は銭鏐の有となった（乾寧三年）。その他唐朝の支配下にあった地域にも独立の統一勢力が生まれ、四川は王建、湖南は馬殷、嶺南は劉隠、福建は王潮・王審知兄弟の手に帰した。李茂貞は博野軍の兵卒の出、楊行密・王潮は群盗の出身、馬殷は元来木工で孫儒の部下となり、江西・湖南を略奪してまわっていた者であり、銭鏐は無頼の徒で塩を密売する盗賊、王建も家畜を盗んだり屠殺したり塩の密売をしたりする無頼で、郷里では賊王八といわれた。劉隠は広州の軍人で、その祖は海外貿易商、父は広州の牙将で、兵万人・戦艦百余艘をもっていたといわれる（新五代史六一―八各世家、旧五代史一三二―六世襲列伝・僭偽列伝）[6]。

こうして五代十国の大勢がほぼできあがった。しかもなおこれらの勢力は、関内の一隅に跼蹐する唐朝の正朔を更えなかったのであって、下克上の世界では、最後の中央権力の打倒はなかなか困難だったのである。そこで華北の強藩はまず天子を挟んで天下に号令しようとし、中央政局に干渉してこれを左右するようになり、最後に唐朝自身が廃立の運命に逢着することとなった。この世界においては結局官僚制の頂点を抑えることが必要だったのである[7]。

当時中央では南司と北司とが対立していた。恩寵をめぐる権勢争いは、唐朝官僚制の動揺とともにいよいよ激化したが、実権を握ったのは天子の側近である北司の宦官で、南司の宰相らもあるいはこれと対抗し、あるいはこれと結んで勢力をえようとしていた。黄巣の乱後になると、この争いが外部の藩鎮の力を恃んでおこなわれるようになり、結局節度使が中央の政局を左右するようになった。宦官は元来北衙の禁軍をひきいて武力を掌握し、地方の節度使には監軍を派遣して睨みをきかせていたが、第一の問題はこの禁軍のことからおこった。

僖宗朝の実権を握っていたのは田令孜で、黄巣の乱で潰滅した禁軍を再編成し、新軍五十四都を募ったが、その財源に窘しみ、河中の管下にあった安邑・解県の塩池を奪って中央に所属させようとして、節度使王重栄と争った（光啓元年）。田令孜は邠寧（治邠州）の朱玫、鳳翔の李昌符を遣って王重栄を討たせたが、朱玫・李昌符は　ひそかに朱全忠に通じていたから、李克用は王重栄を援けて朱玫らの軍を破り、田令孜は天子を奉じて興元（現陝西省南鄭県）に奔った。このとき朱玫らは李克用と和し、宰相蕭遘・裴澈ら百官は田令孜を憎んで扈従せず、蕭遘は朱玫を頼んで天子を迎えさせようとした（旧唐書一七九・新唐書一〇一蕭遘伝、通鑑光啓二年正月条）。こうした情勢のなかで、朱玫は襄王熅を立てて帝位に即け、天下の藩鎮の命を受けるもの十の六、七（五、六ともいう）におよんだが、李克用らが応じなかったため失敗し、朱玫は部将王行瑜に、李昌符は李茂貞に殺されて、王行瑜・李茂貞が代わって関内に拠ることとなった。田令孜は楊復恭と代わり、僖宗は長安に帰ったがまもなく亡くなった。

そこで楊復恭は昭宗を擁立して権力を握ったが、昭宗がその掣肘を嫌って、政事を多く宰相に問うたから、南北二司の対立は一層はげしくなった。朱全忠が李克用の征討を請うたとき、宰相張濬・孔緯が反対をおしきって軍を興したのは（大順元年、八九〇）、それによって兵権を握り、以て楊復恭らを制圧しようとしたからであった（旧唐書一七九・新唐書一八五張濬伝、通鑑龍紀元年十一月、大順元年四、五月条）。楊復恭はその後自分の養子であった李順節に権を奪われて失脚し、その養子集団を動員して兵をあげたが[8]、これを討って勢威をほしいままにしたのが、鳳翔の李茂貞、邠州の王行瑜、華州の韓建ら関内の諸藩であった。これより南北二司はこもごも茂貞らに依付して権を邀えようとし、茂貞らまた腹心を宿衛におき、ことごとに容喙して政事を左右し、意に如かぬときは兵をひきいて入朝した。

例えば宰相崔昭緯は邠・岐二鎮について、たえず朝廷の動向を伝え、二鎮をして兵を以て入朝させ、宰相杜譲能・宦官西門君遂（重遂）らを斬らせたが（景福二年、八九三）（旧唐書一七七・新唐書九六杜譲能伝、通鑑景福二年七月、九月条）、さらに宰相となった李谿らを忌み、再び邠・岐・華三鎮の入朝を促し、李谿・韋昭度および宦官康尚弼らを殺した（乾寧二年、八九五、旧唐書一七九韋昭度伝、通鑑乾寧二年三月、五月条）。三鎮はさらに廃立を企てたが、時たまたま河中の相続争いをめぐって三鎮と対立していた李克用が、兵をおこして逼ったので、枢密使（宦官）駱全権は李茂貞の養子で宿衛にあった右軍指揮使李継鵬（閻珪）とともに天子を鳳翔に迎えようとし、中尉（宦官）劉景宣は王行瑜の弟でやはり宿衛の左軍指揮使王行実と邠州に迎えようと図って、両軍が交戦し、宮門・楼閣を焚く騒ぎとなった（通鑑乾寧二年七月条）。李克用はこのとき王行瑜を敗死させてひきあげたが、李茂貞は翌年また京師に逼り、昭宗は太原に奔ろうとして華州に依った。これより韓建が実権を握り、親軍を散じ近臣を貶け諸王を殺したが、朱全忠が累表して都を洛陽に遷さんと請うにおよび、懼れて長安に帰すにいたった（光化元年、八九八）。

宰相崔胤はつとに朱全忠と通じていたが、ここにいたって宦官の誅滅を謀り、枢密使宋道弼・景務修を殺したから、宦官らは恐懼し、ついに中尉劉季述・王仲先らは昭宗を幽閉して太子を立てるにいたった（光化三年）。まもなく劉季述らは殺されて昭宗が復位したが、兵権は依然宦官韓全誨らの握るところであったから、崔胤は李茂貞の兵三千を宿衛にあて、茂貞の養子継筠を将とした。しかるに李茂貞と韓全誨はふかく相結ぶにいたったので、崔胤は懼れて朱全忠に書を送り、その兵を招いて天子を迎えさせようとした。韓全誨らは昭宗を奉じて鳳翔に奔り（天復元年、九〇一)、朱全忠は進んで鳳翔を囲んだ。やがて李茂貞は韓全誨らを誅して和解したが、朱全忠は長安に帰ると、兵を以て宦官をことごとく一掃してしまった(天復三年)。

全忠は天子の側近をすべて汴人でかため、やがて崔胤をも除いて、昭宗を洛陽に移し、最後に昭宗を弑して昭宣帝を立て、その禅をうけて帝位に即いた(九〇七)。そして天下は傭人出身の朱全忠の支配するところとなった。朱全忠が天下をえるにおよんで、唐の朝士の罷免される者が多かったが、朱全忠はこれを滑州白馬駅に集め、一夕ことごとく殺して尸を黄河に投じた。かれの臣下が、「これらの者らはいつも清流(家柄がよい名士)だといって威張っているから、濁流としてしまえ」といったのである(旧五代史一八・新五代史四三李振伝、通鑑天祐二年六月条)。貴族政治の最後をかざるにふさわしいエピソードであった。

(1) 王仙芝は乾符二年六月濮州を陥れたが、そのおこった時期は明らかでない。旧唐書本紀と実録(唐末の実録は宋代の編纂物)は二年五月とするが、通鑑二五二は元年末に掲げる。通鑑の根拠は続宝運録にのせた檄の末に、「乾符二年正月三日」とあるのによって、最初の挙兵を二年以前とするのである。しかるに通鑑は別の場所(広明元年七月条考異)で、同じ続宝運録の檄を引きながら、この檄は当時不逞の士が偽作し、仙芝および巣に託して時病を譏斥したにすぎないといっている。一方二年五月説も、新唐書黄巣伝にあるように、はじめ乱の発生を秘して上奏しなかったとすれば、ようやく上奏するにいたったのがこの月なのかもしれない。通鑑にも、当時僖宗は年少で宦官田令孜に政事を委ね、宰相は時弊を上奏しなかったといわれている。

(2) このころの記録は、事件の前後や年代が支離滅裂である。広州陥落年代についてもいろいろな説があり、桑原隲蔵は乾符五年と考定したが(「カンフウ問題殊にその陥落年代に就いて」)、ここでは前後の事情から六年説をとっておく。

(3) G.Ferrand, Voyage des Marchand Arabe Sulayman en Inde et en Chine rédigé en 851, suivi de Remarques

par Abû Zayd Ḥasan, p.76. Banschoua の名については、Reinaud, Relation des Voyages, Tome 1, p.63 参照。その後、藤本勝次訳注『シナ・インド物語』が出ている。

（4）南海貿易は京師と密接な関係があり、この地の嶺南節度使は貿易により莫大な富を積んだ者が多い。したがって黄巣がこの地の節鉞を求めてもえられなかったのである。

（5）通鑑中和元年十月条、旧唐書一八二・新唐書一八七王重栄伝（王重栄の交替の時期と事情については所伝が一致しない。通鑑広明元年十一月条、旧唐書僖宗紀中和元年正月条参照）、新唐書一八七・旧五代史六二孟方立伝、旧唐書二〇〇下・新唐書二二五下秦宗権伝、旧唐書一八二・新唐書一八八時溥伝、新唐書一八七王敬武伝、旧五代史王師範伝。

（6）藤田豊八は劉隠の祖先をアラビア人だという（「南漢劉氏の祖先につきて」）。

（7）日本の戦国大名たちも天皇を奉じて天下に号令しようとしたといわれるが、この場合は封建社会における下克上であるから、封建制の頂点に立つ足利将軍は廃立されるが、封建制支配の背後の権威である天皇はむしろ復活したのであろう。

（8）このころになると、宦官も多数の養子を収養して自己の藩屏とした。田令孜も多くの養子をもったが、楊復恭の諸仮子はみな節度使・刺史となり、また宦官の養子六百人を養ってみな監軍としたという（通鑑大順二年九月条）。

おわりに——貴族制の没落と新官僚制

貴族政治は多くの段階を経過しながら没落し、新しい勢力がとって代わった。この勢力ははじめ庶民（あるいは外国人）のなかから台頭したさまざまな階層の人たちを含んでおり、それゆえになお動揺はしばらく続いたのである。しかし一たびかれらが権力を握ると、しだいにその支配体制を強化してゆき、一層強力な官僚制が編成されることとなった。と同時に、支配層はようやく成長してきた佃戸制的な大土地所有者によって占められることになったのである。五代から宋へかけてのこの具体的な過程はなお今後の研究にまたなければならないが、新しい支配層がこのようにして、貴族政治の末期に地方から（あるいは下層から）興った勢力であり、そしてその佃戸制がいわれるごとくもし農奴制的なものであるとすれば、それにもかかわらずなぜ封建的な政治機構をつくらず、下克上的な形態をとったのか、上にみてきたような歴史の展開のなかから二三の点を指摘しておきたい。

中国の古代官僚制は長い歴史をもち、その間にいきつける所までいったという感じがある。つまり唐代あたりの官僚制は熟成しきった点に達していたといえるかもしれない。これにたいして日本やゲルマンの場合には、古代社会あるいは古代官僚制には未熟な点があって、それゆえにこそ日本の武家の棟梁のように、初期封建制のヒエラルヒーの頂点に立ち得る古代貴族が存在しえたのである。封建制はそこから出発したのである。唐代では古代貴族は、官僚制に寄生してしまっていて、新しい勢力もまた官僚制の末端に入りこんで、寄生的な形態をとるのであり、そのような形態ははやくから南朝の寒門や武后期の庶族地主層にみられるが、安史の乱前後の時期以後は本稿で論じたような経過をたどるのである。それは広いいみでいえば、下克上の世界だということができようか（下克上の語はふつうには武力を使用した場合をいい、本稿でも多くそのように使用したが、ここでは恩寵の世界をも含めて使ってもよいかと思う）。

しかし下克上にも限界があって、黄巣の乱を中心とする動乱（この動乱のなかに、商業資本の活動や破産農民の発生等の特徴がみられる）のなかで、古代官僚制そのものが崩壊するといってもよいであろう。古代官僚制に寄生しきってしまっていた貴族らは、この動乱のなかで一挙に没落することになる。その他方で勢力を握った新興の人々は、かれらの権力を築いてゆくことになるが、それがやはり官僚制の形態をとるとしても、それを古代の継続とみることは、動乱の過程をみるだけでも不可能であって、新しく形成されてゆくものと考えなければならないであろう。ただしその形成の過程は、上にものべたようになお今後の研究にまつ点が多いのである。

（東洋文化七、一九五一）

後編　唐・宋間の敦煌・吐魯番における経済関係

第一章　唐宋間消費貸借文書私見
——契約書の書式と簡易なる契約——

はしがき

かつて那波利貞は、中唐以後、五代・宋初にいたる時期の敦煌において、仏教寺院を中心に高利貸業がさかんにおこなわれた事情を明らかにした。その際那波は多数の敦煌出土文書を紹介したのであるが、それらは主として、①便麦あるいは便粟・便豆契、すなわち穀類を貸付ける契約書、②貸絹あるいは貸褐契、すなわち布帛類を貸付ける契約書、③諸寺諸色出現破除暦、すなわち仏寺の収支明細簿等であった（「敦煌発見文書に拠る中晩唐時代の仏教寺院の銭穀布帛類貸付営利事業運営の実況」）。このうち①と②については、仁井田陞が取引法関係文書の研究の一部としてあつかっているが、仁井田はそこで単純な利息付もしくは無利息の貸借をしめす一般の消費貸借文書と、質物を入れて借入れる動産質文書とを区別している（『唐宋法律文書の研究』「敦煌発見の唐宋取引法関係文書（その二）」）。③のなかには、年に一度の会計報告のために作られた文書や、平常の収支の覚書や、さまざまな種類のものがあったと思われるが、とくに消費貸借に関係深いものとしては、貸付先・貸付額・返済額等を列挙したいわゆる出便暦（便麦暦・便粟暦）があげられるであろう。以上のほか、④請便麦牒、すなわち寺倉から麦を借りることを申請した文書が僅かながら存在する。

現在まで知られた①②④の文書の多数は、中国科学院歴史研究所編『敦煌資料』第一集にも収録されている。[1]ところでこれらの文書の個々の形式・内容については、那波・仁井田らの研究によって一応問題点が指摘されているのであるが、文書相互間の関係や、文書の作成・保存の仕方等については、ほとんど論じられていない。敦煌文書は一般に写経等の紙背文書等として残されたのであるし、たまたまそれらが石窟内に保存されていたのが発見されたのであるから、右のような点を知りがたいのはやむをえないかもしれない。その点では近年中国の吐魯番古墓群調査によって発見された文書類については、右の点をうかがう手がかりがえられるであろう。本稿ではそれらをも参照するが、主として敦煌の消費貸借文書自体の考察によって、上記の諸点を考えてみたいのである。

（1）原論文執筆の時点でこのように記したが、現在は唐耕耦・陸宏基編『敦煌社会経済文献真蹟釈録』全五輯を参照するのが便利であろう。

一　穀類貸借契約書にみえる簡易なる契約

前記の①②、すなわち消費貸借契約書は、仁井田によれば、五十通以上が知られているということである。吐魯番等での近年の発掘品も加えれば、八十通位になるのではないかと思う。それらの多くは一通ごとの断片として出土したのであるが、一部に何通かまとまって出ているものがある。そのなかで最大のものは、スタイン一四七五号紙背文書であるが、その内容については仁井田が一覧表を作成している（「唐末五代の敦煌寺院佃戸関係文書」前掲「敦煌発見の唐宋取引法関係文書」）。それによると十五通の契約文書をふくむが（実はこれら契約書の前に「社司状上」二通半をふくむ。

さらに私は仁井田の表の七と八との間に、僧恵眼便麦契をもう一通加えて、契約書十六通とすべきだと思う）、そのうち売地契・売牛契各一通を除けば、他はすべて豆・麦・床等の貸借契であり、その年代は吐蕃占領期に属する。

このスタイン一四七五号は、十六枚の紙を貼りあわせているが、これらは紙表を書く際に貼ったものであろう。そのことは七枚目と八枚目の継ぎめに、左のような契約書の末尾と思われる部分がみえているのであきらかである。

見人李騒ゝ
見人

しかしここにふくまれる借契は、いずれも霊図寺の寺倉ないし同寺の僧海清なるものから穀類を借りる内容であって、関連ある文書であることは確かである。売地・売牛契をふくむ第一・第二・第三の文書には、借主・売主・保人の画指があり、第四の文書には借主の押字があり、それ以下の文書にも、写真では判然しないが、那波によれば借主の拇印があるということである（那波前掲論文）。そのうえ全体に字体や形式が整っていて、これらが写しではなく、契約書の実物であることも確かである。

さてまず注目すべきは、この文書の第七通目の某年四月寺戸索満奴の便麦契である。

□□（年）四月廿二日、当寺人戸索満奴、為無斛㪷、（遂於）
（霊）図寺仏帳物内、便麦両碩、並漢㪷、其麦請（限至）
（八）月末還足、如違時限、其麦請陪、仍任掣（奪）
（家）資雑物、用充麦直、如身東西、一仰保人（代還恐）
（人）無信、故立此契、畫紙（指）為記

便麦人索満奴年□

保人解沙年廿

見人僧恵眼

□僧恵眼、便麦両碩、如依前不納、其麦請還□

見人宋周興

見人僧神寶

見人僧道珎

右の八行目までは、おそらく霊図寺の寺戸の索満奴が、霊図寺の寺倉より漢人の升ではかって麦二碩を借り、八月末までに返済する約束をした、もし期限におくれて返済しなかったならば、その麦は倍返しにし、貸主は借主の家財を差し押さえて麦の価に充当する（私的差押文言）、もし借主が逃亡した場合には、保証人が代償の責任を負う（留住保証）、という内容で、借主・保証人・立会人の署名はあるが、貸主の側の署名はない。これは最も一般的な形式の契約書であるが、問題は、そのすぐ後の九行目以下に、僧恵眼が麦二碩を借りるというわずか本文一行の契約書が付載されている点である。わずか一行にしても、これは別個の契約書とみるべきであろうが、それにもかかわらず、前契との間には紙の継ぎめもなく、前契の用紙をそのまま用いて、前契のあとに書き足されているのである。そして契文中に「如依前不納」とあるのは、前契の本文を前提として書かれていると思われるのである。

右と同様な形の契約書は、同じ文書類のなかに他にも例がある。仁井田のいう第九通目と第十通目がそれである。

□年三月廿七日、阿骨薩部落百姓趙卿ゝ、為□（無）

□（種）子、今於霊図寺仏帳家物内、便麦両漢碩、

□（其）麦自限至秋八月内送納寺倉足、如違、其麦□（請）
□（陪）為肆漢碩、仍任不着領六、掣奪家資雑□（物）
□（用）充麦直、有剰不在論限、如身東西、一仰保人
□（代）還

便麦人趙卿ゝ年卅
保人武光児年卌
見人李意ゝ

□（同？）日、当州人使奉仙、便仏帳麦両碩、並漢㪷、其□（麦）
□（自）限八月内還足、如違、其麦請陪為肆碩、□（如）
□（身）東西、一仰保人代還、恐人無信、故立此契、
□（書）指為記

便麦人使奉仙年卌
保人男晟子年十四
見人僧神寶
見人進光

この二つの契はやはり同一用紙に書かれており、この場合後契も相当詳しいが、日付は後述の例から、前契の存在を前提として、おそらく「同日」と記されていたのであろう。

スタイン一四七五号には、そのほか第十一通と第十二通、第十三通と第十四通が、やはり同様に連続して書かれて

いるが、紙数の関係で、連続している後の方の契、すなわち第十二通と第十四通のみを掲げよう。

第十二通――

□契、僧恵云(雲)便仏帳麦壱碩肆㪷、依前時□

□(如)身不在、依契陪徴、並漢㪷、便麦僧恵云年卅（以下欠）

第十四通――

同日、当寺僧義英、無種子床、於僧海清辺、便両番□(碩)

限至秋依契填納、如違、任前陪納、便床僧義□(英)

見人僧談恵

又便麦両石分付僧神寶、三月十四日記　見人遠道

又便与僧神寶青□(麦)両碩、四月廿七日　見人神寂

後者の「同日」は、第十三通が「□年二月十一日」付の契約書であるので、それにひき続いて同じ日に書かれたものであるが、吐蕃の升で床二碩を借り、秋に返済することを約束したもので、三人の見人が署名している。その見人の署名の上に記された二行は、その後の三月十四日と四月二十七日に追記されたもので、いずれも僧神寶に麦を貸したことを記している。旧稿では「又」の字を「入」と読んで、三月十四日に麦二石が返還されたものと解したが、『真蹟釈録』を参照して、「又」と改め、また四月二十七日の条を復活させた。なお義英・海清・神宝・恵雲・神寂らは他の契約書にも名が出てくるが、みな霊図寺の僧であろうと思われる。

以上の契約書は一般百姓・寺戸・僧侶らが、いずれも霊図寺の寺倉から麦・豆・床等を借りる際に作成されて、借主の側から霊図寺に差し出されたものであり、霊図寺の側に保存されていたものと考えられる。それゆえ貸主の霊図

寺の側では、新たな契約に際し、既存の契約書の用紙を利用して、その余白に、既存の契約書の日付や文章を前提として、より簡略化された契約書を書かせることもあったのである。

ペリオ漢文文書二六八六号にも、スタイン一四七五号と同様な事例がみられる。

巳年二月六日、普光寺人戸李私〻、為種子及粮用、遂於霊
図寺常住処、便麦肆漢碩・粟捌漢碩、典貳升鐺壹口、其
麦粟並限至秋八月内送納足、如違限不還、其麦粟請
(陪)□、仍任掣奪家資等物、用充麦粟直、如身不在、一仰
(保)□人等代還、恐人无信、故立此契、用為後験
　　　便麦粟人李私〻（押字）
　　　保人男屯〻
　　　　　□□□□

同前年月日、僧廣恵憧、互?於処便粟両漢碩捌㪷、其粟□
同前契送納為限、用為後験、便粟人廣恵憧（押）保人

⋯⋯⋯⋯⋯⋯⋯⋯⋯⋯

弟僧寶（印）
同前年月日、紇骨薩部落百姓王清〻、遂於□
□便種子麦肆漢碩、並同前契送□
　　　便麦人王□

ここには三通の契約書が続けて書かれている。そのうち二通目の契には継ぎめがあるが、契の内容から、継ぎめの前後は連続しているものとみて差支えないであろう。これらはやはり吐蕃占領期の文書で、霊図寺から麦・粟を借りた際に作成されたものと思われる。第一通目の契約では鐺を抵当に入れている。それぞれの契約書の借主は別人であるが、二通目・三通目が一通目の契約書を前提として書かれていることは、「同前年月日」という日付や、「同前契送納」の文によってあきらかである。したがってこれも霊図寺の側に保存される文書で、霊図寺の側で一連の用紙に契約書を書かせたものと考えられる。

ペリオチベット語文書一二九七号の紙背に、やはり一連の借契が記されている。(1)

子年三(二?)月廿三日、悉董薩部落百姓孫清、為無粮用、今於永(?)寿寺便仏物
粟漢斗参碩、其粟請限至秋八月末送納、如違陪、仍任掣奪家資、用
充粟直、如身東西不在、及依限不辧塡還、一仰保人等、依時限還
足、恐人無信、故立此契為憑　　便粟人孫清（印）
保人孫レ兄昌奴（印）
見人
見人僧寶積寶積

子年三(二?)月廿八日、僧寶積、為無牛䜺(?)、今於功徳粟、便豆漢斗両碩捌斗、
子年四月二日、氾金蔵、便豆壹漢碩、

これも吐蕃占領期の文書で、末尾の二行は覚書風のきわめて簡単な書きこみであるが、やはり別個の契約を示すもので、三通の契約書が数日をへだてて書きつがれたものとみるべきであろう。

ペリオ漢文文書三七三〇号紙背にも、前契と同じ吐蕃占領期の永寿寺の借契がある。

未年四月三日、紇骨薩部落百姓呉瓊岳、為粮用、今於永寿寺僧□□、便
□□粟漢㪷捌碩、其粟請限至秋八月末送納、如違限、統?一任掣奪家資雑物
等、用充粟直、中間身不在、一仰保人等代納、恐人無信、故立此契為憑
　便粟人呉瓊岳　保人男恩子　保人僧霊俊
　保人男悉領終悉領終男　五月十一日呉瓊岳（瓊岳落男）仮豆両碩捌㪷
　保人男鍾愛　保人僧
未年四月四日、紇骨薩百姓龍華子、便捌㪷貳勝華子落男

ここにも二通の契約書が続けて書かれているが、前の永寿寺の文書と同じく、書き足された契約の文言はすこぶる簡単である。おそらく最初の契約書に書かれた諸条件を踏襲することになっているのではないかと思う。この文書で注意すべきは、百姓呉瓊岳は四月三日に粟八碩を借りて契約書を作成したのち、さらに五月十一日に豆二碩八㪷を借りたことが後から書きこまれていることである。これは契約書が永寿寺に保存されていて、そこでこのような覚書風の書きこみがなされたわけであるが、これも当然返済すべきものであるから、正式の契約書の文言として機能したものであり、返済条件はやはり本契にしたがったとみてよいであろう。

スタイン四一九二号紙背の貸借契約書にも書きこみがある。

未年四月五日、張国清、遂於　処便麦
参蕃升(駄?)、其麦並限至秋八月末還、如不
還、其麦請陪、仍掣奪［家資］、如中間身不在、

一仰保人代還、恐人無信、故立私契、両共
平章、畫指為記
麦主
便麦人張国清年卌三
保人羅抱玉年五十五
見人李勝
見人高子豊
見人盡?充振
報恩窖内分付、四月五日記

これはペン書きの契本文の後に、同日報恩寺の倉庫から麦を借主に手交した旨を毛筆で付記しているのであるが、このことも、この契約書が貸主の側に保存されるものであったことを示している。署名の部分に「麦主」の欄はあるけれども署名がなく、便麦人・保人・見人の名のみが記されている。これもこの契約書が借主の側から貸主（麦主）に差し出されたものだからであろう。

（1）この文書は、王重民編「伯希和劫経録」をはじめ、那波・仁井田ともに四六八六号として引いているが、現在は Pelliot Tibêtain Sêrie A 1297 に分類されている。

二　布帛類貸借契約書にみえる簡易なる契約

以上には穀類の貸借契約書についてのべたが、布帛類の貸借の場合にも同様な例に属するかと思われるものがある。ただし上述の穀類の借契は吐蕃占領期のものであったが、布帛類の借契は帰義軍時代のもののみが残っており、以下にあげるものもむろんそのなかの一つである。まずスタイン四四四五号をあげよう。

己丑年十二月廿三日、龍家何願徳、於南山買ゝ、欠小褐、
遂於永安寺僧長千面上、貸出褐参段・白褐壹段、
比至南山到来之日、還褐六段、若東西不平善者、
一仰口承弟定徳・丑子面上取本褐、若不還者、看
郷原生利、恐人無信、故立此契、用為後憑

　　口承弟定徳（押）
　　口承丑子（押）
　取褐人何願徳（押）

己丑年十二月十三（二?）日、陳仏徳、於僧長千面上、貸紅褐両
段・白褐壹段、比至三月十五日着還、出褐参段・白褐壹
段、若於時限不還者、便看郷原生利者、口承男丑
撻（縫）（以下欠）

前契は竜家（竜族）の何願徳なるものが、南山において売買をするもと手に、永安寺の僧長千から褐都合四段を借り、南山から帰還した日、五割の利を加えて計六段を返済することと、もし安全に帰還できないときは、[1]口承人が代償を出す、本人ないし口承人が返還しないときは、陪償利息をつけることを約したものである。[2]これは布帛類貸借契約書としては一般的な形式に属する。[3]ところがその後に、別人の陳仏徳なるものが、同じく僧長千から褐を借りる契約書が続いている。これには陪償利息を出す文言はあるが、前契とちがって留住保証の文言を欠く点、若干簡略化されている。玉井是博は前契の署名部分に押字のあることを指摘し、これを実物とみたようであるが、後契については写しであるとのべている（玉井「支那西陲出土の契」）。しかし上述したように、実際の契約書を付載することはよくあることであるから、写しと断定するにはなお疑問があるが、たとい写しであるにしても、これら両契が僧長千に関係するものであり、本契が長千のもとに借主から差し出されたものであることは誤りないであろう。[4]スタイン四五〇四号紙背にも、乙未年の生絹貸借契約書二通が連続して書かれている。ただしこの方はあきらかに写しであるから、本契も同様に連続していたかどうか保証の限りでない。ただ四五〇四号の場合、両契とも「押衙閻全子」が貸主であるから、この契が借主から貸主閻全子に差し出されたものであることは確実とみてよい。

ペリオ漢文文書三一二四号紙表は、「甲午年八月十八日」に鄧善子なるものが鄧上座から生絹一疋を借り、十一月に返済する約束をした契約書で、期限におくれれば陪償利息を徴収することが記されている。これは「貸絹人鄧善子」の署名の下に押字があるから実物であると思われる。ところがその紙背に、つぎのような一行が書きこみがある。

甲寅季四月廿三日、唐像奴、又貸麦両碩・粟壹碩

これは形式からすれば、既存の契約書の用紙を利用して、新たな契約書を書きこんだ既存の例と同様であるが、ただ甲午と甲寅との間には二十年の歳月があるので、そのような意味があるものとみてよいかどうかは断定しがたい。た

だ次掲の二通の文書を参照すると、鄧上座は竜興寺の僧であり、この契約書も竜興寺に長年保存されていて、書きこみがおこなわれた蓋然性はある。この書きこみには貸主の名がないが、紙表の契約書を前提とすれば、当然貸主は竜興寺ないし同寺の役僧である。

ペリオ漢文文書三〇〇四号は、つぎのような絹の貸借契約書である。

乙巳年六月五日立契、龍興寺上座深善、先於　官
中有恩擇絹柒疋、当便兵馬使徐留通、招将覓職
見便填還、得諸雑絹価両疋半、更残肆疋半絹
諸雑料当限㆑更五年填還者、其絹壹疋、断
価貳拾貳碩已来、自後更不許道少説多者、
両共面対平章、恐後無憑、故立此契、押字
為定」

還絹人兵馬使徐留通　知
還［絹］人徐留慶　同知
還絹人弟徐盈達　知
見人索流住（押）

丁未年三月十三日、還得帛三疋半、麦粟拾碩、通

これによると竜興寺上座の深善は、官より得た絹七疋を、乙巳の年に兵馬使徐留通に貸し、徐留通はそれを官職を求める資としたもののようである。そして徐は七疋のうち二疋半を返したので、なお四疋半が残っており、これを今後

五年間に返済するというのがこの契約の内容である。これは上掲の借契とちがって、仁井田の指摘のように無利息の貸借契約と考えられる（仁井田前掲書二三一―二頁）。返済はかならずしも絹である必要はないらしく、絹一疋を二十二碩と換算すべきことも指示している、そしてこの契の余白に、それより二年後の丁未の年に、何かの織物三疋半と麦粟十碩を返したことが書きこまれている。これはむろんこの契が竜興寺に保存されていたからである。

すでに那波が指摘したように、右と関連ある文書に、ペリオ漢文文書三四七二号がある（那波前掲論文）。

戊申年四月十六日、兵馬使徐留通、往於西州充使、所有
些ゝ少事、兄弟三人対面商儀、其留通覓官
職之時、招鄧座ㇾ上絹、恩擇還納、更欠他鄧上
座絹価参疋半、或留通身東西、仰兄留慶・
弟盈達等二人面填還、更不許道説東西、恐後
無信、故立此契、用為後定
兄留慶（押）
弟盈達（押）
見人弟留住（押）

これはさきに徐留通が竜興寺から絹を借り、なお残額が絹三疋半あるが、翌戊申の年西州に公用で出かけることになったため、その不在中は、前の契で共同債務者となっていた兄弟二人が、残額の返済について責任を負う旨、あらためて契約書を作成して、おそらくは竜興寺に差し出したものと考えられる。前契で貸主を上座深善としているのに、この契で鄧上座から借りたことになっているのは、竜興寺の役職が変わったためであろう。とすれば、ペリオ三一二四・

三〇〇四・三四七二号は、いずれも竜興寺に保存された契と考えられる。

敦煌では吐蕃占領後銭貨が流通しなくなり、現物経済に変わったといわれる（藤枝晃「吐蕃支配期の敦煌」）。布帛類の貸借が相当おこなわれたのは、それらが銭貨のかわりに貨幣の役割をはたしたからである。しかし敦煌より西方のトルキスタンの各地では、敦煌の契約書よりは前の時代に属する唐代前半期のいわゆる挙銭契、すなわち銭貨の貸借契約書が出土している。それらは従来スタインが吐魯番や和闐地区から発見したものや、大谷探検隊が吐魯番から持ち帰ったもの等が知られていたが、近年中国で吐魯番古墓群の調査がなされた結果、相当数の挙銭契も発見された。そのなかにつぎのような注目すべきものがある（六四TAM四）。

麟徳二年十一月廿四日、前庭府衛士張海歓、於左憧
憙辺、貸取銀銭肆拾捌文、限至西州十日内還本
銭使了、如違限不償銭、月別拾銭後生利銭壹
文入左、若延行注托不還銭、任左牽掣張家資
雑物、口分田桃(萄)、用充銭直取、若張身東西没洛(落)者、一
仰妻児及収後保人替償、両和立契、畫指為信、
同日、白懐洛、貸取銀銭貳拾肆文、還日別部、依
上券同

銭主左
貸銭人張海歓（画指）
貸銭人白懐洛（画指）

保人張歓相　（画指）
保人張歓徳　（画指）
海歓母替男酬練、若不上、依月生利、大女李臺明（画指）
保人海歓妻郭如連（画指）
保人陰歓徳（画指）

これは他の相当数の挙銭契・貸練契とともに、貸主左憧憙の墓から出たもので、墓誌によると左憧憙は唐初西州の折衝府である前庭府の衛士であったが、相当裕福で高利貸などを兼ねていたらしい[5]。右の契文では、張海歓が銀銭四十八文を借りる件と、白懐洛が二十四文を借りる件と、二件の契約書が一括して記されている点が珍しい。さらに海歓の母が海歓にかわって練で返還する旨つけ加えられているが、これは小字で行間に後から書きこまれたらしい。張海歓の借契の部分には、返済期日、陪償利息、私的差押文言、留仕保証等が備わっているが、白懐洛の場合には、返済期日その他の条件は、「上券」（張海歓の契）に同じと記されているのみである。このような簡略化された契文は、既述の穀類や布帛類の借契では、詳細な方の契約書の余白に記されていたが、ここではまず両契の本文を記したのちに、一括して両契の関係者が署名している。これは貸借契約書が貸主側の保存用として作成されたことを、一層明瞭に示している。

（1）　仁井田前掲書三〇五頁および前掲取引法関係論文によると、「不平善」は旅行の途次において障害等のため帰還しない場合をいう。
（2）　「郷原生利」もしくは「郷元生利」について、玉井是博「支那西陲出土の契」は、郷里の慣例にしたがって利子をつける意味に解し、一般にはこの説が有力であるが、近年高橋芳郎「唐宋間消費貸借文書試釈」は、郷原を「従来の通り」の意味とし、この語の使用の背景に同種の文書の集積があると解している。その後陳国燦「唐代的民間貸借」は、「本郷原有的慣例」とするが、これは両説を兼ねた解釈ととれよう。

（3）一般には貸借をしめす語として、穀類では「便」、布帛類では「貸」の語が用いられている。穀類でまれに「貸」の語が用いられるが、近年の池田温「敦煌の便穀歴」によると、その場合無利息か低利であるという。しかし布帛の「貸」では高利であること「便」に変わりない。陳国燦前掲論文は、吐魯番では一般に「挙」「挙取」の語が用いられるが、「貸」「便」は無利息であるという。本稿に引用した文書からそのようにいえるであろうか。

（4）仁井田前掲書二六〇頁では、この二番目の契の「口承男丑撻（獺）」が、宋淳化二年十一月の人身売買契約書の知見と同名であるので、両者を同一人とすれば、己丑年はそれより二年前の端拱二年であるとしている。

（5）新疆維吾爾自治区博物館「吐魯番県阿斯塔那―哈拉和卓古墓群発掘簡報」、張蔭才「吐魯番阿斯塔那左憧憙墓出土的幾件唐代文書」。原論文発表後に、この左憧憙墓（阿斯塔那四号墓）出土の全文書が『吐魯番出土文書』第六冊に公表された。

三　貸付原簿の契約書兼帯

以上に引用した各種の貸借契約書は、いずれも貸主側に保存されたものであることを示すために、複数の文書が連続した場合や書きこみのある場合のみをとりあげた。しかしその他の個別的な契約書も、形式・内容は上に一般的なものだとのべた契約書と変わりない。とくに署名の部分についていえば、押字・拇印・画指なるものはすべて借主およびその保人・見人・口承人の側のみで、貸主の側は署名欄もないのがふつうである。

ただ近年吐魯番アスターナ三六三号墓から出た儀鳳二年九月五日付寧昌郷人某が竹住海より銀銭を借りた挙銭契

（六七ＡＴＭ三六三）は、寧昌郷人卜老師関係の他の文書類に随伴して出土しているから[1]、借主は卜老師であり、三六三号墓は卜老師ないしその一族の墓ではないかと想像される。とすればこの契約書は借主の側に保存されていた公算があるが、随伴した書類のなかには、同じく儀鳳二年に卜老師が官に提出したはずの訴状もあり、もし墓が卜氏のものとすれば、なぜこのような書類が一括して出たのか疑問もある。右の挙銭契は署名部分を欠くが、本文は上にのべてきた一般的な形式と変わらない。

吐魯番出土の契約書類のなかには、龍朔三年張海隆舎佃契や、天授三年張文信租田契や、年次未詳（七世紀）租陶契のように、契文中に「契有両本、各捉一本」と明記したものもあり（仁井田「吐魯番発見の高昌国および唐代租田文書」）、顕慶四年張君行租田契ではそのような文言はないが、裏面に契合用の文字の右半分が存在しているということである（池田温「中国古代の租佃契」上）。すなわちこれらは二通作成されて、貸主・借主が一通ずつ保存したわけである。敦煌出土の契約書でも天復二年劉加興租与樊曹子契のように、貸主・借主それぞれを主体とした二通の契文の写しが残っているものがある。しかしこれらの土地賃貸借関係は貸主・借主が比較的対等な場合である。すべての土地賃貸借関係がそのようであるとはいえないし、まして消費貸借や典質・雇傭等の場合は、契約当事者の社会的・経済的地位が対等であるとはいいがたい。それらの場合にも契約書が二通作成されなかったかどうか疑問である。

このようなことをくだくだしくのべたのは、消費貸借関係の貸主側がきわめて簡単な書類ですませた場合のあることをいうためである。さきにのべた貸借契約書の場合にも、貸主側が他の契約書に付載する形で簡単な契文ですませた場合があった。このような場合契約書が二通作成されて、借主側にも渡されたとは考えられない。こうした場合を念頭において、つぎの出便暦をみよう。

いわゆる出便暦は、寺院等の貸主の側が借主名・貸付額・返済額（元利合計）等を列挙したものである。例えばスタイン六四五二号には、つぎのような形式をもった浄土寺の出便暦がふくまれている。

壬午年三月六［日］浄土寺庫内便粟暦
張願長便粟両碩、秋両碩陸㪷　口承弟長友
米再員便粟壹碩、秋壹碩参㪷
大乗寺保通便粟柒㪷、至秋玖㪷壹升
周長友便粟壹碩、至秋壹碩参㪷
福進便粟両碩、至秋両碩陸㪷
闍流住便粟壹碩壹㪷、至秋壹碩四斗三升
（以下欠）

これをみると、出便暦なるものは貸主側の貸付原簿とでもいうべきもののようにみえる。ところがペリオ漢文文書二九三二号の便豆暦には、つぎのように借主および口承人の押字がある。借主の名をチェックした線の大部分と、行間の「入豆云々」は朱書されていて、後から加えられたものである。

甲子年十二月十一日翟法律少有或㪷出便与人
入豆壹貳斗
洪池張仏奴便豆壹碩、至秋壹石伍斗（押）
同日退渾程憨多便豆壹石、至秋壹石伍斗
同日翟保員便豆玖斗、至秋壹碩参斗伍升
入豆六斗五升
同日龍勒高衍鶏便豆陸斗、至秋玖斗（押）　口承弟阿堆（押）
十七日王富員・富昌二人便豆壹碩、至秋壹碩五㪷（押）　口承人弟衍子（押）

十二月廿四日退運（渾）何員定便豆壹石、秋壹石伍㪷（押）　口承男住連（押）

（以下略）

ペリオ三三七〇号の便麦粟暦も右と同様な形式である。

戊子年六月五日公廨麦粟出便与人抄録如後

應戒・友慶・洪福・員福四人各粟壹㪷、至秋陸斗

赤心安富通便粟両碩、至秋参碩（押）見人杜寺主

兵馬使曹智盈便粟肆㪷、至秋陸㪷　口承外生他略（押）

赤心宋唱進便粟壹碩、至秋壹碩伍㪷（押）　口承阿嬸趙氏（押）

趙善通便粟参碩、至秋肆碩伍㪷（押）　口承沙弥幸通（押）

賈法律便粟壹碩、至秋壹碩伍㪷　口承沙弥幸通

洪閏游懐閏便粟肆㪷、至秋陸㪷（押）　口承曹保晟（押）

莫高曹保晟便粟肆㪷、至秋陸㪷（押）　口承游懐閏（押）

玉関傅流住便粟両碩、至秋参碩（押）　口承敦煌安胡奴（押）

當寺僧義忠便粟肆㪷、至秋陸㪷（押）　口承沙弥善通（押）

（以下略）

これは前の便豆暦と同形式ではあるが、前者が仏寺の文書であるのにたいし、これには冒頭に「公廨麦粟」とあるので、玉井は公廨本銭の制度をもってこれを理解し、仁井田と那波も官府の麦・粟を貸与したものと解している（玉井「敦煌文書中の経済史資料」、仁井田前掲書二七一頁、那波前掲論文）。しかし文中に「當寺僧」の語があり、なお問題があ

ると思われる。(2)

そのほか大英図書館蔵のジャイルズ未整理のスタイン八六五八号も同様な文書である。この文書は冒頭に欠けた部分があり、それがスタイン五八七三号の二行の文書であることを、土肥義和があきらかにしたということであるが（池田温「敦煌の便穀歴」）、それにしても五八七三号の二行目と八六五八号の一行目が重複するのはどういうことであろうか。多少の疑問があるが、両者が連続する内容であることは間違いなさそうであるから、(3)本稿も池田にならって、両文書を連続して掲載する（したがってこの部分は原論文を修正している）。

戊午年霊図寺倉小有斛㪷出便与人名目謹具如後
九月九日、當寺僧談會便粟両碩、至秋参碩　□（口）承永徳
同日、洪潤馬定奴〔生〕便麦肆碩、至秋陸碩（押）、又便粟両碩伍㪷、至秋参碩柒㪷伍升（押）
同日、洪潤員ㇾ馬定便麦肆碩、至秋陸碩（押）　口承男再昇
同日、洪潤索願盈〔生〕便麦参碩、至秋肆碩伍㪷（押）、又便粟柒碩、至秋拾碩伍㪷（押）　口承弟法律談恵
十二日、莫高李流徳便麦壹石、至秋壹石伍㪷（押）　口承僧保進
十三日、神沙呉阿朶・劉盈徳等二人便粟陸石、至秋玖碩（押）
同日、洪潤張通信便麦壹碩、至秋壹碩伍斗（押）　口承男保盈
十六日、洪潤索願盈〔生〕後〔便〕粟参碩、至秋肆碩伍㪷（押）　口承人弟阿朶
□□（両）碩、至秋参碩（押）　口承人男残子　見人索願盈
□碩二斗五升　口承賈押牙（押）

（以下欠）

なお断片ではあるが、ジャイルズ未整理文書のスタイン八六九二号につぎのようなものがある（池田前掲論文未収[4]）。

退渾便物人名目、十二月三日、張悉忠便粟壹碩、秋壹碩伍㪷（押）　口承人男扁□

□月四日索阿律悉鶏便［粟］陸㪷、秋玖㪷（押）　口承父龍奴（押）

閏四月廿八日、王醜奴便粟参碩、秋肆碩伍㪷（押）　口承男幸通（押）

以上の出便暦によると、秋熟までにとられる利息は、元本の五割がふつうである。さきのスタイン六四五二号の浄土寺の場合は三割であるが、これは例外的な場合であろう。上述の便穀契では利息を書かないのがふつうであるが、例外として、北京図書館蔵殷字四一号の癸未年彭順子便麦粟契がある。これは五月に麦・粟それぞれ二碩を借りて、秋にそれぞれ四碩ずつを返済するもので、いわゆる倍称の息であり、例外的な高利である。そのためとくに利息が記入されたのかもしれない。一般には五割の利息が慣行として定着していたため、契文に書かれなかったのではなかろうか。

契文に利息が記されなかったことについて、あるいは別に貸付原簿があり、契文はそれにもとづいて作成されたからであるという説が考えられるかもしれない。しかしそうだとすると、出便暦に借主や口承人の押字がある場合をどう解したらよいか。私は上述のように貸主の側で簡単な契文ですませた場合があることを考えると、貸主側の帳簿である出便暦に借主・口承人の押字を書かせることによってすませる場合もあったと考えたい。すなわちかかる出便暦は、契約書と同じ役割をはたしたと考えるのである。

最後に、もう一種の消費貸借文書として、寺倉に麦の貸付を申請した牒文がある。その一は、寺戸の申請した書類で、北京図書館蔵鹹字五九号の諸寺戸請便麦牒六通がそれである。そのうち一通を示せば、

霊修寺戸團頭劉進国　頭下戸王君子　戸麹海朝　戸賀再晟
　已上戸、各請便種子麦伍馱　都共計貳拾馱——
　　右進国等貸便前件麦、自限至秋
　　依時進国自勾当輸納、如違限不納、其
　　斛㪷請陪、請乞處分
牒　件　状　如　前　謹　牒
　　　　　丑年二月　日團頭劉進国等□
　　　　　　　　　　　戸王君子
　　　　　　　　　　　戸麹海朝
　　　　　　　　　　　戸賀再晟
　　付所由、進国等共
　　便与壹拾伍馱、十四日
　　正勤

これらは敦煌諸寺院の寺戸が都司倉（霊図寺にあったと考えられている）[5]から麦を借りることを申請したもので、返済時期、違約の際の倍返しの文言等、貸借契約書の内容と変わらない。利息額の記入がない点も同様である。この申請にたいして教授正勤の判辞が書かれているが、申請額より実際の貸付額は少ない場合が多い。

その二は、わずか一通ではあるが、金光明寺の直歳・都維那・寺主らの寺職が申請したものがあり、『沙州文録補』に収められている。日付は丑年五月であるから、右の寺戸の牒とほとんど同時期であり、申請先も都司倉（ここでは都頭倉となっている）を管理する教授であるらしい。しかし判辞は伝えられていない。

さてこのような申請書が出されるとすれば、それにもとづいてあらためて契約書が作成されたかどうかであるが、その一の六通は寺戸の団単位の集団的な申請であり、その二も個人ではなく、寺の修理の費用として寺職が申請したものであって、これらに対応した契約書は現在までのところ発見されていない。右の申請書自体が都司倉にたいする誓約をふくんでいるようであり、上にのべてきたような借契や出便暦の考察の結果からすると、この場合も貸主側に判辞を書きこんだ牒が保存されれば、契約書の必要はなかったのではないかと思うが、史料不足ではあり、結論は保留しておきたい。(6)

（1）新疆維吾爾自治区博物館「吐魯番阿斯塔那三六三号墓発掘簡報」。これは有名な『論語鄭氏注』を出した墓であるが、この写本をつくった人はト天寿といい、やはりト氏である。『吐魯番出土文書』第七冊所収。

（2）なおペリオ三二三四号紙背「甲辰年二月後東庫恵安・恵戒手下便物暦」には、口承人は記されていないが、借主がどこに住んでいるか、誰の縁者か等の心覚えが書きこまれている。原文は池田前掲論文参照。

（3）私がこの文書を最初に見たのは一九七二年であるが、一九八七年再調査した結果からもそのように考えられる。ジャイルズ未整理文書は、大英図書館にもはじめカードがなかったが、近年栄新江編著『英国図書館蔵敦煌漢文非仏教文献残巻目録（S.6981-13624）』、方広錩編著『英国図書館蔵敦煌遺書目録（斯6981号～斯8400号）』が出た。後者は仏教関係をもふくむが、本稿引用の文書はふくまれていない。

（4）このほかスタイン八四四三号文書中に、長文の消費貸借文書があるが、これについては、山本達郎「敦煌発見の消費貸借に関する一史料」の分析がある。そのほかスタイン一七八一号、六一二九号等未発表の便穀暦断片が存在する。またサンクトペテルブルク東洋学研究所蔵の消費貸借文書をここでは利用しなかったが、それについては、唐耕耦「敦煌写本便物暦初探」がある。

（5）竺沙雅章「敦煌の僧官制度」によると、判辞を書いた教授正勤は霊図寺の僧であり、そこから都司倉は霊図寺におかれていたと考えられる。

（6）Gernet, J., Les Aspects Économiques du Bouddhisme dans la Société Chinoise du Ve au Xe Siécle, pp.105~106には、借用の請願は契約書による取引とは別であるという見解がみられるが、その論拠は寺戸が世襲的に結びつけられた寺から借りる場合、当然契約を必要としないということにある。しかし竺沙のいうように都司倉が霊図寺にあるとすれば、寺戸は専属の寺院から借りているわけではない。もっとも竺沙は他方で、寺戸が敦煌の教団全体にも所属するとしており（「敦煌の寺戸について」）、都司倉も教団全体の倉であるとすれば、ジェルネのいうような契約によらない貸借関係もありえたかもしれない。しかしさきに引用したスタイン一四七五号、ペリオ二六八六号文書のしめすように、寺戸と霊図寺との間の貸借契約の例もあるので、これとの異同が明確にされないかぎり、請願による貸借の性格はあきらかにならない。

（『鈴木俊先生古稀記念東洋史論叢』山川出版社、一九七五）

第二章　唐代における田土の賃貸借と抵当・質入れとの関係
——租佃契約から典地契約にいたるまでの諸形態——

はしがき

租佃契約、すなわち田土の賃貸借契約関係といえば、ふつう余分の田土をもつ地主が田土の欠乏する農民にたいして、田土を貸し出して小作させる関係と考えられがちであるが、唐代の租佃契約がかならずしもそのようなものばかりでなく、貧乏な農民が賃貸料を入手する目的で田土を貸し出すという、消費貸借的な性格をもつものをふくむことは、今日まで多くの人々によって指摘されてきた。

中国では韓国磐・孫達人らによってこの点にかんする専論がまず出され、租佃契約のなかに、富裕な地主が貧民に田土を貸し出すものと、貧乏な土地所有者が田土を質物として高利貸に差し出すものとの二種類があるとされ、この両種の間の性格の相違と、それぞれの場合の契約当事者間の貧富の差が強調されてから、このような見方が一般的になっているようである。日本では池田温が、租佃契約文書の精確で便利なテキストを作成し、これに詳細な分析をくわえたが、その際やはり地主と租佃人との地位の優劣によって分類が試みられた。しかし孫らの説との間には判断の相違もある。さらに仁井田陞は、これらとは異なった視角から租佃文書を分類し、田主・租佃人間の地位が対等なものと、田主の方がつよい立場にあるものとがあるとした。私の旧稿では、以上の諸見解をも参照して、これらの契約は比較的平等な小農民間に結ばれたものであるが、そのなかに田主・租佃人がそれぞれ多少優位にあるもの、両者が対等なものなど、さまざまなヴァリエイションが生まれているものと考えた。ただその際、諸見解の整理が不十分で論じつくさなかった点があり、また個々の文書の解釈においては誤解した場合もあった。

ところで租佃契約にも消費貸借的な性格があるとすれば、正式な消費貸借契約との関係はどうなのかということが問題になるであろう。敦煌からは多数の麦・粟・絹などの貸借契約書が出土しているが（前章参照）、その大部分は半年ほどの短期契約で、質物はとっていない。租佃契約との関係でいえば、これらとはちがって、田土を抵当なりにとる場合が問題になるわけであるが、敦煌からは典地契約（不動産質契約）文書が一通出土しているだけである。これにたいし、近年紹介された吐魯番出土文書のなかには、田土を借銭（挙銭契約）の抵当に指定するもの、田土を借銭とひきかえるものなどがあることが判明した。池田はこの点についてもふれているし、小口彦太の論もあるが、私が注目するのは、それらの間の形式がけっして一様でない点である。私にとっては、それらも租佃契約と典地契約との間に位置するさまざまなヴァリエイションを示しているようにおもわれて興味深い。

そこで本稿では、まず租佃契約文書のなかの諸形態について、ついで租佃契約と典地契約との間に位置する諸形態について論じ、最後にその歴史的背景についてふれる予定であるが、新史料を録文によって紹介し解釈をくわえることをも意図している。

一　唐代租佃契約の諸形態

租佃契約のなかに消費貸借的な性格のものがふくまれることについては、すでに一九三〇年代に仁井田陞らの指摘がある。玉井是博と仁井田とは、つぎの敦煌出土の天復四年（九〇四）文書を、はじめ「不動産質契」「不動産質文書」として紹介した（玉井「支那西陲出土の契」、仁井田『唐宋法律文書の研究』三五〇頁以下）。

（A）天復四年歳次甲子捌月拾柒日立契、神沙郷百姓僧
令狐法性、有口分地両畦捌畝、請在孟受陽員渠上界、為要物色
用度、遂将前件地捌畝、遂共同郷隣近百姓
價員子商量、取員子上好生絹壹疋長（以下空白）
捌綜氈壹疋長貳仗伍尺、其前件地、祖（租）与員子貳拾
貳年佃種、従今乙丑年、至後丙戌年末、却付
本地主、其地内、除地子一色餘、有所着差税、一仰
地主祗當、地子逐年於　官員子逞納、渠河口
作両家各支半、従今已後、有　恩赦行下、亦不在論
説之限、更親姻及別稱忍（認）主記者、一仰保人
祗當、隣近覓上好地充替、一定已後、両共
對面平章、更不休悔、如先悔者、罰□

□納入　官、恐後無憑、立此憑倹(験)
地主僧令狐法姓(性)
見人　呉　賢　信
見人　宋　員?　住
見人都司判官氾恆世
見人行局判官陰再盈
見人　押　衙　張
都　虞　侯　盧?
（P三一五五v）

この文書について、玉井がこれには小作料の規定がないから小作契約でないとしたのは誤りで、仁井田が二十二年間の小作料を前取りしたものと解したのが正しい。この文書には「租与」の語があって、「典」「質」等の語がないから、形式的には租佃契約書と認むべきであり、第二次大戦後には仁井田も「土地賃貸借（租田）文書」の項に分類している（「吐魯番発見の唐代取引法関係文書」）。しかし地主僧令狐法性にとっては、「為要物色用度」と記されているように、この契約は消費貸借の性質をもっており、玉井以下が指摘するように、この文書が不動産質、それも消却質の実質をもつことは否定できない。

仁井田はさらに右の文書と同様な性質をもつものとして、吐魯番出土のつぎの天宝五載（七四六）文書をあげた。

（B）　天寶五載閏十月十五日、交
用銭肆伯伍拾文、於呂才藝邊、
租取澗東渠口分常田一段貳畝、東

渠西廢屯南□□北縣公廨、其地要
用天寶陸載佃食、如到下子之日、
□（不）得田佃者、其錢壹罰貳入、田
上所有租□百役、仰田□（主）知當、

錢主
田主　呂才藝載五十八
保人　妻李
保人　渾定仙
保人
清書人渾仙
（書道博物館蔵）

この文書も「租取」とあるように、形式は租佃契約文書であるが、仁井田によると、「少くとも契約の経済的効果に於いては消費貸借契約の場合に等しく、『銭肆佰伍拾文』（文書原文は伯の字を用いている）は借金の実質を有するものであって、元利消却の手段として、借主（文書にいふ田主）からその所有する土地の使用収益権を貸主（文書にいふ銭主）に引渡せるもの、即ち元利消却質・収益質、土地は一種の質地であったとも解し得ないではない」という（仁井田前掲書四一二頁）。

第二次大戦後、スタイン敦煌文献のマイクロフィルムが入手できるようになり、新中国における吐魯番遺跡の発掘が進むにつれて、従来よりも多くの租佃契約文書が知られるようになった。その結果中国の韓国磐によって、これら敦煌・吐魯番両地出土の契約書を通じて、そのなかに貧苦の農民がやむをえずして田地を「典租」する場合と、欠地の農民がやむをえずして田地を「租種」する場合と、二種類があることが指摘された（「根拠敦煌和吐魯番発現的文件略談有関唐代田制的幾个問題」）。ついで孫達人はこれらにさらに詳細な分析を加え、第一の類型では、租田人（借主）が田主（貸主）にあらかじめ租価を交付しており、この場合田主は破産農民で租田人が富者であり、これは「高利貸」が貧民を搾取する関係である。第二の類型は、租田人が田主に収穫後租価を納付するもので、租田人が貧民であり、これが「真正の封建租佃契約」であるとした（「対唐至五代租佃契約経済内容的分析」）。[1]

当時の租佃契約のなかに、通常の小作契約的なものと消費貸借的なものと相異なった役割のものがあり、それにともなって田土の貸主と借主の地位に変化が生ずるとみることには異論がないのであるが、当時の租佃契約をすべて、韓国磐・孫達人らのいうように明確に二分することができるかどうかには疑問がないわけではない。例えば吐魯番出土のつぎの天授三年（六九二）文書をみられたい。

（C）　天授参年壹月拾捌日、武城郷人張文信□（於康）
海多邊、租取棗樹渠部田伍畝□
麦（小麦）小壹硏（斛）、就中交付参畝價訖□
□（租）價到六月内分付使了、若到六月□（不了）
者、壹罸貳入康、若到種田之日、不得田□（佃者）
壹硏罸貳入張文、両和立契、畫指□（為記、契）
□（有）両本、各執一本、
田主　康海多

租田人　張　信——
知見　翟寅武——
知見　白六□——
知見　趙胡単

（スタイン将来マスペロ三一四）

これは五畝の田土を借りて、三畝分の租価を前払いし、残りの二畝分を六月中に支払うという分割払いの契約を結んだものである。孫達人は六月は収穫前であるから前払いと同様とみて、これを第一類型に分類している。しかし吐魯番は、北朝時代より「穀麦一歳に再熟す」（北史西域伝）といわれる土地であり、六月までには最初の収穫があったとみてよいであろう。(2)そうでなければ分割払いのいみがない。これと関連すると思われるのが契約書の署名の順序である。前に引いた（B）天宝五載文書では銭主（租田人）—田主の順であるのにたいし、この天授三年文書では田主—租田人の順になっている。後者の順序は、孫の第二類型（収穫後支払い）に属する貞観十七年正月三日文書（後掲D）の、田主—耕田人の順序にむしろひとしい。そこで池田温はこれらの署名と文書内容との関連から、租佃契を地主型、麦主・銭主型、舎佃型に分類するに際し（「中国古代の租佃契」）、天授三年文書のごとき分割払いの場合を、経済的に地主（田主）が優位にあるという地主型に入れ、孫とまったく逆の結論を出している。

しかし池田のこの結論は、仁井田のつぎのような意見と相容れない。すなわち仁井田は、例えば右の天授三年文書のなかに、「若到六月［不了］者、壹罸貳入康、若到種田之日、不得田［佃者］、壹硏罸貳入張文」とあって、田主と租田人との双方を拘束する違約罰文言があるところから、このばあい田主と租田人は対等の関係にあるとし、地主優位のつぎの貞観十七年（六四三）文書とはっきり区別したのである。

（D）　貞観十七年正月三日、趙懐満従張歓仁［　］

歩、張薗富貳畝、田壹畝与（仮）夏價小麦貳硑（斛）貳□（斗）

依高昌九（斛）斗中、取使干淨好、若不好、聴向風常取□

仰耕田人了、若風破

水旱随大匕例、麦到□□□□麦使畢、若過六月不□（畢）

壹月壹九（斛）上生壹兜（斗）、若前却不上、聴抴家財□□

麦直、若身東西无、仰収後者上、三人

……………………………………

田主　張歓仁　一一一

田主　張薗富　一一一

耕田仁（人）趙懐満　一一一

倩書　氾延守　一一

□□（知見）　□□□　一一

（五九TAM三〇一）

この契約では、耕田人が田主より田土を借りて収穫後假価（租価）を支払う約束をしたのであるが、もし六月までに支払わないと、假価に利息がつき、これを支払えないときには、家財を差し押さえ、本人が逃亡したときは家族らが支払う義務を負う（留住保証）ことになっている。ここでは田主が一方的に租田人の租価支払いの責任をきびしく追及している。そこで仁井田は、吐魯番出土の租佃文書について、さきの田主・租田人が対等な場合を第一種形態、田主の優位な後者を第二種形態とした（「吐魯番発見の唐代租田文書の二形態」）。仁井田がこのような分類をおこなったとき、いわゆる第二種形態に属するものは右の貞観十七年文書だけであったが、その後の中国側の文物紹介によって、現在はもう一通を提示できる。

（E）貞観廿二年十月卅日、索善奴□
夏孔進渠常田肆畝、要逕□
年別田壹畝、与夏價（仮）大麦伍研（斛）、与□
年ゝ到五月内償麦使畢、到十月内償□
畢、若不畢、壹月麦秋壹研上生麦秋壹□（斗）□
若延引不償、得抴家資、平為麦秋直、若身□（東）
西無者、一仰妻児及収後者償了、取麦秋之
日、依高昌舊故平袁（圓）研中、取使浄好、若不好、聴
向風常取、田中祖（租）□仰田主、若有渠破水讁（溢）、仰佃□
……………………………………………
□指為信
　　　　　田主趙
　　　　　佃田人索善奴―――
　　　　　知見人馮懐勗―――
　　　　　知見人劉海願―――
　　　　　　　　　　　　　　　　　　　（六四TAM二四）

この文書も貞観二十二年（六四八）という早い時期のものであるが、おそらくは、二、三年間の貸借と思われ（その点は紙片の下部が破損しているので明確でない）、毎年五月と十月の二回夏価を支払う約束のもようである。これは前引

の（C）天授三年文書の分割払いの場合とちがって、年二回の夏と秋の収穫時にあわせて設定されているのである。もし約束の月までに支払いを完了しないと利息がつき、さらに延引すると家財を差し押さえられ、本人が逃亡すれば妻子らが支払いの義務をうけつぐことになっている点、さきの貞観十七年文書と同様である。これらは仁井田のいうように田主が優位にあるとみてよいであろうが、これにくらべて、仁井田の第一種形態を代表するさきの（C）天授三年文書のごとき場合は、田主・租田人いずれが優位にあるか即断することはできないであろう。

しかし仁井田の以上の分類には疑問もある。その一は、前掲（B）の天宝五載文書のごとき租価前払いの場合、「如到下子之日、［不］得田佃者、其銭壹罸貳入（銭主）」とあって、違約罰文言は田主の側のみを拘束していることである。この点は、同じ吐魯番出土の租価前払いと思われる垂拱三年（六八七）九月六日楊大智租佃契（六四TAM三五）・開元二十四年（七三六）二月租佃契（大谷文書三一〇七）のばあいも同様で、前者では「如到種田之時、不得田佃者、所取租価麦、壹罸貳入楊」（楊は租田人）、後者では「［如到種］田之日、不得［田］佃及改租［別］人、其所取麦、一罸二入張」（張は麦主）とある。したがって違約の際の文言によって分類するならば、（1）田主のみが拘束される場合、（2）田主・租田人双方が拘束される場合、（3）租田人のみが追及される場合の三種あるとすべきであり、それぞれが、（1）租価前払い・銭主もしくは麦主（租田人）優位の場合、（2）租価分割払い・田主と租田人対等の場合、（3）租価収穫後払い・田主優位の場合に対応すると考えられる。

ただしその場合、仁井田が第一種形態に分類したつぎの顕慶四年（六五九）文書をどう解するかが問題になる。これが仁井田の分類にたいする第二の疑問である。

（F）　（前　欠）

田柒畝、要経?顕慶伍年佃食、畝別与

夏價（仮）小麦漢㪷中陸㪷半、到陸月
内、償麦使畢、若過期月不畢、壹
月壹研（斛）上生麦壹㪷、取麦之日、使麦
浄好、若不浄好、聴向風颺?取、田中租粽
伯役、一仰田主了、渠破水溢、一仰租田人了、
風破水旱、随大匕例、両和立契、獲（画）
指為信、「先悔者、罸　田主陰醜子一一一
麦伍碩、入不悔人　」　租田人隊正張君行
保人孟友住一一
知見人隊偪（副）竹一「師奴」
（大谷文書二八二八）

仁井田がこれを第一種形態に分類したのは、「先悔者、罸麦伍碩、入不悔人」という違約罰文言のせいであるが、この文言は契の本文とは別筆で、書かれた場所からみても後から書きこんだものである。私も旧稿では、この文言にひかれたためであったかもしれないが、この文書を租価分割払いと解したが（『均田制の研究』二九一頁）、そのような証拠はないようで、むしろ収穫後払いとすべきもののようであり、六月を過ぎて支払わなければ利息が生ずるという点、前引（D）貞観十七年文書・（E）貞観二十二年文書と同形式である。しかし両文書のような差押文言や留住保証文言はない。仁井田は「壹月壹斛上生壹兜」「壹月壹研上生麦壹㪷」を罸麦と解しているが、池田のように利息と解すべきであり、六月（貞観二十二年文書では五月と十月）をすぎると、田主と租田人との関係は、高利貸と債務者との関係に転化するので、貞観十七年と二十二年文書では、高利貸契約書に一般に用いられる差押文言と留住保証文言

が書きこまれることになったものと思われる。

しかし顕慶四年文書にそれらの文言がないところをみると、租佃契約文書のばあい、それらの文言が一般的であったかどうか疑わしい。顕慶四年文書には違約の際の条件がいっさい記されていなかったので、そのために後から「先悔者云々」の文言が書き入れられたのかもしれないが、この文言が顕慶四年の契約成立時にすでに加えられていたかどうか問題がある。「先悔者……入不悔人」という形式の文章や、「罰麦五碩」の碩の字は、吐魯番文書より時期のおくれる唐代後半期以降の敦煌文書により多くみられるもののように思われるからである。いずれにせよ、顕慶四年文書の形式からみれば、田主の地位の方を多少高いとみるのが自然であろうが、後掲（H）契約書のような例もあることを考慮しておきたい。

もう一つ問題になるのは、池田が舎佃型と名づけたつぎの龍朔三年（六六三）文書である。

（G）　龍朔三年九月十二日、武城郷人張海隆、於
同郷人趙阿歓仁邊、夏(仮)取肆年中、
五年・六年中、武城北渠口分常田貳畝、海
隆・阿歓仁二人舎佃食、其耒(耕)牛・麦子、
仰海隆邊出、其秋麦二人庭分、若海隆
肆年・五年・六年中不得田佃食者、別(罰)銭伍拾文
入張、若到頭不佃田者、別銭伍拾文入趙、
与阿歓仁草玖圍、契有両本、各捉一本、両
主和同立契、獲(画)指□(為)記、

田　主　趙阿歓仁――
舎佃人　張海隆――
知見人　趙武隆――
知県人　趙石子――

（六〇TAM三三七）

この文書は、違約罰文言が田主・舎佃人双方を拘束しているが、租価分割払いの前の例とはまったくちがった内容をもつ。これについて私は旧稿で、一年契約・佃人（租田人）の自立経営・定額租の吐魯番で一般的な形態から、数年契約・地主の経営関与・定率租にかわっており、後世（宋代以降）の地主・佃戸関係へ移行する端緒をしめすものとした（堀前掲書二九五―六頁）。その大すじについては今も改める必要がないと考えているが、その議論に関連して、池田がこの型（舎佃型）においては、田主と作人とが実質的に対等だとした見解を批判した点は、多少修正を要する点がある。というのは、旧稿では田主が田土と舎とを提供し、舎佃人が耕牛・種子を自ら負担してもっぱら田土を耕すものと解釈していたのであるが、この契を読みなおすと、田主も舎佃人といっしょに「二人舎佃食」し、それに対応して「其秋麦二人庭分」するといっており、田主も自ら労働したうえで、収穫も舎佃人がその一部を提供するのではなく、田主と二人で分けるといっており、一般の田主と作人との関係とは異なるようである。

それでは「舎佃食」とはどういう意味であろうか。池田は「こやがけで耕営する」と解しているが、私は「舎」は家屋の意味で、田主が舎佃人に田土とともに住居を提供するのだと思う。この契約では田主・作人の労働関係や、違約罰文言が双方を拘束している点など、両者の関係は一見対等のように思えるが、舎佃人が耕作を放棄した場合には、両者平等に定められている罰銭五十文のほかに、舎佃人は田主に草九囲を出さなければならない。この点が平等でないのであるが、それは舎佃人が住居を借りるという関係にあるからであろう。この時期の吐魯番では、作人はふつう自分の家をもち、田主との間に短期の貸借関係を結ぶのであるが、家屋を提供するというのは、この契約書以外にみあたらない。宋代以後になると、佃戸が田主から住居を借りるのはかなり一般的な形態になる。それは農民の流亡がはげしくなって、裸一貫で地主の荘園に流れこむ者が多くなるからである。しかしこの時期の吐魯番ではまだそのような状態はなく、貸借関係も小農民間に結ばれた契約である。この龍朔三年文書も、その労働関係からみてそのような小農民間の関係であるが、たまたまそこに出てくる舍佃の関係は、その関係に限ってみれば、後世宋代にみられるような関係の端緒をなしているといってよいかもしれない。

さて韓国磐・孫達人らは租佃文書を二種類に分類し、とくに孫は租価の支払方式と田主・租田人の地位の関係に注目したのであるが、もし以上にのべてきたような考察が正しいとすれば、孫らのいう二つの類型の間に、すくなくとも吐魯番文書にかんするかぎり、中間形態あるいは移行形態を認めなければならないと思われる。すなわちこの時代の租佃契約のなかに、地主の地位が比較的つよい小作契約的なものと、地主の地位が比較的よわい消費貸借的なものと、両者があることは確かなのであるが、この両者の境界は截然としたものではなく、両者の中間に位置するさまざまな関係がありうると思われるのである。さらにいえば、この中間の両側に位する通常の小作契約的なものと消費貸借的なものとの間にも、孫らが強調するような違いがつねにあるかどうか、疑わしい場合があるのではないかと考えられる。つぎの儀鳳二年（六七七）（?）文書は、そのような場合をしめしているのではないだろうか。

（H）□□□年拾月壹日、高昌縣寧昌郷人卜老□(師)

[　　　　]年柒月□(拾)□(蒲)□昌縣人竹住海、於高昌縣

[　　　　　　　　]年、ゝ別与租□(價)

□（価）取秋麦□□（斛）、依高昌平兜研（斗斛）□

□汝（如）不浄好、聴向風賞取、若過麦月□（不畢、其）

□（麦准）法生利、到種田之日、竹不得田佃者、准前

□付、其竹取田之日、得南頭佃種、租殊

□□（佰役）仰田主、渠破水溢、仰佃人□（其）田要逕儀鳳□

（後　欠）

（六七ＴＡＭ三六三）

この文書は三つの断片に分かれて出土したのを接合したもので、池田の復原した録文にほぼしたがって掲載した（池田前掲論文上一八頁）。この租佃契約はおそらく数年におよぶもので、それゆえ年別の租価がきめられており、それを麦月に納めなければならないのであるが、それを過ぎて納めきれなかったならば利息がつくことになっている。この形式は前引の（Ｄ）貞観十七年・（Ｅ）同二十二年・（Ｆ）顕慶四年等の文書に類似しており、租価後払いで地主優位の小作契約のように思われるが、違約罰文言は「到種田之日、張不得田佃者云々」とあって、地主の側のみを拘束しており、[3]むしろ（Ｂ）天宝五載その他の文書の消費貸借的な契約のばあいに近い。この契約の田主卜老師は、同一墓中から出た訴状と挙銭契（借銭の契約書）によると（新疆維吾爾自治区博物館「吐魯番阿斯塔那三六三号墓発掘簡報」、六七ＴＡＭ三六三）、息男と妻とに捨てられた盲人のようで、この租佃契の租田人にあたる竹住海その人から、儀鳳二年九月に銭を借りているが、その借金だけでは足らず、翌十月この契によって田土を竹住海の利用に委ねざるをえなかったものと思われる。したがってこの契約書は、一見地主優位の小作契約と同様な形式をとっているものの、実質は地主の地位が弱い消費貸借の性格をもつものと考えられる。以上のような諸例（とくにＦ・Ｇ・Ｈ）をみると、通常の小作契約のようにみえる他の契約書の場合にも、孫らのいうようにかならずしも田主と租田人との貧富の差が大きいと

はいえず、またつねに田主の方が富者であるともかぎらず、消費貸借的な性格を併せもつ場合がありうることを考慮しておかなければならないであろう。

(1) 呉震「吐魯番文書」によると、著者も同様な見解をのべているが、ただ彼は、田主が他処に寄住するばあい他人に耕作を委ねる平等な場合もあるという。ただしどのような租佃契によってこのようなことがいわれるのかわからない。

(2) 私は旧稿「西域文書よりみた唐代の租佃制」(『均田制の研究』第六章)において、北史の記事を麦の二期作を示すもののように解した。これにたいして、麦と他の作物との二毛作と解すべきではないかというご教示をいただいたが、後に引く史料にも出るように、「麦秋」「秋麦」等の語もあり、夏・秋二回の租価徴収の例もあるので、前の考えを捨てきれない。なお、近代の事例として、旧稿ではヤングハズバンドの紀行文を引いたが、筆者自身が一九七九年訪中のおり、吐魯番で直接聞いたところでは、現在小麦の収穫は五月中旬、そのあとに高粱を多く作るとのことであった。

(3) 私の旧稿(『均田制の研究』一九四頁)では、この文書の違約罰文言は田主・租田人両者を拘束すると考えたが、その点の明証はないので本文のように訂正する。

二 租佃契約と典地契約との間の諸形態

前節の最後にあげたト老師の例では、同人と竹住海との間に挙銭契約と租佃契約とが相ついで結ばれており、租佃契約のもつ消費貸借的な性格が端的にしめされている。同様な例をもう一つつぎにあげよう。

(Ⅰ) 総章三年二月十三日[1]、武城郷張善憙、
於左憧憙邊、挙取銀銭肆拾文、

毎月生利銭肆文、到左須銭之日、
張即子本具還、若却不還、任掣家
資、平為錢直、身東西不在、仰収後代
還、両和立契、獲指為記 ⋃

銭主
貸銭人張善憙 ―｜｜
保人男君洛
保人女如資
知見人高隆観 ―｜｜
知見人王父師 ―｜―
知見人曹感

（六四ＴＡＭ四）

これは一九六四年、吐魯番阿斯塔那墓地の左憧憙というものの墓から出た挙銭契の一つであるが、このほかに少なくとも挙銭契・挙練契計六通、買奴契・買草契各一通を出したことが発表されており（張蔭才「吐魯番阿斯塔那左憧憙墓出土的幾件唐代文書」）、それによると左憧憙は西州前庭府の衛士であるが、墓誌に「財豊斉景」（財は斉の景公より豊かなり）とあり、高利貸などをおこなっていた財産家であるらしい。右の挙銭契は武城郷の張善憙というものが左憧憙から銀銭四十文を借りることを約束したものであるが、写真が雑誌『文物』に掲載されており、それによって草書体の文字の特徴をうかがうことができる。ところが一九七九年訪中したおり、烏魯木斉の新疆維吾爾自治区博物館で、これとまったく同じ字体、同じ日付、同じ契約当事者間の契約書を寓目した。一瞬右の挙銭契の原物に遭遇したのかと思ったが、よくみると内容は別の租佃契である。当時この文書は未公表であったが、現在では『吐魯番出土文書』第六冊に録文されている。左に抄録し、前者（Ｉ）と比べてみよう。

（Ｊ）　総章三年二月十三日、左憧憙於張善
憙邊、夏取張渠菜薗壹所、在白赤挙
北分墻、其薗参年中、与夏價大麦拾
陸酙(斛)、秋拾陸酙(斛)、更肆年、与銀銭参拾文、
若到佃時不得者、壹罰貳入左、祖(租)殊
伯役、仰薗主、渠破水適(溢)、仰佃人當、為
人無信、故立私契為験――
　　　　　銭主　左
　　　　　薗主　張善憙――
　　　　　保人　男君洛
　　　　　保人　女如資――
　　　　　知見人　王父師――
　　　　　知見人　曹感
（六四ＴＡＭ四）

（Ｉ）（Ｊ）を並べてみると、張善憙は同じ日に左憧憙から銀銭を借りたうえそれだけでは足りず、さらに菜園一所を左憧憙に提供して、その賃貸料を得ようとはかり、ほぼ同じ保人と知見人を立て、同じ清書人に契約書を作成してもらったわけである。この菜園はすくなくとも二年間賃貸に出し、租価全額は前払いではないが、前節の前払いの場

合と同様、違約罰文言は園主の張善憙の側のみを拘束しており、彼の方が弱い立場にあることをうかがわせる。

なお興味深いのは、この総章三年（六七〇）より二年前の乾封三年（六六八）に、すでに張善憙は左憧憙から銀銭二十文を借りる契約を結んでいることである。その契約書はつぎのとおりである。

（K）乾封三年三月三日、武城郷張善憙、於
崇化郷左憧憙邊、挙取銀銭貳拾文、
月別生利銀銭貳文、到月満、張即須
送利、到左須銭之日、張並須本利酬還、
若延引不還、聴左拽取張家財雑物、平為
本銭直、身東西不在、一仰妻児保人上銭使
了、若延引不与左銭者、将中渠菜薗半畝、
与作銭質、要須得好菜處、両和立契、
獲指為驗、左共折生銭、日別与左菜伍尺園、到菜干日

銭主　左
挙銭人張善憙――
保人　女如資――
保人　高隆歓――
知見人張紈端――

（六四TAM四）

この文書で注意すべきは、一般の挙銭契と同様、家財の差押文言と留住保証文言があったあとに、それとは別に、

借銭返済が延引した場合、菜園半畝を引渡すという文言があることである。銭二十文の返済がどうなったかわからないが、それから二年後、張善憙はさらに銀銭四十文を借りることになり、そのとき同時に菜園一所を左憧憙に引渡すことになったのは、あるいは右の挙銭契の菜園引渡しの記載となんらかの関係があるかもしれない。ただし乾封三年契の場合は「中渠菜薗半畝」であり、総章三年契には「張渠菜薗壹所、在白赤挙北分墻」とあって、同じ場所の菜園ではない。また前者では「与作銭質」（この解釈については後述する）であり、後者では租佃である。もっとも前者には「要須得好菜処」の但し書きがあり、「左共折生銭云々」の意味不明の書き込みもあるので、本文の約束が変更になり、二年後の租佃につながったという蓋然性もある。ただしこれは推測である。いずれにせよ、以上の事例は、租佃契約が挙銭契約と一体のものであり、消費貸借の性格をもつことをよく示しているということができよう。

ところで租佃契約が消費貸借の性格をもつとすれば、それは田土を提供して借金をするにひとしく、提供した田土は質物にあたるわけであるが、前節でのべたように、租佃契約はあくまで田土の賃貸借で、典地契約（質地契約、不動産質契約）ではない。唐代の厳密ないみでの典地契約文書は、現在までに知られたものとしては、後掲（P）の敦煌出土の一通があるだけである。敦煌では数十通の消費貸借契約書が出土しているのであるが（本書後編第一章参照）、その大部分が端境期から収穫期までの短期契約で、家財差押文言や留住保証文言はあるが、質物はない。まれに鐺《なべ》・釧《うでわ》・車などを質物にとるものが数通あるが（S二二九一・五八一一、P二六八六・三四二二）[2]、田土を質にとるものはほとんどないのである。ところが池田温・小口彦太らも指摘しているように（池田前掲論文中五〇頁以下、小口「吐魯番発見唐代賃貸借・消費貸借文書について」）、近年紹介された吐魯番出土の消費貸借文書のなかには、田土を借財のかたに指定するものが間々あるのであり、その形態は一様でない。それらは典地契約ではないが、租佃契約と典地契約の間に位置するさまざまな変種の一種をしめしているように私には思われる。

その最も簡単な形態は、ふつうなら「家財」あるいは「家資雑物」を対象とする差押物件のなかに、田土をも指定するやりかたである。これはやはり左憧憙の放債契（借手の側からいえば挙銭契）のなかにみえる。

（L）麟徳二年十一月廿四日、前庭府衛士張海歓、於左憧
憙邊、貸取銀銭肆拾捌文、限至西州十日内、還本
銭使了、如違限不償銭、月別拾銭後生利銭壹
文入左、若延引注托不還銭、任左牽掣張家資
雑物・口分田桃（萄）、用充銭直取、若張身東西没洛（落）者、一
仰妻児及収後保人替償、両和立契、畫指為信、
同日、白懐洛貸取銀銭貳拾肆文、還日別部、依
上券同

銭主左
貸銭人張海歓一一一
貸銭人白懐洛一一一
保人張歓相一一一
保人張歓徳一一一
海歓母、替男酬練、若不上、依月生利　大女李臺明一一一
保人海歓妻郭如連一一一
保人陰歓徳一一一

（六四ＴＡＭ四）

この文書の末尾の方の「同日」以下は、最初の契約書の文言を利用して別の契約を付加した例で、これについては

本書後編第一章に論じたから、ここでは言及しない。ここで問題にするのは、差押物件のなかに、田土も指定されている点である。すなわち麟徳二年（六六五）、前庭府衛士の張海歓が左憧憙から銀銭四十八文を借り、返済が滞ったとき、「任左牽掣張家資雑物・口分田桃、用充銭直取」として、口分田を差押物件に指定している点である。これと同様な事例は、やはり左憧憙墓から出たこの翌年の乾封元年（六六六）四月廿六日、崇化郷（左憧憙と同郷）の鄭海石が左憧憙から銀銭十文を借りて、返済が滞ったとき、「任左牽掣鄭家資雑物・口分田薗、用充銭子本直取」とあり、やはり口分田を指定している。また総章三年（六七〇）三月廿一日、順義郷の白懐洛が左憧憙から銀銭十文を借り、返済が滞ったときには、「聴牽取白家財及口分、平為銭直」として、やはり口分田が出ているのである（以下六四ＴＡＭ四）。

さてこれらに続くのが、上に引いた乾封三年（六六八）文書の、差押文言・留住保証文言とは別に、田土の指定が登場する方式である。すなわち上記のように、「若延引不還、聴左拽取張家財雑物、平為本銭直」といったんのべながら、さらに本人逃亡の場合妻子・保人に責任を負わせたうえ、「若延引不与左銭者、将中渠菜薗半畝、与作銭質」として、菜園の提供を約束しているのである。これは最初の延滞の場合では、一般の差押さえと同様、家財・雑物を提供するのであるが、それがまもられず本人が逃亡し、妻子・保人がさらに返済できなかった場合に、菜園半畝を提供する約束をさせているのである。この場合注意すべきは、前例の口分田提供とちがって、「中渠の菜園半畝」と菜園の場所・面積の具体的な指定があり、それを銭直ではなく「銭質」とすると記されていて、菜園が借金の質としてとられることが明記されていることである。だからなお借銭の返済が猶予されており、その後に返済不能が確認されたのち、菜園は左憧憙のものになるのかもしれないが、あるいは次節でふれるように、均田制下で田土の移動が禁止されているための抜け道であるかもしれない。

抵当物件が一層明確に指定されていると思われるものに、つぎの長安三年（七〇三）挙銭契がある。則天文字を通常の文字に改めて引用する。

（M）　長安三年二月廿七日、順義郷曹保ゝ并母目、
於史玄政邊、挙取銅銭参佰貳拾文、
月別依郷法生利入史、月満依数送
利、如史須銭之日、利本即須具還、如
延引不還、及無本利銭可還、将
来年辰歳石宕渠口分常田貳畝折充
銭直、如身東西不在、一仰収後保人替
代知、両和立契、畫指為信、

銭主
挙銭人曹保ゝ　―――「曹寶ゝ」
母阿目千金　―――
保人　女師子　―――
知見人杜孝忠
知見人呉申感

（六四ＴＡＭ三五）

この文書は吐魯番阿斯塔那墓地の史玄政の墓から出たものであるが、この墓は多数の公私文書類を出土しており、それによると史玄政は高昌県崇化郷の里正の地位にあったようである。ここでは曹保保とその母が史玄政から銀銭三

百二十文を借りたというが、この額は前の左憧憙の放債契などにくらべると相当高額である。そしてこの元利が返済できない場合、来年つまり長安四年（甲辰の歳）一年間、石宕渠の口分の常田二畝の利用を、債権者の史玄政に委ねる約束を結んでいる。ここでは借銭と抵当物件との関係がはっきりしているが、抵当物件は債権者に差押さえられて自由に処分されるのではなく、右の田土は債権者と債務者との間の租佃関係に移行し、その田土の利用・耕作によって、元利が消却されるしくみになっているものと考えられる。以上のような消費貸借契約と関係あるのが、つぎのような租佃契約文書ではないだろうか。ただしこれは敦煌から出土したもので、年代ももう少し後になる。

（N）天復柒年丁卯歳三月十一日、洪池郷百姓高加盈・光
　寅、欠僧願済麦両碩・粟壹碩、填還不辦、今
　将宋渠下界地伍畒、与僧願済貳年佃種、充為
　物價、其地内所著官布・地子・柴草等、仰地主
　祗當、不忓種地人之事、中間或有識認稱為地主者、
　一仰加盈覓好地伍畒充替、両共對
　　（後　欠）　　　　　　　　　　　　　　　　　　（P三二一四v）

これは唐末の天復七年（九〇七）、敦煌洪池郷の高加盈・光寅の二人が、僧願済から借りた麦二石・粟一石の負債を弁済できず、田土五畒を願済に提供して二年間耕作させ、それによって負債の元利を消却させようとするものである。とすればこの前に、高加盈・光寅と願済との間に便麦・粟契約（借麦・粟契約）が結ばれていたはずであり、それが返済不能により、この租佃契約に移行したと考えられる。したがってこの契約は消却質の実質をもつが、文書の形式としては租佃契約とみた方がよいであろう。ただし一般の租佃契約とちがい、消費貸借契約と租佃契約との関係を直

接伝える好史料である。

以上あげた吐魯番出土の挙銭契では、抵当物件としての田土を指定する三種の方式が登場したが、つぎには借財と同時に田土をひきわたす事例をあげよう。

（O）顕慶四年十二月廿一日、崇化郷人白僧定、於
武城郷王才歓邊、挙取小麦肆酙(斛)、将五年
馬地口分部田壹畝、更六年胡麻井部田壹畝、
准麦取田、到年不得田耕作者、當還麦
肆酙入王才、租殊伯役一仰田主、渠破水讁一仰佃
□、両和立契、獲指為信、

麦主　王才歓
貸麦人白僧定
知見人夏尾信
知見人王士開
知見人康海□

（六四ＴＡＭ二〇）

これは顕慶四年（六五九）末、白僧定というものが、王才歓なる人物から小麦四斛を借りるかわりに、田土をひきわたす約束をしたものと思われ、これを「准麦取田」と表現している。田土の記載には判読しにくい部分があるが、顕慶五年分として一畝、同六年分として一畝、それぞれ別な田土をひきわたす約束をしているのではないかと理解した。呉震はこの文書を租佃契約と解しているようであるが、本文に「挙取小麦肆酙」とあり、署名欄に「貸麦人」と

あるところをみると、『吐魯番出土文書』第七冊に「顕慶四年白僧定貸（借の方がよい）麦契」とある方が、文書の形式としては正しいであろう。ただ一般の借麦契なら利息の規定があるはずだが、この文書のばあい利息の無さそうなことは、利息にかんする文言がないうえ、違約罰文言の賠償額が元本と同額（麦四斛）であることからも想像できないであろうか。そうすると、田土の利用によって利息分なり元利両方なりが消却されていくことになるが、もし二年後に元利が消却しおえて田土が返還されるのならば、この契約は実質的に租佃契約と同じである。しかし二年の期間がすぎて元本の小麦四斛が返済されないかぎり田土が返還されないのだとすると、それは永久質としての典地契約にひとしくなる。しかしもちろんこの文書には、典地契約であることを明示する文字はない。

さて最後に、厳密ないみでの典地契約文書をあげよう。この種の文書は吐魯番出土文書にはなく、敦煌出土文書に一例があるだけである。

（P）廣順参年歳次癸丑十月廿二日立契、莫高郷百姓龍
章祐・弟祐定、伏縁家内窘闕、無物用度、今将父
祖口分地雨(両)畦子共貳畝中半、只(質)典己蓮(連)畔人押衙
羅思朝、断作地價、其日見過麦壹拾伍碩、字(自)
今已後、物無利頭、地無雇價、其地佃種、限
肆年内、不喜(許)地主収俗、若於年限滿日、便仰地主辦
還本麦者、便仰地主収地、両共對面平章
為定、更不計喜休悔、如若先悔者、罰青麦
拾駄、充入不悔人、恐後無信、故勒次(此)契、用

為後憑［　　］

　　　　地主弟龍祐定（押）

　　　　地主兄龍章祐（押）

　　只典地人押衙羅思朝

　　知見人押衙羅安進（押）

　　知見人法律福海（押）　　　　　　　　　　　　（S四六六）

これは五代後周の広順三年（九五三）、龍章祐・龍祐定兄弟が二畝半の田土を押衙の羅思朝に質入れ、麦十五碩をうけとる契約を結んだのであるが、この麦には利息がつかないかわり、質取主の羅思朝はこの田土を四年間使用できる。この四年間を過ぎたら、龍章祐らは元本の麦十五碩を返済して田土をうけとることになる。元本を返さなければ田土は返らないのである。

なお典地契約文書ではないが、事実上それと同じ効果を生むものに買戻条件付売買の契約がある。敦煌出土文書のうちにその一例があるのであげておく。

（Q）　請城北宋渠上界有地壹畦、北頭壹片？共計肆畝、東至［　　］

南至地田、于時太平興国柒年壬午歳二月廿日立契、赤心［　　］（郷）

阿鸞二人、家内欠少、債負深廣、無物填還、今？［　　］

与都頭令狐□清、断作地價、毎畝壹拾貳碩、通［　　］

當日交相分付訖、無升合玄（懸）欠、自賣餘後、任［　　］

有住盈・阿鸞二人能辯修瀆（贖）此地来、便容許［　　］

兄弟及別人修濆此地来者、便不容許修濆□
便入戸、恩勅流行□、亦不在論理、不許休悔者□
棱?壹疋、充入不悔人、恐後無信、故立此契、用□（為後憑）

（後　欠）　（S一三九八）

これは太平興国七年（九八二）、宋代の契約書であるが、敦煌県赤心郷の農民のおそらくは住盈・阿鸞兄弟が、二枚の田土計四畝を都頭の令狐□清に与え、畝当たり十二碩をうけとったという。「自売餘後」とあるから売ったわけであるが、住盈・阿鸞二人でなければ、余人は「修贖」を許さないといわれており、仁井田はこれを買戻条件付売買だと指摘した（「敦煌発見の唐宋取引法関係文書（その二）」）。ただし買戻を許すまでの期間は記されていない。典地契約とちがって、売買の形式をとっているが、田土をうけとった側はこれを第三者に転売することは許されず、売主が代価を返還することによって田土を取り戻すことができる。ただし代価を返さなければ田土は戻らない。名目は売買だが、実質は前の典地契約とまったく同じである。

（1）池田前掲論文（中）は日付を「三月十三日」とし、『吐魯番出土文書』第六冊は、（I）の日付を「三月十三日」とし、（J）の日付を「二月十三日」とする。たしかに（I）の月を示す数字は曖昧なのであるが、私は二月か三月に統一すべきだと思う。

（2）このうちスタイン五八一一号文書は従来未紹介であるので、つぎに録しておく。東洋文庫敦煌文献研究委員会編『西域出土漢文文献分類目録初稿』Ⅱは、「乙丑年三月五日索猪苟為少種子遂於龍興寺張法律便麦種返還訴状」と名づけているが、訴状であるかどうか判然しない。

乙丑年三月五日、索猪苟為少種子、遂於龍興寺張法律、

寄将麦参碩、并無只《(貿)》典、至秋納麦陸碩、其秋只納得麦
肆碩、更欠麦両碩、直至十月、趂□不得、他自将大頭
壹、只《(貿)》欠麦両碩、其秋彼《?》至十二月末納不就便則至庚（以下欠）

なおペリオ二六〇九号紙背に、銀盞を「典物」にあてたことをしめす訴状らしき文があるが、写真では判読しがたく、録文できない。

三　歴史的背景

私は旧稿において、吐魯番の租佃契約文書は、大谷探検隊将来文書中に多数みられるいわゆる佃人文書（堰頭申牒）中の租佃制と密接な関係があるとし、したがってその租佃関係は、均田制下の小農民同士の関係とみるべきであるとし、その点で孫達人らのように、租佃契約中の二つの類型をあまり截然と分別したり、これらが地主もしくは高利貸と貧農との間の階級対立をしめすものとする説には疑念を表明した。もちろん租価の支払い方式その他の条件とも関連して、田主・租田人間に地位の優劣が生じていることは旧稿でも認めたのであるが、それらの優劣は、均田農民という共通の基盤の上に生じたものとした。今回の検討によって、それら田主・租田人間の優劣をしめす諸形態の間に、さまざまな中間形態のあることが一層あきらかになったことは、基本的には旧稿の考えを補強することになったといってよいであろう。

しかし均田農民間に租佃制が流行するということは、個々の農民に一定の田土を保証する制度であった均田制本来の趣旨からは外れることになろう。この点について西嶋定生は、吐魯番では給授された田土が遠距離に散在していた

ので、均田農民間に租佃関係を通じて田土の交換がおこなわれていたとし、また給授された田土が狭小であったので、官田・寺田等の賃貸を通じて生計が補われたとし、吐魯番における「均田制のメカニズム」をあきらかにしようとした（「吐魯番出土文書より見たる均田制の施行状態」）。しかし租佃契約文書の研究の結果は、農民のなかに賃貸料の入手をめあてにして田土を貸しに出すものが多いこと、したがって租佃制は均田農民相互の間におこなわれているにしても、その均田農民の生活はけっして安定したものでなかったことがあきらかになった。さらに今回の検討によって、租佃契約関係ばかりでなく、挙銭契約や借麦契約によって、借財の代償に田土を抵当や質に提供するような事態が進んでいたことがあきらかになったのであるが、そうすれば唐代の吐魯番においては、均田農民の窮迫・没落が一定程度進行していたとみてまちがいないものと思われる。さきに引用した（H）卜老師や（I）（J）（K）張善熹のばあいは、そのような状態を具体的にしめしている。

さきに私は旧稿で、吐魯番出土の契約文書は均田制時代のものであり、敦煌出土の契約文書は均田制崩壊後のものであることに注意をうながした。今回の租佃契約の検討に際しては、吐魯番出土文書を主としてあつかい、敦煌出土文書にはほとんどふれなかったが、それは敦煌では新出の史料が加わるわけではなく、旧稿の考えを改める必要がなかったからである。敦煌の租佃契約文書も、通常の地主優位の小作関係と、消費貸借的な性格のものとからなるが、敦煌ではいずれのばあいも契約当事者双方を拘束する違約罰文言があり、そのほか署名のしかたや契約書を二通（田主側のものと租田人側のものと）作成するばあいがあること等から、比較的対等な小農民同士の契約のおもかげが残っており、宋代以後の佃戸が一方的に地主にたいして義務を誓う契約の形式とは異なっている（仁井田「元明時代の村の規約と小作証書など（一）」参照）。それゆえ敦煌の租佃契約関係は、均田小農民同士の契約関係から、宋代以後の契約関係にいたる、過渡期に位置するものと理解してよいと思われる。

話を吐魯番の租佃契約関係に戻すが、池田は、そこにみられる租佃の二つの型、池田のいう地主型（地主が優位な場合）と、麦主・銭主型（租田人が優位な消費貸借的な場合）との間に、年代的に前後関係があるという説をのべている。すなわち七世紀までは多く地主型、八世紀に麦主・銭主型が集中しているというのである（前掲論文上八八頁）。しかしこの点について、私は若干の疑問をもつ。今回紹介した（J）総章三年（六七〇）左憧憙租佃契は、池田のいう麦主・銭主型だが七世紀のものであり、従来知られたこの種の租佃契より時期が早い。（O）顕慶四年（六五九）白僧定借麦契は、既述のように、実質的には租佃契か典地契とみなすべきものであるが、さらに時期が早いのである。田土を抵当に指定した挙銭契は、消費貸借的な租佃契と密接な関係があるわけであるが、左憧憙が関係する（L）麟徳二年（六六五）・乾封元年（六六六）・（K）乾封三年（六六八）のものが知られている。

（M）長安三年（七〇三）史玄政放債契（曹保保挙銭契）は、負債が返済されないばあい、田土を租佃に出させる約束をしているが、租佃関係の前提につねに挙銭・借麦等の契約がある必要はむろんないのにたいし、むしろ元本の返済か田土の提供かをせまられる挙銭・借麦契の方が、租佃契よりも一層きびしい消費貸借関係にあるといってよいだろう。そのような挙銭・借麦契が早くから出現している点に注目したいのである。さらに付言するならば、唐朝征服以前の高昌国時代の租佃契としては、延昌二十四年（五八四）ないしその前後のもの、および義和三年（六一六）のものが知られるが、これは署名こそなけれ、文書の内容は租価前払いの麦主・銭主型に属する。ただし違約罰文言は契約両当事者を拘束しており、田主の貧窮を推測してよいかどうか難しい（呉震「介紹八件高昌契約」等）。

池田のいう地主型に属する文書は、（D）貞観十七年（六四三）・（E）貞観二十二年（六四八）・（F）顕慶四年（六五九）等、なるほど唐初に集中している。池田は（C）天授三年（六九二）文書も地主型に入れるが、これに賛成できないことは前述した。しかしなぜ地主型が唐初に集中しなければならないのか。これらの文書をも、私のいうように均田小農民同士の関係をしめすとするならば、均田農民が比較的健全な初期から、挙銭契約や消費貸借的租佃制にしめされる農民の没落へというコースが一応考えられるが、農民の没落は一面において、土地を蓄積する農民の台頭と、その土地を耕作する労働力の出現をもいみする。したがって農民の没落と地主制の発展が、相ならんでみられなければならないはずである。ただ小農民が土地を蓄積していく場合、租佃制的地主としてよりも、雇傭労働を用いて自ら耕作・経営をおこなう富農として成長していく場合が多かったであろうから、地主型租佃文書が少ないのは偶然でないかもしれない(1)。

敦煌では租佃契約書が少ないわりに、雇傭契約書が相当出土しているし、吐魯番でも「作人」とよばれる雇傭労働の存在が指摘されている（王仲犖「試釈吐魯番出土的幾件有関過所的唐代文書」、吐魯番文書整理小組等「吐魯番晋―唐墓葬出土文書概述」）。しかし敦煌などで、農民間の租佃契約書の出土が少ないといって、租佃関係そのものが展開していなかったというわけにいかない。敦煌の寺院の大荘田の租佃制がひろくおこなわれていたことは、寺院の計会文書によって明確にうかがわれる（堀『均田制の研究』第六章三四〇頁以下）。吐魯番でも寺観田の租佃がおこなわれたことは、残存史料が少ないにせよ、いわゆる佃人文書によって知られているのである（周藤吉之「吐魯番出土の佃人文書研究」）。

最後に、吐魯番の挙銭契約・借銭契約の抵当としての田土の扱い方と、国家法としての律令との関係について、意見をのべておきたい。この点について小口彦太は、左憧熹放債諸契にみえる不動産差押文言は、抵当権の設定のようにみえるが、実は（M）長安三年史玄政放債契によると、債務不履行のばあい田土の占有・使用を委ねるもので、それは占有質の予約ともいうべきものであり、その裏に当時吐魯番で不動産質慣行が存在したことを予想させるとした。そして当時均田制の還授まで実施された吐魯番でこのような慣行が存したとすれば、それは国家法とまったく無関係とは考えられず、開元二十五年令の「諸田不得貼賃及質」という禁止規定がつくられる以前には、不動産質が令によっても許されていたのではないかと推測した（小口前掲論文）。かつて加藤繁は、開元二十五年令の田土売買禁止と右の貼賃・質の禁止が、別条に離れて規定されているところから、唐初には不動産質の禁止はなかったのではないかと推測したが（「唐代に於ける不動産質に就いて」）、小口の説はこの加藤説を追認したものである。

しかし私は本稿で、吐魯番における抵当としての田土の扱いには、さまざまな形態があったと考えた。そのうち左憧憙関係の（L）麟徳二年・乾封元年文書の、「任左牽掣某家資雑物・口分田桃（あるいは口分田薗）」という差押文言と、（K）乾封三年文書の「将中渠菜薗半畝、与作銭質」とは関係があるかもしれないが、小口のいうように（M）長安三年文書と田土の扱いが同じだとは、私は考えない。前者では、債務不履行のばあい田土は差し押さえられて、債権者の手もとにおかれるのであるが、均田制のもとでは田土の移動・売買は許されないから、「与作銭質」とあるように質にとられる形になるのであろう。しかし後者のばあい、田土は租佃にとられるのであって、不動産質（典地）ではない。実質的に典地にあたるのではないかと思われるのは、（O）顕慶四年白僧定借麦契であるが、これも文書の形式としては典地ではない。今後の発見をまたなければならないが、今日までのところ、吐魯番で不動産質契約がおこなわれたという証拠はないように思う。敦煌でも典地契約は少なく、それも五代末になってあらわれるのは示唆的ではないだろうか。

唐初の律令で貼賃・質が禁止されていたのか、いなかったのかという点については、加藤・小口両説ともに多分に推測であって、断言はできないと思う。ただ右のように、吐魯番での債務不履行の際の田土の扱いが多様であって、しかも典質をしめす形式の文書がみあたらないとすれば、小口説の論拠は薄弱になり、逆に禁止規定があればこそ、それに抵触しないように、多様な方式が考えられ、実質は典質でありながら、他の形式をとったという論も成り立たないではない。しかしその点についての断言は避けておくことにする。

（1）その点で、前引（G）龍朔三年（六六三）文書は、租佃の一種であるにしても、田主が舍佃人と一緒になって田土を耕作しようとしている点が注目される。

（東洋史研究三九―三、一九八〇）

第三章　敦煌社会の変質——主に帰義軍時代の民衆社会を中心として——

はしがき

敦煌の石室から出土した文献のうち、仏教その他の典籍を除くいわゆる古文書の類は、西涼・西魏の籍帳等わずかの例外を別として、その大部分が唐・五代・宋初の時期に集中している。そしてこの時期、なかんずく唐の後半から宋初にいたる時期は、旧中国社会のなかでも画期的な変化がおこった時期に相当する。したがって我々は、これら敦煌文書の分析を通じて、この中国社会の変革の一端にふれることができる。もちろん敦煌は中国西北辺境の一小都市であり、唐の後半吐蕃に占領され、唐末に土着の漢人政権が成立して以来、中国中央部とは切り離された歴史をたどった。しかしこのような敦煌の歴史そのものが、当時の中国、さらには中国を中心とする東アジア世界全体の大きな変革の一環なのであり、敦煌地方特有の政治的経過の背後に、中国中央部と共通する社会的動向があることは事実なのである。と同時にその動向のなかに異民族に囲まれた辺境都市としての、あるいはシルクロードに臨む商業・交通の要地としての、あるいは千仏洞をひかえた仏教都市としての、敦煌地方の特性が刻印されていたことにも注意しておかなければならない。

この時期にかぎらず、一般に中世中国中央部の歴史は、後人の編纂した史籍によって知るほかない。それらが主として宮廷や官僚の記録であるのにたいして、敦煌出土の文書類は、統治機構の運営や民衆社会の動向を、直接に伝える同時代史料である。ことにこの時代の社会の変質・発展を知ろうとすれば、直接民衆に接することのできるこのような文書の利用価値は、いくら強調してもしすぎないであろう。ただしこれらの文書の大部分がいったん廃棄され、写経等の紙背文書として残存したものであり、またそれらが保存され発見された事情などからも、その残存のしかたがかなり偶然的なものであり、そこに文書利用の限界が存在することも否めない。

私に与えられた課題は、これら文書がしめす敦煌社会の変質をのべることにあるが、右のような事情もあって、今日の研究段階では、敦煌社会の全体像を、その変化をもふくめて総合的に描くことには相当な困難がある。[1]そこでここでは、文書の存在状態に応じて、いくつかの問題点を列挙するにとどめざるをえないが、ただそれらをとおして、この時代の敦煌社会の——ひいては中国社会全体の——変化の特徴をうかがうことは困難ではないと思う。

（1）長沢和俊『敦煌』は、多少の誤解をふくみながら、敦煌の全体像を描いた出色の著作であるが、私はこのような物語的な叙述ではなく、この時代の変革の性質をどのようにみるかをいま問題にしているのである。

一　唐代前期の敦煌社会

はじめに、変化の前提をなす唐代前半期の敦煌の状態について概観しておきたいのであるが、ここでさっそく上にのべた文書の残存状態からくる制約につきあたる。すなわち唐代後半期以降の文書には、寺院を中心とする私文書が多くのこっているのにたいし、唐代前期には、戸籍類を主とする公文書しか残存していないのである。唐代前期に仏寺がなかったわけではない。敦煌は五胡十六国時代以来、千仏洞の存在で知られてきた町である。また唐代後半期にみられる敦煌の寺院数は、十四寺から十七寺におよぶが、そのうち大雲寺・竜興寺・開元寺等が、それぞれ前期の武后・神宗・玄宗の時期に諸州におかれたわが国分寺にあたることはあきらかである。どうしてこれら寺院の記録がのこらなかったのかわからないが（あるいはこのこと自体が社会の変革にどこかでかかわっているのかわからないが）、ともかく今日我々が知ることができるのは、主に公文書をとおしてうかがえる政府の民衆支配の側面である。

それら公文書のうちで多数を占めるのは戸籍である。戸籍の実例は、池田温『中国古代籍帳研究』に録文がのり、詳細な分析が加えられているので、主としてそれらによって盛唐といわれる唐代中頃の民衆支配の状況を、概観することにする。さて戸籍には各戸の家口と田土が登載され、家口にかんしては、その身分・職業・年齢・丁中の別等が記され、田土にかんしては、右の家口の内容や人数に応じた応受田・已受田・未受田の額が記され、已受田は永業田・口分田・居住園宅等にわけられており、戸全体としては、戸等と課戸・不課戸の別が記されている。これは民衆が均田制施行の対象となっていたことをしめすものである。ただ右の応受・已受・未受の記載によれば、田土は均田制の規定どおりには与えられておらず、その充足率もまちまちである。そこでこの応受・未受の記載と家口の異動にともなって、田土の還受が実施されたかどうかについては、昔から肯定・否定両論が対立していた。この点にかんしては、最近開元二十九年（七四一）ごろ吐魯番（西州高昌県）で還受の手続きがとられていたことが判明している（西嶋定生「吐露番出土文書より見たる均田制の施行状態」）。それがどの程度の年代にわたって、どの程度の地域においておこなわれたか問題であるが、いずれにせよ、上のような形で登載された家口と田土は、戸令や田令の規制をうけざるをえない。異なる身分間の通婚や田土の分割・継承や住地の移動等にはそれぞれ制約があり、田土の売買・貼賃・質入れは、特殊な例外を除いて原則として禁止されていたから、農民の分解は一定程度阻止されたと考えられる。

いま敦煌戸籍のうち、比較的戸数の多い天宝六載（七四七）籍と、大暦四年（七六九）手実（戸籍と同形式で戸籍と同視できる）[1]の記載内容を一覧表にして、農民のとくに田土保有状況をみよう。

次頁の表には参考に家口数を掲げたが、天宝六載籍には女口が極端に多く、これには作為があると考えられるので（後述）、家口総数は信用できないが、男口数は脱漏をそれほど許されなかったと思われるので、なにほどか現実に近いものとして参考になろう。家口総数はこの男口数に対応して、はるかに少なく考えておいた方がよいであろう。また給田対象家口は、相当数の寡妻妾とわずかな中女戸主を除けば、大部分が男口であるし、したがって応受田額も、寡妻妾などの一部とわずかな居住園宅分（家口三人ごとに一畝）を別にすれば、相当現実に近づくであろう。しかし応受と已受との比率はまちまちだし、還受の普遍的な実施には疑問もあるので、もっぱら已受田を、農民の実際の所有地として注目したい。已受田は戸籍記載上は永業田・口分田等に分かれているが、実際の田土利用上では両者の別はなかったであろうと考えられるので（堀『均田制の研究』一八七－八頁）、この表では省略し、ただ已受田中に特殊な勲田や買田がふくまれる場合にだけ、備考欄に注記しておいた。

さて天宝六載籍の已受田額をみると、一〇〇畝をこえるのは2鄭恩養の戸だけである。唐代均田制の規定では、丁男一人当たりの給田額が一〇〇畝とされているが、しかしこれは儒家の古典にみえる伝統的数字を踏襲したもので、古代以来中国の度量衡が変化して、畝当たりの面積が拡大した結果、実際の農民の耕作面積との間のずれが大きくなったと考えられる。学者の推算によれば、唐代の一〇〇畝は五五〇ないし五八〇アールほどに相当したであろうといわれている（加藤繁『支那経済史概説』第三章土地制度）。これは当時の一般農民にとっては過大な額で、そのためこの一〇〇畝を、一丁男当たりの最高所有限度額として理解しようとする説も生まれている（鈴木俊「唐代均田法施行の意義

表1－天宝六載竜勒郷都郷里戸籍給田状況

	戸主	家口	男	女	給田対象家口	応受勲田	応受田（除勲田）	已受田	戸等	備考
1	不明	一〇～一二？			老男戸主1　丁男1　寡妻妾1		一八四畝	四〇畝	下下	
2	鄭恩養	一二	二	一〇	丁男1　中男1　寡妻妾1		二三四	一〇一	下中	含買田一二畝
3	曹思礼	一二	四	八	丁男3　寡妻妾2		三六四	六二	下中	戸主は隊副、亡兄男が上柱国子
4	劉智新	七	二	五	丁男1　寡妻妾2		一六三	六八	下下	
5	陰襲祖				老男戸主1		五一	〇	下中	全家没落
6	陰承光	六	二	四	丁男2　寡妻妾2		二六二	四九	下下	
7	徐庭芝	六	一	五	小男戸主1　寡妻妾2		一一二	三〇	下下	
8	程思楚	一七	五	一二	武騎尉1　丁男3	六〇	三〇五	七九	下中	戸主衛士武騎尉　弟衛士
9	程什住	一三	三	一〇	老男戸主1　丁男1		一五五	六四	下中	戸主翊衛、弟上柱国子　含勲田九畝
10	程仁貞	八	一	七	老男戸主1		五三	三一	下下	戸主翊衛　含勲田一四畝
11	程大忠	一二	三	九	上柱国1　丁男1	三〇〇〇	一〇四	八二	下中	戸主上柱国
12	程大慶	八	三	五	武騎尉1　丁男1	六〇	一〇三	六八	下中	戸主武騎尉
13	程智意	一六	二	一四	飛騎尉1　丁男1	八〇	一〇六	九二	下中	戸主衛士飛騎尉
14	劉感徳				老男戸主1		五一	〇	下中	全家没落
15	令狐仙尚	二	〇	二	中女戸主1		五一	八	下下	33歳と28歳の姉妹の戸
16	杜懐奉	一二	四	八	上柱国1　武騎尉1　丁男3　寡妻妾2	三〇六〇	二六五	七八	下下	戸主上柱国、亡兄男衛士武騎尉、戸内の丁男3人なのに2人として計算している。
17	卑二郎	一一	二	九	丁男2　寡妻妾1		二三四	五七	下下	含勲田一〇畝
18	卑徳意	七	四	三	武騎尉1　丁男1	六〇	一〇二	四三	不明	戸主武騎尉　含勲田五畝

表2－大暦四年懸泉郷宜禾里手実給田状況

	戸主	現在口	死亡逃走口	給田対象家口	応受勲田	応受田（除勲田）	已受田	戸等	備考
1	趙大本	七		老男戸主1　丁男3　中男1		四五三畝	九〇畝	下下	男子別将
2	張可曾	二	死二	中女戸主1　寡妻妾1		八一	四六	下下	
3	宋二娘	一	死二	寡妻妾戸主1		五一	〇	下下	
4	索思礼	八	死二	上柱国2　老男戸主一　丁男1	六〇〇〇	一五三	二四三	下中	戸主別将上柱国、男折衝上柱国。含勲田一九畝・買田一四畝。奴3婢1あり。
5	安遊璟	三	死二	上柱国1　丁男1	三〇〇〇	一〇一	二九	下下	戸主上柱国　含買田三畝
6	安大忠	一	死二　逃六	丁男1		一〇一	三三	下下	
7	令狐朝俊	二	死五	中男戸主1　寡妻妾1		一三一	三八	下下	
8	令狐進堯	二	死一　逃三	上柱国1　老男戸主1　廃疾1	三〇〇〇	一〇一	一〇三	下下	戸主上柱国。廃疾の応受田を数えていない
9	令狐娘子	二		中女戸主1　寡妻妾1		八一	三九	下下	
10	索仁亮	四	死四	丁男3　寡妻妾1		三三二	一〇三	下下	戸主別将　亡兄男品子2人
11	索如玉	二	死二	上柱国1　丁男1	三〇〇〇	一〇一	二二	下下	戸主別将上柱国
12	楊日晨	一	逃五	丁男1		一〇一	六二	下下	
13	李大娘	一	逃三	寡妻妾戸主1		五一	五九	下下	含買田二五畝
14	樊黒頭	一	逃二	丁男1		一〇一	四三	下下	
15	唐元欽	三	逃二	老男戸主1　丁男1　寡妻妾1		一五一	九〇	下下	寡妻妾の応受田を数えていない

について」)。一方唐代には、辺境の防人に自給用の田土を支給したが、その基準は各人一〇畝で、ほぼ一年分の食糧を産したという(日野開三郎『唐代租調庸の研究』1色額篇一七〇―二頁)。そこでもしこの基準で天宝籍の已受田額をみれば、姉妹二人で八畝の地しかもたない15令狐仙尚の戸は別として、他はなんとかぎりぎり生きのびることができたのではないかと思われる。このほかにもし後述するように、公有地などの小作を兼ねることができたならば、多少の余裕が出たかもしれない。

要するに天宝籍の農民は、自作地をもつ小経営農民である。もちろんその自作地には格差があった。かれらは下中戸と下下戸とにわかれており、いずれも下層の農民であるが、一般的にいえば、下中戸の方がやはり多少上層であった。ただし戸等は厳密には所有地(已受田)の額に比例しない。戸等の決定には、家口・住宅・菜園・鶏舎・車牛・穀物等が参考にされたし、(2)有力者は情実のきく場合もあったろう。天宝籍では　杜懐奉が七八畝の地をもち、戸内に勲官を二人もかかえながら下下戸とされている。敦煌の農民に、勲官の所有者ないしその子孫が多いのも注目される。勲官は元来戦功によって民衆にも与えられる位階で、最高の上柱国が正二品、飛騎尉は従六品、最下の武騎尉が従七品であった。勲官には勲田が与えられ、子孫に継承される規定であったが、実際に所有している勲田の額は小さい。しかし勲官(ばかりでなく　衛・隊副等の軍職)には課役免除がともなったから、その特権は大きい。この勲官の所有者も、田土の比較的多い農民、戸等でいえば下中戸に多い。つまり唐朝は、均田制をしいて農民の田土の比較的均分を意図しながら、実際に生じている格差にしたがって、身分的特権を与えているのである。この身分制は、均田制の理念と現実が矛盾するなかで、庶民を分割統治し、唐朝の支配を強化する役割をもっていたといえよう。

つぎに大暦四年手実をみたいが、この手実は安史の乱後のものであり、唐代前期の一般的状態をしめすものとはいえず、むしろ均田制末期の状態をしめすものとうけとるべきものであろう。その一つは死亡・逃走した戸口が多いことであり、表に記した以外にも、給田の記載がないため表にはのらなかったが、全戸死亡・逃走の戸が六戸ほど手実にのこっている。ただこれら死亡・逃走した戸口の内訳は、女口・老小が多く、税役を負担する丁男は、ほぼ確実に国家に把握されていることが、すでに指摘されている（池田前掲書一二〇－一頁）。そのいみでは、均田制・租庸調制はなお機能しているのである。第二に田土の保有状況をみると、天宝籍にくらべて農民間の格差が開いていることが注目される。買田も多くなり、已受田が勲田を除いた応受田額をこえる戸が三戸（4・8・13）もあらわれる一方、無田の戸が一戸（3）あらわれている。ただしこの無田の一戸と、二四三畝の土地をもち、四人の奴婢をもつ4索思礼戸を除くと、自作の小経営農民であることにかわりない。

ここで小作制・奴隷制の存在について考えておこう。同時期の西州高昌県（吐魯番）では、均田農民相互の間に土地の賃貸借がおこなわれ、小作制がさかんであったが（周藤吉之『唐宋社会経済史研究』第一・第二論文、堀前掲書第六章）、唐代前期の敦煌の農民間に、そのようなことがおこなわれたという証拠はない。しかし公有地の職田・公廨田等の耕作には、唐代一般に均田農民の小作的労働力を用いるのがふつうであったし、敦煌でも、則天武后時代、六九九年の次のような文書がある。

平康郷

司馬地、一段十四畝、城北三里宋渠　東渠　西渠　南渠　北張住、

右件地、平康郷人宋懐道種麦、

主簿地、一段十畝、城北五里西支渠　東道　西道　南張立　北張懐操、

右件地、神沙郷人索懐亮種麦、

牒、件通当郷闕職官人地、見種麦、具状如前、自

余者、並物見空、無人佃種、今依状上、謹牒、

聖暦二年三月廿日、里正氾素牒、

（以下略）　　　　　　　　　　　　　　　　　　　　（大谷二八三六ｖ）

これは欠員となっている官人の職田の耕作状況をしめすもので、司馬と主簿の二段の地を農民が「佃種」しているほか、その他の地は空地となっているという。これは欠員の地だからで、在職官人の職田は、唐代一般の例に照らして佃種されていたであろうと思われる。職田・公廨田のほか、唐代前期の敦煌に屯田・寺田等がどの程度あったか、まったく不明である。敦煌農民の狭小な土地所有からすれば、小作にたいする要求は相当あったかと思われるが（日野「玄宗時代を中心として見たる唐代北支禾田地域の八・九両等戸に就いて」）、右の公田や寺田がその要求を満たすことができたかどうか、疑問というほかない。

つぎに奴隷制は一般の農民にとって無縁であったろう。敦煌戸籍を通じて奴婢がみえるのは、前述の大暦四年手実の4索思礼戸だけである。この戸だけが、二四三畝の土地をもち、奴婢四人をかかえている。農民の場合、奴婢をもつのはこの程度以上ということになろうか。この場合でも、奴婢は家内奴隷であった公算が大きい。むしろ敦煌で奴隷制がおこなわれたとすれば、それは商業の場合であろう。

次の文書は、商人の奴隷売買に際し、市券の支給を敦煌郡の役所に請うたものである。

⎿客王脩智牒称、今将胡奴多宝載拾参⎾

⎿陰恵温、得大生絹貳拾壹疋、請給買人市券者、依

⎿安神慶等款、保前件人奴是賤不虚、又胡奴多宝甘心□

⎿脩智、其価領足者、行客王脩智出売胡奴多宝与□□

□絹貳拾壹疋、勘責状同、拠保給券、仍請郡印、□□□
□罪、
　　絹主
□郡印
　　奴主行客王脩智載陸拾壹
　　胡奴多宝載壹拾参
　　保□　□百姓安神慶載伍拾玖
　　保人行客張思禄載肆拾捌
　　保人敦煌郡百姓左懐節載伍拾柒
　　保人健児王奉祥載参拾陸
　　保人健児高千丈載参拾参
　市令李即給券　　　史□

（敦煌文物研究所蔵二九八・二九九号）

これは敦煌を沙州ではなく郡と称し、年を載と書いているので、七四四―七五八年の間の文書とみられるが、「行客」すなわち遠距離貿易商人の王脩智が、「胡奴」すなわち外国人の奴隷の多宝を□恵温に売り、大生絹二十一疋をうけとったので、買人に市券を支給せんことを請い、その際保人の安神慶らが、くだんの奴がたしかに「賤であって虚《うそ》でない」ことを保証したので、担当者の市令が市券を支給することを決定したものである（敦煌文物研究所資料室「従一件奴婢買売文書看唐代的階級圧迫」）。敦煌はその位置から、東西貿易にたずさわる商人がいて奴隷を使役し、このような奴隷売買もおこなわれていたが、奴隷や家畜の売買には、政府の公認をえて、市券を入手する必要があった。

政府は良人と賤人の区別を厳重にし、良人の売買は許さなかった。唐代前期の段階では、この政府の統制をぐって良人の身売りすることは少なく、奴婢・賤人の数も、良人にくらべればそう多くなかったと考えられる。

さきに、敦煌の農民が自作地をもつ小経営者だといったが、かれらが個々に自力で生産を営めたわけではない。かれらの農地は戸籍に、

一段伍畝永業　城西十里平渠　東　渠　西徐仁素　南懐則　北路
一段拾畝口分　城東廿里沙渠　東張住　西　買　住　南　路　北荒

などとあるように、いずれも渠に属しており、渠水によって灌漑をうけることが必要であった。その水利権は、唐の雑令に、「山川藪沢の利は、公私これを共にせよ」とあるように、私人に属するのでもなく、公すなわち国家に専属するのでもなく、公と私がともに利用すべきものと観念されていたが[3]、そのためには効果的な管理が必要であって、結局この時代には、国家の強力な統制の下におかれていた。

水利の統制機関は中央では水部であるが、敦煌出土の水部式（P二五〇七）をみると、各地の渠には渠長・斗門長等をおいて、州県の監督をうけるようにし、沙州（敦煌）地方では、とくに県官の下に前官をおくよう規定されていた（佐藤武敏「敦煌発見唐水部式残巻訳注」参照）。雑徭徴発の原簿である敦煌の差科簿をみると、水利関係の役目に渠頭・斗門・前官・平水があり、前官・平水（平水校尉）は官吏であろうが、渠頭・斗門には勲官・翊衛のほかに中男が最も多くあてられており、民衆の徭役（色役・雑役）として差発されたことをしめしている（西村元佑『中国経済史研究』五七一―七六頁）。乾燥地帯の敦煌では、無数の渠が複雑にいりくんでいたようで、渠相互の連絡、渠水灌漑の前後関係、灌漑の時期等を記した文書（P三五六〇ｖ）がのこっており（那波利貞「唐代の農田水利に関する規定に就きて」、武藤ふみ子「唐代敦煌の農田水利規定について」[4]）、敦煌地方の農業水利は、これにしたがって、州県の監督下に、前記の

ような官吏・徭役をとおして、統一的にやられたのである。農民の生産は、このような政府の役割につよく依存していたといえる。

当時農民は、一〇〇戸をもって里と称する官製の行政団体に組織されていた。里には里正がおかれ、戸令によるとその職掌は、「戸口を按比し、農桑を課植し、非違を検察し、賦役を催駆すること」にあった。すなわち里正は、戸籍その他の民衆支配に直接かかわる文書を作成し、勧農・治安維持の責任を負い、租庸調・雑徭・その他の色役（さきの水利役もその一つ）を徴発する任務をもち、唐朝支配機構の末端に位置していた。農民は村・社などの集落を構成していたが、均田制を施行して農地を規制し、山沢・水利の権をにぎる国家は、農民の側の自然集落とは別個に、右のような行政組織を通じて、農民の戸口を直接掌握し、強力な権力をうちたてることができたのである。

一方自然集落である村は、魏晋南北朝時代には、国家の行政組織とは無関係であったが、唐はここにも村正をおいた。村正の職掌は都市におかれた坊正と同じとされ、坊正は「坊門の管鑰と姦非を督察することを掌る」と規定されていた。つまりこの戸令の規定は、自然集落にも坊正・村正をおいて民衆を監視させ、里正の任務遂行をたすけようとしたものと思われる。

しかし次の則天武后時代の敦煌県の文書では、村正らに別な任務をも負わせている。

（前　欠）
郷、耕耘最少、此由社官・村
正、不存農務、即欲加決、正属
農作、各決貳拾（以下欠）　（大谷二八三八）

これは敦煌県内某郷の農耕の成績があがらないので、社官・村正の責任を問い、刑罰を加えようとしているのである。ここには村正とならんで社官が出ているが、社はもと土地神の祭祀をめぐって結成された民間の団体であるが、漢代には集落の中心にあって、集落民団結のシンボルとなっていた。隋代には救荒用の義倉の運営を社に委ねたし、宇文融の括戸と関連して出された開元一三年（七二五）の制では、「農社」をつくることが奨励されているから（礪波護「唐の律令体制と宇文融の括戸」参照）、社が勧農と結びつけられた例はある。しかし唐の戸婚律によってみても、勧農の責務を負って刑罰（笞刑）まで加えられるのは里正だけである。その責務が本来民間の側からでた社官・村正にまで強制されるのは、敦煌の農業生産における国家的役割がとくにつよいからではないだろうか。

このような国家の役割を背景として、国家は農民から税役を収奪した。当時の税役は租・調・役（庸）・雑徭が根幹であるが、そのほか国家機関・官人に奉仕するための色役・雑役とよばれる徭役があって、これは雑徭の代償になった。すでにふれたように、現在雑徭の原簿といわれる差科簿がのこっている。この差科簿は、雑徭負担年齢（原則として丁男・中男）に達した敦煌の壮丁の名を書きつらね、その年齢とかれらが現についている官職・兵役・徭役（主に色役・雑役）・身分等を記したものである。これによると異民族に囲まれた辺境の敦煌では、とくに兵役（衛士・土鎮）の負担が重いことが注目され、反面それにともなって勲官ないし、その子である上柱国子・柱国子・品子等の身分をえるものが多かった。後者は本来兵部か郡（州）に番上する義務があったが、一般には資銭を納めて就役を免れていた。そのほか地方官庁の下級官人・胥吏や色役・雑役につくものも相当あり、色役のなかでは前述の水利役・里正・村正等は別として、実際に就役せず資課（代納金）を納めてすむものもあった。そして以上のような諸職・諸役・諸身分をもつものは、多くは租庸調・雑徭の全部もしくは一部を免除されたから、敦煌地方では租庸調・雑徭を納める壮丁は、非常に数が限られることになっていた（西村前掲書三篇二章、日野『唐代租調庸の研究』Ⅱ・Ⅲ、課輸篇上・下参照）。このような状態では、なんらかの形でしわ寄せが弱者に及ばざるをえない。現に差科簿の徭役対象者の一部に、老男・小男・篤疾・廃疾等が登録されているのは、その一つのあらわれである。

税役にたいする民衆の抵抗はさまざまな形でおこなわれた。右の勲官をえることや、資課を代納して色役につくのもその方法であった。戸籍に脱漏があったことは、しばしば「漏附」と注記される家口があることでわかる。天宝六載籍に女口が多いのは、かつては男口を女口と偽ったものとする説が有力であったが、今日では戸口額の増加をもくろむ官側の操作に主原因があったとする説が唱えられている（池田前掲書九二―九六頁）。しかし民衆の側に戸籍偽造の意図が皆無だったとはいえない。大暦四年手実にいたっては、死亡・逃走の記録が非常に多いわけであるが、これが民衆の抵抗をあらわしていることはいうまでもない。唐代一般に均田制下の逃亡がめだちはじめるのは、則天武后のころからだといわれる。長安三年（七〇三）の日付のある括逃使から敦煌県へあてた牒（大谷二八三五）には、沙州から逃亡した民戸が、甘・涼・瓜・粛等河西諸州の荘園に入って家僮のごとく使われているとのべられている（唐長孺「関于武則天統治末年的浮逃戸」）。戸籍もこのような情勢を反映して、武周期から開元初年にかけては、弛緩傾向がいちじるしいといわれる（池田前掲書八〇―八六頁）。その後宇文融の括戸にみられるような戸口再把握の努力がおこなわれ、唐朝の支配も再建されたが、安史の乱をへて、均田制・租庸調制を基礎とした唐代前期の体制は最後の段階に達し、大暦手実のような状態があらわれるのである。

もっとも、大暦手実の死亡・逃走は大部分女口・老小で、税役を負担する丁男は付籍されて政府に把握されていることが指摘されており、そのいみでは均田制は機能しているとさきにのべた。しかしこれは、均田制の健全な状態ではない。均田体制は、本来農民に田土の保有を保証し、国家が農民の再生産に重要な役割をはたした制度であったはずであるが、大暦手実の状態は、国家がこのような役割を放棄し、収奪面の維持のみを策す末期的症状をしめしているのである（堀前掲書二〇四―〇八頁参照）。

（1）手実は元来戸主の側の戸口申告書である。州県の役所ではこれにもとづいて課役の台帳の計帳と、戸籍とを造ったといわれるのであるが、まず手実が提出されると、役所ではそれを引き写して貼りつぎ、それをも手実とよんでいたのであろう。戸籍はこれをもとにして、旧年度の戸籍・計帳を参照して造りあげたのであって、大暦四年の敦煌ではそのようにして手実から戸籍様の文書を完成したのであるが、この年にはもはや全国的な造籍が不可能になっていたので、この文書は一地方の役所の文書として、あえて手実の名のままに止めおかれたものと思われる。拙稿「計帳と戸籍に関する私見」参照。

（2）開元二十一年西州蒲昌県で戸等を決定したことをしめす文書がのこっており（七三ＴＡＭ五〇九墓出土）、『吐魯番出土文書』第九冊、九七―一〇〇頁、池田前掲書三六八頁に録文がのる。この文書で戸等決定の条件がわかるが、そのなかに田土が数えられていない。池田同書六八頁では、これを西州の特殊条件によって解しようとしている。

（3）山川藪沢（山沢）は、農田水利ばかりでなく、山林の利用や山林・河川・池沢の産物入手等をふくむ広い概念であるが、唐長孺「南朝的屯・邸・別墅及山沢佔領」、大川富士夫「東晋・南朝時代における山林藪沢の占有」等のいうような「天子所有」ないし「国有地」とみるべきでない。それは私田とも公田とも区別された公私共有の地とされていた。堀前掲書第八章参照。

（4）武藤論文は那波論文を補正する所があるが、季節的な行水規定が敦煌の実情にあわないとする点は再考の余地があろう。

二　民衆の身分的・階級的分化

1　身分的分化

七八一年ごろ、敦煌は吐蕃に占領された。吐蕃の支配下では、仏教教団・寺院の勢力が伸張した結果、教団・寺院は民衆の一部を専属させて、寺戸と称する特別な身分を成立させた。唐代前期の均田制時代には、すべての民が皇帝に直属すべきものと考えられていたが、唐代後期以降は、これらの民衆がさまざまな身分や階級に分化していくことが、一つの特徴といえる。ここではじめに、教団・寺院専属の民戸と、一般の民戸との区別をはっきりさせるため、すこしく時代のくだる帰義軍時代の一文書を紹介しよう(1)。

（前　欠）

「これによって［帰義軍］管内は清泰となり、遠方の民は［帰義軍の］軍門を慕って来たり、善能のものが強者を抑え、竜族は帯を解いて投降し、達訥似は呼ばれないのに自らやってきた。昔は狼心の敵国であったものが、今は［帰義軍の］百姓となって駈馳されている。この故に三宝四王の力のはかりしれない偉大さが知られるのであって、［我々は］さらに一層［仏法を］遵奉し心を致すべきであり、一朝一夕たりとも何として懈怠の心をおこすことができようか。このほど二部の大衆が［節度使の］衙門に訴えでて、使主にたいして事態の根源を一切具さに申しのべたからには、敢えてこの大衆の意に従わないものがあれば、［節度］使の帖牒をわずらわして事件を処分し、［その帖牒には］一々丁寧に押印・指記し、［紙を］貼りついで永久に保存することにする。

あらゆる管内の寺宇は、おもうに先帝の勅置したものか、或いは賢哲が建立したものである。［寺院］内外の舎宅・荘田は、信者の信心によって施入し、もって僧たちの食にあてたものである。あらゆる戸口・家人は、檀越がそれを奉献して、永く寺舎の居業に充てたものである。世人はともども［これらのものを］あがめほめたたえて、侵凌すべきでなく、かえってこれらを増加し、［仏の］崇修に資益すべきであって、陥傾すべきでない。［これを］号して「常住」といい、これに関する事がらは一切旧例にしたがい、山のごとくけっして改移してはならない。

先に故太保・諸使等が状を給して世間に解放したものの外、その余の人口や、寺が管理している資荘・水磑・

油梁は、往日に同じく自由に経営すべきである。今より以後、凡て常住の物は一針一草にいたるまで、形勢を恃む人が妄りに侵奪をおこなったり、典売をしたりすることを許さない。もしこの式に従わないものがあった場合、しかるべきものに命じて状を具して官に申告すれば、その人には重く刑罰を加え、常住の物は寺に返して、支払った価値は買主の損失とする。

その常住百姓の親伍の礼は、その部落内で婚姻を結ぶようにし、郷司の百姓と通婚するのを許さない。もしまたこの格に違反して、常住の丈夫が郷司の女人と私通したならば、生まれた男女は常住に収入し、永く人戸として代々駈馳する。……その余の男児丁口は、各々旧例を守って寺の科役に随うべきで、……を許さない。」（以下欠）

（P二一八七）

この文書に「故太保」とあるのは、帰義軍初代節度使張議潮である。張議潮は敦煌の土豪で、八四八年吐蕃を逐って独立し、その後河西諸州を回復して、唐朝から帰義軍節度使に任ぜられ、八七二年に死んで太保の官を贈られた。したがってこの文書は、張議潮死後の張氏時代のものと考えられるが（藤枝晃「沙州帰義軍節度使始末」四、注250）、「故太保・諸使等」とあるので、あるいは張氏時代としてはかなり末期のものであるかもしれない。

この文書をはじめて紹介した那波利貞は、これを「寺院特殊権力擁護宣言」と称し、寺院が官憲にたいして治外法権をもつことを宣言したと解するのにたいし（「梁戸攷」）、藤枝晃は「寺院に対する常住安堵状」とよび、節度使の側から寺院に出されたことを明確にし（前掲論文四、注250）、仁井田陞はこれを一歩すすめて、「敦煌寺院常住擁護文書」と名づけ、寺院が政治権力を排するのではなく、政治権力をうしろだてにして寺院の利益を擁護することをあらわしたものであることを強調した（「唐末五代の敦煌寺院佃戸関係文書―人格的不自由規定について―」）。私は、この文書が政治権力（このばあい帰義軍節度使）の側から出されたことは認めるけれども、仁井田のように政治権力の側の力のみを強調するのは一面的にすぎると思う。この文書が出された由来をみると、二部（僧と尼）の大衆たちが節度使の役所におしかけるか、代表をおくるかして訴えたことからはじまったもので、文書が出たきっかけは寺院側の働きかけによるのである。

もちろんこのような働きかけがなされたのは、寺院がもっていた既得権益が犯される状態が発生していたからだろう。とくに吐蕃から帰義軍へ政権が交替した混乱期や、その後の帰義軍時代にかけて、かつて吐蕃時代に寺院のもっていた権益が動揺したのではないだろうか。吐蕃・帰義軍交替期には、寺院の民戸のなかから吐蕃への反抗に協力するかして、張氏から正式に解放された人々もあったろう。それが「先に故太保・諸使等が状を給して世間に解放した」（先故　太保諸使等世上給状放出）とされるものであるが、一方いわゆる「形勢を恃む人」（倚形恃勢之人）の、寺産・寺戸にたいする不法な侵奪もあったにちがいない。そしてこのような人々も、張氏やその周辺の人々が多かったのではないだろうか。

寺院はここにいたって衙門に訴えでて、不法な侵奪にたいして対抗手段をとったわけであるが、張氏政権の側も、寺院の主張する「旧例」を承認せざるをえなかったのが、この文章であろう。ここでは権勢の収奪から寺産・寺戸が防衛されたばかりでなく、「常住百姓」と「郷司百姓」との明確な区別も、法的に認められることになった。この法の源泉は政治権力の側にあるわけだが、法的承認は寺院の側がかちとったといえるであろう。そうすると仁井田は事の半面を強調しているにすぎず、那波の見解にも傾聴すべき点があるとしなければならない。

ところで寺院側が承認させたのは、「旧例」だといわれている。このことは寺院の寺産・寺戸にたいする権益の「根源」が、帰義軍以前の吐蕃時代にさかのぼることをいみしている。吐蕃時代の文書には、「沙州寺戸」「竜興寺戸」「霊修寺戸」「報恩寺人戸」「普光寺人戸」等々の名が散見し、「戌年六月十八日諸寺丁壮車牛役部」（S五四二v）と題した寺戸の労役名簿ものこっている。この名簿は、当時の敦煌―四寺に分属する寺戸壮丁の名を列挙したのち、各人の名の下に敦煌教団のためにはたした労役の内容を注記したものである。このように教団に奉仕する寺戸あるいは某寺人戸が、さきの帰義軍の文書にいう「常住百姓」の前身であることは、ほとんど疑いないと思われる。ただし帰義軍時代の常住百姓と郷司百姓のような、法的身分的区別が確立していたかどうかは疑問である。寺院の特権は事実として存在していたが、それが法的追認をうけるのは、政権交替後の危機を経験したからだとも考えられるからである。

右の労役名簿によると、寺戸は十人ないし十数人が一団を形成して団頭（寺院の車を扱うばあいは車頭）にひきいられ、農耕・牧畜・輸送・清掃・修繕・従僕等多方面の労働に従事した。しかし、寺戸が一方で種子を教団の都司倉から借用しているのをみると（北京鹹字五九号、前々章参照）、自身の農耕用の土地をもち右の労役はその余剰の労力をもってやられたことがわかる。寺戸のもつ土地は、寺院から与えられた小作地であるかと思われるが、詳細はわからない（竺沙雅章「敦煌の寺戸について」参照）。帰義軍時代の常住百姓の労働については、わずかに「庚申年十一月廿三日、僧正道深、見分付常住牧羊人」（Дx一四二四）と題して、牧畜を委託した各種羊群の頭数を記し、牧羊人が署名した文書がのこっているだけである（堀前掲書三四五―四六頁参照）。このほかに、寺院直営地の農耕をおこなう園子と称する労働者がいたことがわかっている。これが常住百姓から出された公算は大きいと思うが確証はない（堀前掲書三五〇―五三頁参照）。一方、常住百姓の朱願松というものが、押衙の韓願定から女奴隷を買ったという人身売買の契約書（S一九四六）がある（仁井田『唐宋法律文書の研究』一八四―八五頁参照）。このように常住百姓が奴隷を所有するということは、前代の寺戸以来、かれらが独立の経営をもっていたという伝統の上に、はじめて可能となったことであろう。

寺院の常住になった人戸には、さきの帰義軍の出した文書に「戸口・家人」とならべられてあるように、寺院丸抱えの奴隷ないしは奴隷に近い家人と、右にのべたような一応自己の経営地をもち、なかば自立した寺戸・常住百姓とがあった。しかし後者も一般良民（郷司百姓）との通婚を禁止され、自分たちの部落をつくって住み、したがって移転の自由をもたず、代々寺院に隷属する点で、これを農奴的な範疇に属する身分とみることに、私も一応は異論がない。しかし寺院が権力にたいして不輸不入権 Immunity をもったかどうかは疑わしい。

ある麺破暦（小麦粉の支出簿）のなかに、

麺柒勝、僧家造戸籍納官用。

と記された一項がある。寺院は僧尼や常住百姓の戸籍あるいは名簿を作成して官に提出し、官はこれによって寺院の僧尼・人戸を掌握していたと思われる。僧尼の名簿は藤枝晃が多数を集めており（「敦煌の僧尼籍」）、常住百姓の名簿には、「丙申年十月十一日報恩寺常住百姓老小孫息名目」（P三八五九）の例がある。吐蕃時代の僧侶や寺戸の場合、一般の民衆といっしょに徴兵された例が指摘されており（藤枝「吐蕃支配期の敦煌」）、帰義軍時代の常住百姓の場合もそのようなことがありえたかと思われる。また常住百姓を寺院の農奴とすることによって、その実際の生活や身分を、一般民衆（郷司百姓）より低くみることには疑問がある。上述の人身売買文書によると、常住百姓の朱願松は、帰義軍節度使の官吏である押衙の韓願定から奴隷を購入しており、その際韓願定と対等の契約を結んでいる。それはヨーロッパ中世特有の農奴とは異なるところがあり、中国社会特有の「百姓」身分である点は、一般民衆と同じなのではないだろうか。

いったい帰義軍時代には、民衆をその所属や職業によってさまざまな名目の戸に分類し、その身分を固定する傾向があったように思われる。常住百姓・郷里百姓のほかに、梁戸・磑戸・酒戸・牧羊人（牧牛人）などとあるのがそれである。次の文書をみられたい。

戊子年二月廿九日立契、梁戸史氾三、家中欠少人力、□

平康百姓杜願弘面上、雇弟願長、断作雇賈（価）、毎月断□
捌㪷柒𣂰、自雇已後、便須兢心造作、不得抛敝工扶《ママ》□
汗衫一礼《ママ》、若忙時抛工一日、勒物貳㪷、若閑時抛工一日、勒□
恐無交加、故立私契、用為後憑┐
雇兄願弘（押）
雇身弟願長（押）
（P五〇〇八(2)）

これは「梁戸史氾三」が、「平康［郷］百姓杜願弘」の弟を雇傭することを契約した文書であるが、一般の農民なら「□□郷百姓」とするべきところを、史氾三は「梁戸」の肩書で通っている。これは帰義軍管下で「梁戸」が一種の身分として通用したことをしめしている。

本節冒頭に引用した帰義軍が常住を保証した文書に、寺院の財産として「資荘・水磑・油梁」をあげているが、梁戸はこの油梁を運転し、製油に従事する戸と考えられる。これとならんで、水磑・碾磑を運転して製粉にあたる戸を磑戸とよんだ。この梁戸・磑戸の契約書の雛形らしい文書がのこっている。

丁酉年二月一日立契、捉樑戸・磑戸二人△
等、縁百姓田地窔珠《ママ》、捉油樑・水
磑、輪看一周年、断油樑・磑課少多、限至
年満、並須填納、如若不納課税、掣奪
家資、用充課税、如若先悔者、罰
看臨事、充入不悔人、恐人無信、故

勒此契、押字為憑、用将□□、　（P三三九一v）

これは梁戸・磑戸が田地狭小のために油梁・水磑の運転を一年間ひきうけ、梁課・磑課若干を納入することを約束したものである。従来梁戸・磑戸を寺院の常住百姓の一種とする説がおこなわれてきた（那波「梁戸攷」、Gernet, op. cit. p.145）[3]。たしかに吐蕃時代の寺戸の労役名簿には、「看磑」「看樑」等の労役がみえている。しかし帰義軍時代の梁戸・磑戸が、もし右のように契約によって成立するものならば、寺院世襲の常住百姓と同視してよいかどうか疑問が生じてこよう。

もちろん当時の敦煌では、寺院が最大の油梁・水磑所有者であったろう。さきの梁戸史氾三についても、「癸酉年正月十一日　戸史氾三沿寺諸処使用油暦」（P三五七八）と題する油の支出簿がのこっており。史氾三がいずれかの寺院に関係していたことはまちがいない[4]。梁戸・磑戸が寺院と関係をもつことが多かったことはたしかだが、官にたいしては、柴場司に「打査樫」「吹油刺」等と称する木を納めたという記録がある（S三七二八）。また次の文書は帰義軍の直轄地域における碾磑の存在を想像させる。

牧羊人安于略
　右于略、長在山内、守護羊畜、家内細
　幼繁多、並無経求得処、今于略有
　少多麦粟、磑磨不得、伏望
　僕射鴻造、先賜碾磑、将往群上済給、
　存□活《？》洽《？》（以下欠）　（P三九二八V）

帰義軍節度使は張議潮・張淮深・張承奉等いずれも僕射とよばれており、ここにいう僕射が誰を指すかあきらかでないが、いずれにせよ牧羊人の安于略が直接節度使にむかって碾磑の使用を願いでるか何かしているところをみると、この碾磑は寺院とは関係なく、牧羊人も帰義軍の直接管理をうけるものであったろう。牧羊人については、さきに「常住牧羊人」の存在にふれたが、これにたいしては「官牧羊人」（S八四四八）の語もあり、また官の所有する家畜群の飼養にあたった多数の牧羊人・牧牛人らの存在をしめす次のような文書もある。すなわち「戊辰年十月十八日、就東園算会小印子群牧駝馬牛羊見行籍」（P二四八四）と題する文書には、「押衙兼知馬官」「知馬官」「知駝官」「牧牛人」「牧羊人」の肩書をもつ多くの人々が、それぞれ相当数の馬・駱駝・牛・羊等をあずかったことが記されており、「帰義軍節度使新鋳印」と思われる官印がおされている。(5) 最後に酒戸については、「官酒戸馬三娘・竜粉堰《ママ》」（P二五六九）の文書が存在し、使節の接待や祭祀のための酒を官に納めていたことが、すでに紹介されている（藤枝「沙州帰義軍節度使始末」二）。一方寺院もまた民間に「酒本」としての粟を与えて酒を納入させていたようである（那波「敦煌発見文書に拠る中晩唐時代の仏教寺院の銭穀布帛類貸附営利事業運営の実況」）。

以上のように、帰義軍時代の敦煌社会にはさまざまな名目の戸があり、それらがインドのカストのように相互に閉鎖的であったとは思われないが、同時期の中国中央部の皇帝権力が一律的な民衆支配を志向したのといちじるしい対照をなす。このことは、仏教教団の勢力が俗権と拮抗するほどであり、そのうえ吐蕃支配以来、自然経済に復帰した一小都市国家としての敦煌に、より適合的であったといえるのではないかと思う。(6)

2　階級的分化

唐代後半以降の中国中央社会のいちじるしい現象は、均田制の崩壊にともなって農民の間の階級分化が進行し、貧富の差が拡大して農民の没落が多くなってきたことである。この点は敦煌も例外ではない。

敦煌社会の民衆の貧困化は、高利貸関係の広範な展開をともなった。そのばあい最大の高利貸業者はやはり仏教寺院であった。

□年三月廿七日、阿骨薩部落百姓張卿ゝ、為［無］
［種］子、今於霊図寺仏帳家物内、便麦両漢碩、
［其］麦自限至秋八月内送納寺倉足、如違、其麦［請］
［陪］為肆漢碩、仍任不着領六、掣奪家資雑［物］、
［用］充麦直、有剰不在論限、如身東西、一仰保［人］
［代］還、

便麦人趙卿ゝ年卅
保人武光児年卌
見人李意ゝ

（S一四七五v）

これは吐蕃時代霊図寺に保管されていた一連の契約書の一通で（仁井田「敦煌発見の唐宋取引法関係文書」（その二）、本書後編第一章）、当時霊図寺には教団の都司倉がおかれていたといわれる（竺沙雅章「敦煌の僧官制度」）。もっとも右の「霊図寺仏帳家物」というのが都司倉をいみするかどうかは疑問で、この時代には永寿寺・報恩寺・竜興寺等の麦・粟貸借契ものこっている。ただ霊図寺の一連の文書をみると、霊図寺は右のような一般農民から諸寺の僧侶・寺戸にいたるまで、各種の人々に穀物を貸しだしていた。その貸しだす時期は、民衆が種子・食糧に窮する端境期で、収穫後の八月末までに返却させていた。質物に鐺・車などをとる場合（S一二九一、P二六八六、P三四二二）もあったが、それは例外で、そのかわり返却不能の場合は家財を差し押さえ、もし本人が逃亡すれば保証人がかわって返却に応じ

なければならないというのが、右の例にもあげた契約の内容である。

帰義軍時代になると、寺院がいわゆる出便暦（貸出帳簿）をつくり、そのなかに借手と口承人（保証人）が押字を書くことですませ、別に契約書をつくらない場合が多くなったようである（本編第一章、山本達郎「敦煌発見の消費貸借に関する一史料」参照）。

甲子年十二月十一日翟法律少有或（斛）㪷出便与人　□

洪池張仏奴便豆壹碩、至秋壹石伍斗（押）□□

同日退渾程憨多便豆壹石、至秋壹石五斗　□

同日翟保員便豆玖斗、至秋参斗伍升　□

同日龍勒高衍鶏便豆陸斗、至秋玖斗（押）　口承弟阿堆（押）

十七日王富員・富昌二人便豆壹碩、至秋壹碩五㪷（押）　口承人弟衍子（押）

十二月廿四日退運（渾）何員定便豆壹石、秋壹石伍㪷（押）　口承男住連（押）

乙丑年正月九日梁闍梨便豆壹碩、秋壹碩伍㪷（押）　口承唐福員（押）

同日山巷□梁都頭便豆壹碩、秋壹碩伍㪷（押）　口承男阿婆子

（以下略）　（P二九三二）

これは某寺の役僧翟法律がつくった帳簿であるが、（押）とあるのは、借手なり口承人なりが、今日の捺印にあたる記号（押字）を書きこんだことをしめしている。借手のなかに梁闍梨や梁都頭のような僧侶・官人がいるのも注目されるが、いずれの場合も利息は八カ月の間に五割におよんでいる。この高利率は他の出便暦によっても、当時一般的なものであったことが認められる。

表3－浄土寺同光3年正月収支決算（P2049v.）

同光2年正月現在 前年度より繰越額	846碩3㪷9勝0.5抄	a
同光2年収入額	541碩9㪷4勝	b
主要内訳		
利潤入	339碩3㪷	
田　収	44碩4㪷	
春秋磑入	54碩3㪷	
同光2年支出額	168碩6㪷8勝5抄	c
同光3年正月現在 次年度へ繰越額	1,219碩6㪷4勝5.5抄	a＋b－c

表4－浄土寺長興2年正月収支決算（P2049v.）

長興元年正月現在 前年度より繰越額	1,549碩7㪷6勝0.5抄	a′
長興元年収入額	253碩2㪷4勝	b′
主要内訳		
利潤入	63碩8㪷3勝	
田　収	25碩6㪷	
春秋磑入	65碩5㪷	
長興元年支出額	324碩7㪷1勝0.5抄	c′
長興2年正月現在 次年度へ繰越額	1,478碩2㪷9勝	a′＋b′－c′

帰義軍時代にも、霊図寺は高利貸業をおこなっているが、とくにこの分野でさかんに活動したのは浄土寺であったようである。さいわいこの浄土寺の同光三年（九二五）正月現在と、長興二年（九三一）正月現在の収支決算簿（P二〇四九v）がのこっているので、これによって収支をかかげると表3・表4のごとくである。[7] これによると、ことに同光二年の「利潤入」すなわち高利貸収入は驚くべき額に達し、これによって同年中に寺庫の蓄積額が急激に増加したことがうかがわれる。その後同光三年正月から長興元年正月までの五年間に、年平均約六六碩の増加があったと考えられるが、これも利潤入による点が多かったろう。長興元年は赤字になったが、これは支出の増加とともに、おそらくはこの年の利潤入の不振に一つの原因があるのではなかろうか。それでもこの年、利潤入は「春秋磑入」すなわち碾磑からの収入と一、二位を争っているのである。

寺院の高利貸活動がこのようにさかんであった一方では、農民の窮乏化が一層進むことになったであろう。農民は端境期に種子・食糧に窮し、高利でこれを借りいれてその場をしのぐが、秋の収穫後にこれを返却すると、また翌年高利貸に頼らなければならなくなる。このようなことがくりかえされれば、高利貸はますます栄え、農民は単純再生産どころか、生産を縮小し、没落へと進むことになる。前掲の契約書では、農民の返済が不可能な場合、家財を差し押さえられ、逃亡を余儀なくされる事態が予想されるわけだが、別の契約書（P三三二四v）では、返済に窮した農民が、自分の土地を貸主に提供して二年間耕作させることを約束している（堀前掲書三三五頁）。農民が端境期に当座をしのぐための種・糧を借りる場合には、概してその額も少なく、収穫期までの短期契約だが、困窮のために多額の穀物などを借りる場合には、あらかじめ土地を質に入れて、長期の契約が結ばれる。この場合元本を返却しなければ、土地が質流れしてしまうのがふつうである（仁井田前掲論文「不動産質文書」の項参照）。次の場合は、負債が滞って弁済不能となり、ついに土地を売りに出す契約である。

宜秋十里西支地、壹段共柒畦拾畝、東道、西渠、南索晟、北武再ゝ、
去年十月三日、上部落百姓安環清、為
窆田債負、不辦輸納、今将前件地、
出買（売）与同部落人武国子、其地畝別
断作斛㪷漢㪷壹碩陸㪷、都計麦壹拾
伍碩・粟壹碩、並漢斗、一売已後、一任武
国子修営佃種、如後有人忓[illegible]識認、
一仰安環清割上地佃種与国子、其地
及麦、当日交相分付、一無懸欠、一売□
如若先翻悔、罰麦伍碩、入不悔人、

已後若　恩勅、安清罰金伍両納入
官、官有政法、人従私契、両共平章、画指為記、
　　　地主安環清年廿一
母安年五十二
　　　師叔正燈（押）
見人張良友
　　　姉夫安恒子
（S一四七五v）

これは前述の吐蕃時代に霊図寺に保管されていた文書の一通であるから、債務は霊図寺に負っていたのであろう。しかし土地は同部落内の農民に売り渡しており、その代償をもって弁済に充当したかと思われる。同様な契約書は他にものこっており[8]、債務による農民の没落が端的にしめされている。

均田制崩壊後の土地問題については、中国一般に、農民相互間の土地賃貸借を通じて、小作制（租佃制）が発展し、農民が地主と小作人に分解していく動向が従来指摘されている。敦煌においてもやはり小作制の展開があった。しかし自作の小農民が没落していく過程にあらわれる土地の賃貸借＝小作制には、つねに土地の貸主（地主）の側が優位にあるとはかぎらず、困窮した農民が賃貸料＝小作料を入手する目的で、土地を貸し出す場合があることに注意しなければならない[9]。次の小作契約書はそのような場合をしめしている。

天復四年歳次甲子捌月拾柒日立契、神沙郷百姓僧
令狐法性、有口分地両畦捌畝、請在孟受陽員渠下界、為要物色
用度、遂将前件地捌畝、遂共同郷隣近百姓

價（買）員子商量、取員子上好生絹壹疋、長（以下空白）
捌綜毬壹疋、長貳仗伍尺、其前件地、租与員子貳拾
貳年佃種、従今乙丑年、至後丙戌年末、却付
本地主、其地内、除地子一色、余有所着差税、一仰
地主秪当、地子逐年於　官、員子逞納、渠河口
作、両家各支半、従今已後、有　恩赦行下、亦不在論
説之限、更親姻及別［人］称忍（認）主記者、一仰保人
秪当、隣近覓上好地充替、一定已後、両共
体面平章、更不休悔。如先悔者、罰□
□納入　官、恐後無憑、立此憑倹（験）、

地主僧令狐法姓（性）
見人呉賢信
見人宋員住?
見人都司判官氾恒世
見人行局判官陰再盈
見人押衙張
都虞候盧?

（P三一五五ｖ）

これは百姓僧の令狐法性なるものが、同郷の百姓賈員子から生絹一疋・八綜毬一疋をうけとり、田地八畝を賈員子

にわたして、二十二年間耕作させることを約束したものである。その理由を令狐法性が「物色用度を要するがため」だと説明しており、この契約における地主農民側の必要は、上述の高利によって物資を借りる場合、とくに土地を質に入れて借財をする場合と実質はかわりなく、受け取った賃貸料によって一時を糊塗することができても、長期にわたって大切な土地を手離すのであるから、その間に一層貧困が増大する危険を犯すことになるわけである。　この一方で、農民が耕すべき土地を十分もたなくなった場合、他人の土地を借りて耕さざるをえなくなる。そこで次のようなもう一つの小作契約があらわれる。

乙亥年二月十六日、敦煌郷百姓索黒奴・□（程）□
子二人、伏縁欠闕田地、遂於姪男索□護面
上、於城東憂渠中界地柒畝、遂粗（租）種苽、其地
断作価直、毎畝壹碩二斗、不諫（揀）諸雑色
目、並惣収納、共両面（両失）□（対平）章、立契已後、
更不許休悔、如若□（先悔者罰）□駄、充
入不悔人、恐人無信、故立此□（契）

粗地人程□子（押?）
粗地人索黒奴（押）
見人氾海保

（S六〇六三）

これは、百姓索黒奴・程□子の二人が索□護から七畝の土地を借りて、毎畝一石二斗の小作料を支払うことを約束したものである。その理由について、索黒奴らが「田地を欠闕するに縁り」といっており、他方の地主は、索黒奴の

姪男というから農民仲間であろうが、いくらかの余裕をもっていたのであろう。小作の期間をしめさず、小作料は前契のように総額でしめされず、毎畝の量を記しているから、おそらく毎年収穫後に支払われることになるのであろう。前契で地主の側だけが署名し、本契で小作人の側だけが署名しているのも対照的である。ただしこれは、本来二通作成し、それぞれ一方だけが署名したものを他方が保有すべきものであったところ、たまたまその一方が残存したにすぎないのかもしれない。ともかくこのような小作制の展開は、農民間に土地所有の格差が生じていることをしめしており、その格差はますます拡大していく傾向にあったと思われる。

右のような農民間の小作制とは別に、当時敦煌には寺院の大土地所有があり、そこでも小作制がおこなわれていた。さきの帰義軍が発した文書では、寺院の常住財産として、油梁・水磑とともに「資荘」をあげており、その土地は各地・各渠に散在していたとみえて、渠名・小作人名等をつけて、延康渠地・無窮渠地・上頭荘・大譲荘（以上渠名）・宜秋索通達厨田・孟受馬清子厨田（以上渠名と小作人名）・城西張法律厨田・城南張判官厨田（以上方位と小作人名）などとよばれた。右の張法律や張判官の例は、寺田の小作人のなかに僧侶・官人もふくまれていたことをしめしている。さきに百姓僧令狐法性の土地貸出文書をみたが、小地域の敦煌では、僧侶・官人とて生活が楽だとはかぎらない。

寺院はこれらの小作人に種子を貸しつけ、外荘直歳などの当番僧や、荘頭人などの管理者を通じて、小作料を徴収・輸納させた。その小作料収入は田収・園税・厨田入などとよばれ、帰義軍時代の浄土寺の田収総額は、さきに表3・表4で表示した。右に園税というのは、菜園や果樹園からの収入で、これらが小作に出される場合もあったことをしめしているが、そのほかに寺院の直営の場合も多く、園子と称する労働者を用いていて、寺院がかれらに食糧などを支給していたようである。

この園子を雇傭労働者と断言するには材料がたりないが、当時の敦煌農民間にはかなり雇傭労働者が使われていたようで、雇傭契約書は比較的多くのこっている（仁井田「敦煌発見の唐宋取引法関係文書」（その一）、（その二））。その一例はすでに引いた梁戸史氾三が他人を傭う契約書であるが、それらはひとしく雇傭主の側が「家中欠少人力」「家内欠闕人力」を理由として人を傭うことを記しており、土地を少し余計にもつようになったが、そのために家族だけでは労働力が不足になった農民が生まれていることをうかがわせる。おそらく寺院の大所有地などでは、自家経営には限界があったから、小作制がひろく用いられたと思われるが、小農民の分解が少しずつ進行していた当時の敦煌農民の間では、自家経営の補助労働力として、雇傭が相当普及していたものと思われる。このことはもちろん他方で、身一つで傭われる貧農が多数あったことをいみしている。

中国の雇傭は人身の賃貸借にほかならないといわれるが（中田薫「徳川時代に於ける人売及人質契約補考」四〇三、四二八頁以下、仁井田『唐宋法律文書の研究』四二二頁以下参照）、さらにすすんで人身を質に入れたり、ついには売りとばしたりする場合が出てくる。例えば癸卯年十月廿八日の日付のある人質契約書（P三一五〇）では、百姓呉慶順兄弟三人のうち、兄の慶順が竜興寺の索僧政の家に質に入り、麦一〇碩・黄麻一碩六㪷を受け取ったのであるが、弟二人がこの元本を返さないかぎり、呉慶順は解放されないので、その実態は身売りに非常に近いのではないかと思われる。質入れの理由は「家中貧乏、欠負広深」によると記されている。

次に人身売買契約の一例をしめそう。

　赤心郷百姓王再盈妻阿呉、為縁夫主早亡、男女
碎小、無人求《(救)》済、急《(給)》レ供依《(衣)》食、債負深壙《(広)》、今将福《(腹)》生
児慶徳柒歳、時丙子年正月廿五日立契、出売与
洪潤郷百姓令狐信通、断作時価、乾湿共参拾石、

当日交相分付訖、一無玄（懸）欠、其児慶徳、自出売与
後、永世一任令狐進（信）通家□□家僕（?）、不許別人論
理、其物所買児斛㪷、亦□□、或有恩勅流
行、亦不在論理之限、官有政法、人従私契、恐
後無憑、故立此契、用為後験、
（以下欠）　（S三八七七v）

これも夫をなくした寡婦の阿呉が、子どもが小さく、他人の救済に頼って衣食を供する道もなく、負債が積もり積もっているので、七歳の実子慶徳を百姓令狐信通に売ろうとしたものである。結局最初は高利貸に頼って急場を切り抜けようとするが、負債が積もってどうにもならなくなり、身を質に入れ、子どもを売り、はては自分が身を売って奴隷になる。これはさきの負債によって土地を質入れし、売りに出すのとまったく事情が同じであるが、もはやこの段階では土地などはもっておらず、己れか家族かを質に入れるか売りとばす以外にないのである。農民の窮状もここにいたって極まるわけである。

ところで右の人身売買契約書には、令狐信通と令狐安定らにかんする一連の文書が貼りあわされており、これらが令狐氏の家に保存されていたものであろうと想像される。すなわち（1）乾寧四年（八九七）令狐信通兄弟が百姓張義全から家屋を買った契、（2）天復（天成）二年（九〇二か九二七）令狐進通が百姓曹大行の家屋を買った契、（3）戊戌年（八七八?）令狐安定が百姓就聡児を雇傭した契、（4）前記丙子年（九一六?）の買身契、（5）天復九年（九〇九）令狐進通が百姓安力子から七畝の田地を買った契、（6）戊戌年（八七八?）令狐安定が官に提出した状の控え等がそれである（録文は『敦煌社会経済文献真蹟釈録』第二輯、六―八、四七、五五頁、池田前掲書五八三頁）。

これらによると、令狐安定と令狐信通（進通）との間には、一世代ほどの開きがあるかもしれないが、（6）によると、安定兄弟二人は一五畝の土地しかもっていなかったのを、同郷の女戸陰什伍の地一五畝を併合しようと願っており、（3）によると、同じ年一人の農民を雇傭しているのである。その後令狐信通は土地や家屋を少しずつ買いあつめて、ついに上記のように奴隷をも買うまでにいたったのである。（6）の状文や（5）の買地契からみて、令狐氏がそれほど大きな土地をもっているとは思われないが、それだけに小農民が営々として地位を向上させていく状態がうかがわれる。さきに雇傭関係の流行にかんしても示唆したように、かつての均田農民は、没落する農民と向上する農民とに分解しつつあったわけである。

（1）この翻訳には、すでに訳文の発表されている藤枝晃「沙州帰義軍節度使始末」（四）注（250）、竺沙雅章「敦煌の寺戸について」、Gernet, J., Les Aspects économiques du Bouddhisme dans la Société chinoise du Ve au Xe Siècle. pp. 102-103 等を参照し、意味の通ずる場合にはなるべく原語を保存し、また私の演習に参加してこの文章の解説を担当した石田勇作氏（当時上智大学大学院生）、その他の出席者の創意を採用した。

（2）那波前掲書二七二頁、仁井田「敦煌発見の唐宋取引法関係文書」（その一）六五九頁等は、この文書を旧番号五五二二で引用しているが、一般にペリオ漢文文書は番号が改められているから、引用には注意がいる。

（3）竺沙前掲論文は、梁戸のなかに孔押衙・周宅官・水官などの官人がふくまれているから、梁戸は寺戸でないとするが、その論拠とするP二〇三二vの入破暦には、「豆六石　孔押衙買樑子椓価用」「粟壹㪷　沽酒　周宅官薗内斫樑子用」「豆伍碩　水官樑子価用」などとあるだけである。「粟一斗　宜秋王家荘斫樑子僧食用」などとあるのは、不特定の僧が「斫樑子」にあたったことをしめしているから、右の官人らを梁戸とみなければならない理由はなさそうである。

（4）ただし寺院の油梁・水磑を動かしたものがすべて梁戸・磑戸であったか疑問である。P三二三四vの入暦に、「又麦六石八

斗　磑課　薗子粮《ママ》恩子等入」とある。S四三七三の「癸酉年六月一日磑戸董流達薗磑所用抄録」がしめすように、水磑は寺院の園内に設置されていたようである。

(5) この印については、藤枝前掲論文（三）六七―八頁参照。

(6) その後、姜伯勤『唐五代敦煌寺戸制度』の詳細な研究が発表されている。

(7) 表3・表4中収入の主要内訳は、この文書に内訳ごとの小計がないので、一回ごとの収入を堀が集計したものである。

(8) 例えば太平興国七年二月土地売買文書（S一三九八）では、同じく「家内欠少、債負深広、無物填還」が土地を売る理由になっている。ただしこれは買戻条件付売買だといわれる。仁井田前掲書六八四頁。

(9) 租佃制（小作制）における貸主・借主間の勢力関係にさまざまな型があることを論じた研究史と、筆者の考えについては、堀前掲書第六章および本書前章を参照されたい。

三　民衆自治の発達

唐代前期の均田農民は、一応自作農であるが、その土地所有は国家の給田・統制によって維持されており、その生産は国家の管理する山沢・水利などを背景としておこなわれていた。したがって均田制が崩壊すると、農民は国家の統制から相対的に自立する機会をえたのであるが、そのことが他面、前節でみたような農民層の分解をまねいたのである。均田制の時代に国家の行政村落に組織されていた農民は、自立の機会をえるとともに自分たちの自治組織をつくりはじめる。その民衆自治組織の代表的なものが、社とよばれる団体である。

社は前にふれたように、古くは土地神をいみし、またその祭祀を中心にして結成された民間の団体をも指した。また仏教が中国に入ってきた南北朝以後、仏教信仰を中心に結成された信者の団体に、法社・義邑・邑会などと称するものがあった（山崎宏「隋唐時代に於ける義邑及び法社」）。唐代後期にあらわれた敦煌の社は、これらの系譜をひくものでありながら、これらとは別個の新しい性格をもつようになったものである。この社については、すでに那波利貞・竺沙雅章・土肥義和らの研究がある（那波「唐代の社邑に就きて」「仏教信仰に基きて組織せられたる中晩唐五代時代の社邑に就きて」、竺沙雅章「敦煌出土『社』文書の研究」、土肥「唐・北宋間の『社』の組織形態に関する一考察」）[1]。したがって具体的な事実はほぼそれらの研究によりながら、この社のもついくつかの時代的な新しい特徴について、筆者の見解を加えておきたい。

まず社は民衆の間から自発的につくられ、社条をとりきめることによって成立する。その社条の書式である社条文範の一つには、冒頭に、

「某公等、謹んで社条をつくる。……諸賢とともに、一社を結成し云々。」（竺沙訳）（S六五三七ｖ・P三七三〇ｖ）

と書きだし、ついで社の規約を箇条書きしたあとに、社人の名簿を付する。社条の実物である「儒風坊西巷村隣等」の社条には、

「右上件の村隣等の衆は、翟英玉の家にて、義を結んで相和し云々。」（S二〇四一）

といい、その後再建をはかったときに、

「大中□□日、儒風坊西巷村隣等は、馬興晟の家に一同集まって、再び相談した。」（S二〇四一）

とのべて、三一人の名をならべたあとに、「後入社人」として七人の名と口承人の名を記している。自発的につくられた社は、必然的に社人を一定範囲にかぎることになる。したがって社は官製の行政団体でないことはもちろん、ふつうのいみでの自然村とも違うのである。そのような社の性格は、社のなかに官人だけの社、僧侶だけの社、女人だけの社などがあることからもうかがわれる[2]。

しかし社は任意の個人の集合でもない。前述の文範の規約に、

「およそ社を立てたからには、永続が肝要である。もし本人が死亡すれば、子孫が受け継ぐべく、でたらめな申し立てをしてはならぬ。……後継者が絶えたときでも、他の眷族をあてることは許されない。」（竺沙訳）

とあるように、一般の社では、社を構成するのは家であり、社人の名は個人名で書かれても、それは家を代表する家長にほかならないと考えられる。女人社にしても、「旌坊巷女人」（P三四八九）などといわれているのをみれば、地域の家々の女房たちの集まりとみるのがよいのではなかろうか。[3] ともかく右の規約によれば、家の子孫への継承とともに、社も永続するようはかられている。そして社を永続させるために、いったん社を結成したからには、社からの脱退がきびしく規制されている。別の社条文範に、

「もし出社を願うものがあれば、麦五駄の罰を加え、全社人が、各人杖で五回あて打つこと。」（竺沙訳）

（S五六二九）

とあり、またある女人社の社条に、

「もし出社を求めるものがあれば、各人杖で三回あて打ち、のち醴の宴会一席を設ける罰を加える。」（竺沙訳）

（S五二七）

という。社を構成する家々にとって、社の永続が必要なのは、次のような社の目的をみればはっきりしよう。社が何をおこなうために組織されるかといえば、まず第一に春秋二社の宴会である。これは社条に「春秋二社の旧規」などといわれており、おそらく春・秋に社神の祭祀をおこなった伝統的な社の事業をひきついだものと思われる。しかしこの段階の敦煌の社では、社司転帖（社の回状）に、「春座局席」「秋座延（宴）設」「春秋局席」などとよばれているように、社人たちが集まって宴会をひらくことの方に重点がおかれるようになっていた。つまり祭祀よりも、

宴会を通じて社人（社を構成する家々）の団結と親睦をはかることが、直接の目的となっていたと思われる。

敦煌の社において、春秋の宴会はかならずといってよいほどおこなわれたものと思われるが、さらに重要なのは吉凶の慶弔、とくに葬式のときの援けあいである。社人の家に死者が出れば、社の役員の録事がさっそく回状をまわし、葬式に必要な物資をもって集まるよう指令する。かけつけた社人は車や轝をつくり、婦人は酒食を用意する。また香典を集めるために回状をまわすこともあり、これは社人が大体均等に負担して、その名とともに納贈暦、つまり香典帳に記録された。いうまでもなく葬儀は、中国において、家を親から子へとうけついで存続させていく重要な行事であるから、それが社のしごととして最も重視されたことは、やはり社と家との関係をしめし、社が家の存続にとって必要であったことをうかがわせる。社条や社司の牒状にはそのほか、「立荘・造舎・男女婚姻」「社内の至親兄弟姉妹男女婦の遠行（すなわち長途の旅行）」等、具体的な援助事項を規定したものもあり、また前述の儒風坊西巷村隣社の社条では、「置く所の義聚は、凶禍に備えて、相共に助成し、益〻急難を賑済せんことを期す[4]」といい、艱難の際に村人が物資を集めて援けあうことを規定していた。

敦煌の住民と仏寺との密接な関係から、敦煌の社が仏教の諸行事にたずさわったことはしごく自然である。その諸行事には、三長月斎（正月・五月・九月の斎会）・燃燈会（正月十五日）・印沙仏会（正月）・行像会（二月八日）・盂蘭盆会（七月十五日）等があったが、これらには竺沙の詳細な解説がある。ここで注目したいのは、南北朝以来の義邑の主要な事業であった修仏・修窟が、若干の例はあるものの、一般の社の事業から外されてきたことである。竺沙の紹介する次の文書は非常に興味深い。

「城内の破損した蘭若及び老朽した仏堂等の件。

社には以前より上件の仏舎修理の条規がない。突然廻状を発して社人を呼集し［彼らから］徴発して蘭若及び仏堂を修理すれば、彼ら一同の気持ちは、……の修理を喜ばないだろう。……ぜひとも時宜をみるべきである。たとえば、本社の条規には、毎年正月十四日にそれぞれ油半升を納めさせ、普光寺で上燈（燃燈）するが、それでも文句が出たので、たちまち中止になり、すでに五六年このかた全く修営は行われていない、近ごろまた従前どおり油を供出して上燈する［規定］を設けたが、やはりとどけたりとどけなかったりする（?）。ましてや規約外に彼らに布施を強いることはできない。今より以後、社人が仏舎を修理し、また財物を布施し、あわせて労力を提供して仏舎を修営しようとする者は、各自相談の上、力相応に行い、社……には関係しない。」（竺沙訳）

（S五八二八）

敦煌のようなところでも、社の伝統的な奉仏結社としての性格が失われてきており、社人の相互援助と親睦という世俗的な目的の方が主になってきていることが想像される。仏教行事も、そのような世俗目的と調和しておこなわれたのではないだろうか。

右の文書に、仏事にかんして社の統制がかならずしもきかない状態がしめされている。そこで社はどのような人々が中心になり、どのような人々が参加して結成されたかを考えてみる。さきに社は家を代表する人々の自発的な集まりであろうといったが、それではあらゆる階層の人々が自由に参加し、自由に参加しなかったと考えてよいだろうか。ある立社文書には、

「今已に品蔭、悉く是れ高門の君子、交情を結ばんが為に、新しき社則を剏む。云々。」

（P三二二〇v）

といい、いくつかの社斎文（社邑文）のなかに、

「惟だ諸功は乃ち並びに是れ高門勝族、百郡の名家。」

（P三一二八）

「惟だ諸公等、並びに是れ宗枝豪族。」

（地六二）

「今社邑の諸宿老等、寔に五陵の豪族、六郡の名家と謂う。」　（P二七六七v）
「合《す》べての邑人等は、並びに是れ高門勝族、百郡の名家。」　（P四五三六v）

などとある。

これにたいして投社状（入社願書）の文面をみると、

「投社人董延進　右延進、父母生身並びに在る無し。
空しく一生を過ぎ、全く社邑無し。金《（今）》貴社に過り、
義として投入して、凶を追い吉を逐わんと欲す。云々。」　（P三二六六v）

「投社人張願興・王祐通
右願興・祐通等、生きて末代に居り、長く貧門に値い、貪《ママ》叫社
礼節を恡まず。今竜沙の貴社を見て、擬して投取せんと欲す。云々。」　（P四六五一）

とあって、前者は孤独、後者は貧困のために社と関係がなかったと称している。これらは多分に文学的修辞ではあるが、社人の資格に貧富と家族の有無が関係するという観念があったことは否めないであろう。

そして竺沙も紹介している次の退社願書をみれば、社の階級的性格は疑いないものとなろう。

「癸酉年三月十九日、社戸羅神奴及び男文英・義子三人等、
家貧、闕乏して、種々員《ママ》ならず（?）、神奴等三人、数件追逐するを得ず。
伏して三官・衆社［の人々］、賜うに条内の除名を以てし、寛閑に放免せられんことを訖《ママ》う。其の三
官は衆社［の人々］の商量するを知り、是れ貧窮済われざるに縁り、神奴を放却せられんことを。寛
免の後は、神奴及び男三人の家内、為す所の死生、衆社に関せず。」　（S五六九八）

これは羅神奴の家が貧乏して、社内の慶弔のつきあいもできかねるようになり、退社を願い出たものであるが、実際社人相互の援助のためには、相当の負担を覚悟しなければならないから、貧民は当然加入できないことになる。私はさきに均田制崩壊後、農民が相対的な自立を獲得する反面、農民層の分解によって没落するものも出たことを指摘したが、敦煌の社はそのような自立的な農民が結成したもので、没落農民はそこから排除されたであろうと思われる。いいかえれば、社は敦煌の町や村における旦那衆の組織であり、また時にはその女房連の組織であったといえよう。

さて社が一定の階層の組織だとすると、その加入がまったく任意だったといえるかどうか疑問となろう。社のなかには既述の儒風坊西巷村隣社や旌坊巷女人社や、また乗安坊巷社（P三六三六v）のごとく、地域的な組織であることを明示したものがあるが、そのような場合、加入・非加入がまったく自由に決定されたかどうか、少なくとも一定範囲の家を加入させるような社会的圧力が働いたのではないか。宋代以後の社には、地域的な組織として村と同義に用いられるものが多いという（金井徳幸「宋代の村社と社神」[5]）。敦煌でも次の有名な団保文書は、社の地域性をしめすといえるのではないかと思う。

（前欠）

令狐粉堆 左手中指節　令狐憨奴 左手中指節　令狐苟児 左手中指節

令狐保住 左手中指節　令狐保昇 左手中指節　令狐再盈 左手中指節

令狐神慶 左手中指節　張粉堆 左手中指節　張友住 左手中指節

（中　略）

右通前件三人団保、或有当保盗窃、不
敢覆蔵、後有敗露、三人同招愆犯、謹録状
上、
牒件状如前、謹牒、
顕徳五年二月　日社録事都頭陰保山等牒、
（P三三七九）

これは社の役員の録事が官に報告したもので、社の成員が三人ずつ団体を結び、治安について連帯責任を負うことを官に約束したものである。ここでは民間に発生した社が、官の統治の下部機構として利用されるにいたったことがしめされているが、そのようなことが可能となったのは、社が在地の秩序を維持する地域的な組織として、意味をもつものになっていたからであるにちがいない。

社への加入については、なお問題があるにしても、いったん加入してしまった場合、そこからの脱退が刑罰の威嚇によって阻止されたことは、すでにのべたとおりである。脱退の場合ばかりでなく、もっと日常的な社人への援助に参加しなかったり、葬式や宴会に遅れたり欠席した場合にも、罰酒を出すことが定められていた。このように社がつよい規制によって運営されたことは、社がけっして成員の自由な組織ではなく、一定の共同体的規制をともなう組織であったことをしめしている。

もちろんさきの奉仏事業のように統制のきかない場合もあったが、そこには奉仏事業が社の成員の主要な関心からずれて、一方的な負担を強いるものであったことや、社の成員のなかでもとくに上層民の意向がつよく働く場合があったのではないかということを予想させるものがある。それは共同体的規制というものがもつ一つの側面である。ともかくこの時代に一定の自立をとげた民衆は、その家の存続を願って社を結成したのであるが、いったん成立した社は、その強制力を通じて、地域における階級的な秩序維持の役割をになう面があったことにも注意すべきである。さればこそ前述のように、それが官の統治の末端に位置づけられることも可能であったわけである。

なお社には、右にのべてきた相互扶助を主目的とするもののほかに、渠人・行人など、別種の目的をもつものがあった。渠人あるいは渠社は、渠人転帖あるいは渠社転帖の存在によって知られるのであるが、その内容は多くの場合、一定の日時・場所に渠の修理をおこなうため、道具や材料を持って参集するようよびかけたもので、渠人が主として渠の維持をはかる目的で結成された組織であることが判明する。この点はかつて那波が一連の転帖を引用して証明したことであるが（「唐代の農田水利に関する規定に就きて」三）、那波はそのなかの一文書によって、渠人も一般の社と同様、親睦のための宴会（「常年春座局席」「渠家造局席」）を開くことがあることを指摘した。ところで那波がP五五三〇として紹介した一連の渠人転帖は、現在P五〇三二と番号がかわったばかりでなく、彼が甲から壬まで記号を付した順序も、壬・己・丁・戊・乙・丙・庚・辛・甲の順となっており、さらにその前に数通の文書が添加されている。そしてそのなかに渠人転帖と明記された文書が二通あり、その一通は葬式の通知で、内容・文言は一般の社司転帖とまったくかわらない。もう一通は、「縁孫倉〻就都□詣塁?舎壹日」という理由によって、各人に粟一㪷・鍬鑃一車を出すよう求めたもので、内容はわからない点があるが、社人の援助にかんするものであろう。してみると、渠人は渠の維持という特殊目的のほかに、一般の社とまったく同様な機能をもっていたとみてよいであろう。

ここでもう一通、別の葬式にかんする転帖を紹介しよう。

渠社　転帖

右、尹阿朶の兄身故せるに縁り、弔酒壹瓮、

人各々粟壹㪷あるべし、幸いに請う諸公等、帖至らば、今月

十九日卯の時を限りて、并びに身及び粟、氾録事門前の蘭喏《ママ》の門にて斉を取れ。二人後れて到るを捉えて罸酒壹角、全く□《(来)》らざる者罸酒半瓮、其の帖は立ちどころに递相《たがい》に分付し、亭《(停)》滞するを得ざれ。

壬午年十二月十八日録事氾

水官、宋都頭、賈再昌、賈粉堆、高員裕、安保子、安保千、安万昇、樊住通、張衍子、尹善支、尹郭三、宋清灰、尹昌子、張六帰、張員宋、張宙□、馬清児、史保員、

（P四〇〇三）

社人名簿の筆頭に「水官」があるのは、帰義軍時代にも水利を担当する官人がいたことをしめしている。那波の紹介した渠人転帖のなかに、「全く来らざる者、官中にて処分」などの語があるのも、官が水利に関与していたことをしめすものであろう。実際多数の渠がいりくんだ敦煌の地で、渠水灌漑をおこなうためには、分立する民間の組織だけでは不可能で、なんらかの官の調整が必要とされたであろう。そのために渠人が帰義軍節度使の管理下におかれたことを強調する意見もあるが（土肥前掲論文）、しかし渠人は個々の渠の修理・維持を目的とするものであり、一般の社と同様な機能をあわせもつものとすれば、本来民間から生まれた組織である点を重視しなければならないであろう。まして渠人の労働を国家の雑徭とする見解には賛成できない（佐藤武敏「唐代地方における水利施設の管理」）。唐代前期にこそ渠道の維持は国家の徴発する徭役によってやられたが、それが渠人・渠社のような民間の組織によってやられるようになった点に、農民の自立をうながす重要な条件が生まれたのだといえよう。

行人については、史料が少ないが、かつて那波がこれを坊市の警備にあたる民間自警組織と考えたのにたいし

（「唐代行人攷」）、最近中国の姜伯勤は、これを商工業者の行会（ギルド）とし、それが官と協力して夜警を担当したものとみている（「敦煌文書中的唐五代〝行人〟」）。この時代に都市・農村を通じてみられる一般民衆の社の形成と軌を一にして、商人・手工業者のギルド組織も生まれ、しかもそれが官との協定とはいえ、都市の安全確保のために働いたとすれば、それはヨーロッパにおけるギルドと都市自治との関係に照らして、たいへん興味深い現象である。

最後に、那波は社が寺院における俗講の後援者として重要な役割をはたしたと強調している（「俗講と変文」）。しかし社と俗講とを直接結びつける史料は今日のところ存在しない。ただ社が当時の民衆の中心的な組織であり、しかも寺院の奉仏行事にたずさわったとすれば、それと俗講のテキストである変文等にあらわれる民衆意識との間に、必然的な関係を認めることは許されるであろう。

そのような観点からみるとき、この時代を「地主層による村落演劇組織の初期的編成段階」とみる田仲一成が、立社文書のなかで土着の高門君子が「忠孝」「長幼の序」を強調していることに注目する一方で、変文では仏教説話と忠孝を鼓吹する内容が結びついている点を指摘しているのは興味深い（「中国地方劇の発展構造」）。変文のなかで「孝」がとくに重視されていることを説く人々は多く（金岡照光『敦煌の文学』『敦煌の民衆』参照）、それが既述の社の階級性・秩序維持的性格と関係あることはたしかであろう。しかし社がそもそも新しく自立した民衆の家々の結合であり、そのためにこそ葬式をはじめとする相互援助が社の中心的な役割となったことを考えると、「孝」はそのような民衆の家々の存立のために、新しい意義をもつようになったのではないかと思われてくる。その点で、変文の孝のなかにも旧来の体制イデオロギーを超えた民衆的規範を認めようとする、相田洋の視点にとくに注目しておきたい（「変文の世界」）。

（1）土肥論文は私の旧稿執筆後に書かれた詳細な論考であるが、本節ではのちに若干の私見を加えるにとどめる。
（2）P二九九一v「莫高窟素画功徳讃文」中にみえる「官品社」、P三二一八「時年転帖」・P三七七九v「徒衆転帖」等にみえる僧侶の社、P三四八九「旌坊巷女人」社条・S五二七「顕徳六年……女人社」社条にみえる女人社等。
（3）那波はP三四八九を「扉坊巷女人」と読んで、「ある町内の家々の婢女等の設立せる親睦組合」（「唐代の社邑に就きて」）としたが、王重民編「伯希和劫経録」には「旌坊巷女人結社社約」とある。私は奴婢の社などは考えられないと思う。
（4）原文「所置義聚」を、竺沙は「設置せる義聚は」と訳しているが、これは次の条の「所置贈孝家」と同じで、後者につい て竺沙が「規定の喪家への贈物は」と訳している方が正しいであろう。したがって義聚は平常から設置しておく義倉のようなものではなく、社人の援助・救済のために必要に応じて聚める物資を意味するものと思う。
（5）そうとすれば宋代には貧民もふくまれるようになるわけである。宋代研究者に質問したい。このような村落の成立は、農民の成長の結果が村一円の共同体の成立をうながしたためか、それとも民衆全体にたいする村落有力者の支配を容易にするためか、いずれであろうか。

追　記

旧稿では最後に、唐代後期以降の敦煌における国家（帰義軍節度使）の支配についてものべる予定であったこと、そこでは民衆の家口・田土の登録法[1]と、税役制度の変化に焦点があてられるはずであったとのべたが、紙数の関係もあって省略した。その後、Acta Asiatica に旧稿の英訳を載せるに際し、旧稿の一部を省いて、税役に関する一文を挿入したが、それを近年の研究を参酌して増補したものが、本書の第四章である。そのいきさつは第四章の序文にもうすこし詳しく載せる。本章（第三章）は、英文で省いた部分をも復活して、ほぼ旧稿によったが、第四章をこの続きとして読まれたい。

（1）この点については、佐竹靖彦「唐末宋初の敦煌地方における戸籍制度の変質について」がある。あわせて読まれることを希望する。

（講座敦煌第三巻『敦煌の社会』大東出版社、一九八〇）

第四章　中唐以後敦煌地域における税制度

はしがき

私はかつて講座敦煌第三巻に、「敦煌社会の変質」（本書第三章）という文章を書き、帰義軍時代の敦煌社会がそれ以前とくらべてどう変わったかを論じた。そこでは民衆の身分的分化・階級的分化・民衆自治の発達の諸項目についてのべたのであるが、国家（帰義軍政府）の支配形式の変化についてはのべる余裕をもたなかった。そのことは前稿の〝おわりに〟の項で断わったのであるが、その課題については、民衆の家口・田土の登録法と、税役制度の変化という問題があることを指摘しておいた。そのうち前者の問題については、佐竹靖彦の「唐末宋初の敦煌地方における戸籍制度の変質について」という論文があることも、注で指摘しておいた。

後者、すなわち税制の問題については、その後東方学会の Acta Asiatica に英文の論文を載せる機会があったので、Social Change in Tun-huang from the Latter Half of the T'ang Dynasty と題して、上記の「敦煌社会の変質」のうちから、身分的・階級的変化の項を採用したのち、紙数の関係もあって、民衆自治の項を除き、かわりに〝課税方法の変化〟と題する一章をさし加えた。この点は中国で注目されたらしく、鄭学檬・楊際平訳「中唐以後敦煌税法的変化」、林世田訳「唐代後期敦煌社会経済之変化」の翻訳が出たが、日本文では発表されていないので、大方の日本人研究者の目にふれる機会は少ないのではないかと思う。

このことはかねがね気にしていたのではあるが、どういうわけか私の手もとには、さきに英文作成を依頼した際の日本語原稿が保存されておらず、日本語論文を発表する機会を失っていた。その間近年になって、このテーマにかんして冷鵬飛・劉進宝・雷紹鋒・池田温等の研究も出て（一々は本論中に論及する）、新しい資料や論点も出されている。そこで今回与えられた機会（唐代史研究会報告への投稿依頼）を利用して、旧稿に基礎をおきながらも、新しい研究をも参照して、あらためて一文を草することにした。ご叱正を願う次第である。

一　帰義軍時代の税目

帰義軍時代の敦煌にはどのような名目の税制があったかを、まず概観しておきたい。つぎの唐末天復七年（九〇七）の日付がある租佃契の一種には、この時期の税の種類が挙げられている。

天復柒年丁卯歳三月十一日、洪池郷百姓高加盈・光寅、欠僧願済麦両碩・粟壹碩、填還不辦、今将宋渠下界地伍畝、与僧願済貳年佃種、充為物価、其地内所著官布・地子・柴草等、仰地主祗當、不忓種地人之事。中間或有識認為地主者、一仰加盈、覓好地伍畝充地替。両共対

（後　欠）

（P三二一四ｖ）

これはふつうの租佃契とはちがい、百姓高加盈らが僧願済から借りた麦・粟の負債を弁済できず、田土五畝を願済に提供して二年間耕作させ、それによって負債の元利を消却させようとするものである。[1] その際田土の上にかかる税「官布・地子・柴草等」は地主の高加盈らが負担することを取り決めている。これによって当時農民たちにかかる税が、官布と地子と柴草等であったことがわかるのである。

つぎには「応管衙前押衙兵馬使子弟随身等　状」と題する文章であり、天復四年（九〇四）の日付がある。

（前　略）

復令衙前軍将子弟随身等
判下文字、若有戸内別居兄弟者則
不喜（許）霑捭。如若一身、餘却官布・地子・
烽子・官柴草等大禮（例）、餘者知雑
役次、並総矜免、不喜差遣、文状

（後　略）

（P三三二四ｖ）

これらは衙前の軍将の子弟・随身らに税役を免除する内容のようであるが、前の官布・地子・柴草のほかに、「烽子」があり、これらが一般の負担であるが、そのほかにさらに「雑役」があったと思われる。

つぎは甲午年（九三四）の租佃契の一種である。

甲午年二月十九日、索義成身着瓜州、所有父祖口分地参拾貳畝、分
付与兄索懐義佃種、比至義成到沙州得来日、所着　官司諸雑烽

子・官柴草等小大税役、並惣兄懐義応料、一任施功佃種、若収得麦粟、任

（後　略）

（P三二五七）

これは索義成なるものが瓜州に行くので、祖先からうけついだ土地を兄の索懐義に与えて耕作させ、義成が沙州に帰ってくる日まで、その土地にかかる政府のさまざまな烽子・柴草等の大小の税役は、みな兄の懐義が負担することを取り決めた契約書である。ここにも烽子・柴草の負担を挙げて、これらを大小の税役と称している。私の旧稿を訳した鄭学檬・楊際平は、「訳後の語」を書いて、官布・地子・柴草のほかに、烽子等の負担があったことを指摘している。(2)

敦煌は辺境であるから、烽子の役にとられる者が多かったのであろうが、それ以外の種類の役もあったであろう。後に引用する高住兒社等の欠柴文書（Дх二一四九б）に、「廳子」「門子」「堂子」等の役名が出ている。これらが前のP三三二四号文書に、「雑役」といわれるものであるかもしれない。池田温は「渠河口作」の役が一般に存在したと言っている（「敦煌における土地税役制をめぐって」）。例えば天復四年（九〇四）、百姓僧令狐法性が百姓價員子に土地を貸した租佃契に、

（前　略）

……其地内、除地子一色、餘有所著差税、一仰

地主祇當、地子逐年於　官、員子逞納。渠河口

作、両家各支半。……

（後　略）

（P三一五五ｖ）

とある。乾燥地帯では渠の維持にかかる労働力の提供は不可欠で、はるか以前の高昌国時代の吐魯番の租佃契にも、

「秕租百役、更田人悉不知、渠破水讁、田主不知」（延昌二十四年契、五八四年）などとある（『吐魯番出土文書』第五冊。呉震「介紹八件高昌契約」）。ただしこれらの労働力が役として取られたかどうかははっきりしない。すくなくとも帰義軍時代の敦煌では、渠社・渠人の自治組織が普及していて、渠水の維持には民衆内部で労働力が出されたと思われる。したがって「渠河口作」を官役に数えてよいか疑問である。

私の旧稿でもそうであったが、役についてはなお知られない点があるので、以下では官布・地子・柴草などの税制についてのみ論じたい。(3)

（1） この文書ははじめ那波利貞「中晩唐時代に於ける偽濫僧に関する一根本史料の研究」に紹介された。しかし問題点は、この文書が形式的には租佃契約の形をとっているが、実質的には消却質の役割を果たしている点にある。本書後編第二章を参照されたい。

（2） 姜伯勤『敦煌社会文書導論』一九〇頁にも、帰義軍時期に「官布・地子・烽子・官柴草」等の税役があったと述べている。なお姜は郷が収税の単位だと述べている。郷ごとにまとめられることは確かであろうが、実際には郷の下の里・社・巷等で収税されたであろう。堀「唐代の郷里制と村制」および、後述「高住兌社」等の欠柴文書参照。

（3） 昨年（二〇〇〇年）、雷紹鋒『帰義軍賦役制度初探』が出て、この時代の賦税・労役・兵役・僧侶の義務等について総合的な叙述がなされている。

二 官布

官布については、「官布籍」と称する文書が残っていて、はやくから玉井是博によって論ぜられている（「敦煌文書中の経済史資料」)。

　壬申年三月十九日敦煌郷官布籍
布(朱筆)頭陰善友柒拾捌畝、陰保升参拾陸畝半、陰保住壹拾玖畝、張富通
　貳拾柒畝、安憨児貳拾畝、安友住参拾捌畝半、橋賢通拾柒畝、
　張欺中壹拾伍畝、計(朱)地貳頃伍拾畝、共布壹疋。
布(朱)頭張衍奴壹頃柒拾柒畝、張灰ゝ貳拾参畝、張万子肆拾肆畝半、
　趙通子肆畝、計(朱)地貳頃伍拾畝、共布壹疋
布(朱)頭羅山胡壹頃伍畝、羅友ゝ壹頃、鄧進達参拾畝、馮進達拾伍
　畝、計(朱)地貳頃伍拾畝、共布壹疋。

（後　略）　　（P三二三六v）

この文書は全四〇行から成るが、その冒頭の八行ばかりを右にしめした。これによると、税として取る布は、まず編民の土地所有に応じて課せられている。しかも提出される布は細断されては意味をなさないのであるから、かれらの土地を合計して、二五〇畝ごとに一疋を出すように割り当てられているのである。もっとも編民の土地所有額は大小さまざまであるから、二五〇畝という定数にあわせるのは容易でない。実際には、布頭陰善友の組の合計は二五一畝であり、布頭張衍奴の組は二四八・五畝であるが、それを二五〇畝と認めて課税しているのである。

唐の賦役令には、調の納入に際して、「若当戸不成疋端屯綟者、皆随近合成」と規定されている。租庸調時代には、各人の調の負担は絹二丈もしくは布二丈五尺であって、それぞれ絹一疋、布一端の半分であった。したがって二人で絹一疋もしくは布一端を出すことになる勘定であるから、一戸内に二人の成丁がいれば戸内でことたりたのであるが、

成丁が足りなければ近隣の戸と共同しなければならない。ただこの時代には、各人の土地所有額も税の負担額も均等なのが原則であったから、近隣間の分担も比較的容易であったろう。しかし帰義軍時代の敦煌では、前掲のように各戸の土地所有額の不均衡が甚だしいのであるから、官布一疋の各戸の分担をどうするか、たいへん難しかったであろう。政府の強制があって、布頭がまとめ役になったのであろうが、当時民間の社の組織なども生まれていたのであるから、各戸間の共同関係も相当強かったと考えなければならないであろう。

右の壬申年がいつかという論議については後述するが、その前にこの文書と同筆ではないか、したがって年代も近いのではないかと思われる官布籍がもう一通あるので紹介する。

（前　欠）

張定長拾捌畝、菜丑奴捌拾伍畝、張王三参拾畝、張廻徳貳拾□
□拾捌畝、楊千子拾陸畝半、張保定肆拾貳畝、計《（朱）》地貳傾伍拾□、□
□《（布）》頭索員宗陸畝、曹閏成柒拾参畝、陰彦思捌拾玖畝、張閏園柒拾参畝、
□保定壹拾壹畝、計《（朱）》地貳傾伍拾畝、共布一疋。
□索安住肆拾陸畝半、王再盈拾柒畝、武願昌参拾肆畝半、張會興
□拾畝、索鐵子参拾畝、張再住肆畝半、計《（朱）》地壹傾伍拾貳畝半

（P四五二五）

この文書はこの後に行をあけて、都頭・音声・吹角・牧子・打窟等の人々の土地面積を記しているが、官布に言及がない。この部分は右の引用部分と同筆とみられ、土地の合計部分に「兌」の字がみられるところから、池田はこれら特殊な身分の人々には、官布が免除されていたのであろうという（池田前掲論文）。右の引用部分の末尾の土地の合

計は二五〇畝ではなく、一五二・五畝と半端になっているので、すくなくとも一般民戸の官布籍の部分は、ここで終わっているのではないかと思う。半端な地畝にたいする官布がどうなっているのかあきらかでない。

ロシア科学アカデミー東洋学研究所のサンクトペテルブルク分所所蔵の敦煌文書のなかに、以上とはちがった税率の官布籍がみられる。これはかつて山本達郎によって紹介され（「敦煌発見オルデンブルグ将来田制関係文書五種」）、近年チュグエフスキーによって出版された（Л. И. Чугуевский, Китайские Документы из Дуньхуана, Выпуск 1. 王克考訳『敦煌漢文全書』）。この文書は連続した二つの断片から成りたっているが、ここではその一方を引用する。

　布頭索留信地玖拾壹□、梁苟子地参拾畝、斉□
　　壹傾陸拾柒畝、索塠〻地壹拾参畝、已上計□
　承宗郎君地参傾、造布壹疋。
　布頭高加興地捌拾陸畝、高加進地玖拾捌畝、高文勝地肆拾□
　郭醜児□（地）□拾玖畝、安黒児地肆拾伍畝、已上計地参傾、造
　布参（壹）疋。

（Дх一四〇五）

もう一通の断片（Дх一四〇六）は、上部が大きく欠けているので引用はしないが（チュグエフスキー前掲書四四四、五三二頁に写真と録文、池田前掲論文に録文がある）、「已上計地参傾、造布壹疋」の文字は少なくとも二カ所で確認できるので、一四〇五号最後の行の「布参疋」は、「布壹疋」の書き誤りであることは大方の認めるところである。いずれにせよ、前の壬申年文書が二五〇畝にたいして布一疋であったのにたいし、サンクトペテルブルク文書では、三〇〇畝にたいして布一疋であることが注目される。私は旧稿で地域の違いということが考えられないかということを述

べたのであるが、政府の統一的な税制であっても、地域ごとに額を割りふればそのようなことがないわけでもなかろう。しかし山本は朱筆を用いて記載の整った壬申年文書の方を、後の年代のものと考えた。この論拠には疑問もあるが、年代の違いと考える方が蓋然性が高いかもしれない。

その年代について、チュグエフスキーはその紹介した文書を、十世紀後半のものと推定している（チュ氏前掲書一四八頁以下）。それでは前の壬申年文書の壬申はいつに比定されるであろうか。これについて冷鵬飛や池田は九一二年説をとっているが（冷「唐末沙州帰義軍張氏時期有関百姓受田和賦税的幾個問題」）、近年劉進宝は九七二年説を主張している（劉「P三二三六号《壬申年官布籍》時代考」。なお同「従敦煌文書談晩唐五代的〝布〟」参照）。劉進宝の論拠は文書に出てくる人物を他の文書と比較した結果で、かなり確実性が高いように思われるが、チュ氏も文字や人物の比定をおこなっているので、そうなると両文書は比較的近い年代の文書ということになる。しかし両文書は税率ばかりでなく、書式もあきらかに違っていて、多少とも年次・地域の違いをもつことはたしかであろう。

以上のほかに、「龍勒郷官布觧」なるわずか四行の文字がある。

龍勒郷官布觧
戸王慶賓　都受［田］壹傾柒□
戸王太和　受田伍拾柒畝半
戸王□　　□拾□畝
（S四九二〇v）

第一行の前に「長興二年」（九三一）の日付があり、後の方に「丁未年正月十四日」とあるが、これらは直接関係なさそうである。右の文書本文も習字か落書であろう。

三　地　子

私は講座敦煌の文章の末尾に、ジャイルズ未整理文書のなかから、地子にかんすると思われる文書を紹介しておいた。その後大英図書館に滞在した土肥義和から、氏の手書きした文書を贈られたので、それをつぎに引用する。土肥は十世紀中頃のものと推定している。

（前　欠）

戸王道員　受田陸拾貳畝半、納麦両石五斗粟両石一斗八升七合半麻三斗一升両合半

戸鄧義成　受田拾柒畝、納麦六斗八升粟五斗九升半麻八升半

戸王進員　受田貳拾貳畝、納麦八斗八升粟七斗七升麻[illegible]斗一升

戸王頂定　受田壹傾拾貳畝、納麦四石四斗八升粟三石九斗二升麻五斗六升

戸王山子　受田肆拾玖畝、納麦一石九斗六升粟一石七斗一升半麻二斗四升半

戸田義信音声（朱筆）受田伍拾捌畝

（後　欠）　（S八六五五v）

これは各戸の土地所有額に応じて一定の穀物を納めたものであるが、その率は一畝当たり麦四升、粟三・五升、麻〇・五升になる。私はこれを従来知られた官布籍にたいして、「地子籍」とでもよぶべきものであろうと述べたのである。最後の田義信の戸に受田の記載だけで地子額が書かれていないのは、さきの官布籍の際にも言及したように、「音声」といわれる芸能身分に免税の特権があったからであることを、池田が指摘している。

冷鵬飛は私の右の紹介を引用したのちに、つぎのような文書を引いている。

再升地五十三畝半、著粟一石九斗
兵馬使地六十二畝、著粟両石二斗、保實地四十二
畝、著粟一石五斗
（S四〇六〇）

この文書に記されているのは粟だけで、麦・麻は記されていないが、粟は一畝に三・五升で、前記の地子籍と同じであることを冷鵬飛は指摘している。

私はまたチュグエフスキーの著書から、サンクトペテルブルク東洋学研究所所蔵の地子納入にかんする文書を見出した（チュ氏前掲書四四二、四三、五三〇、三一頁）。

丙寅年八月廿四日開倉見納地子、史堆子納麦一石九斗四升麻二斗
□升半（押）。姚清子納麦両石八㪷八升麻三㪷六升（押）。劉苟児納麦両□
□㪷六升麻三斗四升半。李定住納麦三石六㪷四升麻四㪷五升□
（押）。康幸深納麦一石二欠麦一斗斗（押）。高住児納麦両石二斗（押）。陰山
子納麦四石陸㪷。樊安信納麦両石八欠麦十斗斗八升麻三斗六升。
石富通麦一石八斗、又戸麦一石八斗（押）。馬善友麦一石一斗六升麻一斗
□升半（押）。趙丑達納麦一石三麻一斗七升斗六升。索願昌麦一石一斗二升（押）。史高友
□□□石四斗麻五斗五升（押）。石通子納麦三石二斗麻四斗（押）。李
□住納麦一石七斗四升麻□斗三升。□□□□
（Дx一四五三a）

（背　面）

杜盈粟一斗。胡家地子麦両石二斗五升粟一石二斗五升□□麻三石六斗。史什子□□麦一石五斗納地子麦七石一斗二升。□郎君粟一斗、付再盈麦三石。龍盈徳粟□□□□□

（Дx一四五三b）

私の英文旧稿ではДx一四五三a文書のみを引用したが、今回は背面をも引用した。これは地子を倉に納入したことをしめす帳簿で、土地は載せられていないが、地子とあるからには、前掲の「地子籍」がしめすような形で、土地にかけられた税であることはまちがいない。「地子籍」によって課せられた穀物は、右の帳簿によれば、納入者が官倉まで運んで、一々サインしたことをしめしている。これを担当官吏が保存して証拠としたものであろう。この帳簿が八月二十四日の日付であることは、収穫期を待って税の納入がなされたことをしめしている。

私はかつて唐永泰年間（七六五―七六六）の「河西巡撫使判集」（P二九四二）のなかの判の一つに、「甘州地税勾徴、耆寿訴称納不済」と題しながら、本文中には「地子勾徴」とあるのを指摘して、地子と地税は同じものを意味していると述べたことがある（『均田制の研究』三三二頁）[1]。これは元来義倉穀から転じた地税であるが、安史の乱後、甘粛地区の地税がどのように変わっていたかわからない。当面の帰義軍時代にかんしてはどうなのか。最近劉進宝と雷紹鋒は、地子と地税は別であるという論を展開した。ただ前者が地税は官布・地子・柴草等を包括する名称であるとするのにたいし（「晩唐五代〝地子〟考釈」）、後者は地税を官布・地子・柴草とは別個の税目であると主張する（「唐末宋初帰義軍時期之〝地子〟〝地税〟浅論」）。

帰義軍時代の官布・地子・柴草はいずれも土地に課せられたと思われるので、それらが地税と総称されたことは当然であったろう。劉進宝が引く次の事例は、そのことをしめしているように思われる。その点で、私は劉説に賛成する。

神沙郷百姓令狐賢威。
　右賢威父祖地壹拾参畝、請在南沙上灌進
　渠、北臨大河、年ゝ被大河水漂、並入（抹消）大河寸
　畔不賤（残）。昨蒙
　僕射阿郎給免地税。伏乞与後給□（免?）所
　著地子・布・草・役夫等、伏請　公憑、
裁下　　處分。
光化三年庚申歳十二月六日□

（P三一五五v）

光化三年は九〇〇年である。この文書における「地税」の内容は、つぎの行の「地子・布・草・役夫等」ということになるのではなかろうか。地税の免除を得たために、その内容を列挙した公憑を賜りたいというのが、この文書の趣旨であろう。

しかし雷紹鋒はこの同じ文書を、地税が別個の税目である証拠として引いている。雷が同様な証拠として引用している「毎戸着地税両碩伍斗」（P二八一四v）も、「特賜衿免地税、伏請処分」（P三〇五一v）も、地税を地子の別称か、あるいは官布・柴草等をふくめた総称と解してさしつかえないであろう。

また「甲午年洪潤郷百姓氾慶子請理枉屈状」（P三四五一）に、「秋収之時、先量地子、後総停分、一无升合交加、

是他怠慢、不納地税王　宅」とあるのは、「合種」（租佃の一種）した田土の収穫から、まず「地子」を差し引いたのち、収穫を半分ずつ分けたのに、「地税」を納めるべき一方がそれを納めなかったというので、訴訟になった事例であるが、この場合も地税が地子とは別の税目であるという証拠にはならないであろう。やはりこの場合の地税を、地子の別称か、官布・柴草等をふくんだ名称ととってさしつかえないからである。

なお雷説では、別個の税目としての地税を、戸税の転じたものと解している。[2] この時代中央地域の両税法には、戸等に応じて銭貨が支払われる部分があったのであるが、後述するように、私は敦煌地域の戸税に相当するものを、実際には地に課せられた官布ではないかと考えている。

（1）ただしその際、私はこの文書を「河西節度使判辞集」とよんだが、今回『敦煌社会経済文献真蹟釈録』第二輯六二〇頁にしたがって、「河西巡撫使判集」と改めた。

（2）雷紹鋒前掲著書の「戸税」の項参照。

四　柴　草

最後に「柴草」であるが、これにかんしてもロシア科学アカデミーの東洋学研究所の所蔵文書のなかに、つぎのようなものがある（チュグエフスキー前掲書四四一、五二九頁）。

高住兌社八十二人、見納六十五人、欠十七人、杜留定一身病、董年件単身、

遊再参、董不児、趙進懐、趙留住、安海順、梁再子一身聴子、梁粉堆、

安保徳、安衍鶏、宋阿朶、劉富昌、劉憨児、荊祐子、劉安住、李住子、
傅定子、袁定徳、袁再住、崔憨児、柴足
索留住巷一百六人、見納六十八人、欠四十六人、令狐富悦、令狐富達、令狐富盈三人酒戸、
陰衍奴単身烽子、李富君、陰保實、李員慶、薩羣山、何善児、阿富君、岳
閏成、曹神達、王順子、王員□(住)、□□□(友)、王富文、張富通、張善子、令狐慶住単
身門子、令狐富盈、□(安)丑胡、楊員子、石幸通堂子、石富通聴子、令狐保
住、令狐安信、令狐願通、令狐存進病、孟留三、崔祐住、孔富徳、薩緊胡、
薩癡子、薩粉堆、何富定、索盈信、□□□、李義成、馬留徳、令狐
保昇一身于闐、曹慶達、□□児、薩保定、王保子、陰山子病、
泊善友、孔郷官、索友定 宋憨奴、柴□(欠)一百八十一束
程弘員巷八十九人、見納六十四人、欠廿五人、趙阿朶、史懐友単身□(病)［　　］
富連烽子、曹粉徳単身于闐、索骨子、索富昌、石保□［　　］
氾徳子、氾再恩有憑、宋幸通、唐粉堆有憑、唐粉徳有憑、曹［　　］
［　　］□新香、張賓□、□達□、麹辛仁、楊慶子、氾［　　］
（後　欠）　　（Дx二一四九б）

この文書は柴の納入を欠いた人物の名を列挙し、場合によってはその理由を記しているもののようであるが、社とか巷とかが納税の単位となっていて、それら社・巷に責任者がいたことがしめされている。これは官布籍の布頭にあたるものであろうか。さきに官布籍の場合に、布一疋を納める人々の共同関係を想像したのであるが、この文書では

その共同関係をもった単位が社・巷であったことがわかるのである。

ところでその巷の一つ、索留住巷の柴未納者四十六人のうちの十八人の名が、顕徳五年（九五八）の三人団保文書（P三三七九）にみえることが、土肥義和によって指摘されている（「唐・北宋間の『社』の組織形態に関する一考察」）。したがって右の柴草にかんする文書も、その前後の時期のものと思われる。

つぎの文書も柴の未納にかんするもののようである。

癸未年效［穀郷］李撝搥拾玖束。赤心［郷］張鐵児拾肆束。

［洪］閏［郷］王不籍全戸貳拾貳束、索三奴十九束（押）。已前并院

一百七束。洪池［郷］張江潤戸拾伍束（押）。龍［勒郷］翟徳秀貳拾束、癸

未年欠龍［勒郷］康清子柴柒拾捌束（押）。

乙酉年十月十九日押牙翟徳秀欠官柴柒拾捌束（押）。

（S五〇七二）

これは前の文書とちがって、人名の上に沙州各郷の略号が記されている。したがって州か県で抜き書きしたものであろう。文書の性格はわからない。

つぎの文書の「欠枝夫人戸名目」というのも、柴の納入を欠いた戸主の名簿であろう。ここでは柴のことを枝とよんでいるのである。この文書は長大なもので、一九七行が残存しており、池田温『中国古代籍帳研究』五九八頁以下（『敦煌社会経済文献真蹟釈録』では第二輯四二七頁以下）に全文が収録されているので（池田はこの文書を九世紀後期と推定している）、ここには冒頭の三行だけを例示しておく。

□□□全欠枝夫人戸名目

曹留住欠枝七束半　張興晟欠枝七束半　陰悉殉力欠枝九束
羅覚子欠枝七束　陰員子欠枝三束　令狐醜ゝ欠六束

（後　略）

（P三四一八v）

最初の部分は紙が欠けているので読めない箇所があるが、そこには郷名が書かれていたはずである。後の方に「敦煌張再栄欠枝六束半」「神沙全不納枝夫戸」「龍勒郷全不納枝夫戸」「赤心全不枝戸」等々の頭書があるから、沙州各郷ごとに未納戸を書き出したリストで、前記の文書とちがい、未納戸全部の名を列挙していると思われる。また未納戸は、「全欠」あるいは「全不納」と「納半欠半」に分けられて記されている。「枝夫」という語が使われているのは、夫というのは雑徭等の労働力を指す言葉であるから、枝を納入・運搬する労働力を併称しているのであろう。

さきには柴の納入にかんする社や巷の責任者に言及したのであるが、枝については官布の場合に同じく、「枝頭」もしくは「白刺頭」とよばれる人間があったことを、つぎの文書がしめしている。

（前　欠）

枝頭陰潤子　陰海潤員　陰留定　楊□子　楊通達
枝頭程満成　程慶宗　程延祥　程富奴　程盈達
白刺頭程保住　程友達　史粉堆
枝頭劉剛進　劉幸通　劉万子　劉延受　劉再住
白刺頭張住子　張安徳　張永住
白刺頭梁万端　梁盈子　安徳子
白刺頭陰和子　宋友子　宋不勿

白刺頭唐勝住　陳万昇　石友定
白刺頭索集児　索安定　索文進
白刺頭索通子　索寧子　索自通
（後　略）　　　　　　　　　　（羅振玉旧蔵）

この文書にはなお二十七行の白刺頭以下の三名ずつの名が並んでいる。白刺頭の名称は、つぎの文書断片にもみられる（池田『籍帳研究』六〇三、四頁、『真蹟釈録』四三七頁以下）。

（前　欠）
白刺頭□
雙樹　白刺頭　索□
白刺頭王醜奴□
白刺頭王安住□
白刺頭張憨奴□
八尺　白刺頭　鄧不勿□
白刺頭陳保子□
白刺頭安員吉?□
宋渠　白刺頭張善□□
白刺頭　宋?□
白刺頭　高□

白刺頭　高

白刺頭

（後　欠）　　　　（S六一一六）

雙樹以下は敦煌の渠の名称である。すなわちここでは白刺頭が渠ごとに列挙されているのである。白刺ないしその他の柴草類の用途は、後述するように多様であるが、この文書の場合、白刺頭が渠と関連して挙げられているのは、池田のいうとおり、徴収された白刺が渠の修理に使用されたからであろうと思われる。なお白刺というのは、〝五加〟（Acanthopanax spinosum）として知られた潅木ではないかと思われる。

帰義軍支配期には柴場司とよばれる役所があって、柴薪の出納を掌っていたと思われるが、その柴場司を管理していた安祐成という者の乙卯年（九五五）の状が残っていて、そこで使用した柴の類が記されている。この状は五通から成っているが（『敦煌社会経済文献真蹟釈録』第三輯六一八頁以下参照）、その一通を引用しよう。

柴場司
　伏以今月廿二日支駞児入群付設司柴壹束、就驛送盤付設
司樫刺参束、廿三日設東窟工匠付設司柴刺壹束、大廳設
使客付設司樫刺拾束、廿四日祭川原付設司柴両束、
熟肉樫両束、使出東園用樫拾束、未蒙判憑、
伏請　處分。
　　乙卯年三月　日押衙知柴場司安祐成
為憑廿五日（鳥印）

（S三七二八）

ここでは柴・檉・檉列・熟肉檉等とよばれるものが支出されている。別の一通には「普光寺門標樹園白刺拾束」という項目もみられる。檉はタマリスクの類を総称するもののようで、前の白刺とならんで、敦煌では柴に供する重要な木であったと思われる。

以上はいずれも柴草のうちの柴の例であるが、つぎの断片は敦煌県従化郷での草を納入した記録である。

［　］□　□□□　張具介　氾承札　辛俗娘　張尚真［　］
［　］裕　張白梓　陳薬師　高思札　張阿養　□四娘［　］
［　］□　盧諫ゝ　賈王王　宋法光　賈薬師［　］
［　］娘　張鳳仙
［　］化　郷　計草一千五百一十四圍
［　］等六十三圍　　賀戦那児［　］

（Дx一二八二б）

この文書は別の断片（Дx三一二七б）が後の方につながる模様であるが、そちらは人名の列挙の部分だけなので、引用は省略する（『敦煌社会経済文献真蹟釈録』第二輯、四四七頁参照）。

なお敦煌の寺院が草を納入させた記録が残っている。

景福二年癸丑歳十月十一日、副僧統・都僧政・僧
政・僧録・法律・判官等、就草院内、輸納粗草、
一一抄録如後、

東團、閻力〻、呉醜奴下、納草貳佰束。
中團、云、曹満奴下、納草伍拾束。
雲、
開、石興〻下、参拾束。
乗、董緊〻下、納草肆拾肆束。
蓮、石欸律鉢下、納草柒拾束。
恩、李鶻子下、納草参拾肆束。
西園、索鉢単下、納伍拾束。
永、張天養下、納得伍拾束。
啚、石興元下、納得草伍拾束。
金、安保〻下、納得草伍拾束。
普、史興子下、納得草陸拾肆束。
（P二八五六v）

景福二年は八九三年である。姜伯勤によると、これは敦煌の寺院が東団・中団・西団に組織されており、中団に属するのは大雲寺・開元寺・大乗寺・蓮台寺・報恩寺、西団に属するのは永安寺・霊図寺・金光明寺・普光寺等で、東団に属する寺は不明であるが、これらの下に記された人名は、それぞれに属する常住百姓であるという（『唐五代敦煌寺戸制度』一五六頁）。人名の下に「下」という文字があるのは、これらの人が幾人かの納入者を代表しているのであろう。政府への納入の場合も、柴の例に同じく責任者もしくは代表者があったかと思われるが、事例が少なくあきらかでない。

以上述べてきた官布・地子・柴草が課せられた時代は、中国内地では両税法がおこなわれていた時代である。敦煌のこれらの課税も両税法に属するものと考えてよいであろう。ただ唐代内地の両税法は、資産に対応して戸に課せられる税銭と、土地に課せられる斛斗から成っていたといわれる（船越泰次「唐代両税法における斛斗の徴科と両税銭の折糴・折納問題」）。しかし同時期の敦煌では銭貨が流通していなかったので（藤枝晃「吐蕃支配期の敦煌」）、税銭の部分ははじめから官布としてとられ、しかも資産ではなく、地子と同じく土地所有額に課せられていた。

中国内地でも、宋代になると両税は土地に賦課されるようになるのであるが、その過程は五代の間に進んでいたといわれる（船越泰次「唐宋両税法の課税体系について―特にその推移の問題を中心として―」）。上に挙げてきた敦煌の事例は唐末から五代にかけての時期のものであるが、あるいは敦煌では土地税への過程が、内地よりいくぶんはやく進んで、宋代への過程を先取りしていたといってよいかもしれない。

（唐代史研究会報告Ⅷ『東アジア史における国家と地域』刀水書房、一九九九）

別章　九品中正制度の成立をめぐって
——魏晋の貴族制社会にかんする一考察——

はしがき

六朝・隋唐の時代を貴族政治の時代として特徴づけたのは内藤湖南である。内藤のこの特徴づけは、彼が宋以後の中国社会を君主独裁政治とよんだのに対比されているのであって、そこでは貴族が皇帝権力を制約した側面が強調されたのである（内藤「概括的唐宋時代観」『中国近世史』）。しかるに最近の貴族制研究では、貴族の官僚的性格、すなわち貴族が皇帝権力に寄生している側面が強調されるようになっている（越智重明『魏晋南朝の政治と社会』、矢野主税『門閥社会史』）。秦以後の中国社会が一貫して皇帝を頂点とする官僚支配の体制であることはいうまでもなく、六朝時代といえども例外でない。貴族が官僚であることは否定できないが、しかし貴族政治を官僚制一般のなかに解消してしまうことは、六朝時代の歴史的特性を否定してしまうことになりかねない。現にそのような危険が指摘されている（谷川道雄「六朝貴族制社会の史的性格と律令体制への展開」）。このことはおそらく研究の方法にも関連するのであって、制度史的研究の結果が必然的に官僚制を強調することになっているのであろう。

貴族という身分は直接には土地、財産の所有ということによって決定されるのではない。貴族にとって官位にあるということが重要ないみをもつことはたしかである。しかしそれは国家への功績や学識によって採用される一般の官僚と同じでない。貴族の官僚としての地位は、家柄の高下によって半ば自動的に決定されるのであって、貴族はある程度まで国家の秩序から独立した独自の社会を形づくっているという指摘は重要である（森三樹三郎『六朝士大夫の精神』）。そのような貴族社会の独自の秩序がつくられた時点にさかのぼってみると、後漢末宦官政治に抵抗した清流豪族の社会につきあたる。したがって貴族政治の成立をその時点にもとめる説がなりたつわけである（川勝義雄「シナ中世貴族政治の成立について」）。しかしその時期には、清流豪族らは国家の権力をにぎる宦官と対立しているのであって、国家の官僚としての地位を確立しているわけではない。宦官政治につづく曹操の時代にも、なお豪族らは圧迫をうけている。このような豪族たちを、豪族社会の評価にしたがって登用する道を確立したのが、曹操が死んだのちの九品中正、あるいは九品官人法である。貴族の官僚的地位を重視するならば、貴族政治の成立は、この九品中正の制度が効果をあげた西晋のころにもとめられるはずである（矢野主税前掲書「二、六朝門閥の社会的・政治的考察」第一篇第三章）。

「六朝時代の特色は、朝廷を中心とする国家的秩序のほかに、士大夫を中心とする私的秩序が生れ、この二つの秩序が並び存した点にある」（森前掲書一三頁）とするならば、この二つの秩序をむすびつけて、全体としての貴族制社会をつくりあげたものこそ、右の九品中正制度であるということができよう。九品中正制度といえば、宮崎市定の『九品官人法の研究』（一九五六）の大著がある。この研究の成果の一つは、いわゆる郷品と官品との対応関係をあきらかにした点にあるが、その意義について谷川道雄はつぎのようにのべている。「わたくしの感想では、官品が郷品によって決定されるという事実は、貴族の身分・地位がいくら王朝権力によって付与されているかに見えても、本源的にはその郷党社会における地位・権威によって決定されるものであり、王朝はそれの承認機関——尤もこの承認は大きな役割を占めるのであるが——にすぎないことを示すものと解されるのである。端的にいえば、貴族を貴族たらしめるものは、本源的には王朝内部にはなくて、その外側にあるわけである。そしてその承認手続こそが、つまりは九品官人法であったとみることもできるのである。」（傍点谷川）（谷川前掲論文二〇八頁）。私もまことにそのとおりだろうと思うけれども、この谷川の考えはまだ十分実証されていないようである[1]。最近の貴族制研究や九品中正制度の研究は、さきにものべたように、これとはまったく違った観点でなされている。もし谷川のいうような点があきらかにされれば、貴族制研究に新しい展望がひらかれることになるかもしれない。こうした期待をいだきながら諸先輩の研究にみちびかれて、九品中正制度を検討してみたのが以下の覚書である。

（1）その後（拙稿執筆後）、谷川は六朝貴族制にかんする豊富な見解を披瀝している。谷川著『中国中世社会と共同体』『中国中世の探求』等参照。本稿と比較されたい。

一

九品中正制度の制定については、通典一四選挙歴代制の項に、要領のよい総括的な説明がある。

「魏の文帝、魏王と為る。時に三方鼎立し、士流播遷し、四人錯雑して、詳覈するに所なし。延康元年、吏部尚書陳羣おもえらく、天朝の選用、人才を尽くさずと。乃ち九品官人の法を立つ。州郡に皆中正を置き、以て其の選を定め、州郡の賢にして識鑑ある者を撰んでこれと為し、人物を区別し、其の高下を第す。」

これは全体として筋のとおった説明になっていると私は思うのだが、通典の著者杜佑は唐のなかばすぎの人だし、いろいろな先行文献によった二次的史料ではあり、若干の誤りをもふくんでいる。

はじめの「士流播遷……」は、後述する西晋時代の士人たちの九品中正論議のなかでよくもちいられる表現であり、九品中正制定の原因がここにあったという認識は、西晋時代にはかなり共通していたと思われる。

つぎに陳羣が九品官人の法を制定したということは、魏志二二陳羣伝に出ている。

「文帝東宮に在り、深くこれを敬器し、待つに交友の礼を以てす。……王位に即くに及び、羣を昌武亭侯に封じ、徙して尚書と為し、九品を制せしむ。官人の法は羣の建つる所なり（制九品官人之法羣所建也）。」

これには延康元年とは書いてないが、曹丕（文帝）が魏王の位についたとき、陳羣が尚書となって九品の制をつくったというのであり、曹丕は建安二十五年（二二〇）正月曹操が死ぬと、ただちに魏王の位をついで、建安の年号を延康と改め、同じ年の十月に漢帝の譲りをうけて魏王朝をたて、また年号を黄初と改めたのであるから、九品制度の制定はこの年のうち、それも延康の年号のある正月から十月のあいだであったことはまちがいない。ただ通典の記事が陳羣を吏部尚書としているのは誤りで、魏志の記事のごとく、かれが魏王国の人事をつかさどる尚書としてこの制度をつくったことは、越智重明が指摘している。通典に「九品官人の法を立つ」とあるが、魏志の方は「九品を制せしむ、官人の法は羣の建つる所なり」と読まなければ文章がおかしいことも、やはり越智が指摘している（「九品官人法の制定について[1]」）。

しかし「天朝の選用、人才を尽くさず」という語句は魏志にはない。ここで天朝というのは漢王朝を指すのであるが、これはおそらく通典の著者杜佑の創造した言葉ではない。その証拠に、通典三二職官州郡総論州佐の項にも、中正制度の起源をのべて、

「魏の司空陳羣おもえらく、天台の選用、人才を尽くさずと。州の才優れて昭鑒ある者を択びて、除して中正と為し、自ら人才を抜きて、九品を銓定せしむ。」

とある。そこで岡崎文夫は、この部分を三国時代の法制を記した書物から採録したと考うべき、最も信頼すべき史料にもとづいたものとしている（「九品中正考」一九七頁）。この推測が正しいかどうかはともかく、根拠のある史料によったことはまちがいなかろう。

最後に「州郡に皆中正を置く」というのがまちがっていることはいうまでもない。はじめ中正がおかれたのは郡・国であり、州にいわゆる州大中正がおかれるのは、魏末斉王芳の時代である。

さてこのように通典の記事を分解してしまっても、曹丕が即位して魏王朝をたてる直前の延康元年に、陳羣によって九品中正の制度が制定されたことは事実である。そこでその理由――九品中正制度がこの時期に制定された理由――なのであるが、これについて魏志陳羣伝には何もいわれていない。この点について理由らしい理由をならべているのも、上の通典なのである。そこで二次的史料なのを承知で、最初に引用した次第である。ここであげられている理由は、（一）「士流播遷し、四人錯雑して、詳覈するに所なし」ということと、（二）「天朝の選用、人才を尽くさず」ということの二点である。

ところで九品中正制度が延康元年に設けられたということは、魏の受禅を考えにいれて設けられたとみてまちがいないであろう。そこでこの時点にひきつけて九品中正制度の役割を解釈しようとすると、宮崎市定の説がうまれてくる（『九品官人法の研究』九八頁以下）。すなわち受禅によって漢王朝の官僚が魏王朝の官僚機構のなかに入ってくる、ところが漢王朝の選挙制度は極度に腐敗していた、そのため腐敗した官僚が大手をふって入ってきてはかなわない、そこでこの際かれらの資格審査をする必要がある、上の「天朝の選用、人才を尽くさず」とは、その間の事情を指すという。そのうえ宮崎は、漢の官僚中に反魏的感情が根強くのこっていた、その点からも人物審査をする必要があったと考える。この反魏分子を排除するのが中正制度のはじめの目的であったという点は、矢野主税も賛意を表している。むしろ矢野は、この点こそ中正制度設置の唯一の目的であったとするのである（「魏晋中正制についての一考察」「魏晋南朝の中正制と門閥社会」）。さらに狩野直禎は、当時魏王朝の内部に曹丕派と曹植派の対立があり、陳羣が曹丕派であるところから、九品中正制度の意図する資格審査は反曹丕派にも及ぶのではないかという（「陳羣伝試論」）。

以上のような説によると、九品中正制度制定のはじめの目的は、恒久的な官吏任用の制度をつくることにあるのではなく、漢魏交替時の一時の措置をなすにあったということになる。これらの説が正しいかどうか判定するのは難しい。いずれも多分に直観的な判断や大勢論によるもので、直接的な史料にもとづく説ではないからである。「天朝の選用、人才を尽くさず」という言葉も、漢王朝の選挙制度（曹操の時代のそれをもふくめて）がすでに人才を選任するのに不十分なものとなっているから、来るべき魏王朝のためにあらためて恒久的な制度をつくる必要がある、と解釈していっこうさしつかえない。たしかに矢野が引用しているように、九品中正制度が一時的なものである、権宜の措置であるといういみの言葉は、西晋時代の史料にさかんに出ている。しかしこれは後に引用するが、漢代の選挙制度を理想化した西晋時代の論者が、漢代の制度を永久不滅の制度とみて、それにくらべて九品中正制度が権宜のものにすぎないといっているのであるという、越智の説にしたがうべきであろう（前掲論文）。

魏志二三常林伝注に引く魏略吉茂伝のつぎの記事は、九品中正制度が最初どうおこなわれたかをしめすもののようである。

「先時国家始めて九品を制す。各々諸郡をして中正を選置せしめ、公卿より以下郎吏に至るまで、功徳材行の在る所を差敍せしむ。」

宮崎はこれについて、「公卿より以下郎吏に至るまでと、現任官の審査を中正の任務とした点を注意すべきである。これが中正の最初の目的であり、また九品官人法の覘いであったのである」（前掲書一〇一頁）といわれる。ところが通典一四選挙歴代制の注には、これとまったくちがった解釈がみえる。

「魏氏命を革め、州郡県俱に大小中正を置く。各々本処の人の、諸府の公卿及び台省の郎吏に任ぜられ、徳充ち才盛なることある者を以てこれと為す。管する所の人物を区別し、定めて九等と為す。」

「諸府の公卿及び台省の郎吏……」とあるのは、あきらかに上の魏略吉茂伝ないしそれに近い史料によったものと思われる。この文は公卿から郎吏にいたるもののなかから中正になるものを選ぶというのであって、中正の審査の対象にするというのではない。実際に中正はそういう人のなかから選ばれているのであるし、そう思って吉茂伝の文を読むと、そういう意味にとれないこともない。越智は通典の読み方に賛成している。その理由は、郎吏が六品であるから、中正が六品官までを審査の対象としたということになると、「九品を制す」ということと矛盾する、それに諸郡の太守の選んだ中正が、皇帝親授の官の公卿などをも差敍したことになってしまっておかしいというのである（前掲論文注二三）。しかし郎吏が六品であるというのは、郎吏という語が郎を指すと解してのことであろうが、はたしてそれでよいかどうかなお問題があろう。(2) また中正は同郷出身の士人の品を定めるのであって、公卿といっても例外でないのではないか。

魏略吉茂伝のあとの方をみると、吉茂の郷里の馮翊郡の中正となった王嘉が、茂を「敍」して上第にし、状をつくったということが出てくる。

「嘉、茂を敍して上第に在らしむと雖も、而も状甚だ下からしむ。云う『徳優れたれど能少なし』と。」

これとくらべあわせると、中正が公卿以下を対象として「差敍」したと読んだ方が、文章としては統一がとれていると思われる。吉茂にかんするこの記事からみても、差敍の敍は、中正が公卿以下を任命したというのではなく、同郷出身の公卿以下の郷評を決定したというのである。吉茂が上第になったように、あるものは上第に、あるものは下第にというように、等差をつけて評価したのが差敍のいみであろう。最初九品官制が設けられたときには、まだ郷品がなかったという説がある（越智「州大中正の制に関する諸問題」）。一品から九品におよぶ郷品があったかどうかはともかく、郷里における等級はつけられたのである。

以上のようにしてみると、魏略吉茂伝の記事は、九品制度がはじめて設けられたとき、中正が公卿以下の現任官の審査をしたという、宮崎説のように解せられるようである。しかしはじめて九品官制をつくった以上、現任官全員が審査の対象になるのは当然であって、それは九品中正制度が一時的であろうと、恒久的であろうと関係ないことである。それに中正の任務は、その後もつねに、人を初任官につけるときばかりでなく、現任官を審査して郷品を上下することにあったのである。このことは後にのべるはずである。

以上の説とは別に、越智は九品中正制度設置の目的を、後漢王朝の選挙制度の欠陥を除去することにあったとする。それでは後漢王朝の選挙制度の欠陥とはどのようなものであろうか。越智によればそれは二つある。その一つは、人事の権が中央に握られていなかったことである。つまり各官庁の長官が自分で官人候補者なり官人のなかから、部下を任命したり（辟召）、中央に推薦したり（秀才・孝廉）するわけで、各長官が人事をにぎっていた。その二は、その長官と部下だったもの（故吏）、あるいは推薦したものとのあいだに私的結合関係が生じ、それが皇帝支配の浸透をさまたげたことである。曹操が後漢の天子をいただきながら勢力をのばすにあたっては、むしろこのような漢の選挙制度の特徴を積極的に利用しながら、自分の部下に優秀なものを集めていって実権をにぎったのである。ところが曹丕が受禅するにあたっては、このような制度はぐあいが悪い。そこでそのような欠陥を除いた新しい選挙制度を準備する必要があったものと考えられる（前掲「九品官人法の制定について」）。

以上は越智の説を要約したのであるが、中正の制度を設けることによって人物選定の権が中央に帰するようになったことは、すでに岡崎文夫も指摘している（前掲「九品中正考」）。漢・魏の選挙制度を比較してみると、両者の間にこのような違いがあったことは事実である。それは重要なことであるが、それではなぜ漢代にそのような欠陥が改めようとされないで、この時点にいたって問題になったのであろう。およそ制度というものはその制度をうみだした社会の状況に対応しているにちがいない。制度の変化があったとすれば、それまで制度をささえていた社会に変化が生じているにちがいない。九品中正制度出現の背後にそのような社会の変化があったとすれば、それはどのようなものなのであろうか。この点があきらかにされる必要があると思われる。

そこで以下は私の考えをのべることになるのであるが、選挙制度の背景をなしている社会の変化という点になると、もう一度最初に引用した通典一四の文にもどって、そこに「士流播遷し、四人錯雑して、詳覈するに所なし」とあるのに注目する必要があると思う。通典同巻の夾注にも、「九品の制を按ずるに、初め後漢の建安中、天下兵を興すに因り、衣冠の士族、多く本土より離れ、源流を徴せんと欲するも、遽かに委悉し難し……」とある。このようなことは、さきにものべたように、西晋時代の士大夫のあいだである程度共通する認識であったと思われる。西晋時代には九品中正制度の貴族主義的運営がおこなわれたので、その弊害を論ずるものが多かった。例えば劉毅・衛瓘・李重・段灼・潘岳らがあげられるが、それらのうち劉毅・衛瓘・李重らはいずれも、九品中正制度が後漢末の喪乱の結果、人士が他郷に流浪し、移住する状態のなかで設けられたものであると論じている。

すこし長くなるが、そのうちから晋書三六衛瓘伝に出ている衛瓘の上疏を引用しよう。

「昔聖王賢を崇め善を挙げて教え、朝廷をして徳譲あり、野に邪行なからしむ。誠に以うに、閭伍の政は、以て相検するに足り、事を詢り言を考えて、必ず其の善なるものを得。人は名の虚しく求むべからざるを知りて、故に還って其の身を修む。是を以て賢を崇めて俗益ゝ穆く、悪を黜けて行い弥ゝ篤し。斯れ則ち郷挙里選なる者は、先生の令典なり。

これより以降、此の法陵遅す。魏氏、顚覆の運を承けて、喪乱の後に起こり、人士流移し、考詳するに地なし。故に九品の制を立て、粗ゝ一時選用の本を具うるのみ。其の始めて造らるるや、郷邑の清議は爵位に拘わらず、褒貶の加うる所は勸励を為すに足る。猶お郷論の余風あり。中間漸く染み、遂に資を計って品を定む。天下をして観望して、唯居位を以て貴しと為し、人をして徳を弃てて道業を忽かにし、多少を錐刀の末に争わしむ。風俗を傷損すること、其の弊細《すくな》からず。

今九城規を同じくし、大化方に始まる。臣等おもえらく、宜しく皆末法を蕩除し、一に古制に擬し、土を以て断定し、公卿より以下、皆居る所を以て正と為し、復た異土に懸客遠属する者なからしむべしと。此の如くんば則ち同郷鄰伍、皆邑里と為らん。郡県の宰は、即ち以て長に居るべし。盡く中正九品の制を除き、善を挙げ才を進むるに、各ゝ郷論に由らしめん。」

漢代の選挙制度は、ここに書かれているように郷挙里選とよばれた。九品中正の制度は、「人士流移」によってこれが不可能になった結果設けられたものとされている。「人士流移」によって郷挙里選が不可能になったのは、郷挙里選の制度の基礎にある漢代の郷里社会（右に衛瓘のいう「閭伍の政」）が崩壊してしまったためである。それゆえ衛瓘はいわゆる土断によって、郷里社会を復活せよと提案しているわけである。すなわち漢代の郷里社会の崩壊こそが、九品中正制度成立の前提と考えられているのである。もっとも衛瓘は郷挙里選を「先王の令典」といい、あまりに理想的なもの、永久に通ずる良法と考えているため、九品中正を「一時」の制度としている。それだから土断によって郷里社会を復活し、郷挙里選をふたたび実行できると考えている。郷里社会の崩壊というものを、動かすべからざる時代の大勢とは考えていない。これでは九品中正制度の出現にかんして、半面的な理解しかないことになる。

李重も衛瓘と同じような議論を展開している。かれも「九品は喪乱軍中の政に始まる。誠に経国不刊の法に非ざるなり」といい、「郷議」によって士が選ばれなければならないとしながら、現状を「然れども魏氏彫弊の跡を承け、人物播越し、仕に常朝なく、人に定処なし。郎吏は軍府に蓄えられ、豪右は都邑に聚まる。事体駁錯して、古と同じからず」（晋書四六李重伝）として、「人物播越」の状況が、古の「郷議」を不可能にしたとみている。かれが衛瓘とちがうのは、衛瓘が九品中正の廃止を提案しているのにたいし、九品がすでに設けられた事態を肯定して、それを土断によって実あらしめようとしていることである。[3]

劉毅は九品中正制度の欠陥を八条ばかりならべたてたのであるが、そのなかに、むかし前聖の世では「郷老」が人を推薦し、司馬がそれを職につけさせた。しかるに、「今一国の士、多き者は千数、或るものは異邦に流徙し、或るものは給を殊方に取りて猶知らず。況や其の才力を尽くすをや」といい、このように人々が流徙している状態では、「中正知ると知らざると、其の品・状を当するに、誉を台府より采り、毀を流言より納る。己に任ずれば則ち識らざるの蔽あり、聴受すれば則ち彼此の偏あり」（晋書四五劉毅伝）ということになり、中正が設けられても公正に人才を選ぶことができないから、結局は中正を廃止して「一代の美制」を立つべきであるとしている。

衛瓘・李重・劉毅らはいずれも九品中正制度の弊害を論じているのであるが、この制度が後漢末以来人々が他郷に流浪せざるをえなかった状態のなかで生まれたものとしている。そしてそれ以前の選挙制度、つまり郷挙里選の制度とそれを支えていた社会を理想としている。郷挙里選を支えていたのは、さきにもふれたとおり漢代の郷里社会である。漢代の郷里の構造については、これを国家が一定の戸数をあつめて人為的につくった行政村とするみかたと（日比野丈夫「郷亭里についての研究」）、人民のあいだの伝統的・自然的な共同体であるとするみかたがある（岡崎文夫『魏晋南北朝通史』五八〇―八一頁）。

しかしながら、これをあまりに行政的村落としてのみ考えたのでは、換言すれば里の共同体的性格を認めないことには、郷挙里選との関係は理解できないかと思う。なぜならば郷挙里選の制度は、漢の武帝以来儒教を国家の教学と定めてから、人物の徳行をみて官吏を採用することにしたのであるが、その徳行を郷里の人々のあいだの評判、すなわち「郷党の輿論」「郷論」によって判断したからである。徳行というものは一時的な試験によってわかるものではない。人々の日常的な観察がひきつづいておこなわれるところで判定が可能になる（唐長孺「九品中正制度試釋」八六頁）。このような観察を可能にしたのが、郷里の共同体的な社会であり、郷里の人々の日常的な観察が「郷論」となって、人物にたいする判断を適切なものにしたとみられるのである。これが衛瓘によって、「事を詢り言を考えて、必ず其の善なる者を得。人は名の虚しく求むべからざるを知りて、故に還って其の身を修む」といわれる社会なのである。

ところが漢代では一面この郷里の共同体的構造をつきやぶる動きが進んでいた。それは「郷曲に武断する」などといわれる豪族の発展であり、そのため郷里社会は豪族によって支配され、郷党の輿論もまた豪族勢力によって左右されるようになった。そして豪族勢力の発展によって没落した農民らは、後漢末に黄巾の乱をおこして、漢帝国を分解させてしまった。後漢末以来の動乱では、従来郷里に盤踞していた豪族たちも、各地に難を避けて流浪するようになり、郷里社会の崩壊は決定的になるとともに、郷挙里選の制度も実行不可能となった。衛瓘らが「人士流移し、考詳するに地なし」とした状態はこのようなものであった。漢から魏へと選挙制度が変わらなければならなかった背景は、こうしたところにあると考えなければならないと思う。

私は最近『曹操』と題する伝記を書いて、九品中正制度との関係をも考えた結果、旧稿に二三追記しておいた方がよいと思う点のあることを感じている。一つは、中正制度によって人物選定の権が中央に帰したといわれる点である。

私はそれは中正制度によってはじめて実現されたのではなく、曹操によって成し遂げられたことを受けついだのだと主張したい。周知のように曹操は人材採用に努力したのであるが、とくに郷挙里選以来の道徳主義を批判して、もっぱら才能のある者を採用するよう奨励したことは、曹操の人才主義として有名である。もちろん豪族勢力が発展してきたおりであるから、曹操はかれらを無視しなかった。かれらのなかの有能な者を積極的に採用するとともに、豪族の側でも官僚として曹操に協力する者が多くなった。これが魏晋南北朝の貴族制形成の第一歩になったのだというのが私の著書の主張である。

つぎに漢代郷里社会の崩壊ということであるが、西晋の人々が考えたように「人士流移」「人物播越」もその原因ではあるが、もう一つの現象として、元来比較的均等な成員からなり、比較的正確な輿論を生みだした社会が解体して、豪族勢力の発展によって、階層化された社会が出現したということが考えられなければならないと思う。曹操のときにはすでに各地で名士の格付けが確立していて、曹操の人才主義もそれをうち破ることが難しかった。だから曹操の治下では、人才主義に対抗して、郷論重視の主張が唱えられていて、その代表者の一人が陳羣であった。したがって陳羣が制定した九品中正制度は、豪族社会の意見によって郷品を決めるようになっていて、曹操の人材採用の理想からは遠く離れている。要するに九品中正制度は曹操の中央集権制を受けつぎながら、ますます勢いを増している豪族・貴族社会に基礎をおくよう考案されているのである。

これによって政権の基礎づくりができたのは、魏王朝よりも西晋王朝であったのであるが、そこですでに上記のように制度の批判がおこっているのである。ただ批判者自身が貴族であったのであるからか、かれらが漢代郷里社会を解体させたのだという観点は出されなかったのである。

（1）もし越智のように読むのが正しいとすると、九品官人法という語は通典の誤読から生じたので、古い言葉ではない。もっとも九品中正の語は通鑑の胡注からでもっと新しいが、後述するように中正九品という語は西晋時代にあったようであり、ここでは中正制度を重視する立場から、慣用されている九品中正の語を主として用いた。なお「官人」という語は、荀子王覇篇に「人主者、以官人為能者也」とあり、晋書四五任愷伝、同四九阮咸伝に、「官人之職」の用法があるように、「人を官につける」という意味であり、後世のようなマンダリンの意味はもたない。

（2）宮崎によると、漢代には郎とその下の令史をあわせて郎吏とよんだという（前掲書二九一、五四六頁）。

（3）李重の論は、本文に引いた「事体駁錯、与古不同」に続いて、「謂、九品既除、宜先開移徙、聴相并就、且明貢挙之法、不濫於境外、則冠帯之倫、将不分而自均、即土断之実行矣」とある。この部分は難解でいろいろな解釈がありそうであるが、越智にしたがって、「九品既除」の除を除任のいみとし、人々の移住先を本貫として貢挙をおこない、土断の実をあげようとするものと解しておく（前掲論文四八頁）。

二

上に漢代の郷里社会の崩壊が選挙制度の変化をうながしたことをのべた。しかし郷里社会の崩壊は、実は選挙制度のみならず、郷里社会の上に築かれていた漢代の官僚制度全体を解体させたのである。あらたにあらわれた九品中正の制度は、このような官僚制全体の変革としてうけとらなければならない面がある。

すでに越智が指摘したように、九品中正とか九品官人法とかいう成語は後世つくられたもので、この制度は初期の史料ではもっぱら九品とよばれている。さきに引用した魏志陳羣伝・魏略吉茂伝に、「九品を制す」とあるがごとくである。晋の傅玄の言には「九品の制を立つ」（太平御覧二六五職官部）とある。衛瓘や劉毅の上疏には「中正九品」という語がみえるが、これが中正と九品をならべたものであることは、劉毅が「中正を立て九品を定む」とか、「宜しく中正を罷め、九品を除くべし」などといっていることでわかる。この九品が官品の九品を指すものであることは、矢野・越智らのいうとおりであろう（矢野「魏晋中正制の性格についての一考察」、越智「州大中正の制に関する諸問題」）。漢代の官僚の地位の高下はその俸秩によってしめされた。九品官制の制定によってはじめて、あらゆる官職が一品から九品までの官品のどれかに配当されるようになり、これによって官僚制が統一的に体系づけられるようになったのである。

この九品官制制定とともに、官吏を採用するために、中正がおかれたものであることもあきらかである。魏略吉茂伝に「先時国家始めて九品を制し、各々諸郡をして中正を選置せしむ」とあるとおりである。つまり九品官制の設置とともに、官吏を選ぶための中正を同時においたのである。

このように九品官制の設置と選挙制度の改革が相ともなわなければならなかったのは何故か。漢の官僚制と選挙制度との関連をみれば、それは必然的なものであることがわかる。宮崎のたくみな表現を借りると、「漢代の官僚制は一口に云えば、官長の政治である。」「漢の官僚制度は誇張して言えば、夫々独立した官長の集合体だと言ってもよい。」中央でも地方でも全責任は一人の官長にまかされる。部下を選任するのも、官吏を推薦するのも、これらの官長がやる。そういうわけで、このような官僚制をかえて九品官制のような統一的な体系をつくろうとすれば、選挙制度もかえて中正のような専任官をおかなければならなかったのは当然である。そこには漢代の分権的な官僚制にかえて、権力の集中をはかろうとする方向がみられるのである。

漢の官僚制が右のように分権的な形をとったのは、共同体的な郷里社会の上に築かれていたからであろう。地方政治についていえば、それは中央から赴任した官長と、地方共同体の指導層との共治であったといってよい。それは三老以下郷官の地位の重さによってもしめされるし（宮崎前掲書七五頁）、地方官衙の掾史の任命にも、すでにふれた選挙のやりかたにもしめされている。だから郷里社会が崩壊してくれば、中央権力を強めないと、官僚支配は分解してしまう危険性があった。郷里社会を崩壊させていったのは、豪族勢力の発展である。この豪族勢力を基盤として、後漢末には地方割拠の政権ができる。曹操が実権をにぎると、これらに対抗するため法家的な集権政治をおこなわなければならなかった。これをついだ魏王朝で、前代にくらべて集権的な官僚制度がつくられたのは当然である。

しかし九品中正制度は一方的に中央権力を強めただけではない。この制度が豪族勢力の発展に対応したものだとすれば、豪族に対抗して中央権力を強める一方、地方で実力をにぎっている豪族勢力を顧慮しないわけにいかない。このような豪族勢力の意見を官人候補者の選挙に利用しようとしたのが、九品中正制度の一面である。

まず中正がどのようにして選ばれたかという点であるが、すでに引いた通典に、「州郡の賢にして識鑑ある者を擇んでこれと為す」というように、各州郡におかれた中正はその州郡の人物中から選ばれた。その場合、たとえば魏略吉茂伝には、「各〻諸郡をして中正を選置せしむ」とあって、中正は郡が選ぶとされており、このとき馮翊郡では同郡の人で散騎郎であった王嘉を「移」して中正にしたという実例があげられている。この移というのは、文書を馮翊郡から司徒にまわすといういみであるらしいから（越智「九品官人法の制定について」注二三）、魏代の中正は郡太守の推薦をうけて司徒が決定したものと思われる。晋代にもそのようなやりかたがうけつがれたことは、晋書四九任旭伝に、「州郡仍って挙げて郡中正と為す」とあることによってうかがわれる。このようなやりかたがとられたのは、郡中正の選任について地方の名士の輿論をきく必要があったからである。

魏末州大中正が設けられてから、その選任についてつぎのような話がある。さきにもふれた劉毅の晩年、司徒がかれを青州大中正に任じようとしたところ、かれが老年でいったん致仕した人物であることを理由に尚書が反対した。

これにたいし青州出身の陳留の相孫尹や光禄勲石鑒らが、劉毅は青州人士の支持があるゆえんを説いて、「用いざれば則ち清談倒錯せん」などといったので、毅の青州大中正が実現したといわれる（晋書劉毅伝）。清談はのちにもふれるが、士大夫社会の輿論である。州大中正の選任に、その州出身士大夫の輿論が影響したことがうかがわれる。右の場合おそらく司徒の選任も、青州人士の輿論を考慮したものだったのであろう。

晋代には州大中正が郡国中正の任免にもかかわれるようになったといわれる（唐長孺「九品中正制度試釋」一〇二頁、宮崎前掲書一五四頁以下、越智「州大中正の制に関する諸問題」五九頁以下）。こうなると郡の輿論はとかくきかれなくなる。晋書六〇李含伝に、

「司徒、含を選んで始平（郡）の中正を領せしむ。……尚書趙浚内寵あり、含の己に事えざるを疾む。……本州大中正傅祇、名義を以て含を貶す。」

とあるのなどは、まさしく中央の寵臣の意向にそって郡中正が罷免された例である。しかし州大中正の選任に上のような州の名士の輿論が反映しているとすれば、州大中正の行動はなにほどかそれに拘束されるのが一般であろう。右の李含の場合も、かれが州の豪族皇甫商ににくまれ、皇甫商が州の輿論に訴えたことがあるというから、そのような州論が影響しているのではないかと思われる。してみると州大中正の郡国中正にたいする支配は、むしろ大豪族勢力の発展によって、州の上流士人が輿論の主導権をにぎったことをしめすものと考えるべきである。

中正が人物を推薦する場合、一般に郷品・状・輩・簿世をつけて報告することになっていた。そのうち状や輩などは九品制制定のはじめからあったようで、状などは漢代の選挙の法をうけついだものであろうといわれる（唐長孺前掲論文一〇七頁）。しかし郷品がはじめからあったかどうか疑問とする意見もある。宮崎は九品官制の成立とともに、官職に九品があることを前提として、これに対応するよう郷品も九品の形をとったのであり、両者は同時に成立した

とする（前掲書九六頁）。これにたいし越智は、司馬懿が大豪族の勢力とむすんで、大豪族に都合のよい州大中正の制を設けたとき、郷品もはじめてできたという。それは郷品の制を通じて士人の間の階級差を截然としたものにし、最上級の士人層の官僚としての特権的地位を世襲的に保証しようとしたのであるという（前掲「州大中正の制定に関する諸問題」）。

しかし郷品制がいつつくられるにせよ、その前提としては、郷里社会全体における人物の等級づけが以前からおこなわれていたとみなければならないであろう。たびたび挙げる魏略吉茂伝に、

「嘉、茂を敍して上第に在らしむと雖も、而も状甚だ下からしむ。」

とあるように、状のほかに人物を段階づけることがはじめからおこなわれていたことはあきらかである。魏志九夏侯玄伝には、おそらく州大中正成立直後のことであろうが、夏侯玄が中正制を批判した言葉をのせて、

「州郡の中正、官才を品度してよりこのかた、年載あり。」

といっている。

九品中正制度成立以前にさかのぼると、たとえば後漢書七四下劉表伝には、建安十三年（二〇八）曹操が荊州の劉琮を降して、劉琮の部下の韓崇に荊州の人士を推薦させたときのことが、つぎのように記されている。

「乃ち崇の囚を釈き、其の名重きを以て、甚だ礼待を加う。州人の優劣を条品せしめ、皆擢んでてこれを用う。」

また呉志九魯粛伝には、同じ年赤壁の戦いの前、曹操の軍に抗戦するよう魯粛が孫権に説いたくだりに、

「今粛、操を迎えれば、操まさに粛を以て郷党に還付し、其の名位を品すべし。猶お下曹の従事たるを失わざらん。……将軍、操を迎うるも、安くにか帰る所あらんと欲する。」

とある。これらは後漢末郷党社会において人物を「品」し、それによって官僚に登用することがふつう考えられてい

たことをしめしている。これはまさに「郷邑の品第」（晋書六四会稽王道子伝）ともいうべきものであって、郷品の先縦とみるべきではないかと思われる。

なお魏志二三常林伝の注に引く魏略時苗伝に、

「還って太官の令と為り、其の郡の中正を領し、九品を定む。」

とある。時苗は建安中（おそらく十年代の末）寿春令となり、その後帰って太官の令たること数歳、典農中郎将に移って、年七十余で正始中に病没したのであるから、右の郡中正となった時期は州大中正設置以前とみてよいのではないか。[1] この場合の九品は官品でなく、郷品であろうと思われるから、もしこの叙述が正しいとすると、郷品の出現を州大中正の時期まで引き下げる説も、なお検討の余地があろう。

以上のように、郷品というものは本来官僚制から生まれたものではなく、郷里で人物の等級づけをおこなう伝統から生まれたと考えられる。だから中正がある人物の郷品を決定する場合は、郷里の評価を問うたのである。その手続きについて、世説新語言語篇の注に引く晋陽秋には、つぎのような有名な話がある。

「〔孫〕楚、……郷人王済は豪俊の公子なり。本州の大中正と為る。訪問、郷里の品・状を為《つく》るに、済曰く、『此の人は郷評の能く名づくる所に非ず、吾れ自らこれを状せん。』曰く、『天才英特、亮抜不羣』と。」

実際には中正の下に訪問という役人がいて、「郷里の品・状」をきめる。その際「郷評」を参照することがここにはしめされている。

三国志の著者の陳寿は蜀の人だが、父の喪中に病気になったので、婢に丸薬をつくらせたのが人に知られ、「郷党以て貶議を為」したといわれ、その結果郷品が下げられたか取り消されたのであろう、しばらく沈滞していた。その後孝廉に挙げられて官僚に復したが、母を洛陽に葬って郷里に葬らなかったというので、また「竟に貶議を被」ったといわれる（晋書八二陳寿伝）。竹林の七賢の一人の阮咸が姑の家の鮮卑の婢を愛して、姑が引越しをするとき、母の喪中にもかかわらず、これを追いかけてつれもどした話は有名であるが、そのため「世議紛然」として、阮咸は魏末以来閭巷に沈淪し、晋の咸寧中にいたってはじめて仕官することができたといわれる（世説新語任誕篇注所引竹林七賢論）。これは輿論の批判をうけて、しばらく中正から郷品が与えられなかったことをいみするであろう。

このような郷里における人物評価は、後漢末以来清議・清論・清談などとよばれた。右の陳寿らについて、益州（蜀）の何攀というものが梁益二州中正になったとき、晋書四五何攀伝によると、

「巴西の陳寿・閻乂、犍為の費立、皆西州の名士なり。竝びに郷閭に謗られて清議せらるること十余年。攀、曲直を申明し、咸冤濫を免れしむ。」

とされている。「郷党の貶議」をうけたこれらの人々は、清議をうけたといわれている。

太平御覧二六五職官部中正の条に引く荀勗集には、

「袁譲は豫州大中正たり。曰く、勅を被り臣を以て豫州大中正と為す。臣、州閭郷党と初め相接せず。臣の本州十郡、他州に方べて人数倍多なり。人物を品藻し、以て一州の清論を正すは、此れ乃ち臧否の本、風俗の重んずる所なり。」

とある。ここには州大中正の管轄がひろく、州閭郷党と接する困難さが出ているが、しかし中正なるものは、州閭郷党と接して、人物を品藻し、一州の清論を正すものと考えられている。ここにいう清論を正すとは、州閭郷党と接して人物を品藻することをいみするであろう。

晋の武帝司馬炎は実力者の子であったので、わかいとき郷品をうけようとすると、輩になる人物がみあたらなかった。そこで諸郡の中正らが相談して、州内から鄭黙をえらんだ。晋書四四鄭黙伝に、のち武帝が黙にむかって、

「昔州里卿を挙げて相輩す。かつて清談を累わすことありしを愧ず。」

といったというこの清談は、州の輿論と解してさしつかえないであろう(2)。

清議・清論・清談が郷論と同じだとすると、漢代の郷挙里選の場合とどうちがうのだろうか。この点にかんして、清議・郷論が誰によって決定されたかをみる必要がある。晋書四三王戎伝に、

「初め孫秀、琅邪郡の吏たり。品を郷議に求む。戎の従弟衍、将に許さざらんとせしも、戎これを品せんことを勧む。秀が志を得るに及び、朝士の宿怨ある者皆誅せらるるも、戎・衍は済《すく》わるるを獲たり。」

とある。この孫秀ははじめ琅邪郡の小吏にすぎなかったが、のち八王の乱がおこると、趙王倫の参謀となって、恨みのまとの貴族たち、潘岳・石崇・張華・裴頠といった人々を殺した人間である。戦乱に際会したとはいえ、かれが出世するきっかけをあたえたのは、王戎の勧告によってえた郷品である。そのため王戎・王衍は殺されないですんだというのであるが、この王氏は孫秀と対照的に、天下に名のきこえた琅邪郡の名族であり、戎、衍相次いで官吏の任免・推薦をあつかう吏部や司徒をにぎっていた。右の話では、孫秀に郷品を与えるも与えないも王氏の意向によってきまったようであり、郷品のもとをなす郷議、すなわち清議が、その地方の上流士人によって握られていたことをしめしている。

のちに東晋の将軍として有名になった陶侃は、はじめ県吏であった。寒門であったから、よい地位をえようにもまったくつてがなかった。かれは元来鄱陽郡の人であるが、廬江郡の尋陽に住んでいた。たまたま鄱陽の孝廉で名の知られた范逵がかれの家に泊まり、母のもてなしに感謝して、かれを廬江太守張夔に推薦してくれたので、郡に仕えるようになり、孝廉に挙げられて洛陽に出た。そこでも逵のおかげで同郷の楊晫に認められるようになった。これについて世説新語賢媛篇の注に引く王隠の晋書には、

「のち暐、十郡中正（江州大中正）と為り、侃を挙げて鄱陽の小中正と為す。始めて上品を得たり。」とある。このとき陶侃ははじめて上品（郷品一、二品）をえて、上流名士の仲間に加わるようになったのである。晋書六六陶侃伝には、楊暐について、「侃の州里なり、郷論の帰する所と為る」とある。この場合の郷論はおそらく同郷士大夫らの輿論であって、楊暐はそのなかの指導的人物ということであろう。一般に寒門はこのような郷論から無視されていたからこそ、范逵・楊暐らのつてをえなければ、陶侃の栄達はありえなかったのである。

また西晋の司徒であった何劭が死んで養子の岐がついだとき、中正の袁粲が弔問にいくと、岐は病気と称して辞退した。袁粲が怒って「今年は下婢の子の品を決せん」というと、王詮というものがこれをきいて、「何岐が罪多いことは前からわかっていたのに、何劭が死んだあと品を下すのは、中正が強を畏れて弱を易ったのだといわれるだろう」と忠告した（晋書三三何劭伝）。実際に袁粲が何劭に遠慮していたかどうかはともかく（その可能性は大いにあるが）、一般に中正が有力者をおそれ、郷品を手加減したことは当然あったはずで、つぎのような例もある。

西晋の吏部尚書になった劉頌の家は広陵第一の名門であった。この劉頌が女を臨淮の陳矯に嫁にやったが、陳矯はもと劉氏で、劉頌とも近い親戚関係にあり、養子にいって陳氏と改めたのである。そこで中正の劉友がこれを非難して上疏しようとしたが、陳騫というものに止められたという（晋書四六劉頌伝）。

以上のように清議・郷論が地方の上流士人ににぎられていた、またそれによって中正の郷品決定が制約されたとすると、それは漢代の郷挙里選の際の郷論とはちがってくる。私はさきに郷挙里選の衰退の背景に郷里社会の崩壊があるといったのであるが、郷里社会にかわってあらわれてくるのが、右のように上流士人によって掌握された郷村だったのであり、この新しい郷村の輿論が清議だったと考えられる。

そこで清議の沿革をうかがうと、郷論が清議とよばれるようになったのは後漢末からである。清議には本来郷論と

いういみはない。清議の原義に近いのは、たとえば晋書四三山簡伝に、

「簡、朝臣をして各〻知る所を挙げて、以て才を得るの路を広めんと欲す。上疏して曰く、……後漢に至っては、女君朝に臨み、尊官大位、阿保より出ず。斯れ乱の始めなり。是を以て郭泰・許劭の倫、清議を草野に明らかにし、陳蕃・李固の徒、忠節を朝廷に守る。」

とあるのなどであろう。これは後漢末宦官勢力と士大夫らがはげしく対立し、はては党錮事件をおこしたときのことであるが、そのとき太尉の李固や陳蕃は政府内で抵抗をおこない、郭泰・許劭らは野にあって清議を明らかにしたというのである。清議をあきらかにしたというのは、正論を唱えたとでもいういみであろう。

板野長八は「清談の一解釈」という論文のなかで、清談が一般に清い談論をいみする普通名詞でありながら、それが特殊な固有名詞として頻繁に用いられるようになるのは後漢末の党錮のときからで、当時の腐敗と混乱した世相のなかで、正論が清きものとして一般の目に映じ、特殊性をもつようになったからであるといういみのことをのべている。板野も指摘するように、清議も清談ももと同じいみの語であるから、清議も同様な環境のなかで後漢末の党錮のころから特殊ないみをもつようになったといってよいであろう。

ところで清議も清談も本来儒教的立場からなされたのであるが、それは漢代に儒教が国家の教学として採用され、それを基準にして官人の採用がなされたからである。その際人物がその基準にあっているかどうかは、郷里の輿論(郷論)によって判断した。そのことは前にものべたのであるが、この郷挙里選によって各地の郷里社会のなかから豪族・士大夫が台頭し、それらが郷里社会をこえたひろい連携をもつようになったのが後漢末であった。このような士大夫社会の連携ができていたからこそ、宦官政治にたいして清議を主張しえたのである。したがって清議が後漢末にあらわれた原因には、板野がとりあげたような思想史的な面から考えられるとともに、士大夫社会の形成という社

会史的な背景が考えられなければならない。すなわち清議は郷論の系統をひいて、当然儒教的なものであり、つぎにのべるように本来選挙のためにおこなわれていた人物批評を中心とするのであるが、その担い手としてあらたに士大夫層がたちあらわれることによって生まれてきたのである。

上の晋書山簡伝の文は、山簡が人材をえるために上疏したのであり、清議には人物批評のいみがこめられているが、そこに出てくる許劭は汝南の人で、毎日天下の人物を論じ、月旦評をおこなった人として有名である。この許劭と曹操とのあいだに興味深い話がある。曹操は宦官の養子の子であるから、その家は金持ちであったろうが、いわゆる濁流豪族で、一流名族（清流）のなかにくわえられなかった。しかも曹操は若いとき任侠放蕩の風があったから、ふつうの人は相手にしなかったが、太尉の橋玄がその人物を認めて、許劭と交際するようすすめた。魏志一武帝紀注に引く世語という書に、

「玄、太祖に謂いて曰く、『君未だ名あらず、許子将（許劭の字）に交わるべし』と。」

とある。「名」をもとめるために交際をすすめられたわけである。

そこで曹操は許劭のところへ出かけた。そのときのことを同じく武帝紀注に引く孫盛の異同雑語には、

「嘗て許子将に問う、『我れは如何なる人ぞ』と。子将答えず。固くこれに問う。子将曰く、『子は治世の能臣、乱世の姦雄なり』と。太祖大いに笑う。」

とあり、後漢書六八許劭伝には、

「曹操微なりし時、嘗て辞を卑くし礼を厚くして、己が目をつくらんことを求む。劭、其の人を鄙しとして肯て対えず。操乃ち隙を伺いて劭を脅かす。劭、已むを得ず曰く、『君は清平の姦賊、乱世の英雄なり』と。操大いに悦びて去る。」

とある。後者によれば曹操が許劭からえようとしたものは「目」である。これについて章懐太子注に「品藻して題目を為らしむ」とある。題目・目は漢代の選挙で人を推薦するときにつくる状である。後漢書許劭伝は、許劭の月旦評を「毎日輒ち其の品題を更む」といっている。要するに許劭の月旦評なるものは、本来漢代の選挙でおこなわれた人物批評を、宦官政治で選挙制度が乱された時に、士大夫が仲間うちで自主的におこなったものなのである。橋玄のすすめで曹操が目をうけに許劭のところにいったということは、濁流豪族出身の彼が、清流名士の仲間入りをはかったものにほかならない。

しかし上の二つの文章はいずれも、許劭がはじめ曹操を相手にしなかったことをしめしている。それは曹操が士大夫社会の仲間とはちがった型の人物で、とくに家柄がちがったことによるのであろう。そこで曹操は曹操らしく、許劭を脅迫して目を出させるのに成功した。「治世の能臣、乱世の姦雄」というのは曹操の人物評として名高いが、これこそ既述の孫楚にかんする「天才英特、亮抜不羣」と同じく、状の形式を踏襲したものである。ともかくこれによって曹操は月旦評の対象となったわけで、士大夫社会の仲間入りが許される、すくなくとも端緒がひらかれたわけである。かれが大いに悦んで去ったというのはゆえあるかなである。この有名なエピソードは、当時の清議の内容とその担い手をよくしめしている。

許劭の従兄に許靖がある。この二人は仲はよくなかったが、人物評ではならんで有名であった。蜀志八許靖伝に、

「少くして従弟劭と倶に名を知らる。並びに人倫臧否の称あり。」

といい、伝の末尾に、

「靖、年七十と雖も、人物を愛し楽しみ、後進を誘納して、清談倦まず。」

とある。この清談が人物を愛し楽しみ後進を誘納するものであるとすると、清議と同じく「人倫臧否」を指すもので

ある。

そのほか初期の清議の用例をみると、呉志一二張温伝に、

「〔暨〕豔は性狷厲、清議を為すを好む。時に郎署の混濁淆雑し、其の人に非ざるもの多きを見て、臧否区別し、賢愚貫を異にせしめんと欲す。」

とある。この清議は「臧否区別し、賢愚貫を異に」することを指すのであるから、官人の任用を前提とする人物批評である。魏志一一邴原伝注「原別伝」に、

「是の時、海内の清議に云う、青州に邴・鄭の学ありと。」

とある。これは邴原と鄭玄のことであり、ここにいう清議は士大夫社会の輿論であろうが、同時に人物批評のいみをふくんでいる。

以上のように清議は後漢末士大夫社会の輿論として生まれたのであるが、それは漢代の選挙の制度から転じたものであるから、依然として官人選挙のための人物批評・人物評価を内容としていた。魏志一二崔琰伝注に引く先賢行状に、

「清議を総べ斉えること十有余年。」

とある。崔琰は曹操の丞相府の東西曹の掾属となり、魏国成立後は尚書となってながらく選挙をつかさどった。右の文はそのことをさしている。もっとも曹操は破格の用人をおこなったことで有名である。士大夫社会の清議があらわれて以来、人物評価の権が各地の大豪族の手ににぎられたことは、中央政府にとってはなはだ好ましくないのである。豪族たちは交際をしげくして、仲間うちでたがいに推薦しあう。政府の施策についてはなかなかやかましいことをいうけれども、実際に役に立たない。こういう状態を「浮華」とよんで、曹操などはもっとも嫌ったのである。崔琰は

孔融らとならんで、そのために殺された人物である。しかし郷挙里選にかわるあたらしい選挙の基準はまだつくられなかった。

魏志一二何夔伝によると、丞相の東曹掾として、やはり曹操の選挙をあつかった何夔が、つぎのような提言をしている。

「軍興りてより以来、制度草創にして、用人未だ其の本を詳らかにせず。是を以て各〻其の類を引き、時に道徳を忘る。……おもえらく、今より用うる所は、必ず先ずこれを郷閭に核え、長幼をして順叙あり、相い踰越すること無からしめよ。」

人物採用の基準はこれを郷閭に問わなければならないというのである。あるいはこの何夔の場合、前代の郷挙里選の制度を想起しているのかもしれないが、すでに何度ものべたとおり、郷閭の内容は変化していて、上流豪族に支配されている。上流豪族が人物評価の権をにぎり、その清議が郷論の地位を占めるようになっているのである。とすれば政府は、上流豪族＝士大夫層のにぎるこの人物評価の権を、いかにして政府の人材選抜の機能にかえるかを考えなければならないであろう。

その点に関連して、すでに引いた後漢書劉表伝にある荊州人士採用の場合や、呉志魯粛伝の魯粛の言から想像されるように、曹操は地方豪族社会の人物評価にしたがって人物を採用したこともあるのである。その際かれらがおこなう郷閭の人物の等級づけが、郷品の起源であろうこともすでに言及した。中正と郷品の制度は曹操が死んでからあらわれてくるのであるが、それは右のような豪族社会の清議による人物登用を、制度として確立するものであったといってよいと思う[3]。

（1）州大中正の設置年代について、唐長孺前掲論文は正始元年（二四〇）から嘉平二年（二五〇）の間とし、越智「魏晋時代の州大中正の制」は嘉平元年（二四九）正月の司馬懿のクーデターの直後としている。

（2）清議・清論・清談が以上のようなものだとすると、司徒－州大中正－郡国中正は清議を掌ることになる。芸文類聚三一人部贈答条所引晋潘尼答傅咸詩序に、「司徒左長史傅長虞、会定九品、左長史宜得其才、屈為此職、此職執天下清議、宰割百国」とあり、同条所引傅咸又答潘尼詩并序に、「余性直而処清論褒貶之任」とある。また晋書劉毅伝の毅の上疏中に、「置州都（州大中正）者、取州里清議咸所帰服」とある。

（3）毛漢光『両晋南北朝士族政治之研究』上巻七四頁に、「九品中正を設立した意図は輿論を統一することにあった」といっているのは、豪族の輿論を政府の手におさめるにあったとする本論の説に近いと思う。

三

以上に郷里制の崩壊によって上流豪族が郷論をにぎるようになり、その郷論によって郷品が決定され、これをもとに官品をきめるのが九品中正制度であることをのべた。してみると郷里における豪族の地位こそが根本なのであって、それに応じて政治的地位が決定されるわけである。いわゆる貴族政治はその結果として成立するのであるから、貴族にとって官位が重要であることはもちろんであるけれども、その勢力の根源は郷里における地位だということになる。ところがさきにながながと引用した晋書衛瓘伝の衛瓘の言には、西晋時代の九品中正制度の運営を批判して、「遂に資を計って品を定む」る状態にいたったとのべられている。この言葉は、通典一四選挙歴代制の項に、「遂に官資を計って、以て品格を定む」といいかえられている。要するにその家が代々どの程度の官位にあったかをみて、中正が郷品をきめるようになったというのである。これでは郷論によって郷品をきめ、郷品によって官品をきめるのとはまったく逆で、父祖の官品によって郷品がきまることになる。九品中正制度はもともと上流豪族社会の成立に対応してできたものであるから、いったん上流豪族が一定の官位を占めるようになれば、このような運営がおこなわれるようになる素地はある。とくに州大中正の設置以後は、司馬氏の勢力にむすびついて高官を占めた大豪族たちが地方を支配することが容易になり、やがては門地二品とよばれる家柄が形成されるようになったといわれている。近ごろの研究は、このような九品中正制度の門閥主義的運営を強調する傾向にある。

もちろん衛瓘のいったことはまちがいではないし、東晋・南朝になればそうした傾向が一般的となって、衛瓘らのような批判さえおこなわれなくなる。しかし魏晋の段階では、すこし前の宮川尚志の研究などのように、一応個人の徳行にてらした判定がおこなわれたという指摘にも注意しなければならないだろう（「中正制度の研究」）。この段階では、家柄によってすべて郷品がきまったとか、中央大官の意のままに選挙がおこなわれたと結論づけるのは性急のようである。たとえば前節であげた孫秀や陶侃は、いずれも寒門である。かれらが官界に出ることができたのは、郷里の名士の力によるのであるが、このような寒門の登場は、多くの場合中央政府の実権をにぎる人々の意向に合致するものではなかった。それゆえ孫秀は八王の一人趙王倫の謀主となるや、多数の貴族たちを殺害する挙に出たのであり、陶侃が東晋の名将とされたのは、たまたま西晋末東晋初期の反乱を平定して軍事的才能をしめしたからである。

孫秀と同じような経歴をたどった李含の場合、かれは隴西郡の人であったが雍州の始平郡に僑居しており、やはり寒門であったが、両郡から孝廉に推挙された。ところがかれは同じ雍州の安定郡の豪族皇甫商ににくまれ、皇甫商は州の輿論にうったえて李含を非難した。しかし李含は州刺史の抜擢をうけ、やがて秦国郎中令となり始平郡の中正を兼ねるにいたっているから、州郡の輿論は単純ではないと思われる。このとき李含が尚書の趙浚からもにくまれ、中正の職をやめさせられたことは前にのべた。その結果李含は郷品二品から五品に下げられ、その後志をえず、八王の乱がおこると河間王顒の謀主となり、西晋貴族制に一撃をあたえる役割をはたしたのである（晋書六〇李含伝）。燕国の霍原も寒門からあげられて問題になった人である。かれは学問で名声があったので、燕国大中正劉沈がこれを寒素科に推薦した。寒素科は家柄が低いが徳行あるものをとくに抜擢するためおかれた科目である。ところが司徒府がこれを通そうとしなかったので、劉沈の抗議の結果、幽州出身の士大夫らの発言によって、結局郷品二品があたえられた。しかし霍原は仕官せず、隠逸として一生をおわった（晋書四六李重伝、同九四霍原伝）。当時の権門の間に伍していけなかったのであろうと、宮川はみている（前掲論文一八一頁）。これらの話は、魏晋の時代にはかならずしも名門でない人々も州郡からあげられたことをしめすとともに、一方ではこれを拒もうとする実権派の壁も中央にできていたことを推測させる。(1)

つぎに名門の人々といえども、郷里の輿論がつねにかれらに味方したとはかぎらなかったと思われる。これもさきに引いた孫楚について、晋書五六孫楚伝には、

「楚、才藻卓絶、爽邁不羣、陵傲する所多し、郷曲の誉を欠く。(2)」

とされており、州大中正の王済が訪問にむかって、「此の人は卿の能く目する所に非ず、吾れ自らこれを為さん」といって、例の「天才英博、亮抜不羣」という状をつくったといわれている。越智はこれを、州大中正の自主性がつよく、そのつくる状が郷土の輿論と遊離している証拠とする（「清議と郷論」）。たしかに右の場合そういう点もあろうが、同時に名士といえども郷里の評価をうけざるをえず、「郷曲の誉を欠く」場合があることに注意すべきであろう。すなわち個々の上流士人が存立していく背景には、かれらを批評する世界があったわけであり、もし王済が自分で状をつくらなかったなら、訪問はそのような郷曲の評判に左右されたかもしれないのである。

これもさきにあげた劉頌の場合、その女を近親のもと同姓者に嫁しづけたため、中正の劉友がこれを上疏しようと

したが、劉頌の勢力をみてやめてしまった。そのため劉友のことを、「郷里の公論は屈すと称」したといわれる（晋書四六劉頌伝）。この場合郷里の公論は直接には劉友にむけられているが、そのうらに劉頌にたいする批判をも蔵しているとみなければ、劉友にたいする非難はいみをなさないであろう。

士人が郷里の輿論に制約されると、郷論の次第によっては郷品を上下され、官人としての生命にひびいてくる場合がある。これも前にふれたが、蜀の陳寿は父の喪中に婢に丸薬をつくらせて郷党の貶議をうけ、のちにまた母を郷里に葬らなかったというのでふたたび貶議をうけた。この場合はいずれも郷品を下げられるか、おそらくは奪われて、官人として失脚したのである。陳寿と同郷の閻纉ははじめ継母とおりあいがわるく、継母の讒言によって十余年のあいだ清議を被っていた。のちに閻纉の誠意が母に通じて品を復することができたというのであるから（晋書四八閻纉伝）、清議を被るというのは、それによって郷品が奪われていたことをいみする。郷品がなければ官品もあたえられないのであるから、官人としての生活はできない。郷品は全官人生活の基礎なのである。

このような世界では、中央政府において官人を処罰し、その地位を上下する場合にも、郷品を変更しなければならないから、これを清議・郷論にゆだねるという場合がおこってくる。たとえば東晋のはじめ、淮南の小中正王式の継母は、さきに式の父が死んだのち、前夫の家に帰ってその家の養子に養われていて、彼女が死ぬにおよんで前夫に合葬された。王式がこの出母のために斉衰期の喪に服したのが礼に違うというので、御史中丞の卞壼が弾劾し、王式のみならず、上司の司徒、揚州大中正、淮南大中正までも官を免ずるよう上奏した結果、上司らは許されたが、王式は「郷邑の清議に付して、廃棄せらるること終身」の罪に処せられた（晋書七〇卞壼伝）。また西晋のはじめ、済陰の郗詵は衛国の文学となり、その地で母を失って、これを講堂の壁の外に仮葬したまま、喪があけてから征東参軍の職についった。これが問題になって、司徒の山涛がこれを清議にかけるのに賛成し、兗州大中正魏舒が弁護して（通典一〇三礼、仮葬墻壁間三年除喪議)、その結果は郷品を一品下すことになったらしい(通典一四選挙)。

これらは中央官人によって発議されたのであるが、結局郷論に付して、官人身分を剥奪するなり、郷品を下すなりしたのである。もっとも越智のあげたいくつかの例がしめすように(前掲論文)、晋代官人の発議によっておこなわれる処罰は、つねに郷論に付されるとはかぎらなかったようであるし、たとい郷論に付されても実質をもたなかった場合のあることが想像される。しかしそれらの処罰はみな清議とよばれており、それを担当するのがつねに中央の司徒、州郡の中正であったこと、その処罰の内容が廃棄終身、除名などとよばれる士身分の剥奪か、郷品の引き下げであったことなどからみると、それは本来司徒・中正のおこなう人事の一環だとみてまちがいないと思われる。おそらくそれらは郷論に付したうえで郷品を上下するのが本来の形であったはずである。

ともかく以上のようなわけで、地方の輿論から出るにせよ、中央官人の発議によるにせよ、いずれにしても官人の郷品はたえず上下される可能性があったのであり、仕官前に中正によってあたえられた郷品が固定的につづくわけではない。晋書一〇六石季龍載記にのる季龍の書に、

「魏の始めて九品の制を建つるや、三年に一たびこれを清定す。」

とあるのが正しいとすると、初期の九品中正制度は、定期的におそらくは郷品の改訂を予定していたのではないかと思われる。そこではいうまでもなく、士大夫の行動が郷論によって制約される世界が前提とされていたのである。

前節において上流士人が郷論を支配していることをのべ、本節においてかれらが郷論に制約される側面のあることをのべた。このような士人層をふくむところの郷里の世界は、それでは具体的にどのような構造をもつものなのだろうか。当時の清議の内容をみると、主として儒教的な礼、それも葬式や服喪にかんするものが圧倒的に多いことに気がつく。いうまでもなくそれは士大夫の親族生活の秩序維持にかかわるものであるが、とくに陳寿や郗詵らが親を郷

里に帰葬しなかったことで非難されたとすれば、それはかれらの生活基盤が郷里にふかく根ざしていたことと関連すると思われる。そこで想起されるのは、漢から六朝にかけて、豪族の勢力がしばしば「宗族・郷党」とのつながりによってしめされることである。豪族はたんなる大土地所有者として奴隷や小作人を支配するだけでなく、同族が一地方に聚居してたがいにたすけあい、周辺の自営農民をふくむところの同郷の人々にたいしてつよい規制力をもっており、またそれらの支持のうえに立っていた。このような豪族勢力の形態については、私はすでに別稿でふれたことがある（「均田制の成立」下）。

ただ九品中正制度などを通じて、これらの豪族の一部が官人化していく場合、郷里との関係がうすくなって、それとともに同族とのつながりも弱くなっていく傾向は免れないであろう。越智はこの点を強調して、州大中正設置後、上級士人層が政治的支配層として在地性を喪失し、下級士人層以下とのあいだに断層ができたと考える。そして同時に宗族の分裂もすすんだとみるのである（前掲論文）。

魏晋時代の貴族制がこのような一面をもつことを私は否定できないと思う。しかしそのような一面を強調することがはたして妥当であるかどうかについては疑問がある。そのような疑問を提示するものとして、これも私が別稿でふれたことのある豪族自衛団の構造をつぎにあげよう。西晋が衰えて胡族の活動がさかんになったころから、各地に塢主などとよばれる自衛集団ができたことは周知のとおりであるが、そのうち西晋の外戚であった河南陽翟の庾袞の集団について、晋書八八庾袞伝につぎのような記録がある。

「袞乃ち其の同族及び庶姓を率いて禹山に保つ。……袞曰く『古人言えるあり、千人聚りて一人を以て主と為さずんば、散ぜずんば則ち乱せんと。まさにこれをいかんせん』と。衆曰く『善し、今日の主は君に非ずして、誰ぞ』と。……乃ちこれに誓いて曰く『険を恃む無かれ、乱を怙む無かれ、鄰を暴する無かれ、屋を抽《やぶ》る無かれ、人の植うる所を樵採する無かれ、非徳を謀る無かれ、非義を犯す無かれ、戮力一心、同《とも》に危難を恤《すく》わん』と。衆咸これに従う。……邑をして其の長を推し、里をして其の賢を推さしめて、身づからこれを率ゆ。」

これは後漢末の有名な田疇の事例とともに（那波利貞「塢主攷」、増淵龍夫「戦国秦漢時代における集団の『約』について」、堀『曹操』）、当時の自衛団のなりたちをしめす最も詳細な記録である。庾袞がひきいた同族・庶姓が、かれの郷里の宗族・郷党の人々であったことはいうまでもない。この集団における庾袞の指導性は疑うべくもなかったと思われるが、しかもかれは一応「衆」の推戴ないしは支持をとりつけることによって、はじめて集団の長たる地位を確立しているのである。この「衆」が田疇の場合「父老」と記されているところをみると、庾袞の場合も実際には大衆をひきいる父老をとおして支持をうけたものと思われる。庾袞と大衆とのあいだにそのような中間的な指導者がいたことは、末文に邑里をして賢長を推戴させたとあることであきらかである。これを文字どおりうけとれば、中間的な指導者もそれぞれ衆の支持をとりつけるため努力したということになる。したがってこの集団は、庾袞を頂点に父老（あるいは小土豪）を中間にして大衆を底辺とする階層的な構造をもっており、しかもそれぞれの長が衆の推戴ないし支持をとりつけているという共同体的な性格をもそなえているといえる。

　このような集団の構造は戦乱時の特殊な現象ではない。北魏の名族博陵の崔挺について、魏書五七崔挺伝には、

「四時ごとに、郷人父老に書を与えて相存慰す。辞旨款備にして、得る者これを栄とす。」

とある。かれは郷里の人々の支持をえていたため、北魏末の乱にかれの子孝演は宗族をひきいて郡城を守ることができたのである。このように士人層の郷党にたいする平時の配慮が、戦時の擁立につながっていることはほかにもいくつかの例があげられる（前掲拙稿参照）。

　ここにうかがわれる郷党の構造は、上級士人層と下級士人層とのあいだに断層をみとめるイメージからかなりかけ

はなれている。もちろん官人として赴任する個々の士人が郷里から離れざるをえないことはいうまでもないし、他方自衛団の長などに擁立される豪族が、たとい名族であっても、郷里に近く居住する人々のなかから出たことは当然である。その点では中央官人と地方自衛団の指導者とは一応別であるかもしれない。それにしても官人と宗族・郷党との断絶を説くことは、この時代ではやはり尚早であろう。いずれにせよ私がここで指摘したいのは、右の集団にみられる構成原理と、九品中正制度とのあいだにある類似性である。すなわち戦乱時における豪族の指導性と、それを推戴する郷党の人々ないしはその指導者との関係は、平和時に郷里の有力者を、郷論をとおして官人におしあげていく九品中正制度のありかたと、関係がないかということである。

くりかえしていうが、上級士人層＝貴族が王朝の官人として郷里から遊離し、官僚機構に寄生していく傾向のあることを私は否定しない。ことに東晋・南朝になれば、華北の郷里をおわれた士人たちが南遷して政権をつくるのであるから、そのような傾向がいちじるしくなるのは当然である。宗族の分裂の例として越智があげるのも、いずれも南朝の事例である（「魏晋時代の州大中正の制」三五、三六頁）。しかしそこでは一面皇帝権力が強化され、それとむすんだ寒人層が台頭してくることが指摘されている。そのような傾向は北朝においても同じようにみられるといえる。そしてそのような現象の背後には、郷村の変貌も予測されなければならないであろう。貴族社会はこうして没落への道を歩みはじめることになろう。

（1）　矢野「状の研究」は、当時同一世代の人物の才能を対置した「斉名」という表現を分析した結果、これらが中央官僚家あるいは名門相互間で対置される場合が多いのは、晋代に政権周辺グループの勢力が確立し、それらの間で人物評がおこなわれたからであるが、他方西晋では高級官僚家でないものの斉名も多く、政権周辺グループはなお台頭しつつある家に寛容であり、開放的であったとしている。

（2）晋書三三鄭沖伝に、「遂博究儒術及百家之言、有姿望動必存礼、任真自守、不要郷曲之誉、由是州郡久不加礼」とある。郷曲の誉とは郷里における評判で、仕官のために必要だったのであるが、鄭沖は寒門だったから、自分で運動しなければならなかったのである。さてこれを前引の王戎伝に照らすと、「仰議」は「郷曲之誉」と同じで、孫秀はこれを求めたのである。郷曲の誉もこのように、実はこれを決定する身分の人物があるのが一般であったと思われる。

あとがき

私は本稿で、貴族と郷党との関係、いわばその在地性について強調しすぎたかもしれない。貴族が皇帝権力と官僚制に寄生する側面をもつことはやはり軽視してはならないであろう。しかし私と他の人々とのちがいは、貴族制のもつこのような両側面のいずれか一方を強調したにすぎないという性質のものではない。より根本的には、貴族制を把握するに際しての観点と方法の相違ではないかと思われる。

たとえば越智にとっては、官僚制が身分制的に構成されているのが貴族制なのであろう。その点で彼は多くの成果をあげており、私もそれに示唆される点が多い。問題は身分制の根源が皇帝権力にあるのか、それとも谷川もいうとおり、王朝的秩序の外部にあるのかという点にあろうと思われる。もっとも貴族の起源が、系譜的には漢代以来発展してきた豪族勢力にあることは誰しも異論ないであろう。ただ王朝が九品中正制度を通じて豪族社会に対応しようとしたところから貴族制が形成されたとすれば、貴族制は豪族の支配する郷党社会に基礎をおいていると考えるのである。

そのような郷党社会が、上級の官人支配層と下級の被支配者の対立からなる世界ではなく、貴族を頂点とした階層的な社会であろうことを最後に推測した。この点については郷党社会自体のより詳細な分析にまたなければならない。ともかく貴族制をこのような郷党社会との関連で理解するならば、その後の貴族制の推移も、皇帝権力や寒門層の台頭との関連においてばかりでなく、郷党社会の変貌が追求されなければならないであろう。

（東洋文化研究所紀要四五、一九六八）

参考文献目録

日　文

青山　定雄「五代・宋における南方の新興官僚―とくに系譜を中心として―」東洋文庫東洋学講座、一九五九。

池田　温『中国古代籍帳研究　概観・録文』東京大学出版会、一九七九。

「中国古代の租佃契」『東洋文化研究所紀要』六〇、六五、一一七、一九七三、七五、九二。

「敦煌の便穀歴」日野開三郎博士頌寿記念『論集　中国社会・制度・文化史の諸問題』中国書店、一九八七。

「敦煌における土地税役制をめぐって―九世紀を中心として―」唐代史研究会編『東アジア古文書の史的研究』刀水書房、一九九〇。

池田　誠「唐宋の変革をどう展開するか」『東洋史研究』一三―三、一九五四。

石母田　正「中世史研究の起点―封建制への二つの道について―」遠山茂樹編『日本史研究入門』東京大学出版会、一九四九。『増補中世的世界の形成』に再録、東京大学出版会。『石母田正著作集』第六巻、岩波書店。

「商人の妻」『文学』一七―一〇、一九四九。『歴史と民族の発見』に再録、東京大学出版会。『著作集』第十五巻。

「封建国家に関する理論的諸問題」歴史学研究会大会報告『国家権力の諸段階』岩波書店、一九五〇。

『著作集』第八巻。

「古代末期の政治過程および政治形態－古代世界没落の一考察－」『社会構成史大系』日本評論社、一九五〇。『著作集』第六巻。

板野　長八「清談の一解釈」『史学雑誌』五〇－三、一九三九。

岩佐精一郎「河西節度使の起源に就いて」『東洋学報』二三－二、一九三六。『岩佐精一郎遺稿』に再録、私家版。

宇都宮清吉「唐代貴人に就いての一考察」『史林』一九－三、一九三四。『中国古代中世史研究』に再録、創文社。

越智　重明『魏晋南朝の政治と社会』吉川弘文館、一九六三。

「九品官人法の制定について」『東洋学報』四六－二、一九六三。

「魏晋時代の州大中正の制」『東洋史学』二六、一九六三。

「州大中正の制に関する諸問題」『史淵』九四、一九六五。

「清議と郷論」『東洋学報』四八－一、一九六五。

『魏晋南朝の貴族制』研文出版、一九八二。

大川富士夫「東晋・南朝時代における山林藪沢の占有」『立正史学』二五、一九六一。『六朝江南の豪族社会』に再録、雄山閣。

岡崎　文夫「九品中正考」『支那学』三－三、一九二二。『南北朝に於ける社会経済制度』に再録、弘文堂。

『魏晋南北朝通史』弘文堂、一九三二。

加藤　繁「唐の荘園の性質及び其の由来に就いて」『東洋学報』七－三、一九一七。『支那経済史考証』上巻に再録、東洋文庫。

狩野　直禎「唐宋時代の荘園の組織並に其の聚落としての発達に就きて」『狩野教授還暦記念支那学論叢』一九二八。『支那経済史考証』上巻に再録。
狩野　直禎「唐代に於ける不動産質に就いて」『東洋学報』一二—一、一九二二。『支那経済史考証』上巻に再録。
狩野　直禎『支那経済史概説』弘文堂、一九四四。
狩野　直禎「陳羣伝試論」『東洋史研究』二五—四、一九六七。
貝塚　茂樹「中国古代封建社会の構造」『人文』三—二、人文科学委員会総合学術大会研究報告要旨、一九四九。
金井　之忠「唐の塩法」『文化』五—五、一九三八。
金井　徳幸「宋代の村社と社神」『東洋史研究』三八—二、一九七九。
金岡　昭光『敦煌の文学』大蔵出版、一九七一。
金岡　昭光『敦煌の民衆—その生活と思想—』評論社、一九七二。
川勝　義雄「シナ中世貴族政治の成立について」『史林』三三—四、一九五〇。『六朝貴族制社会の研究』に再録、岩波書店。
河地　重造「晋の限客法にかんする若干の考察—中国三世紀の社会に関連して—」『経済学雑誌』三五—一・二、一九五六。
木村　正雄「中国古代専制主義とその基礎」『歴史学研究』二二九、一九五九。『中国古代農民叛乱の研究』に再録、東京大学出版会。
菊池　英夫「唐代府兵制度に関する一疑問」『史淵』五六、一九五三。
菊池　英夫「五代禁軍の地方屯駐について」『東洋史学』一一、一九五四。

栗原　益男　「唐五代の仮父子的結合の性格―主として藩帥的支配権力との関連において―」『史学雑誌』六二―六、一九五三。
「五代禁軍に於ける侍衛親軍司の成立」『史淵』七〇、一九五六。
「唐代兵募の性格と名称とについて」『史淵』六七、一九五六。
「唐末五代の仮父子的結合における姓名と年齢」『東洋学報』三八―四、一九五六。
「唐末の土豪的在地勢力について―四川の韋君靖の場合―」『歴史学研究』二四三、一九六〇。
桑田　六郎　「黄巣広州陥落と新旧唐書」『神田博士還暦記念書誌学論集』一九五七。
桑原　隲蔵　「カンフウ問題殊にその陥落年代に就いて」『史林』四―一、一九一八。『東西交通史論叢』に再録、弘文堂。
小口　彦太　「吐魯番発見唐代賃貸借・消費貸借文書について」『比較法学』一〇―一、一九七五。
侯外廬、島田虔次訳　「唐宋時代の農民戦争の歴史的特徴」『東洋史研究』二三―一、一九六四。
佐竹　靖彦　「唐末宋初の敦煌地方における戸籍制度の変質について」『岡山大学法文学部学術紀要』三〇、一九七〇。
佐藤　武敏　「敦煌発見唐水部式残巻訳注」『中国水利史研究』二、一九六七。
「唐代地方における水利施設の管理」『中国水利史研究』三、一九六七。
志賀　義雄　「五代王朝の支配構造―主として五代藩鎮の成立過程について―」『桐蔭高等学校紀要』一九五三。
「五代藩鎮構成の拡大過程について―五代王朝の支配構造（続）―」『桐蔭高等学校紀要』一九五六。
白鳥　庫吉　「東胡民族考」『史学雑誌』二一―四から二四―七まで、一九一〇―一三。『白鳥庫吉全集』第四巻、岩波書店。

鈴木　　俊　「唐代均田法施行の意義について」『史淵』五〇、一九五一。『均田、租庸調制度の研究』に増補収録、刀水書房。

周藤　吉之　『中国土地制度史研究』東京大学出版会、一九五四。

「宋元時代の佃戸制に就いて」『史学雑誌』四四―一〇・一一、一九三三。『唐宋社会経済史研究』に再録、東京大学出版会。

「宋代の佃戸制―奴隷耕作との関連に於て―」『歴史学研究』一四三、一九五〇。『中国土地制度史研究』に再録。

「宋代官僚制と大土地所有」『社会構成史大系』日本評論社、一九五〇。

「五代節度使の牙軍に関する一考察―部曲との関連において―」『東洋文化研究所紀要』二、一九五一。

「五代節度使の支配体制」『史学雑誌』六一―五、一九五二。『宋代経済史研究』に再録、東京大学出版会。

「唐末五代の荘園制」『東洋文化』一二、一九五三。

「吐魯番出土の佃人文書研究―唐代前期の佃人制―」『西域文化研究』二、法蔵館、一九五九。『唐宋社会経済史研究』に再録。

「佃人文書研究補考―特に郷名の略号記載について―」『唐宋社会経済史研究』一九六五初稿。

「南宋の田骨・屋骨・園骨―特に改典就売との関係について―」『東方学』二一、一九六〇。『唐宋社会経済史研究』に再録。

曾我部静雄　『宋代財政史』生活社、一九四一。

相田　洋　「宋代軍隊の入墨について」『支那政治習俗論攷』筑摩書房、一九四三。

「変文の世界」『福岡教育大学紀要』二六号第二分冊、一九七七。

田仲　一成　「中国地方劇の発展構造」『東洋文化』五八、一九七八。

高橋　芳郎　「唐宋間消費貸借文書試釈」『史朋』一四、一九八二。

谷川　道雄　「唐代の藩鎮について－浙西の場合－」『史林』三五－三、一九五二。

「『安史の乱』の性格について」『名古屋大学文学部研究論集』八、一九五四。

「龐勛の乱について」『名古屋大学文学部研究論集』一一、一九五五。

「武后朝末年より玄宗朝初年にいたる政争について－唐代貴族制研究への一視角－」『東洋史研究』一四－四、一九五六。

「六朝貴族制社会の史的性格と律令体制への展開」『社会経済史学』三一－一～五、一九六六。

『中国中世社会と共同体』国書刊行会、一九七六。

『中国中世の探求－歴史と人間－』日本エディタースクール出版部、一九八七。

玉井　是博　「唐の賤民制度とその由来」京城帝国大学『朝鮮支那文化の研究』一九二九。『支那社会経済史研究』に再録、岩波書店。

「支那西陲出土の契」『京城帝国大学創立十週年記念論文集史学篇』一九三六。同右書に再録。

「敦煌文書中の経済史資料」『青丘学叢』二七、一九三七。同右書に再録。

「唐代防丁考」『池内博士還暦記念　東洋史論叢』一九四〇。同右書に再録。

竺沙　雅章　「敦煌の僧官制度」『東方学報』京都三一、一九六一。『中国仏教社会史研究』に再録、同朋舎。

礪波　護「敦煌の寺戸について」『史林』四四－五、一九六一。同右書に再録。

「敦煌出土『社』文書の研究」『東方学報』京都三五、一九六四。同右書に再録。

「唐の律令体制と宇文融の括戸」『東方学報』京都四一、一九七〇。『唐代政治社会史研究』に再録、同朋舎。

土肥義和「唐・北宋間の『社』の組織形態に関する一考察－敦煌の場合を中心に－」堀敏一先生古稀記念『中国古代の国家と民衆』汲古書院、一九九五。

遠山茂樹『戦後の歴史学と歴史意識』岩波書店、一九六八。

東洋文庫敦煌文献研究委員会編『スタイン敦煌文献及び研究文献に引用紹介せられたる西域出土漢文文献分類目録初稿』Ⅰ、一九六四、Ⅱ、一九六七。

那波利貞「唐代の社邑に就きて」『史林』二三－二、三、四、一九三八。『唐代社会文化史研究』に再録、創文社。

「梁戸攷」『支那仏教史学』二－一、二、四、一九三八。同右書に再録。

「仏教信仰に基きて組織せられたる中晩唐五代時代の社邑に就きて」『史林』二四－三、四、一九三九。同右書に再録。

「中晩唐時代に於ける偽濫僧に関する一根本史料の研究」『龍谷大学仏教史学論叢』一九三九。

「敦煌発見文書に拠る中晩唐時代の仏教寺院の銭穀布帛類貸附営利事業運営の実況」『支那学』一〇－三、一九四一。

「中晩唐時代に於ける敦煌地方仏教寺院の碾磑経営に就きて」『東亜経済論叢』一－三、四、二－二、一九四一、四二。

内藤　湖南　「唐代の農田水利に関する規定に就きて」『史学雑誌』五四－一、二、三、一九四三。

「塢主攷」『東亜人文学報』二－四、一九四三。

「唐代行人攷」『東亜人文学報』三－四、一九四四。

「俗講と変文」『仏教史学』二、三、四、一九五〇。前掲『唐代社会文化史研究』に再録。

「概括的唐宋時代観」『歴史と地理』九－五、一九二二。『東洋文化史研究』に再録、弘文堂、一九三六。

『内藤湖南全集』第八巻、筑摩書房。

『中国近世史』一九四七。原題『支那近世史』として『全集』第十巻に再録。

内藤　戊申　「東洋史の時代区分論－学説史的展望－」『愛知大学文学論叢』九、一一、一九五四、五五。

中田　薫　「律令時代の土地私有権」『国家学会雑誌』四二－一〇、一九二八。『法制史論集』第二巻に再録、岩波書店。

「徳川時代に於ける人売及び人質契約補考」『国家学会雑誌』四九－一一、一九三五。『法制史論集』第三巻に再録。

長沢　和俊　『敦煌』筑摩書房、一九六五。第三文明社より再刊、一九七四。

仁井田　陞　『唐宋法律文書の研究』東方文化学院、一九三七。

『支那身分法史』座右宝刊行会、一九四二。

「古代支那・日本の土地私有制」『国家学会雑誌』四三－一二、四四－二、七、八、一九二九、三〇。

『中国法制史研究　土地法・取引法』に再録、東京大学出版会。

「吐魯番発見の唐代取引法関係文書」『東洋学報』二六－一、一九三八。同右書に再録。

「中国社会の家父長制と封建」『人文』三―二、一九四九。

「中国社会の『封建』とフューダリズム」『東洋文化』五、一九五一。『中国法制史研究　奴隷農奴法・家族村落法』に再録。

「中国の農奴・雇傭人の法的身分の形成と変質―主僕の分について―」野村博士還暦記念論文集『封建制と資本制』一九五六。同右書に再録。

「元明時代の村の規約と小作証書など―日用百科全書二十種のうちから―」『東洋文化研究所紀要』八、一九五六。同右書に再録。

「唐末五代の敦煌寺院佃戸関係文書―人格的不自由規定について―」『西域文化研究』二、法蔵館、一九五九。同右書に再録。

「敦煌発見の唐宋取引法関係文書（その二）」『中国法制史研究　土地法・取引法』一九六〇。

「吐魯番発見の唐代租田文書の二形態」『東洋文化研究所紀要』二三、一九六一。『中国法制史研究　奴隷農奴法・家族村落法』に再録。

「吐魯番発見の高昌国および唐代租田文書」『東洋文化研究所紀要』二九、一九六三。『中国法制史研究　法と慣習・法と道徳』に再録。

西川　正夫
「呉・南唐両王朝の国家権力の性格―宋代国制史研究序説のために、其の一―」『法制史研究』九、一九五九。

西嶋　定生
「中国古代帝国形成の一考察―漢の高祖とその功臣―」『歴史学研究』一四一、一九四九。『中国古代国家と東アジア世界』に再録、東京大学出版会。

「中国古代社会の構造的特質に関する問題点－中国史の時代区分論争に寄せて－」鈴木俊・西嶋定生編『中国史の時代区分』東京大学出版会、一九五七。同右書に再録。

西村　元佑　「吐魯番出土文書より見たる均田制の施行状態－給田文書・退田文書を中心として－」『西域文化研究』二、三、法蔵館、一九五九、六〇。『中国経済史研究』に再録、東京大学出版会。

「唐代敦煌差科簿を通じてみた唐均田制時代の徭役制度－大谷探検隊将来、敦煌・吐魯番古文書を参考史料として－」『西域文化研究』三、法蔵館、一九六〇。『中国経済史研究』に再録、東洋史研究会。

布目　潮渢　「唐初の貴族」『東洋史研究』一〇－三、一九四八。『隋唐史研究－唐朝政権の形成－』に再録、東洋史研究会。

羽田　亨　「唐代回鶻史の研究」『羽田博士史学論文集』上巻歴史篇、東洋史研究会、一九五七。

濱口　重國　「府兵制度より新兵制へ」『史学雑誌』四一－一一、一二、一九三〇。『秦漢隋唐史の研究』上巻に再録、東京大学出版会。

「宋代衙前の起源に就いて」『史学雑誌』四三－七彙報、一九三二。『秦漢隋唐史の研究』下巻に収録。

「晋書武帝紀に見えたる部曲将・部曲督と質任」『東洋学報』二七－三、一九四〇。『唐王朝の賤人制度』に再録、東洋史研究会。

「南北朝時代の兵士の身分と部曲の意味の変化に就いて」『東方学報』東京一二－一、一九四一。同右書に再録。

「唐代の部曲といふ言葉について－附、随身－」『山梨大学学芸学部研究報告』六、一九五五。

日野開三郎　『支那中世の軍閥』三省堂、一九四二。『日野開三郎　東洋史学論集』第一巻に再録、三一書房。

『唐代租調庸の研究』Ⅰ色額篇、一九七四、Ⅱ課輸篇上、一九七五、Ⅲ課輸篇下、一九七七、自費出版。

「五代鎮将考」『東洋学報』二五―二、一九三八。

「五代の庁直軍に就いて」『史学雑誌』五〇―七、八、一九三九。『論集』第二巻に再録。

「唐代藩鎮の跋扈と鎮将」『東洋学報』二六―四、二七―一、二、三、一九三九、四〇。『論集』第一巻に再録。

「宋代稲作貸給種及布種畝額考」『史淵』四〇、一九四九。

「唐末混乱史稿」『東洋史学』一〇、一一、一九五四。

「大唐府兵制時代の団結兵に就いて」『法制史研究』五、一九五四。『論集』第一巻に再録。

「両税法と物価」『東洋史学』一二、一三、一四、一九五五。『論集』第四巻に再録。

「藩鎮時代の州税三分制に就いて」『史学雑誌』六五―七、一九五六。『論集』第四巻に再録。

「玄宗時代を中心として見たる唐代禾田地域の八・九両等戸に就いて」『社会経済史学』二一―五、六、一九五六。

「藩鎮体制下に於ける唐朝の振興と両税上供」『東洋学報』四〇―三、一九五七。『論集』第四巻に再録。

日比野丈夫　「郷亭里についての研究」『東洋史研究』一四―一、二、一九五五。『中国歴史地理研究』に再録、東洋史研究会。

藤枝　晃　「沙州帰義軍節度使始末」『東方学報』京都一二―三、四、一三―一、二、一九四一、四二、四三。

「敦煌の僧尼籍」『東方学報』京都二九、一九五九。

「吐蕃支配期の敦煌」『東方学報』京都三一、一九六一。

藤田　豊八　「南漢劉氏の祖先につきて」『東洋学報』六―二、一九一六。『東西交渉史の研究 南海篇』に再録、星文館。

藤本勝次訳　『シナ・インド物語』関西大学東西学術研究所、一九七六。

船越　泰次　「唐代両税法における斛斗の徴科と両税銭の折糴・折納問題―両税法の課税体系に関連して―」『東洋史研究』三二―四、一九七三。『唐代両税法研究』に再録、汲古書院。

「唐宋両税法の課税体系について―特にその推移の問題を中心として―」『東北大学東洋史論集』一、一九八四。同右書に再録。

古島　和雄　「『東洋的近世』と『封建主義への傾斜』―中国中世史研究の最近の動きについて―」『歴史評論』二七、一九五一。

プーリィブランク、E・G・中根千枝訳「安禄山の叛乱の政治的背景」『東洋学報』三五―二、三・四、一九五二。

堀　敏一　『均田制の研究』岩波書店、一九七五。

「五代宋初における禁軍の発展」『東洋文化研究所紀要』四、一九五三。

「唐末の変革と農民層の分解」『歴史評論』八八、一九五七。

「均田制の成立」『東洋史研究』二四―一、二、一九六五。前掲『均田制の研究』に改訂再録。

「西域文書よりみた唐代の租佃制」『明治大学人文科学研究所紀要』五、一九六六。同右書に改訂再録。

「中国古代の土地所有制」同右書、一九七五。

「計帳と戸籍に関する私見」唐代史研究会報告Ｖ『中国における律令制の展開とその国家・社会との関係』一九八四。『中国古代の家と集落』に再録、汲古書院。

「唐代の郷里制と村制」同右書、一九九六。

「在唐新羅人の活動と日唐交通」『東アジアのなかの古代日本』研文出版、一九九八。

『曹操―三国志の真の主人公―』刀水書房、二〇〇一。

前田　直典　「東アジヤに於ける古代の終末」『歴史』一―四、一九四八。前掲『中国史の時代区分』および『元朝史の研究』に再録、東京大学出版会。

増淵　龍夫　「漢代における民間秩序の構造と任侠的習俗」『一橋論叢』二六―五、一九五一。『中国古代の社会と国家』に再録、弘文堂。増補版、岩波書店。

「戦国秦漢時代における集団の『約』について」『東方学論集』三、一九五五。同右書に再録。

「戦国官僚制の一性格」『社会経済史学』二一―三、一九五五。同右書に再録。

松井　秀一　「八世紀中葉頃の江淮の叛乱―袁兆の叛乱を中心として―」『北大史学』二、一九五四。

「唐代後半期の江淮について―江賊及び康全泰・裘甫の叛乱を中心として―」『史学雑誌』六六―二、一九五七。

松永　雅生　「均田制下に於ける唐代戸等の意義」『東洋史学』一二、一九五五。

松本　善海　『世界の歴史　東洋』増補版、毎日新聞社、一九五二。

宮川　尚志　「中正制度の研究」『東方学報』京都一八、一九五〇。『六朝史研究　政治・社会篇』に再録、日本学術振興会。

「禅譲による王朝革命の特質」『東方学』一一、一九五五。

「禅譲による王朝革命の研究」前掲『六朝史研究　政治・社会篇』一九五六。

宮崎　市定　『東洋的近世』教育タイムス社、一九五〇。中公文庫、一九九九。『アジア史論考』上巻に再録、朝日新聞社。『アジア史論』に再録、中公クラシックス。『宮崎市定全集』第二巻、岩波書店。
「宋代以後の土地所有形体」『東洋史研究』一二―一。『アジア史研究』第四に再録、東洋史研究会。中公文庫版『東洋的近世』に再録。『全集』第十一巻。
「宋代州県制度の由来とその特色―特に衙前の変遷について―」『史林』三六―二、一九五三。『アジア史研究』第四に再録。『全集』第十巻。
『九品官人法の研究―科挙前史―』東洋史研究会、一九五六。中公文庫、一九九七。『全集』第六巻。
武藤ふみ子　「唐代敦煌の農田水利規定について」『駿台史学』三九、一九七六。
村上　正二　「元朝に於ける投下の意義」『蒙古学報』一、一九四〇。『モンゴル帝国史研究』に再録、風間書房、一九九三。
森三樹三郎　「六朝士大夫の精神」『大阪大学文学部紀要』三、一九五四。単行本『六朝士大夫の精神』に再録、東洋史研究会。
守屋美都雄　「漢の高祖集団の性格について」『歴史学研究』一九八、一九九、一九五二。『中国古代の家族と国家』に再録、東洋史研究会。
矢野　主税　「唐代に於ける仮子制について」『史学研究記念論叢』一九五〇。
「唐代に於ける仮子制の発展について」『西日本史学』六、一九五〇。
「藩鎮親衛軍の組織と性格」『長崎大学学芸学部人文社会科学研究報告』一、一九五一。
「牙中軍統制の問題」同右誌二、一九五二。

「唐代監軍使制の確立について」『西日本史学』四、一九五三。

「魏晋中正制についての一考察」『史学研究』八二、一九六一。

「魏晋中正制の性格についての一考察－郷品と起家官品の対応を手掛りとして－」『史学雑誌』七二－二、一九六三。

「魏晋南朝の中正制と門閥社会」『長大史学』八、一九六四。

「状の研究」『史学雑誌』七六－二、一九六七。

『門閥社会成立史』国書刊行会、一九七六。

山崎　宏　「隋唐時代に於ける義邑及び法社」『支那中世仏教の展開』清水書店、一九四二。

山本　達郎　「敦煌発見オルデンブルグ将来田制関係文書五種」『石田博士頌寿記念東洋史論叢』一九六五。

「敦煌発見の消費貸借に関する一史料」『国際基督教大学アジア文化史研究』一一、一九七九。

善峰　憲雄　「黄巣の乱」『東洋史研究』一四－四、一九五六。『中国史管見－古稀記念 善峰先生論作輯－』に再録。龍谷大学東洋史学研究会。

魯迅著、増田渉訳『支那小説史』サイレン社、一九三五。岩波文庫（二冊本）、一九四一、四二。

中　文

栄新江編著『英国図書館蔵敦煌漢文非仏教文献残巻目録（S6981－13624）』台北、新文豊出版公司、一九九四。
王　寿南「論僕固懐恩之叛」黄約瑟・劉健明編『隋唐史論集』香港大学亜洲研究中心、一九九三。
王　重民編「伯希和刧経録」『敦煌遺書総目索引』北京、商務印書館、一九六二。中華書局重印、一九八三。

王　　丹岑　『中国農民革命史話』国際文化服務社、一九五二。
王　　仲犖　「試釈吐魯番出土的幾件有関過所的唐代文書」『文物』一九七五―七。
韓　　国磐　「根拠敦煌和吐魯番発現的文件略談有関唐代田制的幾個問題」『歴史研究』一九六二―四。韓著『隋唐五代史論集』三聯書店、一九七九、沙知・孔祥星編『敦煌吐魯番文書研究』蘭州、甘粛人民出版社、一九八三に再録。
姜　　伯勤　「敦煌文書中的唐五代〝行人〟」『中国史研究』一九七九―二。
『唐五代敦煌寺戸制度』北京、中華書局、一九八七。
『敦煌社会文書導論』（敦煌学導論叢刊4）台北、新文豊出版公司、一九九二。
呉　　震　「介紹八件高昌契約」『文物』一九六二―七・八。
「吐魯番文書」『歴史教学』一九八〇―五。
呉　　廷燮　『唐方鎮年表并考証』『二十五史補編』六、台北、開明書店、一九五九。北京、中華書局、一九八〇。
侯　　外廬　「中国封建社会土地所有制形式的問題―中国封建社会発展規律商兌之一」『中国封建社会史論』人民出版社、一九七九。『侯外廬集』中国社会科学出版社、二〇〇一。
黄　　永年　「論安史之乱的平定和河北藩鎮的重建」黄著『唐代史事考釈』台北、聯経出版事業公司、一九九八。
国家文物局古文献研究室・新疆維吾児自治区博物館・武漢大学歴史系編『吐魯番出土文書』全一〇冊、文物出版社。
章　　羣　『唐代蕃将研究』台北、聯経出版事業公司、一九八六。
新疆維吾児自治区博物館「吐魯番阿斯塔那三六三号墓発掘簡報」『文物』一九七二―二。
「吐魯番阿斯塔那―哈拉和卓古墓群発掘簡報（一九六三―一九六五）」『文物』一九七三―一〇。

同博物館・西北大学歴史系考古専業「一九七三年吐魯番阿斯塔那古墓群発掘簡報」『文物』一九七五－七。
岑　仲勉『隋唐史』北京、高等教育出版社、一九五七。中華書局、一九八二。
『府兵制度研究』上海人民出版社、一九五七。
全　漢昇『唐宋帝国与運河』南京、国立中央研究院歴史語言研究所専刊、一九四四。
孫　祚民『中国農民戦争問題探索』上海、新知識出版社、一九五六。
孫　達人「対唐至五代租佃契約経済内容的分析」『歴史研究』一九六二－六。前掲『敦煌吐魯番文書研究』に再録。
中国科学院歴史研究所資料室編『敦煌資料』第一輯、中華書局、一九六一。
張　蔭才「吐魯番阿斯塔那左憧熹墓出土的幾件唐代文書」『文物』一九七三－一〇。
趙　儷生「通過五代十国到宋初的歴史過程認識唐末農民起義之更深遠的社会意義」『文史哲』一九五六－五。
趙儷生・高昭一『中国農民戦争史論文集』新知識出版社、一九五四。
陳　寅恪『唐代政治史述論稿』重慶、商務印書館、一九四四。北京、三聯書店、一九五六再版。
陳　垣『中西回史日暦』北京大学研究所、一九二八。
陳　国燦「唐代的民間借貸－吐魯番敦煌等地所出唐代借貸契券初探」唐長孺主編『敦煌吐魯番文書初探』武漢大学出版社、一九八三。
陳　述「曳落河考釈及其相関諸問題」南京、『国立中央研究院歴史語言研究所集刊』七－四、一九三八。
鄭学檬・楊際平訳「中唐以後敦煌税法的変化」『中国社会経済史研究』一九九〇－一。
吐魯番文書整理小組・新疆維吾児自治区博物館編「吐魯番晋－唐墓葬出土文書概述」『文物』一九七七－三。
唐　耕耦「敦煌写本便物暦初探」北京大学中国中古史研究中心編『敦煌吐魯番文献研究論集』五、北京大学出版社、一九九〇。
唐耕耦・陸宏基編『敦煌社会経済文献真蹟釈録』全五輯、香港、古佚小説会、一九八六－九〇。
唐　長孺「九品中正制度試釈」『魏晋南北朝史論叢』北京、三聯書店、一九五五。
「南朝的屯・邸・別墅及山沢佔領」『中国歴代土地制度問題討論集』三聯書店、一九五七。『山居存稿』に再録。中華書局、一九八九。
「関于武則天統治末年的浮逃戸」『歴史研究』一九六一－六。
鄧　広銘「試談晩唐的農民起義」歴史教学月刊社編『中国農民起義論集』北京、五十年代出版社、一九五四。
敦煌文物研究所資料室「従一件奴婢買売文書看唐代的階級圧迫」『文物』一九七二－一二。
方　広錩『英国図書館蔵敦煌遺書目録　斯6981号～斯8400号』北京、宗教文化出版社、二〇〇〇。
毛　漢光『両晋南北朝士族政治之研究』二冊、台北、中国学術著作奨励委員会、一九六六。
楊　志玖「黄巣大起義」前掲『中国農民起義論集』一九五四。
『隋唐五代史綱要』上海、新知識出版社、一九五五。
楊　中一「部曲沿革畧攷」『食貨半月刊』一－三、一九三五。
雷　紹鋒「唐末宋初帰義軍時期之〝地子〟〝地税〟浅論」『魏晋南北朝隋唐史資料』一五、武漢大学出版社、一九九七。
『帰義軍賦役制度初探』台北、中華発展基金管理委員会・洪葉文化事業有限公司、二〇〇〇。
劉　進宝「P三二三六号《壬申年官布籍》時代考」『西北師大学報』一九九六－三。
「従敦煌文書談晩唐五代的〝布〟」『段文傑敦煌研究五十年紀念文集』北京、世界図書出版公司、一九九六。
「晩唐五代“地子”考釈」朱雷主編『唐代的歴史与社会』武漢大学出版社、一九九七。
林　世田訳「唐代後期敦煌社会経済之変化」『敦煌学輯刊』一九九一―一。
冷　朋飛「唐末沙州帰義軍張氏時期有関百姓受田和賦税的幾個問題」『敦煌学輯刊』一九八四―一。
魯　迅『唐宋伝奇集』上下、北新書局、一九二七、二八。一冊本、聯華書局、一九三四。人民文学出版社、一九五二。文学古籍刊行社、一九五六。（吉川幸次郎訳、抜粋本、弘文堂、一九四二）

欧　文

Ferrand, G.,Voyage du Marchand arabe Sulayman en Inde et en Chine, rédigé en 851, suivi de Remarques par Abû Zayd Ḥasan（vers 916）, Paris, 1922.
Gernet, J., Les Aspects économiques du Bouddhisme dans la Société chinoise du Ve au Xe Siécle, Saigon, 1956.
Levy, Howard S., Biography of Huang Ch'ao, Univ. of California Press, 1955.
Maçoudi, Les Prairies d' Or, trad. par Barbier de Meynard et Pavet de Courteille, Tome Ⅰ, Paris, 1861.
Maejima, Shinji, Evaluation des Sources arabes concernant la Révolte de Huang Ch'ao à la Fin des T'ang, 1957.（ユネスコ東西交流に関するシンポジウム席上での発表）
Reinaud, M., Relations des Voyages faits par les Arabes et les Persans dans l'Inde et la Chine dans le Ⅸ s. de l'Etre chrétienne, 2vols., Paris, 1845.

Чугуевский, А.И., Китайские Документы из Дуньхуана, Выпуск I, Москва, 1983.〔中訳〕丘古耶夫斯基著、王克孝訳『敦煌漢文文書』上海古籍出版社、二〇〇〇。

あとがき

本書は『均田制の研究』『中国古代の身分制』『中国古代の家と集落』に続く中国史関係の第四論文集である（他に東アジア関係や小論文集がある）。前の三書は収録論文執筆後、比較的はやい時期にまとめたのであるが、初期に執筆した論文がまとめられないで残っていた。すなわち本書に収められた唐代後期から五代にかかる政治史、敦煌・吐魯番出土の文書研究、九品中正制度についての覚書的文章等である。これらもはやくから本にしなければならないと思ってはいたのであるが、これを作ってしまうと私の研究生活も終わりになるのではないかという恐怖があった。しかし近年大病を患ってから、これは生命のあるうちにやらなければならないとようやく思い立った次第である。

私が最初に学界に登場したのは、歴史学研究会一九五〇年度大会で、「国家権力の諸段階」というのが統一テーマで、そのうちの封建国家にかんして、主要報告をする石母田正氏がどうしても中国史の報告者がほしいということで、若輩の私がやむをえず引き受けたものである。ずいぶん図々しかったと思うのだが、戦後まもなくの当時の雰囲気のなかでは、私のような若い者の発言も許されたのであるし、私の側にも気負いがあった。後にやはり戦後の新しい問題意識をもった方々が熱心に聴いたのだと知って、こんな報告をして恥ずかしい思いもするが、私の研究の出発点でもあるので、後半部分を手直しして本書に収めた。この報告で強調したのが、独立農民の支配者にたいする圧力ということであったので、その後「唐末諸反乱の性格」という文章を書いた。このときには政治史には、社会経済史や文化史にはかかわらない独自の領域があるだろうという考えに取りつかれていたので、プーリブランク氏の批判をうけたが、今ではもちろん政治史と社会経済史との密接な関係の方をこそ重視しなければならないと考えている。以上の二編は、私の研究の出発点になったものだし、後者の文章はその後の研究と重なる点もあるし、重ならない点もあるので、付録として掲載した。

さてその後の「黄巣の叛乱」（本書では今日の慣用にしたがって、文中では反乱という字を用いたが、もとの論文名によって、題名にのみ叛の字を残した）や、「藩鎮親衛軍の権力構造」を読みかえしてみると、史料の博捜といい論理的な運びといい、自分ながらよく書いたという思いとともに、その後自分がどれだけ進んだかという反省にとらわれる。後者の藩鎮研究については、河北を中心としたとする誤解があるようだが、実際には河南・山東・山西等から華南の諸藩鎮に論及している。諸地域の違いを類型化する試みがあるが、それらを通じて唐末まで一貫したものがあるというのが、唐宋の変革に目標を定めた私の思いなのである。さてその後の「朱全忠政権の性格」は明治大学に就職した際のいわゆるお目見え論文であるが、黄巣の乱の後を書かなければならないという義務感から書いたので、史料の限界もあるが多少見劣りがするのは否めない。このほかに和田清先生の古稀記念に献呈した「朱全忠の庁子都」というわずか二〇枚の論文があるので、前論文の付章として掲載した。また当時「五代宋初における禁軍の発展」という論文も書き、中国語訳もあるが、計算機さえ手元になかった時代であり、宋代禁軍の兵数の計算等に自信がなく、それほど冴えた論文でもないので、今回は割愛することにした。以上を収録するのに際し、藩鎮体制の成立にかんする序文的な文章が必要だと考えたので、冒頭に「藩鎮内地列置の由来について」という一文をおいた。安史の乱中における藩鎮設置にかんする論文は従来ないようなので、多少の意義はあるかと思う。私が唐末の政治史を研究してから数十年が経ち、その後多くの論文が発表されたが、あまりに年代が隔たっており、問題意識も変わってきているので、後の論文によって私の論文を修正するわけにもいかない（念のためにいえば、私の藩鎮研究は政治史であって、制度史研究ではない）。そこで「黄巣の叛乱」のはしがきを書きかえ、上記歴史学研究会の報告を手直ししたほかは、ほぼ原文どおりとして、そのかわり高瀬奈津子さんを煩わして、近年にいたるまでの藩鎮研究史を書いてもらった。黄巣の乱にかんする研究はその後発展していないといってよいだろう。

私の唐末五代政治史は、唐宋の変革をどうみるかという問題意識と関連してやられたのであるが、政治史的過程をみるだけでは、どういう体制からどういう体制に変わったかという点はわからない点がある。そこで唐末に先だつ均田制の体制をあきらかにするつもりで『均田制の研究』にさかのぼった。そのころ均田制と関連して、敦煌・吐魯番出土の文書をも扱うようになったので、私の初期の文書研究は同書のなかに収められている。そのなかでも租佃契約文書にいちばん関心をもって、その分類にも手をつけたが、この点については仁井田陞先生、中国の韓国磐・孫達人氏らも関心をもって、それぞれ独自の分類を試みている。その後吐魯番から多数の租佃文書が出土したので、あらためてそれらを整理する必要を感じていたところに、池田温氏の長論文「中国古代の租佃契」が発表され、また小口彦太氏の論文も出た。それらの研究の異動と問題点、私の批評を、本書後編第二章「唐代における田土の賃貸借と抵当・質入れとの関係」のなかに書いた。租佃契約のなかには、事実上典地・質地（田土の抵当・質入れ）にあたるものが多いことがあることが、初期の研究から主張されていたが、租佃契約と典地・質地契約との間には微妙な差をもつさまざまな移行形態があることを主張するのが、私の上記論文の目的であった。今回多少の修正を加えた。

租佃契約は土地の賃貸借契約であるが、穀類・布帛類の貸借関係をしめすものに消費貸借契約がある。これを扱ったものが第一章の「唐宋間消費貸借文書私見」であるが、私はここで契約書の書式を考察するうちに、そのような正式な書式によらず、非常に便宜的な形で契約を結ぶことがありえることを発見した。最初の発表のとき枚数の制約で割愛した文書をここでは復活させたが、論文の趣旨に変わりはない。第三章・第四章は、『講座敦煌』の依頼から出た研究である。第三章「敦煌社会の変質」は講座に掲載したものだが、そこで書きのこした問題を、近年第四章「中唐以後敦煌地域における税制度」に発表した。第三章は直接敦煌における唐宋の変革を扱ったのであるが、このなかで仏教寺院の農奴制的制度にかんする帰義軍節度使発布の文書についての、那波利貞・藤枝晃・仁井田陞三氏の意見について、私独自の見解をのべることができた。また小農民の分解を論じたなかで、九世紀・十世紀の交における小農民令狐氏が零細な土地を集積して地位を向上させていく様子がうかがえたのも収穫であった。実は私のいちばんの関心はこの時期における民衆の自治的共同体としての社の成長にあったが、この点については那波・竺沙雅章氏のすぐれた研究があり、近年土肥和義氏の詳細な分析がある。また穴澤彰子氏の別な視角からの研究も注目される（高瀬文献目録参照）。第四章における私の研究はスタイン文書のなかに地子暦ともいえる文書を発見したことに始まるが、この時期の税の研究は古く玉井是博氏の官布の研究より始まり、近くチュグエフスキー氏の著書、すなわちサンクトペテルブルグ所在の文書から、地子の納入や柴草にかんするものを見出すことができた。

最後に「九品中正制度の成立をめぐって」という論文を掲載した。これは私としてはかなり興味をもち、そんなに悪くない論説だと思うのだが、これまでの論文集には載せることができなかった。同時代の文章としては占田・課田・給客制にかんするもの（『均田制の研究』所収）、「村」制の成立や行政村との関係を論じたもの（『中国古代の家と集落』所収）、最近の伝記『曹操』等があり、今後とも書くことがあるかもしれないが、私の年齢も考慮してここに掲載することにした（一部に『曹操』を書いた結果の意見を加えている）。ただ上にあげたような唐宋間の論文と対象時代を異にするので、別章として載せることにした。

参考文献目録は、私の論文に引用したもののみを収めた。高瀬氏の文章には最近の藩鎮研究文献の目録が付載されている。目録のことは別として、以上にはおおむね本書掲載の文章の発表のいきさつや留意点をのべた。それぞれの文章の元来の掲載誌や年次は、それぞれの文章の末に記載してある。これらが私の若かりし時の作品だけに、思い出もひとしおだし、多くの先輩・知友の顔も思いうかぶ。末尾ながらそれらの方々に謝意を表したいと思う。最後に私の願いを快諾いただいて、本書に文章を寄贈いただいた高瀬奈津子氏、本書の刊行を承諾していただいた汲古書院の前社長・相談役坂本健彦氏、社長石坂叡志氏に、心からお礼申し上げたい。とくに坂本氏には面倒な校正をお手伝いいただき、永年の交友をも思いあわせて、お礼の申し上げようもない。

二〇〇二年四月十五日

著者記す

汲古叢書

1	秦漢財政収入の研究	山田勝芳著	本体 16505円
2	宋代税政史研究	島居一康著	12621円
3	中国近代製糸業史の研究	曾田三郎著	12621円
4	明清華北定期市の研究	山根幸夫著	7282円
5	明清史論集	中山八郎著	12621円
6	明朝専制支配の史的構造	檀上　寛著	13592円
7	唐代両税法研究	船越泰次著	12621円
8	中国小説史研究－水滸伝を中心として－	中鉢雅量著	8252円
9	唐宋変革期農業社会史研究	大澤正昭著	8500円
10	中国古代の家と集落	堀　敏一著	14000円
11	元代江南政治社会史研究	植松　正著	13000円
12	明代建文朝史の研究	川越泰博著	13000円
13	司馬遷の研究	佐藤武敏著	12000円
14	唐の北方問題と国際秩序	石見清裕著	14000円
15	宋代兵制史の研究	小岩井弘光著	10000円
16	魏晋南北朝時代の民族問題	川本芳昭著	14000円
17	秦漢税役体系の研究	重近啓樹著	8000円
18	清代農業商業化の研究	田尻　利著	9000円
19	明代異国情報の研究	川越泰博著	5000円
20	明清江南市鎮社会史研究	川勝　守著	15000円
21	漢魏晋史の研究	多田狷介著	9000円
22	春秋戦国秦漢時代出土文字資料の研究	江村治樹著	22000円
23	明王朝中央統治機構の研究	阪倉篤秀著	7000円
24	漢帝国の成立と劉邦集団	李　開元著	9000円
25	宋元仏教文化史研究	竺沙雅章著	15000円
26	アヘン貿易論争－イギリスと中国－	新村容子著	8500円
27	明末の流賊反乱と地域社会	吉尾　寛著	10000円
28	宋代の皇帝権力と士大夫政治	王　瑞来著	12000円
29	明代北辺防衛体制の研究	松本隆晴著	6500円
30	中国工業合作運動史の研究	菊池一隆著	15000円
31	漢代都市機構の研究	佐原康夫著	13000円
32	中国近代江南の地主制研究	夏井春喜著	20000円
33	中国古代の聚落と地方行政	池田雄一著	15000円
34	周代国制の研究	松井嘉徳著	9000円
35	清代財政史研究	山本　進著	7000円
36	明代郷村の紛争と秩序	中島楽章著	10000円
37	明清時代華南地域史研究	松田吉郎著	15000円
38	明清官僚制の研究	和田正広著	22000円
39	唐末五代変革期の政治と経済	堀　敏一著	12000円

堀　　敏　一（ほり　としかず）

1924年静岡県に生まれる。1948年東京大学文学部東洋史学科卒業。1949年東京大学東洋文化研究所助手。1958年財団法人東洋文庫研究員。1960年明治大学文学部専任講師。1995年明治大学文学部教授を定年退職。現在明治大学名誉教授、東洋文庫研究員。

著書：均田制の研究（岩波書店、福建人民出版社）、世界の歴史4 古代の中国（講談社）、中国古代の身分制－良と賤（汲古書院）、中国と古代東アジア世界－中華的世界と諸民族（岩波書店）、中国古代史の視点（汲古書院）、律令制と東アジア世界（汲古書院）、中国古代の家と集落（汲古書院）、東アジアのなかの古代日本（研文出版）、中国通史（講談社学術文庫）、曹操－三国志の真の主人公（刀水書房）、隋唐帝国与東亜（韓昇編訳、雲南人民出版社）。

汲古叢書39

唐末五代変革期の政治と経済

二〇〇二年七月　発行

著　者　堀　敏　一
発行者　石　坂　叡　志
整版印刷　富　士　リ　プ　ロ

発行所　汲　古　書　院
〒102-0072 東京都千代田区飯田橋二-五-四
電　話　〇三（三二六五）九七六四
ＦＡＸ　〇三（三二二二）一八四五

ISBN4-7629-2538-1 C3322

索　引

索引は、前編・後編の二種に分けて作成した。

前編　1頁

後編　5頁

前　編　索　引

あ

い

う

え

お

か

す

せ

そ

た

ち

て

後編索引

く

け

こ

さ

し

す

せ

そ

た

ち

て

と

に

の

は

ひ

ふ

へ

ほ

も

ゆ

ら

り

ろ